윌버포스

STATESMAN, 정치가의 길

믿음이란 한 알의 밀알이 땅에 떨어져 죽음으로 많은 열매를 맺음과 같이 진리의 열매를 위하여
스스로 죽는 것을 뜻합니다. 눈으로 볼 수는 없으나 영원히 살아 있는 진리와 목숨을 맞바꾸는 자들을
우리는 믿는 이라고 부릅니다. 「믿음의 글들」은 평생, 혹은 가장 귀한 순간에 진리를 위하여 죽거나
죽기를 결단하는 참 믿는 이들의, 참 믿는 이들을 위한, 참 믿음의 글들입니다.

윌버포스

STATESMAN, 정치가의 길

윤영휘 지음

일러두기

본문에 사용된 이미지들은 대부분 저작권을 확인하여 사용했습니다. 출처를 표시하지 않은 이미지들은 퍼블릭 도메인입니다. 43, 47, 63, 346, 426쪽의 이미지는 저자가 직접 촬영하였고, 저작권이 살아 있는 이미지는 저작자와 출처를 표시했습니다. 저작권자를 찾지 못한 이미지는 추후 연락이 닿는 대로 사용에 합의하겠습니다.

프롤로그

박사 과정을 시작하기 위해 2007년, 영국에 처음 발을 디뎠다. 당시 영국은 노예무역 폐지 200주년 기념행사들이 한창 진행 중이었다. 반노예제 운동의 지도자 윌리엄 윌버포스의 고향인 헐 Hull에서는 그의 후손들이 제3세계에서 벌어지고 있는 현대판 노예무역에 반대하는 행진을 했고, 런던에서는 캔터베리 대주교와 요크 대주교가 이끄는 노예무역 폐지 200주년 기념행사가 개최되었다. 왕립조폐공사는 노예를 묶던 쇠사슬을 새긴 2파운드 동전을 발행했고, 템스강의 타워브리지가 열려 18세기의 악명 높은 노예선이었던 종Zong호의 복제선이 떠다녔다.

영국과 미국에서는 윌버포스의 생애를 그린 영화 〈어메이징 그레이스〉Amazing Grace가 개봉되었고, 2007년 2월과 3월의 마지막 일요일에는 한때 노예선 선장이었던 존 뉴턴이 작사한 찬송가 〈나 같은 죄인 살리신〉Amazing Grace을 부르며 이 역사를 기억하자는 '어메이징 선데이'Amazing Sunday 운동이 영국과 미국 교회에서 일어나기도 하였다. 같은 해 3월 27일, 엘리자베스 2세 여왕은 200년 전 노예무역 폐지 법안이 정식 법안이 된 날에 맞춰(정확히는 3월 25일이다) 웨스트민스터 사원을 방문하여 윌버포스의 석상 앞에 직접 헌화하였다. 여왕은 매년 11월이면 무명용사 묘역에 헌화를 하지만 특정 인물을 기념하는 것은 매우 드문 일이어서 BBC 방송은 이를 생방송으로 보도하기도 했다.

역사적 사건은 '그것이 실제 어떻게 일어났는가'도 중요하지만 '어떻게 기억되는가'도 중요하다. 노예무역 폐지 운동은 어떠한 점에서 21세기를 살아가는 우리에게 중요성을 지니는 것일까?

영국의 1700년대, 즉 18세기는 발전과 한계가 동시에 드러났던 시기였다. 이 시기 영국은 겉보기에 상당한 발전을 이루어 내었다. 의회와 충돌하던 국왕을 쫓아낸 명예혁명(1688년)으로 입헌군주제를 수립했을 뿐 아니라 1707년에는 스코틀랜드를 합병하여 브리튼 섬의 통일을 이루었다. 7년 전쟁(1757-1763)의 승리는 북아메리카와 인도라는 거대한 식민지를 차지할 교두보를 제공했다. 식민지 팽창은 시장 확대로 이어져 해외 무역에서 얻는 이익을 크게 증가시켰다.

그러나 이 시기 영국은 반세기 전 올리버 크롬웰의 극단적인 종교정책에 대한 반작용으로 퇴폐적 문화, 잔인한 대중오락, 알코올 중독이 사회 문제가 되었으며, 계몽사상과 이신론이 확대되면서 급격히 세속화되었다.

명예혁명♦은 의회민주주의 발전의 계기가 되었지만 뿌리내리기까지는 오랜 시간이 필요했다. 18세기 영국은 정파에 상관없이 소수 토지 귀족 가문이 정치를 주도했고, 이들은 공동의 이해관계를 가지고 기득권을 지키고 있었다. 당시 선거는 돈이 많이 드는 일이었고 유권자의 표를 돈으로 살 수 있었으며, 이런 구

♦ 국왕 제임스 2세가 노골적인 친가톨릭 정책을 펴자 영국 의회가 제임스 2세의 딸 메리와 그 남편인 윌리엄(오라녜 공 빌렘)을 영국 국왕으로 초청한 사건. 윌리엄이 군대를 이끌고 잉글랜드에 상륙하자 1688년 12월, 제임스 2세는 프랑스로 망명하였고 윌리엄과 메리는 공동 국왕으로 즉위하였다. 주권이 국민의 대표인 의회에 속함을 확인하는 권리장전을 공동 국왕은 승인하였고 영국의 입헌군주제가 확립되었다.

조 속에서는 대귀족 가문이나 정파의 후원 없이 정치 신인이 당선되기는 어려웠다.

정치적 난맥상은 국민의 생활에도 영향을 주기 마련이다. 영국 정부는 왕실의 부패와 전쟁 지속으로 재정난에 시달렸고, 생활고에 시달리는 서민을 위한 정책은 시행되기 어려웠다. 무엇보다 18세기 말 산업혁명이 진행되어 농민들이 도시로 몰려들면서, 교구 교회가 빈민을 돌보던 전통 복지제도는 더 이상 작동하지 않았다. 사회 양극화도 심해져서 화려한 경제발전의 이면에는 크게 증가한 빈민층이 있었다.

외적인 안보 위협도 있었다. 북아메리카 식민지 상실 후 얼마 지나지 않아 시작된 프랑스 혁명과 그로 인해 20년 가까이 지속된 전쟁은 영국을 위협했다. 특히 나폴레옹이 유럽 대륙을 차지하고 영국 침공을 준비하자 국가적 위기감은 최고조에 달했다. 여러 가지로 18세기 말의 영국은 더 이상의 발전이 어려운 요인들로 교착 상태에 빠진 것처럼 보였다.

이런 모습을 보면 19세기 중엽에 영국이 보인 발전상은 상당히 새롭게 다가온다. 이 시기 영국은 글로벌 네트워크를 갖춘 제국이 된다. 세계 곳곳의 식민지가 철도와 증기선으로 연결되었고, 물자와 인력은 각지에서 활발히 움직이고 있었다. 1867년 빅토리아 여왕(1837-1901 재위)은 인도의 여황제를 겸했고 1914년에 이르면 세계의 4분의 1 정도가 영국의 지배 아래 있었다.

영제국은 산업혁명에 힘입은 바가 컸다. 세계 최초로 공업 중심 국가가 되었으며 애덤 스미스, 맬서스, 리카도 같은 고전 경제학자들의 영향으로 자유무역이 경제 원칙이 된 자본주의 국가가 되었다. 1820년대에 이미 유럽에서 최고의 국내총생산GDP을 기록하였으며 19세기 중엽에 이르면 세계 공산품의 3분의 1, 철강의 절반을 생산하는 명실상부한 '세계의 공장'이 된다.

19세기 중반 정치에서도 여러 개혁의 성과가 나타났다. 영국 하원은 곡물 가격이 일정 수준이 될 때까지 밀 수입을 금지시켰던 곡물법, 즉 하층민이 굶주리는 원인이 된 법을 폐지(1846)하고, 선거법을 19세기에 걸쳐 세 차례(1832년, 1867년, 1884년) 개정하여 참정권을 단계적으로 노동자에게 확대하였다. 물론 극심한 갈등이 있었지만 결과적으로 지배층이 정치 개혁을 수용하여 유럽에서 가장 안정적인 의회민주주의 체제를 갖추었다.

그러나 19세기 영제국이 가장 새로웠던 점은 복음주의적 가치와 도덕률이 사회를 지배한 점일 것이다. 체통, 진지함, 엄숙함, 절제 같은 단어들이 빅토리아 여왕 시대(1837-1901)를 특징 짓는 용어가 되었으며, 19세기 중엽에 이르면 복음주의에 영향받은 사회 분위기가 형성되었음을 누구나 느낄 수 있었다. 물론 복음주의적 도덕률에 대한 당대인의 반감도 심했지만 이는 역설적으로 그것이 사회 속에 차지했던 공간의 크기를 반증한다. 역사학자 허버트 슐로스버그Herbert Schlossberg는 이 과정을 '조용한 혁명'Silent Revolution이라는 용어를 통해 설명하기도 했다.

이 책의 주인공 윌리엄 윌버포스는 두 시기를 잇는 18세기 말부터 19세기 초 기간에 복음주의 가치관이 공적 영역에서 확대되는 과정을 보여 준다. 그가 시도했던 개혁은 몇몇 악습 폐지를 넘어 영국 사회 시스템의 질적 성숙이 목표였다. 그가 주도한 반노예제 운동은 영국뿐 아니라 서아프리카와 서인도제도 식민지의 경제적 이익을 상당 부분 포기할 것을 요구했으며, 결국 1833년에 영국은 노예 해방을 위해 당시 국가 예산의 40퍼센트에 달하는 2천만 파운드를 지출하게 되었다. 이는 사회 전반에 걸친 영국인의 가치관 변화가 있었기에 가능한 결과물이라는 점에서 윌버포스는 '조용한 혁명'을 수행한 정치인이었다.

이 책은 영국 정치사의 주요 인물인 윌버포스의 생애를 다루는 전기로 그의 개인사, 정치 활동, 업적, 사상 등을 충실히 설명하려 노력했다. 독자가 윌버포스라는 인물을 좀더 깊이, 입체적으로 이해하는 것이 이 책의 기본 목표이기 때문이다. 하지만 여기서 더 나아가 몇 가지 추가적인 효용을 얻을 수도 있을 것이다.

우선 윌버포스는 18세기 말~19세기 초 영국의 주요 정치인으로서 윌리엄 피트, 찰스 제임스 폭스Charles James Fox, 윌리엄 그렌빌 같은 당대 핵심 인물들과 깊이 관련된 인생을 살았고, 오랫동안 선거를 치르고 다양한 법안의 통과를 시도했다. 따라서 그의 정치 활동을 따라가면 당시 영국 정치 제도와 의회 시스템의 구조 및 개혁 과정을 이해할 수 있다. '더 개별적일수록 더 보편적이다'the more special, the more universal라는 오래된 경구처럼 그의 삶은 개인의 스토리를 넘어 이 시기 영국 정치의 흐름을 공부하기 좋은 텍스트이기도 하다.

또한 윌버포스는 자신의 종교적 신념을 비기독교적 언어로 설명하고, 도덕적 위신이 세속적 이익이 될 수 있음을 보였던 '세상 속의 그리스도인'이었다. 그가 주도한 노예무역 폐지 운동과 관습 개혁은 그리 종교적이지 않은 사람들까지 적극 참여시켜 기독교적 박애주의를 달성한 대표적인 예였다. 종교와 정치의 결탁이 갈등과 분열의 소재가 되어 가는 지금의 현실에서 그의 삶은 양자의 대안적인 관계 설정 가능성을 보여 준다.

마지막으로 윌버포스와 그의 동료들이 반세기 동안 추구한 개혁은 영국이 발전을 가로막는 요인을 극복하고 한층 더 성숙한 국가로 전환되는 과정을 이해하도록 돕는다. 경제 발전과 민주화를 이루었지만 성숙한 정치·사회 시스템을 갖추는 단계에서 허덕이고 있는 우리 사회에 답답함을 느끼는 독자가 있다면 그의 활동을 보며 실마리를 찾을 수 있을 것이다. 이런 의미에서 윌버포스가 남긴 업적과 그 의의는 그의 시대에 한정되지 않는다.

오래전 클래팜파의 관습 개혁을 다루는 연구를 서울대학교에서 시작한 이래 윌버포스는 항상 나의 연구 주제, 배경, 의의 속에 존재해 왔다. 나는 최근 윌버포스가 젊은 시절을 보냈던 케임브리지 대학에 객원 펠로우로 초빙을 받아 1년의 연구년을 보내면서 윌버포스의 흔적을 추적하는 특별한 경험을 하였다. 그의 필체가 남아 있는 자료에 손이 닿을 때는 200년의 세월을 넘어 그와 대화하는 기분을 느끼기도 했다. 그래서 집필을 마무리하면서 가장 먼저 감사를 표해야 할 사람은 오랜 시간 나와 함께해 온 윌버포스일 것 같다.

그리고 이 책이 나오기까지 실질적인 도움을 주신 분들이 계셨다. 우선 이 원고의 가치를 알아보고 출판을 결정했을 뿐 아니라 오랫동안 기다려 주신 ㈜홍성사에 깊은 감사를 드린다. 교회사를 참신한 시각에서 바라보도록 도움을 주셨을 뿐 아니라 집필을 위해 본인의 별장을 흔쾌히 빌려 주셨던 김중락 교수님께도 감사를 드리고 싶다. 석사 논문을 쓸 때 이 주제를 권하셨던 박지향 교수님과 이를 박사 논문으로 발전시키도록 도와주셨던 새러 리처드슨, 팀 로클리 교수님께도 감사를 드린다. 윌버포스의 일기를 포함한 관련 자료를 기꺼이 제공해 주신 레스터 대학 역사학부의 존 코피 교수와 영국 복음주의를 좀더 깊게 이해하는 데 도움을 준 케임브리지 대학 신학과의 조지 판 쿠텐 교수도 고마운 분들이다. 오랫동안 필자의 연구를 격려해 주셨던, 이 책을 받으셨다면 누구보다 기뻐하셨을 故 이화숙 교수님께도 이 책을 드리고 싶다.

이 지면의 끝은 가족에게 할애하고 싶다. 무엇보다 인생의 동반자로 원고를 꼼꼼히 읽고 의견을 준 아내에게 사랑과 감사를 전한다. 아내와 원고를 두고 토론하던 시간은 집필 과정 중 가장 행복한 시간이었다. 항상 기도로 함께해 주신 장인어른, 장모님께도 감사한 마음뿐이다. 마지막으로, 언제나 아들의 연구를 자랑스러워하셨던, 지금도 이 책을 병상에서 힘겹게 기다리고 계시는 아버지께 이 작은 성과를 바친다. 주님 앞에 서실 그날까지, S.D.G!

2024년 12월
케임브리지 대학 클레어 홀에서

차례

1

서막: 노예무역의 그림자

1562—1759

1787년 5월 22일 런던 시내의 한 서점에서 12명의 신사가 모임을 가졌다. 몇몇은 퀘이커 교도였고,◆ 몇몇은 국교회 신도였다.◆◆ 이 모임을 이끄는 사람 중에는 노예들의 권리를 위해 법정에서 싸웠던 그렌빌 샤프Grenville Sharp와 케임브리지 대학 재학 때부터 노예무역 폐지 운동에 뛰어든 토머스 클락슨Thomas Clarkson도 있었다. 이들은 아프리카와 아메리카에서 노예들이 받는 고통이 견디기 어려운 정도에 이르렀으며, 영국의 명예를 심각히 해치고 있다는 결론을 내리고 노예무역 폐지위원회를 설립하기로 하였다. 이렇게 역사상 처음으로 설립된 반노예제 단체가 처음으로 논의한 일은 하원에서 문제를 제기하고 노예무역 폐지라는 과업을 이뤄 낼 인물을 찾는 일이었다. 그리고 그들이 선택한 인물은 28세의 하원의원이었다. 이 모임이 시작되고 20년 후, 노예무역은 영제국 전역에서 폐지되었고 다시 26년 후인 1833년에는 노예제가 폐지되었다.

◆ 퀘이커는 17세기 말 영국에서 시작된 신생 교파로 누구든지 '내면의 빛'을 따라 신을 만날 수 있다고 믿었다. 그 연장선에서 많은 퀘이커는 흑인이 피부색 때문에 열등하게 여겨지고 노예가 되는 현실을 반대하게 된다. 이들은 노예무역 및 노예제도 문제에 처음으로 관심을 가진 종교 집단이었다.

◆◆ 잉글랜드 국교회(Church of England, 성공회)는 1534년 헨리 8세가 앤 불린과 결혼하기 위해 교황의 반대를 무릅쓰고 이혼하는 과정에서 잉글랜드 교회를 독립시키며 형성되었다. 헨리 8세는 잉글랜드 교회를 로마에서 분리시키고 자신이 교회의 수장이 되었다. 그의 아들 에드워드 6세는 종교개혁 신학을 받아들이면서 잉글랜드 국교회는 프로테스탄트 교회가 되었지만 다른 개신교 교파에 비해 가톨릭적 요소가 많이 남아 있다. 스튜어트 왕가 시절(1603-1714) 가톨릭 성향의 국왕들이 이어지기도 했으나 1688년 명예혁명 이후 국교도의 왕위 승계 전통이 확고히 자리를 잡았다. 국교회가 아닌 개신교 교파들은 비국교도Nonconformist라고 불렸으며 19세기 초반까지 가톨릭과 비국교도는 영국에서 공직에 나가기 어려웠다.

노예무역의 시작

영국 노예무역의 시작은 이 신사들의 모임보다 200여 년 전으로 거슬러 올라간다. 1562년 존 호킨스(1532-1595)라는 해적이 스페인 선박을 약탈해도 좋다는 허가를 엘리자베스 1세에게 받고 항해를 떠났다. 신대륙이 발견되고 막대한 금과 은이 스페인으로 유입되자 유럽의 군주들은 민간업자에게 약탈을 허가하고 획득물 일부를 세금 형식으로 거둬들였는데, 호킨스는 이런 일을 대행하는 청부업자였다. 이런 국가 공인 해적들을 사략업자privateer라고 부른다. 그는 여왕의 사략허가서를 내밀며 몇몇 사업가의 투자를 받아 세 척의 배로 이뤄진 선단을 꾸렸고, 같은 해에 플리머스 항구를 떠나게 되었다. 몇 달간의 항해 끝에 호킨스의 선단이 도달한 곳은 아프리카 서해안의 시에라리온이었다. 그가 선택한 교역품은 300여 명의 흑인 노예였다. 이들을 태운 호킨스는 1563년 생도맹그에 도달하여 그곳의 백인 농장주들에게 노예를 판매하였고 그 돈으로 설탕, 진주, 모피 등을 구매하였다. 호킨스는 본래 항해 도중 스페인 배들을 만나 노략하려 하였지만 이 거래만으로도 상당한 이익이 남자 본래 목적인 해적질은 잊어버렸다. 엘리자베스 여왕 또한 호킨스가 가져온 금액을 보자 노예무역의 이익이 많이 남는 것을 알고 이후 두 차례의 항해를 더 지원하였다. 그리고 새로운 무역 항로를 개척한 호킨스의 노고를 치하하는 의미로 가문에 문장紋章을 내렸는데 문장에는 그가 판매하는 흑인 노예가 그려져 있었다. 호킨스의 항해 이후 영국인들은 노예무역에 가담했고, 그들에게 약 1세기 동안 노예는 상아, 금, 향신료, 인디고 등과 더불어 아프리카 해안

1565년 엘리자베스 1세가 수여한 존 호킨스 가문의 문장.

의 여러 교역 품목 중 하나였다.

그러다가 서인도제도에서 사탕수수가 새롭게 재배되면서 노예는 가장 비중이 큰 교역품이 되었다. 1640년, 브라질과 무역을 하던 네덜란드 상인들이 영국의 식민지가 된 바베이도스에 사탕수수 재배법을 전파했고 동시에 노예도 공급하기 시작했다. 그리고 여기서 생산된 설탕을 네덜란드로 수출했는데 유럽에 공급된 설탕은 곧 큰 인기를 끌었다. 꿀 외에 단맛을 낼 재료가 별로 없던 시절에 설탕은 음식에 풍미를 더해 주었고, 특히 이 무렵 동양에서 차가 수입되면서 설탕 소비는 급속도로 늘어났다. 쌉쌀한 차에 더해진 설탕은 차의 맛을 끌어올리는 최상의 상품으로 여겨졌다. 이렇게 설탕의 위상이 변하면서 서인도제도에 살던 영국 거주민들의 생각도 바뀌었다. 그동안 여기서 잡곡을 길렀는데 바베이도스의 사례를 보니 곡물보다 '하얀 금'(설탕)을 생산하면 훨씬 이익이 크리라고 생각하게 된 것이다.

영국인 농장주들은 처음에는 사탕수수 재배에 원주민을 동원하려 했다. 하지만 당시 북아메리카와 서인도제도는 심각한 인구 감소를 겪고 있었다. 오랫동안 외부로부터 고립되어 있었던 아메리카 대륙에 백인이 들어오면서 이전에 없던 매독, 천연두, 홍역이 따라 들어왔고, 이런 균에 면역이 없었던 원주민들은 무방비 상태로 죽어 갔던 것이다. 그래서 사탕수수 재배 초창기에는 영국에서 백인 노동자들을 데려오기도 했다. 유죄 판결로 강제노동을 해야 했던 범죄자나 거리의 빈민을 계약 노동자 형식으로 데려온 것이다. 그러나 이들은 열대 밀림의 풍토병에 걸려 쓰러지기 일쑤였고, 무엇보다 유럽의 설탕 수요가 급증하면서 풍토병에 약한 백인들로는 넘쳐나는 설탕 수요를 감당할 수 없게 되었다. 그래서 열대기후에 익숙한 대체 인력이 대규모 필요하다는 생각이 떠올랐고, 결국 네덜란드인들이 제시했던 방식대로 아프리카 흑인 노예가 대안으로 떠오른 것이다.

서인도제도의 영국 농장주는 곧 흑인 노예가 장점이 많다는 것을 발견했다. 기대했던 대로 이들은 백인 노동자보다 더운 기후에 강했고 전염병에 대한 저항력이 훨씬 큰데도 임금 비용이 들지 않아 더 많은 이익을 낼 수 있었다. 특별한 장점이 하나 더 있었는데 아프리카 노예들은 대서양을 건너 머나먼 섬으로 잡혀 왔기 때문에 도주할 곳이 없다는 점이다. 이들은 '세상의 끝'처럼 보이는 섬에 끌려와 기한이 정해지지 않은 노동을 해야 했다. 절망으로 가득 찬 시간과 공간 속에서 이들은 인간에서 무기력한 노동 수단으로 바뀌어 갔다.

민간 상인들이 먼저 시작했던 노예무역은 1663년 영국 국왕 찰스 2세가 왕립 아프리카 회사Royal African Company에 노예무역을 허락하는 인가장을 주면서 국가가 관여하는 무역이 되었다. 사실 대서양을 오가는 노예무역을 처음 시작한 곳은 포르투갈이었다. 이들은 대략 1525년부터 서아프리카 적도 지역에서 노예를 사서 아메리카 대륙으로 보내기 시작했다. 영국은 노예무역에서 후발주자였지만 찰스 2세 때 영국의 해운력은 이미 세계 최고 수준이었기 때문에 곧 실력을 드러냈다. 노예무역이 시작된 1663년부터 1700년까지 영국은 아프리카에서 약 33만 명의 노예를 배에 태웠는데 이것은 같은 기간 포르투갈이 운송한 노예와 비슷한 수치였다. 18세기에 이르면 영국은 포르투갈을 능가하는 최대 노예무역 국가가 된다.

18세기에 영국 노예무역이 절정에 달했던 까닭은 흑인 노예무역과 설탕 무역을 결합했기 때문이다. 이것은 보통 다음과 같은 방식으로 이뤄졌다. 우선 런던, 브리스톨, 리버풀 등 영국의 항구 도시에서 상인들이 배에 총, 화약, 직물, 럼주 등을 싣고

설탕-노예무역 삼각무역 루트.

아프리카로 항해를 떠난다. 이 중에서 가장 중요한 무역품은 총기였다. 1765년, 유력 정치인이었던 윌리엄 피츠모리스William Fitzmaurice, Earl of Shelburne는 한 해에 15만 정의 총기가 아프리카로 보내져 노예와 거래되었다고 계산하기도 했다.[1]

아프리카 서해안 가운데 노예 해안으로 불렸던 베냉 만 근처 지역에 도달한 배는 무역 거점에서 상품들과 노예를 교환했다. 그리고 영국 상선은 노예들을 배에 태우고 대서양을 건너게 되는데 이를 중간 항로Middle Passage라고 불렀다. 그렇게 해서 서인도제도에 도착한 영국 상선은 서인도제도를 포함한 아메리카 대륙에 흩어진 사탕수수 플랜테이션에 노예를 팔았다. 영국 상인들이 노예 판매 수익으로 구입하는 게 있었으니 바로 설탕이었다. 이것이 설탕과 노예를 수송하는 영국의 삼각무역이었다. 노예무역을 시작한 것이 포르투갈이라면 완성한 것은 바로 영국이었다.

삼각무역이 발달하는 동안 대서양을 건너는 노예의 수가 급격히 증가했다. 18세기에 영국이 대서양 노예무역에서 차지하는 비중은 40퍼센트에 이르렀고 이 기간 승선시킨 흑인 노예는 약 255만 명에 달하였다.[2] 노예에 대한 수요가 증가하면서 이들을 대규모로 관리하기 위해 폭력의 규모도 증가했다. 이는 아프리카 원주민, 영국 상인과 선원, 서인도제도 농장주가 협력하여 만들어 내는 거대한 죄악이었다.

아프리카 노예가 만들어지는 과정

서아프리카 해안에서 아프리카인들을 잡아 노예로 만든 것

다호메이 왕국 해안가에서 팔려 나가기를 기다리는 노예들.

은 다름 아닌 그 지역 아프리카인들이었다. 아프리카 대륙에는 오랫동안 노예제도와 내부 노예무역이 존재했다. 아프리카 왕국들은 대부분 노예사회였고 적도 지역에서 사하라 사막을 가로질러 북아프리카를 향하는 노예무역 루트가 오랜 기간 존재했다. 스페인과 포르투갈인들이 15세기 이후 이 지역으로 진출하면서 아프리카 내부의 노예무역은 유럽인들이 참가하는 대서양 차원의 무역으로 확대되었다.

　　일부 지역 국가는 전쟁 중에 잡힌 포로들을 백인 상인에게 팔았는데 곧 큰 이익이 나는 것을 알자 국가가 나서서 노예 사냥을 하기에 이르렀다. 지금의 베냉 지역에 있던 다호메이 왕국이 대표적인 예다. 다호메이 노예무역은 경제에서 핵심을 차지했기 때문에 국왕이 직접 노예사냥 사업을 주도했고 그 수입도 국고에 귀속되었다. 왕국 전체가 노예무역에 총동원되다 보니 노예사냥을 할 군사력을 유지하기 위해 일종의 군정 국가로 변모하였다. 이들은 노예를 팔아 총을 얻었고 그 총으로 다시 노예를 사냥했다. 다호메이 왕국은 한때 서아프리카에서 대서양 반대편의 서인도제도로 가는 노예의 20퍼센트 정도를 공급하기에 이르렀다.

　　노예를 잡는 가장 흔한 방법은 불시에 마을을 급습해서 약탈하는 방식이었다. 한 부족이 다른 부족을 습격하거나 노예 사냥꾼이 집단을 이루어 한 마을을 공격하기도 했다. 그들은 주로 한밤중에 다른 종족의 마을에 침입해 집을 불태우고, 도망가는 이들을 닥치는 대로 붙잡아 자신들의 거처로 끌고 왔다. 또 몇몇 개인이 다른 마을에 가서 홀로 있는 사람들을 납치하는 경우도 있었다. 납치 대상은 주로 어린아이였지만 성인을 납치하는 경우도 있었다. 1789년에《올라우다 에퀴아노의 인생에 관한 흥미로운 이야기》*The Interesting Narrative of the Life of Olaudah Equiano*라는 수기를 출판했던 해방 노예 에퀴아노는 어린 시절 누이와 집에 있다가 두 남성과 한 여자의 손에 납치되어 노예가 되었다.

　　이들은 백인 노예 상인이 있는 해안까지 끝없이 걸어가야

유럽 상인에게 팔리기 위해 해안으로 끌려가는 노예들.

했다. 에퀴아노의 경우 항구까지 가는 데 6개월이 걸렸다. 아프리카 내륙의 인프라는 일부 지역을 제외하면 매우 열악했기 때문에 밀림과 늪지에 길을 만들며 가야 했고 이 노정에서 수많은 포로가 죽어 갔다. 아프리카 내부에서 해안까지 가던 루트에서 어느 정도의 비율로 흑인들이 죽었는지는 기록이 정확하지 않다. 배에 탄 노예의 선적 기록은 있지만 그 이전 단계에서 누가, 얼마나 잡혔는지는 자료가 거의 없기 때문이다. 이 단계는 노예 무역에서 더 어두운 부분이라 할 수 있다.

　해안에 도착한 이들은 임시수용소에서 기약 없이 기다려야 했다. 백인 상인들이 매일 오는 것이 아니므로 수용소는 잡혀 온 사람들로 넘쳐 났다. 마침내 상인이 오면 그들의 삶과 죽음을 결정하게 된다. 이들은 노예들의 눈, 치아, 다리, 관절 등의 상태를 꼼꼼히 확인하고 등이 굽은 정도와 어깨와 다리 근력의 상태를 본 후 노동 가치를 측정하였다. 역사학자 패트릭 매닝Patrick Manning의 계산에 따르면 이런 선별 작업 이후 팔리지 않고 남는 노예는 대서양을 건너 팔려 간 노예와 아프리카 내부에서 거래된 노예를 합친 수의 50퍼센트가 넘었다.[3] 유럽 상인들에게 '상품' 가치가 있어 보이는 노예는 생각보다 적었고 또한 남성보다 노동력이 떨어지는 여성 노예의 상당수는 아프리카에 남겼기 때문이다.

　결과적으로 아프리카 서해안에는 상당수의 노예가 남겨졌고 필연적으로 일부 노예는 다시 죽음에 직면하는 상황이 생겼다. 아프리카의 노예 사냥꾼들은 남은 노예의 일부를 현지에서 되팔았는데 기다리는 동안 가혹행위로 죽는 경우가 많았다. 일부 백인 노예 상인들은 이를 전혀 엉뚱하게 해석하기도 했다. 자신들이 노예를 구매함으로써 이들을 죽을 운명에서 구했다는 것이다. 1789년 영국 의회에서 노예무역 청문회가 열렸을 때 영국의 노예 상인들은 "노예를 사거나 죽게 내버려 두거나 하는 택일의 상황 속에서 우리는 생명을 구했다"는 식의 주장을 했다.[4] 노예 상인들은 자신들이 노예를 선택했다는 것에 죄책감을 느끼지 않았고 더 나아가 노예의 운명을 결정할 권한을 가졌다고 보는 경우가 많았다. 이 생각은 그들이 노예선에서 노예들을 대할 때 또 다른 비극을 낳았다.

떠다니는 무덤, 노예선

18세기에는 아프리카 서해안에서 서인도 제도로 가는 중간 항로에서 노예들이 일정 수준 죽는 것이 당연하게 여겨졌다. 가장 큰 원인은 과적이었다. 노예선 선장 출신으로 후에 찬송시 〈나 같은 죄인 살리신〉을 남긴 존 뉴턴(1725~1807)에 따르면 노예들은 노예선 선반에 "책꽂이의 책들처럼" 실려 있었다.[5] 1781년 건조된 노예선 브룩스호의 경우 선적량이 297톤에 이르는 큰 배였지만 노예들로 공간은 항상 부족했다. 1787년 항해 때는 총 487명의 노예를 실었는데 이는 상갑판과 하갑판은 물론 공간이란 공간은 모조리 활용한 것이었다. 이렇게 노예를 과적한 결과는 높은 치사율이었다. 25년 동안 열한 번의 노예무역 항해를 했던 브룩스호의 선장들은 5천 명이 넘는 아프리카인들을 승선시켰고, 그중에 살아서 대서양을 건넌 노예는 4,500여 명이었다.

삼각무역은 영국, 서아프리카, 서인도제도를 오가는 장거리 항해였다. 아프리카에서 서인도제도로 가는 중간 항로만 6-8주 걸렸고, 영국-아프리카, 서인도제도-영국 항해 기간과 중간 정박 기간을 더하면 몇 년이 걸리기도 했다. 그만큼 시간과 비용이 많이 들어가기 때문에 상인들은 되도록 많은 노예를 태워 이익을 높이려고 했다. 기본

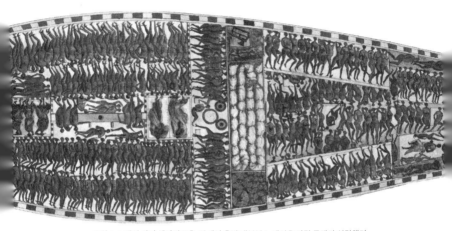

프랑스 노예선 마리 세라피크호. 18세기 후반 대부분 노예선은 과적 문제가 심각했다.

적으로 아프리카 흑인 노예들을 인간으로 생각하지 않았기 때문에 한 명 더 싣는 것을 화물 하나 더 싣는 것쯤으로 여긴 것이다. 여기에 과적을 정당히 여겼던 끔찍한 이유가 하나 더 있었는데 중간 항로에서 숨지는 노예들이 많았기 때문에 그 수를 감안해서 더 많은 수를 태웠던 것이다. 이렇게 과적을 하면 사망률이 높아지고 그걸 고려해서 더 많이 태우는 악순환은 계속되었다.

　　노예선은 질병이 쉽게 확산될 수밖에 없는 구조였다. 노예

상인들과 선원들은 선상 반란을 가장 두려워했기 때문에 밥을 주거나 운동을 시킬 때를 제외하면 좁은 선실에 노예들을 온종일 묶어 놓았다. 그래서 욕창에 걸리는 경우가 즐비했다. 화장실은 존재하지 않았고 용무를 위해 풀어 주는 일도 없었기 때문에 노예들은 누운 채로 생리 현상을 해결해야 했다. 선실 안의 지독한 악취가 적도를 지나면서 발생하는 수증기와 합쳐져 질식해 죽는 경우도 많았다. 이렇게 위생 상태가 나쁘다 보니 병에 걸리는 일이 흔했다. 노예들은 이질과 고열에 시달리는 일이 많았는데 노예선에 승선했던 의사 알렉산더 팰콘브리지Alexander Falconbridge는 노예 선실이 위치한 하갑판을 다녀온 후 이런 기록을 남겼다.

> 나는 종종 그들(노예들) 사이에 내려가곤 했는데 그들의 거처는 잠시 동안 겨우 견딜 수 있을 정도로 극히 더웠다. 그러나 견딜 수 없는 상황은 극한 더위만이 아니었다. 갑판, 즉 그들이 머무는 방의 바닥은 설사와 함께 흘러나온 피와 점액으로 덮여 있어 도살장과 비슷했다. 이보다 더 끔찍하고 역겨운 상황을 상상하기는 어렵다. 수많은 노예가 기절하여 갑판으로 옮겨졌는데 그중 몇 명은 곧 죽었고 나머지도 큰 난관 끝에 겨우 회복할 수 있었다.[6]

이런 지옥 같은 곳에서 노예들을 통제하려니 엄청난 폭력이 필요했다. 선장들은 배가 출항하기 전에 흔히 수갑과 족쇄, 칼, 쇠사슬 같은 도구를 챙겼다. 기본적으로 모든 남자 노예는 배에서

둘씩 짝을 지어 손목과 다리에 수갑과 족쇄를 차야 했다. 철로 된 속박 도구는 살점을 파고들었고, 함께 묶여 있는 사람이 병에 걸리거나 경련이라도 일으키면 두 사람 모두 손목과 발목이 찢어졌다.

지옥 같은 노예선의 상황을 견디지 못해 일부 노예들은 음식을 거부하고 죽기를 택했지만, 선원들은 내버려두지 않았다. 하원의원 윌리엄 윌버포스가 의회에서 폭로한 증거들에 따르면 선원들은 음식을 거부하는 노예의 입을 강제로 벌리려 했고, 안 되면 이를 부러뜨리고 음식을 부었으며, '스페큘럼 오리스'specu-lum oris를 이용해서 강제로 입을 벌리고 음식을 쑤셔 넣었다.[7]

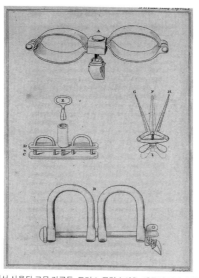

노예선에서 사용된 고문 기구들. 토머스 클락슨의《노예무역 폐지 운동의 발흥, 진행, 성취의 역사》The History of the Rise, Progress, and Accomplishment of the Abolition of the African Slave-trade(1808)에 나오는 삽화. 노예의 손을 조이는 나비 나사(중앙 좌측)와 억지로 음식을 입에 넣는 기구인 스페큘럼 오리스(중앙 우측)가 보인다.

노예선은 그야말로 떠다니는 무덤이었고 어느 정도의 비율로 사람이 죽었는지는 학자들 사이에 오랜 논쟁거리였다. 하버드 대학의 경제사 교수인 닐 퍼거슨은 1662년부터 1807년 사이에 중간 항로에서 사망한 노예의 비율을 7명 중 1명인 약 14퍼센트였다고 평가했다.[8] 허버트 클레인, 스탠리 앵거만 등은 18세기 전반 중간 항로의 노예 치사율을 15.9퍼센트로, 18세기 후반에는 9.8퍼센트로 계산했다.[9] 어떤 계산을 따르더라도 최소 200만 명 이상의 생명이 대서양 한가운데서 사라졌다.

서인도제도의 노예 농장

이렇게 해서 살아남은 사람들이 도달하는 곳은 서인도제도의 사탕수수 농장이었다. 이곳에서는 더 잔혹하고 고통스러운 강제노동이 기다리고 있었다. 사탕수수를 경작하려면 우선 비옥한 땅에 사탕수수 줄기를 심어야 하며, 사탕수수가 자라면 잘라서 소, 말, 노예를 이용해 방앗간으로 운반한다. 사탕수수는 보통 자르고 24시간 이내에 즙을 짜야 했기 때문에 수확기가 한창이면 하루 18시간을 일해야 했다. 방앗간에서는 사탕수수의 즙을 짜내고 그 즙을 끓여서 걸러 낸 후 식히는 작업을 한다. 이 또한 12시간 이상 걸리는 고강도 노동이었다.

사탕수수 분쇄 후 롤러를 이용해 압착하여 즙을 얻는 과정에서 사고가 끊이지 않았다. 극심한 피로 탓에 졸다가 손이 롤러에 끼어 절단되는 경우가 많아서 당시 농장에서는 한쪽 팔이 없는 노예를 쉽게 찾아볼 수 있었다. 고강도 노동뿐 아니라 주인의 학대, 고문, 성폭력으로 노예의 수명은 아주 짧았다. 이런 지옥 같은 삶을 견디지 못해 스스로 생을 마감하는 이들도 끊이지 않았다.

이렇게 18세기에 영국이 행했던 대서양 노예무역은 아프리카 해안, 중간 항로, 서인도제도에서 수많은 죽음을 양산하고 있었다. 시간이 흐르며 반대의 움직임도 생겨났지만 그 시기는 의외로 늦은 18세기 말이었다. 지금은 노예제를 반대하는 것이 당연하다고 생각하지만 당시에는 꼭 그렇지 않았다. 우선 대다수 영국인에게 노예무역이 행해지는 지역은 물리적으로 너무 멀리 떨어져 있었다. 실제로 서아프리카나 서인도제도에서 노예무역과 노예 농장의 실태를 볼 수 있었던 사람은 소수였다. 대다수 사람은 노예무역이 일반적 의미로 잔인하다는 막연한 생각을 가졌을 뿐 그 참혹한 실태를 알기 어려웠다.

또한 영국인들에게 안겨 주었던 엄청난 경제적 이익이 노예무역의 실태를 파악하고 직면하는 것을 막았다. 노예무역은 영국 상인에게는 대서양을 아우르는 시장을, 소비자에게는 설탕이라는 필수품을, 국가에는 식민지 번성이라는 선물을 주었다. 시간이 흐르며 노예무역의 실체가 조금씩 알려졌지만 그것을 직면하고 뉘우치는 것은 또 다른 문제였다. 노예무역 반대는 당연한 것이 아니라 인식의 전환이 필요한 문제였기 때문이다. 그래서 던져야 할 정확한 질문은 어쩌면 이것일지도 모른다. 노예무역이 잘못되었다는 생각은 어떻게 18세기 말 영국 대중 사이에 퍼질 수 있었는가?

노예무역에 대한 반감의 확산

영국의 중·고등학교 교과서는 보통 18세기 말부터 영국과 미국에서 노예무역 폐지 운동이 시작되었다고 서술한다. 이런 설명은 역사적 사실의 일부를 반영한다. 영국에서는 1787년에 첫 노예무역 폐지협회가 조직되었고 미국도 독립전쟁의 국면에서 반노예제 움직임이 등장했다. 하지만 사람은 보통 행동에 나서기 전에 생각의 변화를 먼저 겪는다. 앞서 언급했듯이 당시 노예제가 잘못되었다는 생각은 일반 대중에게 당연하지 않았기 때문에 이러한 반노예제 사상의 확산 경로를 추적해 볼 필요가 있다.

그렇다면 영어권 대서양 세계 사람들은 언제부터 노예무역과 노예제도에 불편함을 느끼기 시작했을까? 우선 17세기 말-18세기 초에 영국과 북아메리카 식민지의 교회 공동체에 아프리카 흑인 노예들이 들어오기 시작하면서 몇몇 종교인들이 노예제도에 불편함을 느꼈다는 기록이 등장한다. 일부 청교도들은 인간의 영혼이 평등하다고 믿었는데 처음으로 피부색이 다른 인종을 만나면서 이 믿음이 인종의 경계를 넘어 적용되는지 고민하게 되었다. 그 연장선에서 소수의 선각자들은 아프리카 출신 '형제와 자매'들의 육체에 엄청난 폭력을 가하는 노예제가 과연 정당한지 의구심을 가졌다. 예를 들어 1690년대에 북아메리카에 선교사로 와 있었던 존 엘리엇(John Eliot, 1604?-1690)은 식민지인들이 노예들을 "말이나 소처럼 다루고, 그들의 불멸하는 영혼에 대해 아무런 관심도 보이지 않는" 상황을 비판하며 식민지 노예 농장의 환경 개선을 주장한 바 있다.[10] 그러나 그가 제시한

새뮤얼 시월의 《요셉의 매매》(1700).
북아메리카 식민지에서 처음 출판된 반노예제 팸플릿으로 알려져 있다.

해결 방안은 노예에게 기독교를 가르치는 것이었다. 그는 적어도 일주일에 한 번 성직자들에게 교리교육을 받을 수 있도록 노예들을 보내 달라고 농장주들에게 부탁하는 것이 당시 상황에서 최선이라 여겼다.

1700년 매사추세츠 지역의 사업가이자 순회판사였던 새뮤얼 시월Samuel Sewall은 아마도 북아메리카에서 반노예제 책자를 출판한 첫 번째 사람일 것이다. 그는 《요셉의 매매》Selling of Joseph라는 책에서 아프리카 흑인을 노예로 만드는 것은 신의 설계에 어긋나며, 온 인류를 아담의 후손이자 한 형제자매로 묘사한 성경의 가르침에 벗어난다고 주장했다.[11] 1706년에는 매사추세츠에 거주하던 신학자 코튼 마더Cotton Mather가 《기독교화된 니그로들》The Negro Christianized을 출판하였다. 그는 이 소책자에서 흑인 노예가 "이성을 가진 피조물"임을 강조하였다. 그는 일부 흑인들을 교육했을 때 엄청난 진보가 있었다면서 이들 안에 "합리적 영혼"이 있다는 증거를 제시하기도 했다. 그러나 마더가 언급한 정의와 평등은 노예들을 잘 대하고 그들을 종교적 구원으로 이끄는 것이었으며 노예제도에서 벗어나게 하는 것과는 거리가 멀었다.[12]

사실 18세기 초반에 이런 기록들은 아주 예외적이었다. 당시 종교 지도자들은 대부분 노예를 소유했다. 유명한 신학자 조나단 에드워즈Jonathan Edwards는 평생 노예를 소유했고 직접 항구에 가서 노예를 구매한 일도 있었다. 1730-1740년대 영국과 북아메리카 식민지에서는 프로테스탄트 부흥운동이 있었다. 대각성 운동the Great Awakening으로 불렸던 이 운동의 대표적 부흥사 조지 휫필드(George Whitefield, 1714-1770)는 조지아에 있는 고아원을 운영하려고 노예 농장을 운영했다. 그는 노예에 대한 비인간적 처우를 반대한 적은 있었으나 노예제 자체를 비판하지는 않았다. 잉글랜드 국교회의 해외 선교 협회인 해외복음전파협회Society for the Propagation of the Gospel in Foreign Parts는 선교 활동 자금 마련을 위해 서인도제도 노예 농장에 자금을 투자하기도 했다. 이곳의 노예들은 선교협회 소유임을 쉽게 알아보도록 인두로 'S'(Society, 협회를 뜻함) 자를 가슴에 지져야 했다.

1740년대에 이르러 대각성 운동이 확대되면서 흑인 노예들의 교회 공동체 유입이 대규모로 이뤄지기 시작하였다. 상당수의 대각성 운동 지도자들은 노예들을 교회의 일원으로 받아들이는 것이 불가피하다고 보았다. 이 변화는 노예제에 어떤 형태로든 제약을 가할 필요가 있다는 생각으로 이어졌다. 이런 배경에서 에드워즈는 노예무역 폐지를 이 문제의 현실적 해결 방안으로 제시하기도 했다. 그가 보기에 노예 농장에서는 고강도 강제노동이 행해지긴 해도 기초적인 숙소와 음식이 제공되고, 선교사 방문, 일요일 예배, 세례를 허용했기 때문에 기독교 전파가 이뤄지고 있었다. 하지만 노예무역은 그 잔혹함과 강제성의 정도가 지나쳐서 그나마 있는 이 효용을 기대할 수 없기 때문이었다.[13]

18세기 중반에 이르면 이미 노예제에 대한 영국인들의 시각은 상당히 분열되고 있었다. 1740년대에는 대각성 운동을 확산시킨 휫필드와 부흥운동에 부정적이었던 알렉산더 가든Alexander Garden 사이에 논쟁이 벌어졌다. 본래 이 논쟁의 시작은 대각성 운동의 성격을 둘러싼 종교적 이슈였지만 흑인 노예들에게 기독교 교육을 해야 하느냐는 노예제 관련 문제로 진행 과정에서 쟁점이 옮겨 갔다. 그것은 궁극적으로 "노예제도가 어느 정도까지 제한되어야 하는가"의 범위를 정하는 문제이기도 했다. 식민지 남부 지역인 캐롤라이나에 살았던 가든과 식민지와 영국을 오가던 휫필드는 공개 편지로 자신의 의견을 피력했고, 이 글들은 팸플릿으로 출판되어 대서양을 오가는 논쟁으로 발전했다.[14]

이런 분위기 속에서 퀘이커들이 처음으로 교파 차원에서 노예제 반대 목소리를 내었다. 1754년 필라델피아의 퀘이커 교우회Society of Friends가 공식적으로 노예 소유를 반대했고, 1760년대부터 곳곳에 있는 퀘이커 교우회들이 그 안의 노예 소유자들을 추방하기 시작했다. 이는 신 앞에 인간이 평등함을 강조하는 퀘이커의 교리적 특성 때문이기도 했지만, 과학이 발달하고 계몽주의가 확산되던 시기에 세속화에 저항하여 신앙의 순수성을 높이려는 시도이기도 했다. 퀘이커 공동체의 도덕주의자 존 울먼John Woolman과 앤소니 베네젯Anthony Benezet은 1762년에 노예제를 반대하는 소책자를 발간했다.

1770년대에는 종교 공동체에서 나타나던 반노예제 움직임이 법정 싸움으로 발전했다. 그 선구자는 그렌빌 샤프Granville Sharp였다. 그의 기념비적 업적은 1772년의 서머싯 재판일 것이다. 이 재판은 제임스 서머싯James Somerset이라는 노예가 도망한 사건에서 시작되었다. 서머싯은 아프리카에서 북아메리카 식민지로 끌려온 후 보스턴의 세관원이었던 찰스 스튜어트에게 팔린 노예였다. 그는 상당 기간을 스튜어트의 노예로 지내다가 1769년 잉글랜드로 주인이 돌아올 때 따라오게 되었다. 그는 1771년에 주인으로부터 도망쳤지만 곧 붙잡혔고 스튜어트는 도망 노예를 '앤 앤드 메리'호에 임시로 구금한 뒤 서머싯을 자메이카로 데려가 팔아 달라고 선장에게 부탁하였다. 그러나 서머싯이 도망쳤을 때 돌봐 주었던 몇몇 교구교회 교인들이 이 사실을 안 뒤 왕좌재판소the Court of King's Bench에 인신보호영장을 요청하였고 법원이 이를 받아들여 서머싯은 극적으로 풀려났다. 그리고 이 도망 노예의 운명을 결정할 재판이 열리게 되었다.

이 재판의 주심은 이전에 몇 차례 도망 노예 사건을 맡았던 대법관 맨스필드였으며, 이미 도망 노예 사건인 '스트롱 대 리즐'Strong v. Lisle 사건에서 변호인으로 활약해 유명세를 얻었던 그렌빌 샤프가 서머싯의 변호를 맡아 세간의 관심을 끌게 되었다.

샤프는 유사한 사례를 수임한 경험이 있었던 프랜시스 하그레이브, 제임스 맨스필드, 존 글린, 존 알레인 등 당대의 유명 법률가들로 변호인단을 구성하였다. 이에 서인도제도 노예 농장주들 또한 노예 주인의 패소가 초래할 잠재적 위험을 막기 위해 스튜어트의 변호사 선임에 자금을 대면서 전국적 관심을 끄는 사건이 되었다.

맨스필드가 최종 판결을 내리기까지는 약 1년이 걸렸는데 그사이 여론전이 심했다. 서머싯의 변호인 하그레이브가 《흑인 노예 제임스 서머싯 재판에서의 주장》을 출판하여 여론의 지지를 호소하자 서인도제도 농장주들도 이에 맞서 대중 선전을 시작하였다. 예를 들어 서인도제도 농장주였던 새뮤얼 에스트윅은 "영국인이 프랑스나 중국에 간다 해도 영국 국왕에게 본국에서처럼 동일한 충성심을 가지는 것"처럼 주인과 노예의 법적 관계는 장소와 관계없이 적용되어야 한다고 주장하기도 했다.[15]

과열된 분위기에 상당한 부담을 느꼈던 맨스필드는 각 이슈에 대해 적극적 판단을 피하고 양쪽의 견해 사이에서 적절한 타협선을 찾으려 했다. 맨스필드는 노예를 재산으로 보지 않았지만 외국에서 성립된 주인-노예 관계의 성립 자체는 부정하지 않았다. 또한 노예제가 자연법에 어긋난다고 인정하면서도 그것이 잉글랜드 법률 체계 안에서 무효라는 결론까지는 내리지 않았다. 서머싯은 결국 자유의 몸이 되었는데 이는 노예를 다시 농장으로 돌려보내는 것이 주인의 권리를 과도하게 보호한다는 이유 때문이었을 뿐 노예의 인권을 적극 인정한 것은 아니었다.[16]

이 판결로 노예제가 폐지된 것은 아니었으나 그 안에는 노

주인의 손에서 노예를 구하는 그렌빌 샤프. 제임스 헤일러James Hayllar 작.

예제와 상충하는 내용이 들어가 있었다. 우선 이 판결은 노예로 추정되는 흑인에게 영국법에 의하지 않는 구금을 금지함으로써 신체의 자유 개념을 적용하였다. 또한 맨스필드는 "노예제는 어떤 나라나 어떤 세대에서도 그 기원을 찾기 힘든" 것이므로 그것을 허락하는 실정법으로만 허용될 수 있다고 보았다. 이런 해석은 노예제가 자연 질서에 반하므로 보편적으로 성립되지 않을 가능성을 강하게 암시하고 있었다. 결과적으로 이 판결은 실제 내용과 상관없이, 노예가 영국에 들어오면 자유를 얻는다는 인상을 심어 주게 된다.[17]

이후 노예제의 정당성을 흔드는 판결들이 계속해서 나왔다. 1778년 스코틀랜드에서는 노역을 거부하고 도망을 시도한 노예 조셉 나이트Joseph Knight와 그의 주인 존 웨더번John Wedderburn 사이에서 재판이 열렸다. 오늘날 아프리카의 기니 지역에서 태어났다가 자메이카로 끌려간 나이트는 그곳에서 스코틀랜드 상인 웨더번에게 팔려 서인도제도에 오게 되었다. 이때 대략 13세였던 것으로 추정된다. 웨더번은 1769년 고향인 퍼스서로 돌아왔고 이때 나이트를 함께 데려왔다. 그는 나이트에게 집안일을 시키려 읽기와 쓰기를 가르치고 세례도 받게 했다. 이때쯤 웨더번은 "행실이 바르면 7년 후 자유를 주겠다"고 약속을 했고 또한 나이트가 가정부 애니 톰슨과 사랑에 빠지자 결혼도 허락해 주었다.

그러나 나이트는 20세 무렵인 1772년에 자신의 자유를 선언하고 그동안의 노동에 대한 임금을 요구하였다. 나이트는 자유를 주겠다고 한 약속을 지키라고 웨더번에게 요구했지만, 웨더번은 나이트가 "여기서 자유를 얻는다면 누구도 그를 고용하지 않을 것이므로 굶게 될 것"이라며 이를 거부했다.[18] 나이트에게 배신감을 느낀 웨더번은 이 와중에 나이트의 아내가 임신하자 그녀를 해고했다. 나이트는 아내를 다시 고용하거나 밖에서 함께 살 수 있는 집을 구해 달라고 요청했지만 웨더번은 이 또한 거절했다.[19] 자유를 준다는 약속과 임금 지불을 둘러싼 갈등에 애니 톰슨을 해고한 일이 겹쳐 나이트와 웨더번의 사이는 완전히 틀어졌다. 나이트는 이때 탈출을 계획했고 그가 짐을 챙기는 것을 알게 된 웨더번은 자신과 친분이 있는 치안판사에게 신고하여 나이트를 체포했다. 그러자 1774년 2월에 나이트는 법원에 자유를 호소하였고 결국 이 사건은 대법원the Court of Session까지 가게 되었다.

4년간의 재판 끝에 스코틀랜드 대법원은 이 소송을 제기한 웨더번 측의 요구를 기각하고 나이트에게 자유를 주었다. 1778년 1월 15일에 나온 판결은 도망 노예 한 명에게 자유를 준 것 이상의 의미가 있었다. 대법원은 나이트가 자유라는 결정을 내리기 위한 전제로 해외 식민지의 노예 구매라는 법적 행위가 본국에서 인정되지 않는다고 판단했고, 그 연장선에서 "노예제도는 이 왕국의 법에 의해 인정되지 않으며, 그 원칙에 부합하지 않는다"라고 판결했다.[20] 이 결정은 영국 법원에서 나온 최초의 노예제 불법화 조치였다. 이런 판결은 또 다른 질문을 일으켰다. 영국 본토에서 노예제가 불법이라면 식민지에서 노예제를 허용하는 것은 정당한가?

이 무렵 노예무역의 참상이 대중에게 드러나면서 이 의심에 힘을 실었다. 1781년 일어난 종Zong호 학살 사건이 대표적 예다. 1781년 8월 18일 노예선 종호는 442명의 노예를 싣고 아프리카 서해안을 출발하여 서인도제도 자메이카를 향해 항해를 시작하였다. 같은 해 9월 6일 지금의 상투메 프린시페에서 마지막

1781년에 일어난 종Zong호 학살 사건.

공급을 받은 뒤 11월 18일에 서인도제도의 토바고를 지나게 되었다. 여기서 식수 공급이 가능했지만 당시 프랑스가 이 섬을 차지하고 있어 그냥 지나쳐 버렸다. 그리고 11월 27일에는 자메이카가 눈에 들어왔음에도 이를 히스파뇰라 섬으로 오해하여 항해를 계속하다가 11월 29일에 이르러서야 이 사실을 인지하게 되었다.[21] 선원들은 해류와 역풍으로 자메이카까지 돌아가는 데 상당한 시간이 걸린다고 보았고 식수가 충분하지 않다고 판단하였다. 결국 선장이었던 루크 콜링우드와 선원들은 식수 부족을 이유로 노예들을 일정 수 학살하기로 하였다. 학살은 11월 29일부터 수일 동안 적어도 3차례 이상 일어났으며 대략 132명이 바다로 던져졌다. 마지막에 학살당한 36명 중 10명은 스스로 목숨을 버렸다.[22]

당시 영국인 대다수는 종호에서 무슨 일이 있었는지 알지 못했다. 그런데 1년 후, 이 배를 소유한 그렉슨 회사가 죽은 노예들에 대한 보험금을 청구하면서 종호 사건은 새로운 국면을 맞이하였다. 보험회사는 선주들의 요구를 거부하였고 이에 그렉슨 회사가 보험금 강제 집행 소송을 제기한 것이다. 1783년 3월에 있었던 1심은 선주 측의 주장을 받아들였고 학살된 노예 1인당 30파운드로 환산하여 보상할 것을 결정하였다.[23] 이에 보험회사는 재심을 요청했고 5월 21일과 22일에 재심 여부를 결정하는 재판이 왕좌재판소에서 시작되었다.

보험회사의 반격이 시작되면서 종호에서 일어난 참사가 드러나기 시작했다. 우선 보험회사의 설득으로 증인으로 나선 종호의 1등 항해사 제임스 켈살은 병든 노예들을 바다로 던졌다는 기존의 주장을 부정하며 좀더 구체적인 상황을 설명하였다. 11월 29일 아침 380명 정도의 노예가 살아 있었는데 이들은 모두 건강했고 전염병에 감염된 사실도 없었던 것이다.[24] 또한 보험회사 변호인들은 종호에서 학살이 3차례에 나눠 일어났는데 마지막 36명을 죽인 학살은 1781년 12월 1일 이 지역에 강한 비가 와서 식수를 충분히 확보한 이후에 일어났다는 것을 밝혀 내었다. 선원들은 보험금을 타내려 의도적인 집단학살을 저질렀던 것이다.

이 재판의 주심을 맡은 맨스필드는 이 사건의 핵심을 해상보험 사건으로 보려 했다. 그는 이 재판에서 노예제의 정당성을 다뤄야 한다는 주장에 대해 "노예들의 경우는 말을 배 위에서 던진 것과 동일하다"는 악명 높은 비유를 남기기도 했다.[25] 그러나 맨스필드도 드러난 증거들에 영향을 받을 수밖에 없었고, 노예들을 재산으로 본다 해도 살해할 만한 '절대적 필요성'이 입증되지 않았다는 이유로 재심을 결정하였다. 그럼에도 여기서 노예제의 정당성을 다루거나 선원들에게 형사처벌을 내리지는 않았다.[26]

대중은 종호에서 일어난 대규모 학살에 분노하였지만, 곧 그것이 특정 배의 문제가 아니라 아프리카에서 서인도제도로 가는 항로에서 노예가 처한 열악한 상황에 내재된 문제임을 알게되었다. 많은 사람들이 종호 사건을 계기로 노예무역의 전 과정을 도덕성이 무너지는 과정과 동일시하게 되었다. 해방 노예 오토바 쿠고아노는 《사고와 감정》(*Thoughts and Sentiments*, 1787)이라는 팸플릿에서 이 학살을 명령한 종호의 선장을 '잔혹한 괴물'로 묘

케임브리지 대학 세인트존스 칼리지에 있는 클락슨 석상. 손에 쇠사슬을 들고 있다.

사하면서, "흑인들의 목숨을 짐승의 목숨과 다를 바 없이 앗아
간" 살인 행위를 규탄했다. 그리고 궁극적으로 아프리카 해안에
서 흑인들의 "아내들과 아들과 딸들을 강도질하고, 그들을 폭력
에 의해 영원히 노예로 만드는" 행위의 폐지를 주장하였다.[27]

　　종호 재판에 영향을 받은 런던의 퀘이커 교우회는 처음으
로 하원에 노예제도의 제한을 요구하는 청원서를 1783년에 제
출하였다. 노예선 의사였던 제임스 램지도 이 재판에 분노하여
《영국 설탕 식민지에서 아프리카 노예들의 취급과 회심에 관한
에세이》*Essay on the Treatment and Conversion of African Slaves in the British Sugar
Colonies*라는 팸플릿을 통해 노예무역의 참상을 폭로했다. 종호
학살은 노예무역 폐지 운동의 주요 인물이 될 토머스 클락슨에
게도 영향을 주었다. 그는 케임브리지 대학 세인트존스 칼리지
에 재학 중이던 1786년, 종호 사건으로 노예 문제에 관심을 가지
게 되었고 칼리지의 논문 공모전에 〈노예제와 인류, 특히 아프

리카인의 교역에 관한 에세이〉*An Essay on the Slavery and Commerce of the Human Species, Particularly the African*를 제출하여 최우수 논문상을 수상하였다. 클락슨은 1787년에 이 논문을 책으로 출판하여 유명해졌고, 이는 자신의 인생을 노예무역 폐지 운동에 헌신하는 계기가 되었다.

마침내 1787년 5월 22일, 앞서 말한 노예무역 폐지 위원회가 런던에 설립되었다. 퀘이커 교도와 샤프, 클락슨 같은 국교도 복음주의자가 주요 멤버였던 이 위원회가 설립된 후, 영국에서는 반노예제 감정이 상대적으로 빠르게 대중 정치 운동으로 발전하였다. 위원회는 노예무역 문제를 의회로 가져가 다룰 사람을 찾았는데 그는 이미 여러 경로로 이 일에 동참하라고 요청받고 있었다. 그가 바로 윌리엄 윌버포스였다.

2

헐에서 웨스트민스터까지

1759—1784

윌리엄 윌버포스는 로버트 윌버포스와 엘리자베스의 아들로 1759년 8월 24일에 태어났다. 로버트는 항구 도시 헐Hull의 거상으로 두 번이나 시장을 역임하기도 했다. 윌버포스 집안의 근거지는 본래 요크였는데 집안이 점차 해외 무역에 관여하면서 본거지를 헐로 옮기게 되었다. 윌리엄의 할아버지는 성을 'wilberfoss'에서 'wilberforce'로 바꿨고 가문을 대규모 상단으로 성장시켰다. 헐에 자리 잡으면서 윌버포스 집안은 스칸디나비아 국가 및 발트해 연안 국가들과 교역을 하며 큰 재산을 모으게 되었다.

어린 시절

윌버포스 가문이 최종 정착한 항구 도시이자 일반적으로 '헐'이라 부르는 킹스턴 어폰 헐Kingston upon Hull은 바다가 내륙 깊숙이 들어온 곳에 자리 잡은 항구여서 외국에서 수입한 물건을 내륙으로 운송하기에 최적의 위치에 있다. 이 도시는 18-19세기에도 아주 큰 항구 도시였고 지금도 영국의 3대 항구 도시로 꼽힌

헐에 있는 윌버포스의 생가. 지금은 윌버포스 박물관으로 운영된다.

다. 다니엘 디포의 《로빈슨 크루소》에서 크루소가 첫 항해를 시작한 항구가 바로 헐이었다. 소설에서도 묘사되듯이 이곳은 목재, 모직물, 철강 등의 교역 중심지이자 고래잡이 항구로도 유명했다.

윌리엄 윌버포스가 태어난 저택은 창문을 열면 상품이 하역되고 거래되는 부두가 바로 보이는 하이 스트리트 25번가에 자리 잡고 있다. 어렸을 때부터 영국과 외국을 오가는 상인들과 다양한 물품 거래가 부를 창출하는 과정을 보고 자라면서 실용정신이 자연스레 자리 잡았을 것이다. 윌버포스의 정치 인생에서 현실적 대안 없이 이상만 추구하는 것은 그와 어울리지 않는 모습이었다.

헐에서 태어난 운명은 그의 정치적 성향에도 영향을 끼쳤을 것이다. 리버풀이나 브리스톨 등 대서양 연안에 위치한 항구가 노예무역에 과도히 의존했던 것과 달리 헐은 다양한 물품을 교역하여 안정적인 수익을 올리고 있었다. 또한 헐이 속한 요크셔는 산업혁명의 중심지로 발돋움하고 있었기 때문에 노예 노동력을 이용해 설탕을 생산하던 서인도제도와 상대적으로 교역이 적었다. 이런 지역에 자리 잡은 가문에서 태어난 것은 윌버포스가 서인도제도 노예 농장주와 영국 토지 귀족 사이의 이익 공유 관계에서 자유로울 수 있었던 요소였다. 윌버포스는 14세였던 1773년 요크의 신문사에 "인간의 육체를 거래하는 악취 나는 무역"을 비판하는 내용의 편지를 보낸 적이 있었는데 이 지역의 분위기가 끼친 영향이 컸을 것이다.[1]

윌버포스의 아버지 로버트와 어머니 엘리자베스는 네 자녀를 낳았고 윌리엄은 그중 셋째였다. 그는 4남매 중 가장 허약한

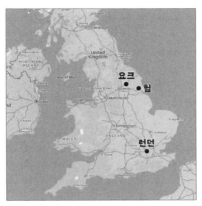

윌버포스 가문의 근거지.

아이였다. 미숙아에 가깝게 태어났고 음식도 제대로 못 먹을 뿐
아니라 시력도 약했다. 병에 시달리던 아이를 보고 오래 살지 못
하리라 생각한 친척들도 있었지만 윌리엄은 둘째 누나 사라와
함께 성인이 될 때까지 살아남았다.

　　윌리엄이 7번째 생일을 맞이하자 그의 부모는 건강 문제에
어느 정도 마음을 놓았고 교육을 본격적으로 시작했다. 윌리엄
은 헐 시내에 있는 그래머 스쿨grammar school◆에 보내졌다. 당시
부유한 집안은 아이들을 멀리 떨어진 사립 학교에 보내기도 했
지만, 윌버포스 집안은 어렸을 때부터 사업을 가르쳐 가업을 잇
는 전통이 있어서 이 관행을 따르지 않았다. 그래머 스쿨은 당시
23세였던 조셉 밀너Joseph Milner가 교장을 맡고 있었고 그의 동생

◆　　라틴어를 교육하기 위해 세워졌던 중세의 교육기관으로 시간이 흐르며 고대 그리스어,
　　영어, 자연과학, 수학, 역사 등 다른 기초 과목으로 커리큘럼이 확대되었다. 지금도 영국
　　에서는 중·고등학교의 한 유형으로 남아 있다.

으로 열일곱이었던 아이작 밀너Isaac Milner가 보조교사로 일하고 있었다. 윌버포스의 학업을 가르치며 대학 진학을 준비하던 아이작은 아동용 교육 커리큘럼을 직접 계발해 아이들의 수준에 맞게 강의했고 아이들과 친밀한 관계를 맺어 인기가 많았다. 윌버포스는 문법, 문학, 낭독에서 두각을 나타냈다. 아이작 밀너는 훗날 윌버포스의 "낭독이 너무 뛰어나서 책상 위에 세워 다른 학생들에게 모범이 되도록 큰 소리로 읽게 하곤 했다"고 말했다.[2] 윌버포스는 여기서 2년간 즐거운 시간을 보냈다. 아이작과의 인연은 계속 이어졌고, 여러 해가 흐른 후 그는 윌버포스의 일생일대의 경험에 의도치 않은 조력자가 되었다.

1768년 윌버포스가 9세가 채 안 되었을 때 집안에 비극이 찾아왔다. 윌리엄의 큰누나 엘리자베스가 병으로 죽고, 얼마 지나지 않아 아버지 로버트도 건강이 나빠져 죽은 것이다. 남편이 39세에 세상을 떠나자 어머니는 큰 충격에 빠져서 몇 달간 정신을 차리지 못했다. 이에 어린 윌리엄은 큰아버지인 또 다른 윌리엄 윌버포스에게 보내졌다. 런던 윔블던의 넓은 저택에 살던 삼촌은 윌버포스 집안의 장남으로서 할아버지의 재산을 상당 부분 상속받았을 뿐 아니라 숙모 해너 손턴은 유명한 은행가 집안 출신으로 많은 지참금을 가져왔기 때문에 상당히 부유했다. 윌리엄 삼촌은 물질만 부유했던 것이 아니라 정이 많았고 신앙심이 깊은 사람이었다.

18세기 후반 영국의 종교적 상황

여기서 잠시 당시 영국의 종교적 분위기를 설명할 필요가 있다. 당시 영국은 표면적으로는 기독교 국가였지만 18세기에 이르러 종교적 분위기는 전반적으로 냉랭했다. 1600년대 영국은 내부 종교 갈등이 극심했고 이는 가톨릭 성향의 국왕과 청교도가 다수였던 의회파 사이의 내전, 올리버 크롬웰의 엄격한 청교도적 통치 등으로 표출되기도 했다. 1700년대의 분위기는 이런 과도한 종교성 표출에 대한 사회적 반작용으로 볼 수도 있을 것이다. 공식적으로는 국교회가 존재하고 기독교 예식이 거행되고 있었지만, 성직자들은 광신적으로 보이기를 싫어하여 성경의 메시지를 강하게 전달하지 못했고 차가운 설교는 대중에게 영향을 끼치지 못하고 있었다. 국교회 목사였던 헨리 벤Henry Venn은 요크 대성당 성직자 로렌스 스턴의 설교집을 읽고는 그가 "한두 구절을 제외하면 유대인 회당이나 모스크에서도 불쾌감 없이 설교할 수 있을 것"이라고 말하기도 했다.[3]

그러나 이런 표면의 모습과 달리 밑에서는 새로운 흐름이 생겨나고 있었다. 경직된 교회 전통과 기독교 교리를 위협하는 이신론◆에 대한 반동으로 부흥운동이 시작된 것이다. 흔히 '대각성 운동'으로 불린 이 운동은 특정 교파의 경계를 넘었고, 영국뿐 아니라 북아메리카 식민지까지 퍼진 범대서양적 현상이었다. 이 운동을 주도한 것은 존 웨슬리(John Wesley, 1703-1791)와 조지 휫필드였다.

성직자 가정에서 태어난 웨슬리는 엄격한 신앙교육을 받으

◆ 　계몽주의의 영향으로 이성과 성경의 계시를 조화시키려는 시도가 17-18세기에 나타났다. 이신론자들은 신의 존재를 부정하지는 않았으나 일상생활 속 신의 기적적인 개입은 부정하였고, 이성과 자연법칙에 어긋난다고 보이는 것들을 성경에서 제거하였다. 이신론은 교단이 아니라 사회적 현상이었으며 당시 많은 기독교인이 이신론의 영향을 받았다.

며 자라났고 이것은 성년에 이르기까지 영향을 주었다. 가문의 전통에 따라 옥스퍼드 대학에 진학한 웨슬리는 26세였던 1729년에 동생 찰스와 친구 횟필드와 함께 '홀리 클럽'Holy Club이라는 모임을 만들었다. 이 클럽 멤버들은 거룩한 생활 습관을 기르기 위해 매일 아침 6시부터 9시까지 기도와 성경 읽기 모임을 하고 매주 수요일과 금요일은 금식하였다. 그들은 개인 영성 수련에서 멈추지 않고 교도소를 방문하여 수감자들을 교육하고, 빈민들에게 복음을 전하였다. 당시에도 이러한 모습은 신기하게 여겨져서 옥스퍼드 학생들은 이들을 '규칙주의자'Methodist라고 놀렸는데 이 말은 웨슬리의 추종자들을 가리키는 말이 되었다.

1733년 영국령 북아메리카 남부에 조지아 식민지가 건설되었고, 웨슬리 형제는 교구 사역과 원주민 선교를 하기 위해 이곳에서 3년의 세월을 보냈지만 성과는 별로 없었다. 존 웨슬리는 이 시기에 사랑하는 여인과 헤어지는 아픔을 겪기도 했다. 사역실패와 개인적 어려움으로 패배감에 젖어 잉글랜드로 돌아오는 항해에서 웨슬리가 탄 배는 큰 폭풍우를 만났는데, 이때 웨슬리는 폭풍 속에서도 찬송가를 부르는 모라비안 교도들을 만나 그들의 내적 평안에 큰 감명을 받았다. 이것이 계기가 되어 1738년 5월 24일, 웨슬리는 런던의 엘더스게이트 스트리트의 모라비안 교회의 모임에 참석하게 되었고 예배 중 회심을 경험한다. 웨슬리는 다음과 같은 기록을 남겼다. "8시 45분쯤, 그가(교회에서 성경 주석을 읽는 사람) 예수 그리스도를 믿는 믿음을 통해 하나님이 심령에 일으키신 변화를 묘사하는 동안 나는 이상하게 내 마음이 뜨거워짐을 느꼈다."

이 경험 후 웨슬리 형제는 죽기 직전까지 영어권 대서양 세계 곳곳을 다니며 복음을 전했다. 아직 영국 및 식민지 도로망이 잘 닦이지 않았던 시절에 이들은 평생 약 40만 킬로미터를 말을 타고 여행하였으며, 각지에서 총 4만 번 이상의 설교를 하였다. 이는 하루에 평균 두 번 이상 설교를 하였음을 의미했다. 존 웨슬리는 당시 평균 수명이 한참 지난 70세가 되었을 때 말 타기를 중단하였고 80대 중반이 되어서야 새벽 설교를 중단하였다.

웨슬리의 사역은 광범위한 활동 영역뿐 아니라 전도 방식에서도 새로운 면모를 보였다. 웨슬리는 하층민 노동자들이 교회까지 나오기 어려운 상황을 고려해 그들의 마을로 찾아가 야외 설교를 하였고, 그들이 퇴근 후 여유가 있는 밤 시간에 집회를 열기도 했다. 찰스 웨슬리는 성경을 읽기 어려운 하층민을 위해 기독교의 핵심 메시지를 담은 찬송시를 작사하여 퍼뜨렸다. 이런 노력의 결과 1791년 존 웨슬리가 사망할 때쯤 대서양 세계에 14만 명 정도의 감리교도가 존재했다. 이 모든 사역을 마치고 죽기 직전 웨슬리가 한 말은 "무엇보다 가장 좋은 것은 하나님이 우리와 함께하신다는 것이다"the best of all is, God is with us였다.[4]

영국의 종교적 분위기를 바꾸는 데 두 번째 중요했던 인물은 횟필드였다. 그는 옥스퍼드에서 공부하는 동안 웨슬리 형제를 만나 홀리 클럽의 멤버로 활약하였다. 국교회 성직자가 된 그는 웨슬리와 함께 옥외 설교 방식을 유행시켰고, 프로테스탄트 신학과 영성을 최신의 방법으로 전파하고 옹호하는 것에 많은 관심을 기울였다. 두 사람은 신학적 견해가 일치하지는 않았다. 웨슬리는 구원을 받기 위해 인간의 노력을 강조했던 아르미니안

주의자였고, 휫필드는 신의 주권과 은혜를 강조하는 칼뱅주의를 고수하였다. 그럼에도 휫필드는 끝까지 웨슬리의 친구이자 동역자였고 '앞으로 죽어서 천국에 가면 주의 곁에 가까이 있을 사람'이라고 웨슬리를 평가하였다.

대각성 운동 기간 동안 휫필드는 열정적으로 영어권 대서양 세계에 복음을 전파하였다. 그는 잉글랜드 대다수 카운티에서 설교를 하였고, 웨일스는 수시로 방문하였다. 1742-1744년에는 스코틀랜드의 캠버스랭, 서더랜드, 로스킨, 퍼스 등에서 부흥운동이 일어나는 데 영향을 끼쳤다. 아일랜드로는 두 번 전도여행을 떠났고, 버뮤다, 지브롤터, 네덜란드 등도 방문했으며, 아메리카 식민지로 일곱 번 여행했다. 특히 1740년 9월 14일부터 10월 13일에는 노스햄프턴을 방문해 청교도 신학자 조나단 에드워즈가 담임했던 교회에서 집회를 인도했는데 그의 방문은 1차 대각성 운동의 확산에 크게 기여했다고 평가된다. 휫필드는 이후 필라델피아를 방문하여 이신론자인 벤저민 프랭클린을 감화시켰고 향후 식민지 전도여행의 계획을 수립하고 홍보하는 데 있어 파트너 관계를 형성하였다.[5]

휫필드의 선교 활동이 남긴 의의 중 하나는 대각성 운동에 상업적 방식을 접목하여 대규모 복음전파를 시도한 것에 있었다. 그는 부흥 집회 장소에 도착하기 몇 달 전부터 신문 편집자들과 출판업자에게 자신의 책을 보내 선전하였고, 그것이 자신의 방문에 맞춰 보급되도록 만들었다. 휫필드가 집회를 마치면 그의 설교집들이 바깥 판매대 앞에 진열되어 있었다. 프랭클린은 휫필드의 설교를 시리즈로 만들어 시차를 두고 출판해 관심을 배가시켰다. 들고 다니기 쉽게 포켓 사이즈로 책을 만들거나, 다량의 책을 구입한 경우 배달 서비스를 제공하기도 했다.[6] 이렇게 상인들의 이윤 추구와 부흥운동가의 노력이 합쳐져 복음주의는 영국과 식민지 내 많은 집단에 좀더 빠르게 접근할 수 있었다. 교회사 연구자 마크 놀Mark Noll은 휫필드가 "전통 그리스도교의 많은 부분을 포용하면서도 더 근대적이고 개인주의적인 형태의 신앙"을 제시했다고 평가하기도 했다.[7]

윌버포스가 삼촌 집에 있던 1770년경 이렇게 영국에서는 전반적으로 냉랭하고 생기 없는 종교적 분위기에 대한 반발로 부흥운동이 일어나고 있었다. 한편에서는 성경을 이성에 비추어 판단하는 이신론, 데이비드 흄 같은 철학자가 대표하는 신의 존재에 대한 회의론이 퍼져 있었지만, 다른 한편에서는 이런 분위기에 대한 반동으로 부흥의 조짐이 나타났던 것이다. 그리고 이 변화의 주도자들이 런던에 왔을 때 자주 들렀던 곳이 바로 윔블던의 삼촌네였다. 이들은 어린 윌버포스의 인격 형성에 큰 영향을 주었다.

윔블던에서 만난 사람들

삼촌 부부는 어린 윌리엄을 기숙학교에 보냈지만 윌리엄은 정을 붙이지 못했다. 물론 헐의 선생님과 친구들이 그리워서였겠지만 학교 자체도 문제가 많았다. 시설도 낡았고, 음식도 부실했으며, 학생들에게 "매우 무관심한 곳"이었다. 무엇보다 부모의 재산에 따라 학생 숙소의 층을 달리하는 등 비인격적인 교육 철학을 가진 교사들이 있었다.

이런 상황을 삼촌 부부가 온전히 이해한 것 같지는 않다. 삼촌 부부는 어린 윌리엄이 힘들어하는 것이 자연스럽다고 생각했기 때문에 학교를 바꿀 생각까지는 하지 못했다. 그럼에도 따뜻한 마음을 가졌던 이 부부는 조카가 외로울까 싶어 학교를 자주 방문했고, 휴일마다 윌리엄을 집으로 불러 시간을 보냈다. 또한 정서적으로 외로움을 느끼는 조카를 위해 신앙심을 길러 주려 했다. 이들은 당시 감리교도로 불렸던 열성적인 신도들과 교류했으며 조지 휫필드, 존 뉴턴 등 당대의 부흥운동 지도자들을 자주 집으로 초대했다. 소년 윌리엄은 자연스럽게 삼촌 집에 오는 종교인들의 영향을 받기 시작했다. 삼촌 부부는 자녀가 없었기 때문에 윌버포스를 매우 사랑했고 후에는 유산 상속자로 지정할 정도였다. 이런 사랑을 받으면서 윌버포스는 삼촌 부부와 정서적으로 동화되었다.

윌버포스가 20대 중반에 회심을 경험했다는 이야기는 유명하지만 사실은 청소년 때의 신앙을 회복하는 과정이었다는 것이 더 정확한 설명이다. 12세 무렵 윌버포스는 상당히 독실한 크리스천이었다. 이때 그에게 영향을 끼친 사람이 여럿 있다. 우선은 휫필드를 들 수 있다. 앞에서 설명했듯이 휫필드는 감리교의 창시자로 알려진 존 웨슬리와 더불어 많은 사람에게 영적 거장으로 여겨졌다. 윌버포스의 삼촌 부부는 그의 영향 아래 다시 기독교 신앙을 회복했으며, 숙모인 해너의 오빠로 당대 유명한 상인이었던 존 손턴도 1754년에 휫필드의 설교를 들으며 회심을 경험했다. 휫필드는 이 부부와 매우 가까워졌고 영국에 올 때면 윔블던에 있는 이들의 집을 자주 방문했다. 어린 윌버포스도

대각성 운동의 지도자 조지 휫필드.

이 시절 삼촌 집에 있었기 때문에 휫필드의 설교를 자연스레 접할 수 있었다.

휫필드 외에 존 뉴턴도 있었다. 뉴턴은 18세에 선원 생활을 시작했고 해군 함정과 노예선에서 근무를 했지만 잘 적응하지 못했다. 1745년에는 노예선 선원들과 갈등을 빚고 서아프리카에 버려져서 한동안 그 지역 추장의 노예로 지내기도 했다. 1748년, 아버지가 보낸 선장의 손에 구출되어 영국으로 돌아오던 그는 폭풍을 만났고 이때 자신도 모르게 신의 자비를 구하는 기도를 드렸다. 폭풍은 기적적으로 잦아들었고 뉴턴은 영국에 도착해 기독교인으로서 새로운 삶을 시작했다.[8] 그가 〈나 같은 죄인 살리신〉을 작사한 것은 이때쯤이었다.

그러나 이런 영감 있는 찬송시를 작사한 후로도 그는 옛 생활을 온전히 청산하지 못했고 노예선 선장으로서 세 차례 노예무역 항해를 떠났다. 1754년에 중풍으로 인해 노예무역을 그만

둔 이후에도 그는 계속 노예무역 상선에 재산을 투자했다. 하지만 이 해에 "진정한 회심"이라고 자신이 이름 붙인 사건을 경험하게 된다. 6년 전의 경험으로 종교적 여정을 시작했다면 이때는 "복음주의 신학에 대한 확신"을 가진 것이다.[9] 그의 자서전을 보면 이때부터 노예제에 불편함을 느끼기 시작했음을 알 수 있다. 그는 '진정한 회심' 이후 "쇠사슬, 볼트, 족쇄가 끊임없이 등장하는 직업(노예무역)에 충격을 받았다"며 "주님께서 … 보다 인간적인 소명으로 나를 불러 주시기를" 간청했다고 기록을 남겼다.[10] 뉴턴이 노예무역 폐지를 공식적으로 주장하기까지는 이후로도 30년 이상이 걸렸지만 그는 1754년의 회심 때부터 그 여정이 시작되었다고 회고했다.

뉴턴은 1754년 회심 이후 성직자의 길을 걷기로 했으며 1764년 국교회에서 성직 서품을 받았다. 하지만 자신의 신앙을 특정 교파에 한정하지 않았으며 스스로를 복음주의자로 여겼다. 그는 존 손턴의 후원으로 올니에서 담임 목회를 하게 되었고, 1779년에는 런던의 세인트 메리 울노스 교회의 사제가 되었다. 뉴턴은 전통과 형식에서 벗어나 복음 자체를 추구하는 성직자로 유명해졌고 많은 사람이 그의 영적 조언을 들으려 방문하였다.

숙모 해너는 일요일이면 9세가 된 조카를 데리고 뉴턴의 설교를 들으러 세인트 메리 울노스 교회에 갔다. 그녀의 오빠인 존 손턴이 뉴턴의 오랜 후원자였기 때문에 뉴턴도 윔블던에 있는 윌리엄 삼촌의 집을 정기적으로 방문해 '응접실 설교'parlour preaching를 했다. 그는 존 번연의 《천로역정》을 자주 인용하여 어린 윌버포스의 관심을 끌었고, 바다에서 보냈던 시간들을 죄악에 빠져 살았던 예로 많이 언급했다. 서인도제도에서 일어난 모험 이야기를 월버포스는 시간 가는 줄 모르고 들었다. 뉴턴이 어린 월버포스에게 준 영향력은 대단했다. 월버포스는 훗날 친구에게 뉴턴을 소개하면서 오랫동안 친구로서 사랑했을 뿐 아니라 "어렸을 때는 부모처럼 존경했던" 분이라고 말하기도 했다.[11] 후에 월버포스는 이 시절을 다음과 같이 회상했다. "이러한 영향을 받아 나는 종교적인 주제에 관심을 두게 되었다. 이러한 감정이 얼마나 진실했는지 판단하기 어렵지만 적어도 진지했다고 말할 수 있을 것 같다."[12]

다시 돌아온 헐

월버포스는 어느덧 12세가 되었고 편지를 통해 헐에 있는 가족에게 자기 마음을 제대로 표현할 수 있게 되었다. 그런데 가족들은 삼촌 집에 찾아오는 부흥사들의 영향 아래 월버포스가 지나치게 종교적으로 변해 간다는 것을 알아차렸다. 이는 할아버지와 어머니에게 큰 충격을 주었다. 당시 영국 상류층은 기본적으로 국교회가 아닌 교파에 반감을 보이는 경우가 많았다. 1673년 심사법Test Act 통과 이후 국교회 신자가 아니면 공직에 나가기 어려웠으므로 유력한 가문이 비국교회 교회를 공개적으로 다니는 일은 찾아보기 힘들었다. 1730-1740년대에 있었던 대각성 운동 동안 격정적인 감정 표현과 열정적인 전도 활동이 비국교도 교회에도 등장했고, 국가 교회로서 사회적 안정을 추구했던 국교회 교인들 중에는 그것을 감정에 치우친 행위라고 보는 이들도 많았다.

이 시기에는 웨슬리가 일으킨 복음주의 부흥운동이 이런 흐름을 대표하는 것처럼 보였다. 노동자와 빈민을 찾아간 덕분에 그를 따르는 '감리교'는 하층민의 종교로 여겨졌고, 뜨거운 설교와 회개가 있는 예배는 지성이 결여된 것으로 보였다. 웨슬리는 영국과 북아메리카 식민지 곳곳에 순회 설교자들을 파송했는데, 이들은 하층민의 삶 개선을 위해 음주, 도박, 음탕한 공연과 오락을 금하는 경우가 많았다. 이로 인해 '감리교도'들은 세상 물정을 모르고 주류 문화를 거부하는 고립주의자들처럼 취급되었다. 사실 웨슬리는 죽을 때까지 국교회 성직자였고 그때까지 감리교는 독립된 교파가 아니었다. 그러나 많은 사람에게 '감리교(도)'는 광신과 열성주의를 대표하는 단어로 여겨졌다.

월버포스의 회상에 따르면 그의 어머니는 수요일과 금요일에 교구 교회의 기도회에 가는 신자였지만 기독교의 본질은 이해하지 못하는 사람이었다. 그래서 아들이 광신자가 되는 것을 막고자 런던까지 와서 월버포스를 헐로 다시 데려갔다. 삼촌 부부로부터 어린 조카를 떼어 놓는 것은 눈물 없이 보기 힘든 장면이었다. 윌리엄이 종교적 삶을 살 기회를 잃게 될 것이라고 숙모가 한탄하자 월버포스의 어머니는 "그렇게 걱정할 필요는 없을 거예요"라며 일부러 감리교도들이 자주 사용하는 표현으로 대꾸했다. "이것이 은혜의 역사라면 실패하지 않겠지요."[13] 물론 이 말이 후일의 복선이 될 것이라고는 생각지 못했다.

월버포스는 "난 그분들을 부모로 여기며 살았기에 이별의 슬픔을 깊이 느꼈다. 실제로 이별이 다가오자 마음이 찢어질 것만 같았다"고 회상했다.[14] 헐에 돌아온 월버포스는 혼자서라도 신앙을 지키려 했고 그 열정은 2년 정도 간 것 같다. 1771년 11월 15일에 삼촌 부부에게 보낸 편지를 보면 12세 어린이가 쓴 것으로 믿기지 않을 만큼 성숙한 신앙고백이 담겨 있다. 그는 "이런 어려움 속에 예수님께 날아가 피할 수 있고, 이런 강한 구원자를 가질 수 있는 사람은 얼마나 행복한가요?"라고 말하며 "예수 안에 있는 자는 박해를 받아야 하며 그것이 마땅합니다. '우리가 그와 함께 고난을 받으면 또한 그와 함께 왕 노릇하리라'"라며 신약성경을 인용하기도 했다.[15] 이 글은 "편지가 어디로 가는지 보여서 더 이상 쓸 수 없어요"라며 급하게 휘갈겨 쓴 문장으로 끝나는데 이렇게 정신없이 쓴 글에서도 그동안 형성된 종교관이 상당히 깊었음을 엿볼 수 있다.

하지만 할아버지와 어머니는 윌버포스의 진정성을 광신으로 여겼다. 이 무렵 윌버포스의 할아버지는 손자가 다니던 그래머 스쿨의 교장 조셉 밀너가 감리교 신자가 된 것에 충격을 받았다. 그는 "빌리(윌리엄)가 성년이 되면 밀너 같은 감리교도와 여행을 떠날지도 모르지"라며 한숨을 쉬고는, 감리교도가 된다면 "내 재산 중 6펜스도 받지 못할 것"을 각오하라고 경고했다.[16] 할아버지는 윌버포스를 킹스맨 배스킷Kingsman Basket 목사가 교장으로 있는 다른 그래머 스쿨로 보냈다. 전형적인 고교회적◆ 종교관을 가지고 있던 배스킷은 이성적으로 보이나 실제로는 냉랭한 기독교 교육을 하고 있었다. 여기서도 윌버포스는 삼촌이 전해

◆   의식과 성례를 강조하여 가톨릭적 성향이 강하다고 여겨지는 잉글랜드 국교회 내 분파를 고교회(High Church), 의식과 성례가 상대적으로 덜 강조되는 분파를 저교회(Low Church)라고 한다.

준 신앙을 지키려 노력했다. 1772년 8월 숙모에게 몰래 보낸 편지에서 그는 "헐에 있는 동안 가장 큰 불행 가운데 하나는 어머니가 주일 오후에 교구 교회에 못 가게 해서 하나님의 복된 말씀을 듣지 못한 것입니다"라고 탄식하기도 했다.[17]

그러나 윔블던에서의 종교적 감흥은 조언자들과 단절된 상황에서 점차 흐릿해질 수밖에 없었다. 특히 이때 등장한 새로운 친구들의 영향이 컸다. 윌버포스는 이들의 목적이 사치와 방종과 유혹으로 자기 마음에 있는 "신성한 불에 샘물을 부어 끄는 것"*et sanctos restinguere fontibus ignes*이었다고 회상했다.[18] 윌버포스의 어머니는 아들을 광신적인 신자에서 '온건한' 기독교인으로 바꾸기 위해 무도회와 극장에 가는 것을 막지 않았다. 윌버포스는 목소리가 좋았고 음악적 재능이 뛰어나서 사교 모임에서 환영을 받았다. 그는 곧 당시 사람들의 방탕한 생활에 빠졌다. 발달한 항구 도시 헐은 런던과 비교될 만한 향락의 도시였다. 극장, 무도회, 성대한 만찬, 카드 파티는 이 마을의 유력 가문들이 즐기던 오락이었다. 윌버포스는 처음에는 이런 생활 방식이 괴로웠지만 어느 정도 익숙해지자 다른 사람들처럼 아무 생각 없이 지내게 되었다. 15세밖에 되지 않은 소년이 감당하기에는 너무 큰 유혹에 노출된 것이다. 그의 생활은 극장, 파티, 만찬, 카드놀이의 연속이었으며 점차 헤어 나오지 못하는 상황에 이르렀다.

윔블던의 삼촌네에서 보낸 시간을 바라보는 윌버포스의 시각도 완전히 바뀌게 되었다. 후에 윌버포스는 자신의 변화를 다음과 같이 기억했다. "내가 삼촌 곁에 계속 머물렀으면 분명 완고하고 경멸받는 감리교도가 되었을 것이다. (윔블던) 학교에서의 마지막 해부터 1785년 사이의 시간 동안 지금의 내가 된 것은 놀라운 변화였다."[19] 그의 안에 있던 신앙과 열정은 이제 사라지고 만 것 같았다.

케임브리지 대학 시절 (1776-1779)

1776년 10월, 17세가 되던 해에 윌버포스는 케임브리지 대학 세인트존스 칼리지에 입학한다. 이때 그는 집안의 유일한 상속자가 되어 있었다. 대학 입학 2년 전 돌아가신 할아버지에게 가문의 사업과 막대한 부동산을 상속받았고, 삼촌도 비슷한 시기에 죽으면서 윌버포스에게 윔블던 저택을 남겼다. 집안에 유일한 어른은 어머니였지만 막대한 부를 가진 대학생 아들은 이미 어머니의 통제에서 벗어나 있었다.

당시 잉글랜드에는 대학이 케임브리지와 옥스퍼드에 각각 하나씩 있었고 귀족이나 대상인의 자녀들이 큰 어려움 없이 입학할 수 있었기에 학업에 열정이 많은 학생을 찾기가 어려웠다. 많은 학생이 수업을 잘 듣지 않았고 술이나 아가씨를 쫓아다니

케임브리지 대학 세인트존스 칼리지 전경.

며 젊음을 허비하고 있었다. 윌버포스는 교수나 학생들의 과도한 음주 습관과 거친 언행에 충격을 받았지만 1년 정도 지나자 점차 동화되었다. 1학년 때는 나름 시험 공부도 했지만 "왜 너같이 재산도 많은 사람이 사서 고생을 하느냐?"는 친구들의 핀잔만 들었을 뿐이다. 윌버포스는 곧 그들의 조언을 따랐다. 그는 "카드놀이 외에 다른 일을 하지 않았으며" 이런 자신을 억제해야 할 지도 교수가 "강의에 출석하라고 재촉한 적도 없어서 나도 그러지 않았다"고 회상했다.[20]

그는 곧 헐에서 갈고닦은 사교성을 발휘하기 시작해서 대학을 졸업할 무렵에는 상류층 클럽의 핵심 인물이 되었다. 윌버포스의 대학 친구 토머스 기스번Thomas Gisborne은 "윌버포스는 그의 모든 장점에도 불구하고 당시 게으름과 오락의 습관에 너무 많이 빠져 살고 있었다"고 기억했다.[21] 세인트존스 칼리지에서 윌버포스의 앞방에 살았던 기즈번은 윌버포스가 늘 큼직한 요크셔 파이를 마련해 두었고, 그의 방에 오는 사람마다 친절히 대접해 인기가 많았다고 회상했다. 그의 친구들은 대부분 카드놀이, 오락, 음주에 빠져 있었다. 윌버포스의 기억도 비슷하다. "나와 친하게 지내던 이들 중 그리스도인처럼 행동하는 사람이나 정직한 사람은 없었다. 그들의 목표는 나를 게으르게 만드는 것처럼 보였다. … 나는 카드 파티와 게으른 유흥에 시간을 허비했다."[22]

윌버포스가 학업을 아예 놓은 것은 아니었다. 그는 "고전에 대한 본능적인 사랑"을 가지고 있었고 당시 세인트존스 칼리지는 한 해에 두 번 공개 시험을 보았는데 여기서 낙제하는 불명예를 당하지 않기 위해 최소한의 노력을 했다. "나는 칼리지 시험을 통과할 정도로 고전을 잘했다. 그러나 수학은 점수가 절실히 필요했지만 소홀했고 따라가지 못했다." 그의 친구들은 윌버포스가 "너무 똑똑해서 수학 같은 것이 굳이 필요하지 않다"며 위로 아닌 위로를 했다.[23] 그는 최소한의 의무는 했던 점에서 최악의 학생은 아니었을 수 있지만 그 이상의 자질을 보여 주지는 못했다.

이 시절 윌버포스는 당시 대학에 퍼져 있던 종교적 회의론에 빠져들었다. 많은 교수들이 드러내 놓고 기독교 교리를 부정하지는 못했으나 그것을 더 이상 학문적 영역에서는 다루지 않으려 했으며, 더 나아가 성경의 내용과 교훈을 반지성적인 신화처럼 가르치고 있었다. 당시 윌버포스는 종교 문제에 있어 단순한 게으름을 넘어 강한 회의감에 사로잡힌 상태였다. 케임브리지를 졸업하려면 국교회 신조에 대한 동의를 선언해야 했는데 윌버포스는 한동안 그것을 거부하기도 했다. 그는 자신이 학문적으로 직접 연구하지 않은 종교적 교리에 동의하는 것에 강한 거부감을 느꼈다.[24]

당시 전도유망한 젊은이가 생각해 볼 수 있었던 진로는 성직, 공직, 가업 승계 등이 있었지만 그는 성직을 아예 선택지에서 뺐기 때문에 남은 길은 공직에 나가거나 사업에서 성공하는 것이었다. 헐의 집과 자산은 그가 미성년인 동안 사촌인 에이블 스미스Abel Smith가 관리했고 그가 성년이 되었을 때는 상당히 늘어나 있었다. 윌버포스가 가진 엄청난 재산은 그가 사업에 절실할 필요가 없는 이유이기도 했고 다른 생각을 할 수 있는 여유를 주었다. 그래서 윌버포스는 사업보다는 자기 고향의 대표로 의회에 진출할 계획을 세우게 되었다.

헐에서 당선되다

대학 졸업반 시절 윌버포스는 케임브리지에서 런던을 자주 오가며 의사당 방청석에 앉아 유명한 정치인들의 연설을 들었다. 이때 하원 방청석에서 자주 만난 친구가 있었는데 케임브리지 동기이자 나중에 영국 총리가 되는 윌리엄 피트William Pitt, the Younger였다. 지금의 영국 국회의사당은 1834년 화재로 무너져 다시 지은 것으로 윌버포스 당시에는 의사당의 방청석이 비좁아서 사람들을 알아보기 쉬웠다. 동갑내기였던 둘은 케임브리지에서는 거의 만난 적이 없었는데 피트는 윌버포스와 달리 공부에 빠져 자신이 속한 펨브로크 칼리지 안에서만 생활했기 때문이다. 전직 수상 윌리엄 피트William Pitt, the Elder의 아들로 일찍부터 정치인의 길이 예정되어 있던 그는 학창 시절부터 고대 그리스와 로마의 명연설을 탐독하고 자신의 것으로 만들며 시간을 보냈다. 큰 키에 냉랭한 표정의 피트와 상인의 아들로 작은 키에 장난기가 가득했던 윌버포스는 공통점이 별로 없어 보였다. 그러나 어쩌면 이 다름 때문에 서로에게 끌렸고 이 시기에 둘은 급속도로 친해졌다. 우정은 1806년 피트가 죽을 때까지 이어졌다.

1780년 하원이 해산되었고, 선거일을 기준으로 당시 성년 나이인 21세 생일이 지날 것이 예상되던 윌버포스는 입후보를 준비하게 되었다. 영국의 선거구는 지역 의회 멤버나 토지 소유자만 선거권이 있는 지역(주로 농촌)과 40실링 이상 재산을 가진 자유인에게 선거권이 주어지는 지역(주로 도시)으로 크게 나뉘었는데, 전자보다는 후자의 선거인 수가 훨씬 많았다. 또한 일부 선거구는 지역 자치의회에 의해 선거권을 부여받은 '자유민'freeman들만 투표를 했는데 헐은 이 경우에 속했다. 재력이 뒷받침되었던 윌버포스는 농촌의 작은 지역구 유권자를 매수하는 것도 가능했지만 헐에 대한 애정 때문에 이곳에서 출마하기로 마음먹었다.

당시 헐에는 휘그파의 거물로 수상을 역임했던 로킹엄 경 Lord Rockingham의 추종 세력과 당시 여당인 토리파가 후보를 내었고 윌버포스는 제3의 후보로 등록했다.◆ 하지만 헐에서 윌버포스 가문을 모르는 사람은 없었고 윌버포스 또한 이 지역의 유력 가문들과 오랜 친분 관계가 있었다. 사람들은 '윌버포스'라는 이름이 의미하는 재력의 크기도 잘 알고 있었고 여기에 21세 젊은 이의 패기가 더해졌을 때 누구도 윌버포스가 낙선하리라 생각하기 어려웠다. 윌버포스는 마을 주민들뿐 아니라 런던에 거주하는 200-300명 유권자들의 성향을 조사하면서 신중하게 전략을 세웠다. 그리고 서쪽부터 시작하여 조금씩 동쪽으로 이동하면서 유권자들에게 유흥과 식사를 제공했다.[25]

1780년 9월 11일부터 헐에서 선거가 시작되었고 결과적으로 토리 정부 추천 후보인 로버트 매너즈 경Lord Robert Manners이 673표를, 로킹엄파 휘그의 추천 후보인 데이비드 하틀리David Hartley가 453표를 받았다. 윌버포스는 두 파 후보가 얻은 득표수의 총합과 동일한 1,126표를 받아 당선되었다. 당시에는 유권자가 두 표씩 행사할 수 있었으므로 매너즈, 하틀리 후보의 지지자

◆   1660년 즉위한 찰스 2세는 적자(嫡子)가 없어서 그가 죽으면 동생인 요크 공작 제임스가 왕위를 이을 것이 확실해졌다. 제임스는 가톨릭 신자였기 때문에 그의 즉위 여부를 두고 의회 세력이 분열되었다. 제임스의 왕위 계승을 찬성하는 사람들을 토리(Tories, 아일랜드어로 '도둑')라고 불렀고, 반대하는 사람들을 휘그(Whigs, 스코틀랜드어로 '말도둑')으로 불렀다. 이 두 정파를 영국 정당의 시초로 본다. 19세기에 이르러 토리는 보수당이, 휘그는 자유당이 승계하였다.

들이 거의 모두 윌버포스도 찍었다는 말이었다.

윌버포스는 이 선거를 위해 8천-9천 파운드를 지출하였는데 현재 가치로 대략 10-11억 원이다. 이는 헐의 선거인단 수에 비해 적지 않은 금액이었다. 18세기에 '김영란법' 같은 정치부패 방지법은 생각하기 어려웠고, 영국의 경우 유권자 매수는 오랜 관행이기도 했다. 당시 지역에 거주하는 유권자의 한 표는 2기니(현재 가치로 약 25만 원)로 살 수 있었고, 이들이 행사할 수 있는 두 표 중 한 사람에게만 투표하고 한 표는 포기하게 하려면 4기니가 필요했다. 당시 주소만 헐에 두고 실제로는 런던 같은 대도시에 사는 유권자도 많았는데 이들을 투표소에 데려오려면 대략 10파운드(현재 가치로 약 120만 원)를 주어야 했다. 선거 전에 직접 돈을 주면 당시에도 뇌물죄에 해당했기 때문에 선거 후 2주 정도가 지나서 돈을 지불했다. 선거인은 후보가 돈을 준다는 약속을 믿고 미리 표를 던졌고 후보는 약속을 반드시 지켜야 했다. 술, 음식, 숙박 제공 등 다른 방식으로 보상하는 경우도 있었다. 윌버포스도 큰 거부감 없이 이 관행을 따랐다.

21세의 하원의원

윌버포스가 당선된 해에 그의 친구 윌리엄 피트도 케임브리지 대학에 할당된 의석에 출마했지만 낙선했다. 그러나 선거 후 네 달 뒤인 1781년 1월 보궐선거에서 당선되었다. 두 사람은 함께 런던의 상류사회로 진출했고 크게 환영받았다. 당시 각 클럽은 다양한 계층의 놀이터였다. 휘그 정치인들이 모이던 브룩스Brookes's, 사냥을 즐기는 귀족들이 모이던 부들스Boodle's, 배타

헨리 8세 때 국회의사당 모습. 윌버포스 당시에도 비슷한 모습이었다.

적인 성격의 귀족 클럽 화이즈White's 등이 윌버포스를 환영했으며 케임브리지 출신으로 구성된 신생 클럽 구스트리즈Goostree's도 윌버포스를 멤버로 받아들였다. 윌버포스는 피트와 함께 구스트리즈에 자주 갔고 찰스 제임스 폭스, 리처드 셰리던 등 여야의 거물 정치인들과 교류를 쌓게 되었다. 그들은 같이 떠들고, 술을 마시고, 카드놀이를 하고 도박을 즐겼다.

　　윌버포스는 클럽에서 분위기를 주도하는 사람이었다. 그의 말에 따르면 어떤 날은 카드의 일종인 파로 게임으로 100파운드를 잃기도 했고, 어떤 날은 600파운드를 따기도 했다(100파운드는 현재 가치로 1,200만 원 정도이다). 그는 연극 〈햄릿〉에 출연하는 시돈스 부인과 켐블 부인의 연기를 좋아해 극장에 자주 갔고 오페라를 즐겼다. 경마장에서 자신의 말이 달리는 모습을 보는 것도 좋아했다.

　　윌버포스는 삼촌 집을 떠나고 2년이 지나면서 이들에게 편지를 쓰지 않았지만, 숙모 해너와 그의 집에 출입하는 복음주의

자들은 장성한 윌버포스가 어릴 때의 신앙을 기억하고 돌아오길 기대했던 것 같다. 뉴턴은 편지에서 "내가 보았던 가장 강하고 유망한 종교적 신념을 가진 사람은 어릴 적의 윌버포스였다. 그러나 지금은 큰 재산을 가진 젊은이로서 비교적 품위 있고 도덕적으로 보이는 행동만 남고 (옛 모습은) 완전히 닳아 없어진 것 같다"며 안타까워했다.[26]

방탕했던 사생활과 달리 윌버포스는 정치적으로 매우 열성적인 의원이었다. 그는 처음부터 토리, 휘그 양 정파에 속하지 않은 독립파independent였다. 윌버포스가 당선될 당시 미국은 독립전쟁 중이었는데, 정치인 대부분이 식민지 미국과 전쟁을 계속할 것을 지지할 때 그것에 반대했던 소수 정치인들을 독립파라고 불렀다. 그런데 윌버포스는 전쟁이 끝나고 나서도 특정 정파에 소속되지 않으려 했다. 그는 토리파에 속한 피트와 절친이었기 때문에 일부 사람들은 그를 피트파 혹은 토리파로 보았으나 스스로는 독립파의 정체성을 끝까지 포기하지 않았다.

당시 윌버포스처럼 일관되게 특정 정파에 속하지 않은 사람은 흔하지 않았다. 이것이 가능했던 까닭 중 하나가 그의 재산이었다. 헐 같은 상대적으로 작은 선거구에서 8천~9천 파운드를 써야 했으니 요크셔같이 큰 선거구는 당연히 더 많은 돈이 필요했다. 이런 금액을 혼자서 감당할 수 있는 후보는 많지 않았기 때문에 정파의 후원이 당선에 매우 중요했다. 이렇게 특정 정파의 후원을 받아 당선된 경우 하원에서 양심에 따른 투표를 기대하기는 어려웠다. 그러나 윌버포스는 이를 감당할 만한 재산이 있었기 때문에 재정적 압박에서 자유로울 수 있었다.

시간이 흐르면서 월버포스는 재력보다 신념을 이유로 독립파로 남게 되었다. 그는 '정파인'party politician이 되면 신념과 양심에 어긋나는 표를 던질 수밖에 없다고 생각했고 그 폐해를 여러 번 비판하기도 했다. 월버포스는 사안에 따라 토리 또는 휘그를 지지하기도 하고 반대하기도 했다. 이는 훗날 월버포스의 노예무역 폐지 법안이 특정 정파를 넘어 지지를 받은 이유이기도 했지만 동시에 정부 요직은 포기해야 한다는 의미이기도 했다.

월버포스가 처음 당선되었던 1781년은 토리의 노스 경Frederick North, Lord North이 12년째 집권 중이었고 미국 독립전쟁에서 영국은 불리한 상황에 접어들고 있었다. 처음에는 대다수 의원이 아메리카 식민지와의 전쟁을 지지했으나 패색이 짙어지면서 여론이 변하고 있었다. 월버포스는 초선 의원이었으나 현 정부의 식민지 강경책에 강하게 반대하여 주목을 받았다.

1782년 2월 22일 연설에서 그는 영국이 현실을 인정하고 아직 실익을 챙길 수 있을 때 철수해야 한다고 제안하였다. 더 나아가 영국이 처한 문제의 원인을 "잔인하고, 피비린내 나는 실행 불가능한 방식으로 파멸적인 전쟁을 수행하는" 현 정부에서 찾으면서, "이 정부가 존재하는 동안 영국은 평화와 행복을 전망하기 어렵다"고 주장하였다.[27] 젊은 초선의원이 국가적 위기의 본질을 파악하고 정부에 책임을 묻는 저돌적인 모습은 눈길을 끌 만했다. 휘그의 거물이었던 찰스 제임스 폭스와 타운센드 경은 월버포스를 만났고 토리 의원들도 월버포스가 누구인지 알아보기 시작했다.

1781년 10월 요크타운 전투에서 영국군이 식민지군에 항복하면서 전쟁을 고집했던 노스 정부는 큰 타격을 받았다. 결국 1782년 3월 노스 총리의 내각이 무너지고 정권은 다시 휘그쪽으로 넘어갔다. 휘그의 새 정부는 북아메리카 식민지와 강화조약을 체결하고 독립을 승인했다. 13개 주로 이뤄진 미합중국이 탄생하게 된 것이다. 이때 피트는 스물셋의 나이로 재무장관이 되었다. 당시 하원에는 30세 미만 의원이 100명 가까이 되었다. 의원 수가 500명이 조금 넘던 시절이니 상당한 비율이었다. 하지만 당시에도 수상 다음 가는 요직이었던 재무장관이 되기에 피트는 어려 보였고, 무엇보다 휘그 출신 총리였던 아버지의 후광이라는 비판이 많았다.[28] 그러나 윌버포스는 피트의 능력과 애국심을 믿었으며 그의 연설이 있을 때마다 가장 든든한 지지자가 되었다.

이로 인해 윌버포스와 피트는 매우 가까워졌다. 둘은 브라이튼에서 부활절 휴가를 같이 보냈으며, 런던에 돌아와서도 구스트리즈 클럽에서 자주 만나 저녁을 먹고 산책도 하며 어떤 주제에 논쟁이라도 붙으면 밤새 이야기를 나눴다. 윌버포스는 삼촌이 죽은 후 어렸을 때 머물렀던 윔블던의 집을 숙소로 사용하고 있었는데 피트는 자주 이 집에 머물렀다. 이때부터 피트는 수상이 될 마음을 내보였고 윌버포스는 그의 이야기를 진지하게 들어 주었다. 일찍부터 아버지의 영향으로 수상 자리를 노렸던 피트에 비하면 윌버포스는 이런 야심이 덜했는데, 그것은 스스로 '독립파'로 정치적 노선을 정했기 때문이었다.

1783년 4월, 12년 만에 권력을 잃은 토리의 노스 경은 권력을 되찾기 위해 그동안 헐뜯으며 싸웠던 휘그의 거물 폭스와 손을 잡고 연립정부를 구성했다. 불과 얼마 전까지 노스가 전쟁을 고집할 때 폭스가 앞장서서 반대했기 때문에 이들의 연정은 명분이 없어 보였고 안팎에서 비판을 받았다. 전쟁 같은 국가 위기 국면에서 거국 내각을 구성하는 경우는 있었지만 이 경우는 오직 권력이 목적이었다. 국왕 조지 3세는 이 야합을 극도로 싫어했고 대중 사이에 정치 혐오가 퍼졌다. 피트와 윌버포스는 이때도 뜻과 행동을 같이했다. 둘 다 명분 없는 두 정치꾼의 결탁이 영국 정치의 기본 원칙들을 무너뜨린다는 점에 의견이 일치했으며 하원에서 그들의 연정을 강력히 비판했다.

프랑스 여행

1783년 7월 16일 하원 회기가 끝나고 윌버포스는 국제 외교 무대에 데뷔하게 되었다. 그는 9월 11일에 피트와 또 다른 케임브리지 동창인 찰스 엘리엇Charles Elliot과 함께 프랑스로 건너갔다. 그런데 3명 모두 공무로 바쁘게 지내다 허겁지겁 여행을 떠나느라 필요한 문서를 챙겨 오는 것을 잊었다. 윌버포스에 따르면 "서로가 서로를 너무 믿은 것"이 화근이었다. 당시는 여권이 따로 없었고 신분증도 없었기 때문에 외국에 도착해서 신분 확인이 필요한 경우 현지의 믿을 만한 사람의 소개장이 중요했다. 프랑스 랭스에 도착해서 이 사실을 알게 된 세 사람은 크게 당황하여 여관에서만 열흘을 보냈다.[29]

방에 틀어박혀 있는 영국 젊은이 셋을 수상하게 여긴 현지 경찰은 이들을 스파이로 의심했고, 랭스의 고위 관료를 겸했던 라가르드 대주교가 직접 이들을 만나 보게 되었다. 영국 전직 수상의 아들을 포함한 젊은 국회의원들이 이 지역에 온 것이 확인되자 이들을 향한 대우가 달라졌다. 젊은이들은 랭스 대주교에게 소개되었고 피트의 소원대로 '최상급' 포도주와 더불어 대주교의 소개장을 받아 파리로 갈 수 있었다.

파리에서 이들은 루이 16세와 마리 앙투아네트를 만났고 여러 고위 귀족들의 초대를 받았다. 또한 미국의 외교사절로 마침 파리에 와 있었던 벤저민 프랭클린과 북아메리카 식민지 독립에 도움을 주었던 라파예트 장군도 만났다. 윌버포스는 퐁텐블로 궁에서 마리 앙투아네트를 여러 번 만났는데 왕비의 매너와 외모를 높이 평가하면서도 루이 16세의 국정 능력에는 의구심을 보였다. 불과 6년 후에 있을 혁명까지 내다보지는 못했으나 프랑스 왕정의 미래는 그의 눈에도 밝아 보이지 않았다.

프랑스 여행을 마치고 돌아온 12월에 영국 정치에 격변이 일어났다. 노스-폭스 연립정부는 동인도회사 국유화법을 추진했다. 동인도회사가 인도에서 거둬들이는 수익이 엄청나게 늘자 의회가 임명하는 7인으로 구성된 위원회가 인사권 및 행정권을 통제하도록 하는 법안이었다. 이는 사실상 폭스-노스 파가 동인도회사를 장악하겠다는 의미였다. 야당은 강력히 반대했고 조지 3세는 이를 명분 삼아 연정을 붕괴시켰다.

조지 3세는 노쇠한 정치인들의 야합과 가장 대비되는 인물인 정치 신인을 총리로 발탁했는데 그가 바로 피트였다. 그러나 국회의 다수를 차지하고 있는 정부를 국왕이 무너뜨리는 것에 대한 반감이 심했고, 그 대안이 아직 스물넷도 되지 않은 정치 신인이라는 점은 당시에도 받아들이기 어려운 일이었다. 많은 의

24세 때의 윌리엄 피트. 1783년.

원들이 불신임 투표를 할 의향까지 내비쳤다. 총리에 취임한 피트가 야당의 비판을 무릅쓰고 내각을 구성하는 동안에도 윌버포스는 내내 그와 같이 있었다. 윌버포스가 장관이 된다 해도 전혀 이상할 것이 없다고 많은 사람이 말했지만, 피트는 윌버포스가 내각에 들어올 생각이 없다는 것을 알았고 그렇기 때문에 그를 더 신뢰했다.

　　아직 하원의 다수파였던 노스-폭스 파는 피트 정부를 '민스 파이'Mince Pie 정부라고 부르며 조롱했다. 얼마 남지 않은 크리스마스 때 먹을 음식인 민스 파이가 등장하기 전에 초짜 정치인이 이끄는 정부가 무너지리라 조롱한 것이다. 실제로 피트는 국회에서 연정 반대파와 국왕의 영향력 아래 있는 소수의 의원만으로 국정을 운영하기가 쉽지 않았기에 안정적인 의석수를 차지하기 위해 조기 총선을 실시하는 승부수를 던졌다.♦ 1784년 3월 치러진 선거에서 피트를 지지하던 정치인들은 대승을 거두었다. 원칙 없이 구성된 연립정부에 대한 대중의 반감이 예상보다 훨씬 컸음이 증명되었다. 이렇게 이제부터 17년간 지속될 피트 정부가 시작되었다. 그리고 이 선거에서 윌버포스도 의미 있는 성과를 거두었다. 바로 헐에서 요크셔로 지역구를 옮겨 당선된 것이다.

요크셔에서 당선되다

잉글랜드에서 요크셔는 여러 면에서 중요한 지역이다. 한때 이 지역을 중심으로 요크 왕가(1395-1485)가 융성했었고, 의석으로 두세 석이 할당되어 전통적으로 정치적 영향력이 컸다. 또한 근대에 이르러 요크셔 서쪽 지역은 산업도시들이 즐비했고, 동쪽 지역은 전통 농업 지역이 여전히 융성해서 잉글랜드 산업의 축소판이라 할 수 있었다. 요크셔의 면적, 인구 규모, 산업의 다양성 때문에 찰스 제임스 폭스는 "요크셔와 미들섹스 사이 지역이 잉글랜드 전부를 구성한다"고 말하기도 했고, 피트는 윌버포스가 당선되자 "잉글랜드 국민 전체"를 대표하는 국회의원이라 부르기도 했다.[30] 따라서 피트 정부가 계속될 것인가 이전의 연정 세력이 돌아올 것인가를 결정하는 선거에서 요크셔는 양쪽 세력이 공을 들이는 지역이었다.

당시 요크셔는 정치 상황이 복잡했다. 이곳은 본래 피츠윌리엄, 캐번디시 가문 같은 전통적 휘그 귀족 세력이 강한 곳이었지만 1779년부터 크리스토퍼 와이빌Christopher Wyvill 목사가 의

◆ 영국은 의원내각제를 채택하고 있다. 18세기에는 마지막 총선을 기준으로 7년 안에 다시 총선을 치러야 했다. 그러나 하원이 내각불신임안을 통과시키면 7년이 지나지 않은 때라도 총선을 치러야 했고, 수상도 정치적 목적에 따라 의회를 해산하고 총선을 실시할 수 있었다.

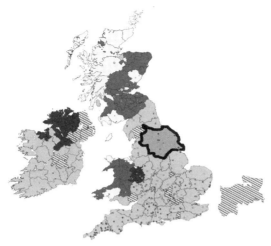

요크셔 선거구. 검은 색 테두리 지역이다.

회 개혁 운동을 일으키면서 정치 지형이 변하였다. 와이빌 목사가 조직한 요크셔 협회Yorkshire Association는 정부 지출 삭감, 연중 의회 개최, 의회 의석 수 증가 등을 주장하며 정치에 새바람을 일으켰다. 요크셔 협회가 독자 후보를 내지는 않았으나 유권자 사이에 영향력이 만만치 않았다.

1783년 3월 25일 오전 10시부터 요크 성 앞의 캐슬 야드에서 주요 정치 세력이 모인 대토론회가 열렸다. 국왕에게 개혁 청원서를 전달한다는 목적이었지만 정파별로 국회의원 후보가 정해질 것으로 예상되었기 때문에 춥고 비바람이 거센 날씨였음에도 많은 유권자들이 참석하였다. 먼저 요크셔 협회 인사들이 연정 세력에 반대하는 연설을 했고, 이후 전 총리였던 캐번디시 경, 엄청난 재력을 가진 것으로 유명한 피츠윌리엄 경 등 휘그의 거물급 인사들이 연정을 지지하는 연설을 했다. 이후 요크셔 협회

연사들과 휘그 귀족들 사이에 문답 형식의 토론이 진행되었다. 오후 4시가 되었으나 날씨는 여전히 안 좋았고 누구도 토론을 주도하지 못해 관객들이 슬슬 지겨워할 때였다. 그때 윌버포스가 연단에 올라섰다. 캐슬 야드는 사람들로 가득 차서 움직이기 힘들었고 목소리도 잘 들리지 않는 상황이었다.

　마이크가 없던 시절에 비바람 소리까지 이겨 내며 몇천 명의 군중에게 연설을 한다는 것은 쉽지 않은 일이었다. 그래서 목소리 크기와 연설력은 밀접한 관련이 있었다. 윌버포스가 연단에 섰을 때 한 참석자는 "그의 작은 체구가 이 거센 비바람 소리에 맞설 수 없을 것 같았다"라고 말했다.[31] 아마 대부분의 청중들이 비슷한 생각을 했을 것이다. 그래서 천성적으로 성량이 컸던 윌버포스가 쩌렁쩌렁한 목소리로 연설을 시작하자 모두가 깜짝 놀랐다. 겉모습이 오히려 반전의 놀라움을 주었고 귀를 기울이게 했다. 윌버포스의 인상이 연설을 듣는 동안 변해 가는 과정을 변호사이자 수필가였던 제임스 보스웰James Boswell은 다음과 같

요크의 캐슬 야드. 오래된 성의 잔해 앞에 있는 넓은 광장은 집회 장소로 사용되었다.

이 묘사했다. "새우에 불과해 보였던 것이 연단에 올랐다. 그런데 연설을 듣다 보니 그 새우는 고래만큼 커져 있었다."[32]

윌버포스는 노스-폭스 연정이 제안한 동인도회사 국영화법이 영국과 식민지에 끼칠 악영향을 조목조목 지적하면서 그것이 일부 정치 세력이 폭정을 하는 선례가 될 것이라고 경고했다. 단순히 연정 세력의 특정 인물들을 반대하는 데 그치지 않고, 이 원칙 없는 연정으로 대표되는 그동안 반복되었던 권력욕에 따른 연합이 영국적인 가치와 원칙을 어떻게 무너뜨렸는지를 설명했다. 악천후 속에서도 자리를 지키던 시민들은 자신들이 여기에 모인 이유를 알 수 있었고 정치개혁의 희망을 보게 되었다. 요크셔 협회가 발행하는 신문은 윌버포스의 연설을 "매우 절묘하게 표현을 선택했고 빠르고 정확하게 전달되었다"라고 평가하면서 그것이 청중들에게 찬사를 받았다고 기술하였다.[33]

연설이 끝나갈 때쯤 피트의 편지가 윌버포스에게 전달되었다. 드디어 의회 해산 요청을 국왕이 받아들였다는 소식이었다. 연설 끝부분에 전해진 이 소식은 청중들에게 자연스럽게 다가올 총선에서 자신들의 대표자가 누구인지를 생각하게 했고, 마침 그들의 눈앞에 열정적으로 연설하고 있는 젊은 정치인이 보였다. 원래는 윌버포스의 뒤에 요크셔 협회 출신의 지역 유지가 연설할 예정이었으나 캐슬 야드에 모인 유권자들은 "이 사람을 우리 선거구 의원으로 만들겠소"라고 고함을 지르고 있었다.

언급했듯이 요크셔는 잉글랜드 내에서 위상이 높고 유권자의 수도 2만 명이 넘는 대형 선거구였다. 이는 반대로 말하면 선거 비용이 엄청난 지역이라는 말이기도 했다. 헐에 비해 선거 비용이 적어도 5배는 더 들 것이 예상되었다. 그래서 그동안은 이 지역에서 전통적으로 강세를 보인 휘그 출신의 부유한 귀족들이 후보를 결정해 왔다. 어떤 경우에는 대규모 자산을 가진 대귀족 몇 명의 담합으로 당선자가 사실상 결정되기도 했다. 윌버포스 는 12년 후 이때를 다음과 같이 회상했다. "그것은 의심할 나위 없이 대담한 생각이었다. 내가 상인 집안 출신인 것, 요크셔의 귀 족 또는 젠트리 안에 연줄 혹은 아는 사람이 부족했던 것을 생각 해 보면 … 내가 이 큰 선거구에서 당선된 것은 지금 보면 완전히 불가능한 일이었다." [34]

집회 후 요크 타번이라는 여관에 피트 정부를 지지하는 사 람들이 모였다. 여기 모인 사람들은 요크셔 협회 회원들과 비회 원들로 분열되어 있었는데 윌버포스는 정치개혁을 위해 한마음 으로 전진하자고 그들에게 호소하였다. 자정쯤 모임을 마치려 할 때 누군가 "윌버포스와 자유"Wilberforce and liberty를 외쳤고 모 두가 이 구호를 따라했다.◆ 다음 날 노스-폭스 연정을 지지했던 사람들이 찾아와 누구를 지지하느냐고 묻자 요크 타번에 모여 있던 사람들은 윌버포스라고 대답했다.

여기서 당시 선거 관행을 설명할 필요가 있다. 당시 영국은 유럽에서(어쩌면 세계에서) 유일하게 주민이 직접 의회 선거를 하 는 나라였지만 지금의 눈으로 보면 이해하기 어려운 관행이 많

◆ 이는 본래 있었던 "윌크스와 자유"라는 구호를 변형한 것이다. 하원의원으로 활동하던 존 윌크스는 국왕을 풍자하는 팸플릿을 출판했다가 체포되었고 1764년 하원에서 제명되 었다. 그는 이에 반발하여 보궐선거에 세 차례 출마해 모두 당선되었지만 하원에서 이를 무효로 만들었다. 윌크스는 표현의 자유의 상징이 되었고, 그를 지지하던 자들이 외친 구 호가 "윌크스와 자유"였다. 여기서는 유권자들이 윌버포스를 노스-폭스의 야합에서 구 할 자유의 상징이라 여겼음을 보여 준다. *Life of Wilberforce*, I, 59.

았다. 18세기에는 국회의원 선거가 보통 한 달 이상 걸렸다. 1784년에도 3월 30일부터 5월 10까지 선거가 진행되었다. 개표도 거의 매일 이뤄졌기 때문에 투표를 안 한 유권자들에게 영향을 끼칠 수도 있었고, 선거가 끝나기 전 당선이 확정되는 경우도 많았다. 더구나 당시는 자금만 풍부하다면 한 후보가 여러 선거구에 출마하는 것도 가능했다. 그래서 일단 선거 비용이 적게 드는 작은 선거구에 보험을 들듯 출마하고, 인구가 많고 면적이 넓으며 승리할 경우 명성을 얻을 수 있는 곳에 동시에 도전하기도 했다. 휘그 지도자 폭스도 원래 국회가 있는 웨스트민스터의 의원으로 유명하지만 1784년 선거에서는 안전하게 스코틀랜드의 테인 버스Tain Burghs 지역구에 출마했고 실제로 웨스트민스터에서 낙선하여 이곳의 의원으로 활동하기도 했다.

월버포스는 요크셔의 선거가 치열하게 전개되자 3월 26일 헐에 도착해 4일간 선거 운동을 했다. 그리고 4월 1일 헐에서 당선이 확정되자 다시 요크에 와서 선거 운동을 계속했다. 두 군데 지역구에서 선거 운동을 하는 것은 월버포스의 말에 따르면 "밤 늦게까지 이어지는 죽을 정도로 힘든 노동"이었다. 그렇게 요크셔 곳곳을 방문한 후 4월 6일 요크에 도착했을 때 그동안의 노력이 열매를 맺었음을 알았다. 휘그 쪽에서 선거를 포기한다는 메시지를 전달한 것이다. 결국 요크셔에서는 월버포스와 또 다른 피트 지지자인 헨리 던컴Henry Duncombe이 당선되어 피트 정부에 힘을 실어 주게 되었다.[35]

요크셔 같은 큰 선거구에서 승리하기 위해 필요한 자금은 엄청났다. 월버포스는 지지자들에게 후원을 요청했다. 그 결과

18,670파운드라는 거액의 후원금이 들어왔지만 이는 필요한 자금의 4분의 1에 지나지 않았다. 요크셔에서 당선되려면 선거인을 매수하는 것 외에도 주요 정파 및 지역 이익단체들과 협상이 필요했고 그 과정에서 막대한 자금이 필요했다. 윌버포스도 이러한 방식을 회피하지는 않았다. 윌버포스는 인생 말년에 이때를 회상하며 이렇게 말한 바 있다. "내 종교적 원칙이 1년만 일찍 바뀌었다면 나는 요크셔 의원이 되지 못했을 것이다. 종교적인 변화를 겪은 후의 나라면 그 목적을 위해 내가 취했던 수단과 노력을 사용하지 못했을 것이다." [36]

피트는 이 소식을 듣자마자 당선을 축하하는 진심 어린 편지를 윌버포스에게 보냈다. 강력한 언어를 구사하는 힘을 가진 친구가 잉글랜드에서 가장 큰 지역구 의원이 된 것은 그에게도 큰 힘이 되었다. 또한 이 총선으로 피트 정부는 기존의 야당과 의석 차이를 125석으로 벌리며 안정적 과반수를 차지할 수 있었다. 이로 인해 피트의 17년 장기 집권의 길이 열린 것이다.

1784년 5월 14일 윌버포스는 런던 웨스트민스터 국회의사당에 도착해 요크셔를 대표하는 의원으로 임기를 시작했다. 많은 이들이 윌버포스가 피트 내각에 들어가리라고 예상했고, 내각에 들어가는 것을 목표로 윌버포스가 더 큰 선거구에 도전했다고 분석하는 이도 있었다. 피트가 왜 윌버포스에게 장관직을 권유하지 않았는지는 정확히 알 수 없다. 중요한 점은 윌버포스가 독립파로 남으려는 의지가 강했고 피트가 이를 존중했다는 것이다. 1784년 8월이 되어 윌버포스는 25세 생일을 맞았다. 그야말로 인생의 최전성기를 지나고 있었다.

3

마음을 돌리다

1784—1786

훗날 윌버포스는 자신의 정체성을 묻는 질문에 "나는 회심을 경험한 사람입니다"라고 답한 적이 있다.[1] 윌버포스에 관한 수많은 전기, 논문, 책들은 공통적으로 그가 25세 되던 해에 경험한 복음주의적 회심을 인생의 중요한 전환점으로 여긴다. 그리고 이 사건이 윌버포스의 유럽 대륙 여행에서 시작되었다는 점에도 의견이 일치한다. 그것은 분명 윌버포스의 일생의 경험이었으며 자신의 정체성과 정치적 지향점을 결정한 사건이었다.

1차 여행

18세기 영국 상류층 사이에는 그랜드 투어Grand Tour가 유행이었다. 영국뿐 아니라 유럽 여러 나라의 젊은 귀족 혹은 부유한 상인은 장기간 유럽 여러 나라를 여행하고 돌아오곤 했다. 경로는 다양했지만 영국에서 출발하여 프랑스, 독일, 스위스, 이탈리아를 거쳐 돌아오는 것이 일반적이었고, 기간도 1년에서 몇 년이 걸리기도 했다.[2] 일찍이 정계에 진출하여 긴 여행을 할 기회가 없었던 윌버포스는 요크셔의 의석을 확보하고 의회가 휴식기에 접어들자 다른 엘리트처럼 가족과 함께 긴 유럽 여행을 떠날 생각을 하였다.

그랜드 투어의 핵심 구성 요소 가운데 하나는 가이드였다. 여행의 주 목적이 해외 문물을 익히는 데 있었기 때문에 그런 지식을 갖춘 사람을 초대해 동행하는 것이 여행에서 중요했다. 윌버포스는 어머니와 여동생을 데려갔는데 이들이 친척들과 함께 마차를 탔기 때문에 자신과 마차를 타고 대화할 친구가 필요하기도 했다. 그는 버러Burgh라는 친구에게 먼저 동행을 제안했지

그래머 스쿨에서 윌버포스를 가르쳤던 아이작 밀너.

만 그가 개인 사정으로 거절하자, 어렸을 때 그래머 스쿨에서 자기를 가르쳤던, 당시 케임브리지 대학의 자연과학 교수였던 아이작 밀너를 떠올리게 되었다.

다행히 밀너는 동행을 승낙했고 윌버포스는 여행 기간 내내 자기보다 아홉 살 많은 밀너와 함께했다. 밀너는 입지전적인 인물이었다. 10세 때 아버지를 여의고 나서 그는 형과 함께 방직공으로 일하기 시작했다. 형제는 어렸을 때부터 영특했을 뿐 아니라 다행히 좋은 사람들이 주변에 있어서 그들의 도움으로 공부를 계속할 수 있었다. 형은 먼저 케임브리지에서 공부해서 졸업후 헐에 있던 그래머 스쿨의 교장이 되었고 아이작을 보조 교사로 고용했다. 아이작은 혼자서 라틴어, 그리스어를 공부하며 대학 진학을 준비했는데 이 기간에 윌버포스를 학생으로 만났다.

2년 후 밀너는 케임브리지 대학의 퀸즈 칼리지Queen's College

1784 —— 1786

에 일종의 근로장학생으로 가게 되었다. 다른 학생들의 잡무를 돕는 조건으로 입학을 허가받은 것이다. 일과 학업을 병행하기도 어려운 일이었고 근무 조건도 좋지 않았지만 그는 수학 과목에서 두각을 나타내더니 결국 1774년 수석으로 졸업을 하였다. 시니어 랭글러Senior Wrangler라고 불리는 이 명예를 받으면 당시 〈더 타임스〉에 소개되었다. 그의 기말시험 점수가 너무 뛰어나서 채점자는 그의 이름 밑에 "비교 불가"incomparable라는 코멘트를 남기고 나머지 응시자들과 구별하려고 다른 이름과 한 칸을 띄기도 했다.[3]

1775년 밀너는 국교회 성직자가 되었고 케임브리지 시내에 있는 세인트 보톨프 교회St. Botolph's Church의 교구목사를 지내기도 했다. 이 시기에 발표한 논문 두 편이 학계의 주목을 받아 1780년에는 왕립학회 회원이 되었고, 1782년에는 케임브리지 대학의 자연과학 분야 잭슨 석좌교수에 선출되었다. 1788년에는 퀸즈 칼리지 학장이 되었고, 1792년부터는 화학과 수학 분야의 최고 권위를 가진 교수직인 7대 루카스 석좌교수가 되었다. 선배로는 2대 교수 아이작 뉴턴이 있고 후배로는 17대 교수인 스티븐 호킹이 있다.

밀너는 자연과학 분야에서는 화약 생산의 핵심 성분인 아질산을 제조하는 주요 공정을 계발한 업적으로 유명하지만, 스스로를 화학자나 수학자보다 복음주의자로 여겼다. 퀸즈 칼리지의 학장으로 있던 그는 이곳을 복음주의 학문 연구의 중심지로 만들려 했다. 하지만 1784년의 밀너는 종교적 색채를 구태여 드러내는 사람은 아니었으며 의미 없는 습관적 종교적 행위를 부정적으로 바라보았다. 그는 또한 무도회와 카드 파티의 즐거움도 거부하지 않는 사람이었다. 그래서 윌버포스는 그가 깊은 신앙을 가졌으리라 생각지 못했다. 윌버포스에게는 밀너의 뛰어난 지성, 쾌활한 성격, 사회성이 여행 동반자로 중요했을 뿐이었다.

1784년 10월 20일, 윌버포스와 그의 일행은 유럽 여행을 떠났다. 마차 한 대에는 윌버포스와 밀너가 탔고, 다른 한 대에는 어머니, 누이, 2명의 여자 친척이 탔다. 그들은 프랑스에 도착한 후 리옹에서부터 론강을 따라 발랑스와 아비뇽을 거쳐 지중해의 니스까지 나아갔다.

여행 내내 마차를 타는 시간이 많았고 윌버포스는 밀너와 많은 이야기를 나누었다. 점차 대화가 종교적인 주제로 자주 이

그랜드 투어 1차 루트(1784.10.20.-1785.02.22.).

어지면서 윌버포스는 처음으로 밀너의 종교관을 알게 되었고 이는 윌버포스를 상당히 당황스럽게 만들었다. 여행을 떠나기 전 윌버포스와 밀너는 제임스 스틸링플릿James Stillingfleet이라는 지인을 데려갈지 말지 의논한 적이 있었다. 그는 요크셔의 복음주의 성직자였는데 윌버포스는 이 "감리교도"와 몇 주 동안 마차 안에 있을 것을 생각하니 끔찍하다며 거절했었다.[4] 그런데 다름 아닌 밀너가 진지한 복음주의자였던 것이다.

당시 윌버포스는 아주 가끔 윔블던에 있는 교구 교회를 가는 정도였고, 이따금 지적 호기심으로 에섹스 스트리트에 있는 유니테리언 교회에 가기도 했다. 삼위일체를 부정하는 이 교파는 당시 영국 지성인들 사이에서 유행이었다. 윌버포스는 다음과 같이 회상했다. "만약 내가 그(밀너)의 종교적 견해가 무엇인지 처음부터 알았다면 그를 초청하는 결정을 내리지는 않았을 것이다. … 은혜로운 손길이 내가 모르는 길로 인도했는데 우리의 계획과 다를 뿐 아니라 심지어 반대되는 길로 인도한 것이었다."[5]

윌버포스는 밀너에 맞서 감리교도나 광신적 신자들을 비판하고 비꼬았다. 밀너는 윌버포스가 종교를 비꼬자 이렇게 말했다. "윌버포스, 그렇게 쉴 새 없이 퍼부으면 난 당신의 적수가 되지 못하네. 그러나 당신이 이 주제들을 진지하게 논의하고 싶다면 난 기꺼이 그러도록 하겠네."[6] 밀너는 형식적 종교행위를 지양했을 뿐 기독교 신앙에 대한 지적 확신이 있었기 때문에 진지한 토론의 자세를 요청한 것이다.

이런 상황에서 적합한 책이 등장했다. 여행 직전 윌버포스는 우연히 회중교회 목사이자 찬송가 작사자로 유명한 필립 도드리지(Philip Doddridge, 1702-1751)의《영혼에서 종교의 발흥과 진보》*Rise and Progress of Religion in Soul*라는 책을 발견했다. 이 책은 여행에 함께한 베시라는 친척이 가져온 것이었다. 책을 우연히 발견한 윌버포스는 여행 준비차 찾아온 밀너에게 이 책이 어떤 책이냐고 물었고 밀너는 "지금껏 쓰인 최고의 책 중 하나이니 들고 가서 여행 중에 읽어 보세"라고 권하였다. 윌버포스는 마차에서 이 책을 기억하고 꺼내어 읽어 보게 된다.[7]

윌버포스의 회심에 영향을 주었다는 이유로 더욱 유명해진 이 책은 30개 장으로 구성되어 있다. 이 책을 쓴 도드리지는 인간이 자신의 죄를 깨닫고 빠지는 절망을 생생하게 묘사한 후, 복음을 받아들이고 구원을 얻는 과정을 설명하면서 진정한 신앙인으로 살아가는 법에 대한 현실적 조언을 제공하고 있다. 이 책은 거룩과 진지함을 회피하는 사람은 허울뿐인 기독교인이라는 것을 강조했는데 윌버포스는 이 부분에서 큰 충격을 받았다. 어렸을 때 삼촌 집에서 보고 들었던 기억이 어렴풋이 살아남을 느낀 것이다. 그는 열정적인 기독교의 다듬어지지 않은 면모에 가졌던 편견이 성경에 대한 지적인 설명으로 완화되는 것을 느꼈다.

12년의 세월이 흐른 후인 1796년, 인생에서 가장 감사하는 사건이 무엇인지를 친구들이 윌버포스에게 질문한 적이 있다. 이때 윌버포스는 1784년에 밀너에게 여행을 같이 가자고 요청한 것을 첫 번째로 꼽았다. 평소 건강이 좋지 않았던 밀너가 여느 때처럼 아팠다면, 혹은 자신이 밀너의 종교성을 미리 알았다면 같이 갈 일이 없었을 것이기 때문에 감사함이 더하다고 말했다.

다음으로는 도드리지의《영혼에서 종교의 발흥과 진보》가 몇 사람의 손을 거쳐 자기 손에 들어온 것이었다. 윌버포스는 그것을 '섭리'라고 표현했다.[8]

앞서 얘기했듯 대학 시절 윌버포스는 자신이 직접 고찰해 보지 않았다는 이유로 국교회 신조에 동의하길 거부한 적이 있다. 마찬가지 이유로 이번에는 이 책에 기술된 내용이 성경에 있는지 직접 살펴보겠다고 결심하였지만 후일로 미뤄야 했다. 영국에서 동료 의원 로버트 스미스에게서 편지가 왔기 때문이다. 그는 피트가 추진하는 의회 개혁이 위기에 처해 있으며 윌버포스가 반드시 있어야 한다고 귀국을 강권하였다. 그래서 1785년 1월 말, 윌버포스는 가족을 니스에 남기고 밀너와 함께 영국으로 떠났다. 프랑스를 가로지르는 귀국 길에 여러 위험을 만났다. 부르고뉴에서는 얼어붙은 길을 오르다가 마차가 미끄러져 언덕 아래로 떨어지려는 것을 밀너가 괴력을 발휘해 붙잡아 사고를 면하기도 했다. 그는 2월 22일에 런던에 도착했으나 피트의 의회 개혁 법안 표결이 3월 23일로 미뤄지는 바람에 어쩔 수 없이 대기해야 했다.

윌버포스는 이전의 관성대로 의회 내 주요 인물들과 어울렸다. 여행 전처럼 일주일에 두세 번은 피트와 식사하고, 오페라를 보고, 여야를 가리지 않고 유력 정치인들이 주최하는 파티에 참석했다. 사실 영국은 토리, 휘그 같은 정파에 상관없이 대토지를 소유한 귀족들과 대상공인 계층이 지배 엘리트를 이루고 있었기 때문에 의사당만 벗어나면 공유하는 이해관계가 더 많았다. 파티는 그들에게 사교의 장일 뿐 아니라 이권이 거래되는 장소였고, 소수 특권층들이 남의 시선을 의식하지 않고 놀 수 있는 장소이기도 했다. 윌버포스도 그들의 일원이었고 한 파티에서는 이전처럼 밤새워 노래를 하고 고든 공작 부인을 파트너로 삼아 새벽 5시까지 춤을 추기도 했다.

그러나 이전과는 달리 윌버포스는 공허함을 느꼈고 깊은 회의감에 빠졌다. 종교적으로 보이는 사람들이 화려한 외관만큼 내적으로도 신앙의 의무를 다하고 있는지 의심하는 자신을 발견했다. 또한 화려한 음식에 엄청난 재산을 낭비하는 이들의 모습을 보며 큰 환멸을 느꼈다. 그러나 윌버포스는 자신도 그들 중 하나라는 것을 알고 있었다. 피트가 공을 들이던 의회 개혁은 지지부진했고, 여름이 다가오자 윌버포스는 어머니와 누이를 데리러 프랑스에 다시 가야 했다.

그랜드 투어 2차 루트(1785.07.11.-1785.11.10.).

2차 여행-변화의 시작

1785년 7월 11일, 윌버포스는 이전의 루트를 따라 여행을 재개했고 이때도 밀너와 동행했다. 이들은 이탈리아 제노아에서 다시 가족을 만났고, 이후 1차 여행 때 계획했던 장소들을 함께 방문하였다. 일행은 제노아부터 토리노를 거쳐 스위스 제네바로 갔다. 8월 12일에는 인터라켄 관광을 했으며 8월 20일에는 취리히에 도착했다. 윌버포스는 알프스의 장관을 보며 경탄했고 발트슈트를 거쳐 라인강을 따라가며 사색에 잠기기도 했다.

제네바에서부터 윌버포스는 밀너와 그리스어 신약성경을 공부하기 시작했고, 그들의 토론은 여정 내내 지속되었다. 윌버포스가 남긴 일기를 보면 여행 기간 동안 그의 종교관이 변화하는 과정을 추적할 수 있다.

> 점차 나는 그(밀너)의 정서에 동화되었다. 상당 기간 이성이 동의하긴 하나 마음에는 영향을 끼치지 못한 의견으로 남아 있었지만 말이다. … 그가 말한 모든 것은 나의 종교에 대한 관심을 증가시켰다.[9]

> 나는 진리의 무게감을 느끼기 시작했고 그것은 계속된 우리의 대화 주제였다. 갑작스럽게 세상에서 나오라는 부르심에 나는 영원히 끝나지 않는 비참함에 처했고, 그 상태에서 무엇이 어리석음인지, 아니 무엇이 미친 것인지를 몇 달 동안 매일같이 생각하기 시작했다.[10]

이 주제를 진지하게 고찰하자마자 깊은 죄책감과 과거의 배은 망덕한 일들이 강력하게 다가왔다. 나는 귀중한 시간, 기회, 재능을 낭비했던 자신을 정죄했다.[11]

점차 내 안에 일종의 양심의 자유가 자리 잡았다. 나는 하나님과 구주를 향한 섬김에 헌신하게 되었고, 많은 약점과 부족함에도 그분의 도움으로 그것을 지속하고 있다. 내가 슬프게도 시간을 낭비한 것, 나아질 기회를 저버린 것을 의식하면서 나는 어떻게 하면 나에게 남아 있는 삶을 가장 잘 구원할 수 있을지 생각하기 시작했다.[12]

밀너와의 대화 속에서 윌버포스가 겪고 있던 영적 변화를 알아차리지 못한 가족들은 윌버포스가 그들이 탄 마차에 오지 않는다며 불평을 늘어놓았다. 윌버포스 일행은 벨기에의 작은 도시 스파Spa에서 6주를 보냈는데 영국에서 친구들이 그를 보러 왔다. 윌버포스는 친구들이 즐기는 유흥에 동참하는 등 겉모습에서는 큰 변화가 없었다. 그러나 밑바닥에서는 감정이 소용돌이치고 있었다.

세상이 줄 수 있는 모든 즐거움이 충만한 상태에서도 종종 나의 양심은 진정한 의미에서 내가 그리스도인이 아니라고 말한다. 나는 웃고 노래하고 겉으로는 즐겁고 행복하지만 이런 생각이 나를 스쳐 지나간다. '이 모든 게 무슨 미친 짓인가. 영원한 행복이 내 손이 닿는 곳에 있는데, 갑자기 세상이 나를 불러내 영원

히 비참하게 만드는 일이 너무나 손쉽게 반복된다.'[13]

1785년 11월 10일, 런던 윔블던 집에 도착했을 때 그는 완전히 다른 사람이 되어 있었다. 다음 해 2월까지는 의회가 열리지 않았으므로 그는 자신을 돌아보며 고독한 시간을 보냈다.

> 형벌에 대한 두려움보다는 나의 하나님 나의 구주의 말할 수 없는 자비를 그렇게 오랫동안 무시한 크나큰 죄에 대한 죄책감이 나에게 영향을 끼쳤다. 이런 생각은 죄에 대한 강한 확신이 주는 깊은 우울감 속에 나를 몇 달간 빠뜨렸다.[14]

내적 갈등이 최고조에 달했을 때 그는 일기를 쓰기 시작했다. 이 개인적 기록은 그의 마음속의 어려움과 번뇌를 보여 준다.

윌버포스의 일기장(1783-1786). ⓒ Bodleian Libraries, University of Oxford

1785년 11월 24일 일기를 보면 그는 아침 6시에 일어나 성경을 2시간 읽고, 파스칼의 책을 1시간 15분 읽었으며, 1시간 15분간 묵상을 하고, 이후 1시간 15분 동안 업무를 보았다. 11월 25일에도 6시에 일어나 성경을 30분간 읽고 묵상하고 파스칼을 45분 읽은 후 업무를 보러 시내로 갔다. 교회에 가서 예배에 참석했지만 설교 시간에는 졸기도 했다. 11월 27일 일요일에도 같은 시간 일어나 30분 묵상한 후, 파스칼을 45분 읽은 뒤, 조셉 버틀러 주교의 책을 45분간 읽고 교회에 갔다 와서 1시간 동안 성경을 읽었다. 이런 식으로 윌버포스는 매일 종교 활동 시간을 기록하고 비교하면서 종교성을 일정 수준으로 유지하려 훈련하였다.

윌버포스의 개인적 훈련은 이성으로 몸과 마음을 굴복시키는 과정이었다. 반대로 말하면 아직 마음이 온전히 돌아선 것은 아니었다. 11월 27일 일기를 보면 윌버포스는 아직 자신이 진심으로 죄를 느끼지 못하고, 그리스도의 십자가도 진심으로 느끼지 못한다며 괴로워한다.

나는 그동안 종교적 주제를 다룬 책을 홀로 읽으며 잘살고 있다고 생각했다. 그러나 하나님과 화해하기까지 쉬워서는 안 된다. 내가 완전히 타락했으며 종교적 관념에 눈이 먼 상태라는 것을 알지만 그럼에도 내 마음은 너무 완고하고 내 눈은 너무 멀어 있어서 죄를 마땅히 싫어해야 하는데도 그럴 수가 없다.[15]

피트와 뉴턴

1785년 12월이 되자 윌버포스는 자신에게 일어난 일을 친구들에게 드러내기 시작했다. 아직 마음의 괴로움과 고민이 사라지지 않았지만 적어도 이전처럼 살 수 없다는 것은 확실해졌기 때문이다. 대다수 친구들은 그에게 일어난 일을 이해하지 못했다. 어떤 친구는 일시적 우울증일 뿐이라며 위로를 했고, 다른 친구는 절친한 사람을 잃어버렸다는 생각에 화가 나서 윌버포스의 편지를 불태우기도 했다. 또 일부는 그가 광신자가 되어 그동안 쌓은 사회적 명망과 정치력을 잃을 것이라며 안타까워했다.

윌버포스가 가장 망설이며 쓴 편지는 피트에게 보낸 것이었다. 이 편지의 원본은 남아 있지 않으나 그는 자신이 11월 24일에 보낸 편지에서 향후 정치적 행동의 근거가 될 새로운 원칙들을 설명했다고 일기장에 밝혔다. "그(피트)에게 어느 때보다 강한 애정을 느끼지만, 대체로 그를 지지해야 한다고 믿는 이유들이 있음에도, 더 이상 이전처럼 그렇게 (피트를 편드는) 당파적인 사람은 될 수 없다고 말했다."[16]

피트는 이 편지에 크게 당황했다. 피트의 답장은 12월 2일 윌버포스에게 도착했다. 피트도 고민할 시간이 필요했던 것이다. 특히 피트의 답장을 보면 윌버포스가 정계 은퇴도 고려했음을 알 수 있다. 피트는 "자네는 은퇴의 정도나 기간을 혼자 정해 버리고 나에게 설명도 해주지 않았네. 또한 앞으로의 삶의 방향을 어떻게 잡았는지도 말해 주지 않았네"라고 섭섭함을 여과 없이 내보인 뒤 기독교 신앙 때문에 세상을 등지지 말아 달라고 요청했다.

그리스도인이 삶의 여러 관계 속에서 활동할 수 있는데도 자네는 자신을 고립시켜야겠는가? 분명 기독교의 원칙과 실천은 단순하며, 명상에 머무는 것이 아니라 행동으로 이어지는 것 아니겠는가? … 내일 자네를 만날 수 있는 시간만 말해 주게. 켄트에 가는 길에 윔블던에 들를 수 있네. … 논의도 하지 못할 정도로 나쁜 원칙은 없다는 것을 기억해 주게.[17]

편지에는 윌버포스를 염려하는 피트의 절절한 마음이 드러난다. 하지만 피트는 윌버포스의 심정을 전부 이해한 것이 아니었다. 종교에 큰 관심이 없었던 피트에게 지금의 윌버포스는 "정신을 우울과 미신으로 채운" 상황으로 보였다. 그는 한시라도 빨리 윌버포스가 이전의 친구들과 대화를 하면서 주의를 환기하여 이런 느낌을 떨쳐 버려야 한다고 생각했다. 피트는 다음 날 윌버포스를 찾아왔고 둘은 2시간가량 대화를 나누었다.

두 사람 모두 대화를 통해 상대방을 설득하려 했지만 결과를 보자면 둘 다 목적을 이루지 못했다. 피트는 윌버포스를 "(종교적) 확신에서 끄집어내려 이성적 설득을 했지만", 결국 "기독교의 올바름을 두고 다툴 수 없다는 것을 인정하게 되었다." 반대로 윌버포스는 피트에게 자신의 종교적 신념을 이해시키지 못했다. 윌버포스가 보기에 "그는 너무나 정치에 빠져 있어서 종교에 대해 깊이 숙고해 볼 시간이 없었다."[18]

그러나 피트는 이 대화를 통해 윌버포스에게 종교적 신념이 가장 중요한 정체성이 되었음을 인정하게 되었고, '종교적인' 윌버포스를 받아들이게 되었다. 윌버포스도 신념 때문에 고립을 택하기보다 현실 속에서 그것을 실천하라는 피트의 조언을 어느 정도 받아들였으며, 무엇보다 피트가 종교적 견해에 상관없이 자신을 받아들인다는 것을 알고 그의 우정에서 위안을 얻었다.

숙제와도 같았던 피트와의 만남을 마친 윌버포스는 또 다른 만남을 생각하게 되었다. 그것은 당시 복음주의 성직자로 유명했던 전직 노예선 선장 존 뉴턴과의 만남이었다. 11월부터 그는 뉴턴을 만나는 문제로 "나 자신과 상당한 논쟁을 해야 했다"라고 적고 있다. 만나야겠다고 생각하고서도 두어 번 더 결심하는 과정을 거친 후에야 그는 뉴턴에게 편지를 보낸다. 뉴턴에게 보낸 편지를 보면 윌버포스의 고뇌가 드러난다.

존 뉴턴 목사님께 1785. 12. 2.

이 일이 종교에 관한 것이라면 당신을 방해한다 해서 사과할 필요는 없겠지요. 저는 목사님과 상당히 심각한 대화를 하고 싶고 그 일로 반 시간 정도 방문하고 싶습니다. 만약 저를 (그곳에서) 만나 주시기 어렵다면 우리의 만남을 위한 시간과 장소를 정한 편지를 문 앞에서 저에게 주시면 감사하겠습니다. 빠를수록 좋을 것 같습니다. 당신에게 저를 드러내야 하는지 수천 번 고민했습니다. 하지만 그것을 반대하는 모든 주장의 근원에 교만이 있었습니다. 제가 좋다고 말씀드리기 전까지, 살아 있는 어떤 누구에게도 저의 제안이나 방문을 당신이 알리지 않을 것이라 믿습니다.

구에게나 개방되어서 의원의 얼굴이 잘 알려져 있다는 것을 기
억해 주세요.[19]

서명과 추신은 급하게 휘갈겨 썼는데 마지막까지 윌버포스가 했
던 고뇌를 드러내는 것 같다. 편지는 12월 4일 일요일에 윌버포
스가 직접 시내로 들고 가서 아직 교회에 있던 뉴턴에게 전했다.
만남은 다음 주 수요일로 정해졌다. 이날에도 윌버포스는 광장

세인트 메리 울노스 교회St. Mary Woolnoth Church 전경.
윌버포스는 런던 중심부에 있는 이 교회로 뉴턴을 찾아갔다. © Amanda Slater

을 두 바퀴 돌며 다시 한 번 자신을 설득한 후에야 뉴턴의 집 문을 두드릴 수 있었다.

월버포스는 왜 이렇게 뉴턴과 만나는 것을 고민했을까? 그것은 심리적, 사회적 측면에서 해석해 볼 수 있다. 뉴턴은 월버포스가 어렸을 때 삼촌 집에서 자주 봤던 설교자였다. 월버포스는 뉴턴의 모험과 종교적 경험을 넋이 나간 표정으로 듣곤 했고, 설교의 내용을 자신의 신앙으로 받아들였다. 뉴턴은 이제 기억하는 사람이 없는 월버포스의 옛 모습을 아는 사람일 뿐 아니라 월버포스가 그것을 저버리고 방탕하게 살았던 세월을 아는 사람이기도 했다. 그를 만난다는 것은 아직 공개할 자신이 없는 과거를 끄집어내는 느낌과 같지 않았을까? 성경에 나오는 '돌아온 탕자'도 집을 향해 발걸음을 떼기까지 수없이 고민했을 것이다. 월버포스도 그랬다.

또한 월버포스는 아직 타인의 시선에서 자유롭지 못했다. 뉴턴은 단순한 국교회 사제가 아니라 국교회 내 복음주의 진영을 대표하는 성직자였다. 그는 또한 교파의 벽을 넘어 장로교, 회중교회, 웨슬리의 추종자들과 교제하고 있었다. 같은 개신교이지만 전통적인 국교회 소속 교인과 비국교도와 교류하는 복음주의 성향의 교인은 영국 사회에서 큰 차이가 있었다. 후자는 전통 질서에 순응하지 않는 광신도 이미지를 가지고 있었기에 사회적 명성을 해칠 수 있었다. 저명한 의원이던 월버포스는 뉴턴을 만나면 자신이 그와 비슷한 신앙을 받아들인 사람으로 보인다는 점을 알고 있었다.

여러 걱정과 마음의 갈등을 이겨 내고 뉴턴을 만나 나눈 대화는 만족스러웠다. 뉴턴은 "하나님이 그(윌버포스)를 나에게 이 끄실 것이라는 희망과 확신이 있었다"고 말했다.[20] 그는 이전의 친구들한테서 멀어지지 말라고 윌버포스에게 조언하였다. 진정한 기독교인이 되었다고 해서 이전의 모든 것을 버려야 하는 것은 아니며 지금 여기에서 믿음을 가지고 살아가는 것이 더 중요하다는 것이었다. 그는 공직을 맡아 하나님을 섬겼던 요셉이나 다윗의 예를 들며 지금의 길을 가는 것이 신의 뜻일 수 있다고 말했다.[21] 대화를 마치고 집을 나선 윌버포스는 좀더 겸손하고도 간절히 신의 도움을 구하는 마음이 자신에게 있음을 발견하게 되었다.

하지만 이 평안은 오래가지 않았다. 그는 기복이 심하고 세속적 유혹에 넘어지는 자신을 발견할 때마다 좌절했다. 12월 8일 일기에는 이런 심정이 드러난다.

나는 교회에서 때때로 감동을 받지만 여전히 냉담하다. … 기도와 묵상이 뜨겁지 않았다. 심지어 내가 바른길로 가고 있는지 의심스러웠다. 오, 하나님. 나를 나 자신으로부터 구해 주십시오![22]

이런 영적 갈등은 뉴턴과 거듭 만나는 가운데 조금씩 사라졌다. 뉴턴은 회심이 일회성 사건이 아니라 계속되는 과정임을 강조하면서 이런 현상이 매우 자연스럽다고 위로해 주었다. 그리고 이렇게 말하며 윌버포스에게 희망을 주었다. "저는 주님께서 그의 교회의 유익과 나라의 유익을 위해 당신을 일으켜 세우셨다는 것을 기대하며 믿습니다. 이것이 당신을 진정한 공인으로 만들 것이며, 당신이 본 적도 없고 알 일도 없었던 사람들의 마음을 차지하게 할 것입니다."[23]

월버포스는 자신의 세속적 관심을 신에게로 돌리기가 매우 어렵다는 것을 느꼈고, 이 오랜 습관을 바꾸려면 부단한 훈련이 필요하다고 생각하였다. 1786년 6월 21일 일기를 보면 그의 결심이 기록되어 있다. "이 순간부터 시간 계획을 수정하고 내일부터 실행하기 위해 노력한다. 나는 좀더 하나님의 영광과 내 동료 피조물들의 유익을 위해 살고, 좀더 부지런히 살기 원한다."[24]

그는 도드리지의 책에 나온 경건생활의 규칙을 실천하였고, 날마다 시간을 정해서 성경을 읽고 연구하였다. 그뿐만 아니라 로크의 에세이, 마셜의 논리학 등 기독교 서적이 아니더라도 신앙 정립에 도움이 되는 책들은 규칙적으로 읽어 나갔다. 그는 "동료의 책, 심각하거나 세속적이고 일반적인 책, 기독교인의 의무에 관한 책들"의 리스트를 작성하였고 이 계획을 시범적으로 시행하고 계속 수정해 갔다.[25] 이때부터 시작된 경건 훈련은 평생 지속되었고, 그가 오랜 세월 정계에 머무는 동안 종교성을 유지할 수 있었던 원천이 되었다.

새로운 만남

월버포스는 이제 비슷한 신앙을 가진 사람들과 친분을 맺으려 노력하기 시작했다. 그는 멤버십을 가지고 있던 런던의 유명 클럽들에서 자신의 이름을 내렸으며 가능한 한 런던에서 보내는 시간을 줄이고 고독한 시간을 가지려 했다. "도시에 사는 것은 나와 맞지 않는다. 시골에서 기독교적 대화 시간을 찾아야 한다"[26]라고 그는 일기에 썼다.

1785년 12월 뉴턴은 윌버포스를 다시 만난 자리에서 숙모 해너와 존 손턴을 다시 만나 보라고 권하였다. 해너의 오빠였던 존 손턴(1720-1790)은 영국에서 손꼽히는 부유한 상인이자 영향력 있는 복음주의자였다. 윌버포스는 어려서 삼촌 집에 있었을 때 가난한 사람을 도우라고 자신에게 큰돈을 줬던 손턴을 기억했다.

윌버포스는 뉴턴을 만난 그 주에 숙모 해너와 존 손턴을 초대해 식사를 했다. 윌버포스를 10여 년 만에 다시 만난 두 사람의 감격은 말로 표현하기 어려웠다. 그들의 신앙에서 나오는 기쁨과 평안에 윌버포스는 깊은 인상을 받았다. 그러나 윌버포스는 자신의 변화를 나누지 않았는데 그 이유는 알 수 없다. 하지만 얼마 지나지 않아 뉴턴을 통해 소식을 전해 받은 손턴은 기쁜 마음에 편지를 썼다. "친애하는 의원님, 어제 오후 뉴턴 씨와 짧은 대화를 나눈 뒤 내가 얼마나 만족스러웠는지 쉽게 짐작할 수 있을 것이오!" 그러나 신앙의 선배로서 그는 "빨리 찾아온 것이 오래 지속되는 경우가 드물다"며 너무 감정에 사로잡히지 말고 자신만의 차분한 시간을 가지라고 조언을 잊지 않았다.[27]

손턴은 윌버포스보다 먼저 회심을 경험했고 또 신앙을 가진 유명인으로서 누구보다 윌버포스의 상황을 잘 이해했다. "나도 신중함과 주의가 요구되는 자네의 어려움을 이해하네. 믿는 자들은 너무 서두르지 말고 하나님과 보조를 맞추려 노력해야 한다네. 그러면서 그분의 섭리와 인도하심을 보기 바라네."

부유한 상인이자 복음주의자였던 존 손턴. 그의 신앙은 어린 윌버포스에게 큰 영향을 주었다.

또한 손턴은 교회를 자주 바꾸는 것과 종교적으로 보이는 사람과 관계를 맺을 때 항상 조심할 것을 권했다.[28]

그는 윌버포스가 신앙과 세속의 일 사이에서 균형을 찾는 과정을 도우고자 했고 마음을 나눌 모임을 제공하려 했다. 당시 뉴턴은 손턴의 집을 정기적으로 방문하였는데 손턴은 이 만남에 윌버포스를 초대하였다. 이후 세 사람은 손턴의 집에서 자주 만나 식사를 같이하며 교제하였다. 후에 손턴은 클래팜에 있는 저택의 방 한 칸을 내주었고 윌버포스는 이곳에 와서 휴식을 취하기도 했다. 윌버포스는 복음주의 지도자인 뉴턴의 대외적 이미지가 자신에게 씌워지는 것을 더 이상 두려워하지 않게 되었다. "나는 이제 감리교도로 알려질지도 모른다. 하나님께서 사실대로 알려지게 이끄시길 바란다."[29]

이는 윌버포스가 그동안 감리교도가 되는 것을 두려워했다기보다 감리교도가 내포하는 이미지의 그리스도인이 될까 봐 부담스러워했다는 의미였다. 왜 그랬을까? 앞서 설명했듯이 이 시기의 감리교는 아직 하나의 운동에 가까웠으며 웨슬리가 죽고 나서야 독립된 교파가 되었다. 하지만 이미 영국과 미국에서 웨슬리의 추종자들은 하나의 세력을 이루고 있었다. 이들의 예배는 강력한 설교와 뜨거운 기도가 특징이었고 회개와 회심이 일어나는 시간이기도 했다. 이를 이해하지 못하는 사람들은 '감리교도'라는 단어를 교회 내 광신자들을 대표하는 말로 사용했다. 윌버포스는 이제 지나치게 종교적인 사람으로 비쳐질 것을 염려하지 않고 자신의 종교적 신념을 담대히 드러내겠다고 선언한 것이다.

1786년 1월 무렵 여러 가지 소문을 듣고 걱정하는 어머니에게 윌버포스는 자기 생각을 설명하는 편지를 보냈는데 여기서 그가 새롭게 정립한 종교관이 드러났다. "저는 제 삶의 원칙을 주께서 저에게 말씀하신 근원인 성경에서 찾습니다. 제가 말하고 싶은 것은, 이 책을 읽고 '당연히 그렇게 해야지' 생각하는데서 멈추는 것이 아니라 이 책을 우리의 의견과 행동의 기준으로 삼아야 한다는 것입니다." [30] 그는 성경을 삶의 기준으로 삼는 기독교인이 되었기 때문에 세속의 풍조를 이전처럼 무조건 따를수는 없다고 말했다.

종교관이 변한 것을 말한 후 그는 자신의 정치적 목적도 바뀌었다고 어머니에게 말했다. "어디에서 기독교인만의 특징이 드러날까요? 그것은 성경에 나오듯이 하나님을 사랑하고 이웃을 사랑하는 것입니다."[31] 이어서 "그렇다면 누가 우리의 이웃일까요?"라고 물은 윌버포스는 그것은 성경에 나오는 '선한 사마리아인'의 예화가 말해 주듯 바로 사회적 약자들이며 자신의 삶에 이들을 위한 몫이 있다고 말했다. 그는 자신이 이 사람들에게 기독교를 '해명할 책임이 있는 존재'라는 것을 잊고 있었다면서 이들을 돕는 것이 자신의 새로운 정치적 목적이 되었다고 설명했다.[32]

그리고 처음에는 정계를 떠나는 것도 고민했지만 이제는 새로운 목표를 위해 자신의 자리를 지키겠다고 말했다. 윌버포스가 이런 결심을 한 이유에는 신의 섭리에 대한 자각이 중요했다. "어떤 사람은 공직에, 어떤 사람은 사적 영역에 자신의 몫이 있습니다. 그리고 이렇게 서로 다른 상황에 따라 각각 상응하는 의무가 있습니다." 그는 몇 달간의 고민 끝에 자신의 의무가 공적 영역에 있다는 것을 확신했으며 "이렇게 섭리가 나에게 배치한 자리에서 도망간다면 그 후 하나님의 축복을 어떻게 구할 수 있겠습니까?"라며 자신의 소명인 정치에서 도망치지 않겠다는 의지를 보였다.[33] 이제 정치인으로서 경력과 종교적 신념을 어떻게 조화시켜야 할지 고민했던 시간이 끝나 가고 있었다.

격변의 시간이 지난 후 그는 1786년 말 다우닝가 10번지의 수상 관저를 방문했다. 이제 세상을 버리지 않고 그 안에서 종교적 신념에 따라 살기로 결심하자 마음이 더욱 평안해졌다. 다시 피트를 만난 윌버포스는 모든 사안에 전폭적으로 그를 지지할 수는 없을 거라고 말했다. 윌버포스와 피트는 하원 방청석에서 서로를 알아봤을 때부터 이때까지 같은 길을 걷는 정치적 동지였다. 그러나 이제 두 사람은 서로 다른 길을 걸을 수밖에 없음을 알게 되었다. 이후 피트는 현실 정치에서 성공을 향한 길을 걸어갔고 윌버포스는 도덕 정치를 추구하는 길을 걷게 되었다. 이제 그의 사명은 자신이 믿는 종교적 원칙을 세상에 구현하는 것이었다. 그리고 자신이 할 일이 구체적으로 무엇인지 찾는 과제가 주어졌음을 느꼈다. 윌버포스는 이 시기에 이렇게 기록을 남겼다.

"내가 그분을 더 꾸준히 섬길 수 있도록, 그리고 이웃들을 더 열심히 섬길 수 있도록 도와주시길 … 이것이 나의 끊임없는 기도이다." [34]

4

정치를 하는 이유

1787—1789

윌버포스는 26세가 된 1786년 봄까지 커다란 내적 변화를 경험하였다. 큰 파도가 지나가자 자신이 무엇을 위해 또는 무엇을 하며 살아야 할지 생각해야 할 시간이 찾아왔다. 정계를 떠나는 것도 생각했던 그는 피트 및 뉴턴과의 대화 속에서, 자신에게 주어진 위치에 따른 책임을 다하는 것이 신의 뜻임을 자각했다. 하지만 그것으로 충분하지 않았다. 하원의원으로서 계속 살아가는 것이 소명이라면 구체적으로 무슨 일을 하며 그 책임을 다할 것인가? 그가 이 과정에서 발견한 일이 바로 노예무역 폐지 운동이었다. 윌버포스의 아들인 로버트와 새뮤얼은 노예무역 폐지 운동을 아버지의 종교적 변화의 결과로 평가하였다.

영국의 중·고등학교 학생에게 윌버포스가 누구냐고 물어본다면 망설임 없이 노예무역을 없앤 사람이라고 이야기한다. 이렇듯 윌버포스가 노예무역 폐지 운동에서 독보적 위치를 차지하는 것은 분명하지만 반노예제 운동 자체는 다양한 원천을 가진 사건이다. 이 책의 첫 장에서 이야기했듯이 윌버포스 이전에 영어권 대서양 세계에서는 노예무역의 관행을 당연시하지 않은 사람들이 있었고, 이후 이 반감이 노예무역을 없애야 한다는 정치적 사상으로 진화하는 과정이 있었다. 그리고 반노예무역 성향의 사람들은 이제 의회로 이 문제를 가져갈 사람을 찾고 있었다. 1787년, 변화된 기독교인으로서 자신의 정치적 역량을 쏟아부을 일을 찾고 있던 윌버포스는 이 일에 나서게 되었다.

두 강줄기의 만남

노예무역 폐지 운동의 기원을 가장 넓은 관점에서 본 사람은 토머스 클락슨이었다. 그는 노예무역 폐지 법안이 통과된 지 1년 후인 1808년에 이 운동의 역사를 집대성한《노예무역 폐지 운동의 발흥, 진행, 성취의 역사》를 서술하였다. 클락슨은 노예무역 폐지 운동을 여러 작은 하천이 합류해 큰 강줄기를 이루는 과정으로 설명하였다. 이 가상의 지도에서 상류에 있는 사람들은 1650년대 이전부터 활약한 사람들로, 엘리자베스 1세, 루이

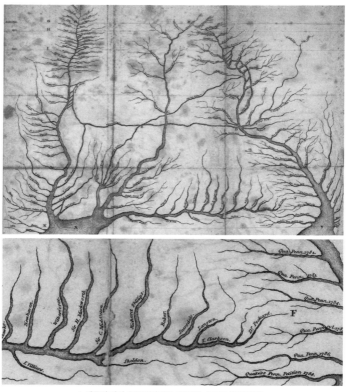

노예무역 폐지 운동의 기원을 설명하는 클락슨의 지도(위).
지도를 확대한 모습. 윌버포스와 클락슨이 영국과 미국의 반노예제 흐름을 잇는 지류로 표현되었다(아래).

112

13세, 교황 레오 10세 등 노예제에 대한 부정적 언급을 조금이라도 한 사람들이었다. 이를 통해 노예제에 대한 반감이 생각보다 오래전부터 생겨났음을 보이려 한 것이다. 각 지류는 합쳐서 크게 두 강이 되는데 하나는 영국, 하나는 북아메리카의 운동을 이뤘으며 이 두 강줄기는 샤프, 클락슨, 윌버포스 및 몇몇 퀘이커 교도에 의해 연결된다. 그는 이를 통해 노예무역 폐지 운동이 대서양에 걸친 사건임을 표현하려 한 것이다.[1]

클락슨은 북아메리카 식민지에서 여러 퀘이커 교우회들이 노예 소유주를 추방하고 노예무역을 정죄한 움직임이 영국의 퀘이커 교우회에 영향을 주는 과정을 그의 책에서 자세히 설명했다. 또한 영국과 북아메리카 식민지에서 반노예제 움직임을 이끈 사람들의 연결 고리도 강조하였다. 윌버포스가 한 일은 바로 각지에서 다양한 사람들이 시작한 반노예제 운동을 영국 의회로 가져간 것이었다.

제임스 램지와 노예무역 논쟁

영국의 모라비아 교회◆ 성직자였고 찬송가 작곡자로도 유명했던 크리스천 이그네이셔스 라트로브(Christian Ignatius Latrobe, 1758-1836)는 노예무역 폐지 운동의 시작을 설명하기 위해 잉글랜드 동남부의 작은 마을 테스턴을 주목했다. 그는 1815년에 자기

◆ 모라비아 교회(혹은 모라비아 형제회)는 18세기에 형성된 프로테스탄트 교파로 그 기원은 15세기 체코의 종교개혁자 얀 후스의 추종자들까지 거슬러 올라간다. 이들은 18세기 유럽 대륙, 영국, 북아메리카의 부흥운동에 영향을 끼쳤으며 존 웨슬리의 회심에 영향을 주었다.

딸에게 쓴 편지에서 노예무역에 문제의식을 느낀 사람들을 대표하여 윌버포스를 포섭하는 역할을 한 사람으로 제임스 램지와 찰스, 마거릿 미들턴 부부를 지목하였다. 라트로브는 미들턴 부부와 친했고, 그들이 윌버포스를 테스턴에 있는 저택으로 초대해 노예무역 폐지 법안 제출을 권할 때 그 자리에 있었다.[2]

찰스 미들턴은 오랜 기간 영국 해군 지휘관으로 근무했으며 1750년대 말에 서인도제도에 파견된 아룬델호의 함장이었다. 그는 미국 독립전쟁 때 해군 지휘관이었으며 1784년부터 1790년 사이에 로체스터를 대표하는 하원의원이 되었다. 이때 켄트의 테스턴에 있는 바럼 코트Barham Court라는 저택을 매입하고 정착했다. 그가 노예무역 이슈에 관심을 가진 데는 아룬델호의 군의관이었던 제임스 램지James Ramsay의 역할이 컸다.

1759년 11월 아룬델호는 노예선 스위프트호를 검문하게 되었는데 램지는 군의관으로서 배의 상황을 살피러 승선했다. 오물과 습기로 숨쉬기도 힘든 곳에 100명이 넘는 노예들이 있었는데 다리와 손이 묶인 자리는 짓눌려 곪은 상태였으며 질병과 기아에 허덕이고 있었다. 이는 그가 살면서 본 것 중 가장 끔찍한 장면이었으며, 그 충격으로 그의 인생이 바뀌게 되었다. 1761년 램지는 결국 해군을 떠나 성직자가 되었고 세인트 키츠에서 목회를 시작하였다. 그는 노예 농장에 있는 노예들에게 기독교를 전파하기로 했고 일요일에는 그들을 교회로 초대했다. 또한 같은 형제자매인 흑인에게 가해지는 노예 농장의 잔인한 대우와 처벌을 강력히 비판했으며 이들의 처우 개선을 주장했다. 이로 인해 그는 지역 농장주들과 끊임없이 갈등을 겪었다.

1777년 램지는 서인도제도 농장주들의 핍박을 견디지 못하고 영국으로 돌아와 켄트에서 목회를 하게 되었다. 이때 그가 자리를 잡도록 도와준 것이 옛 상관 찰스 미들턴이었다. 익히 노예무역의 참상을 알고 있었던 미들턴은 램지에게 노예제도와 노예무역에 관해 목격한 것을 글로 남길 것을 권하였다. 이에 램지는 서인도제도에서 직접 본 내용과 수집한 많은 자료를 엮어《노예무역과 노예 취급에 관한 에세이》(*Essay on the Treatment of, and Traffic in, Slaves*, 1784)를 저술하였다. 원고를 읽어 본 찰스 미들턴의 아내 마거릿은 램지에게 이 글을 출판하여 "온 국민이 이 울부짖는 죄악에 관심을 갖도록 만들어 주세요"라고 부탁하였다.[3]

이 글이 출판되자 영국 사회에 큰 반향이 일어났다. 300쪽에 가까운 방대한 분량의 책에서 램지는 노예 농장에서 목격한 잔혹상을 낱낱이 파헤쳤고, 이를 통해 인간과 사회를 타락시키는 노예제도의 본질적 부패성을 폭로하였다. 그는 "사회의 기본적 설계는 법의 시행을 확대하고 시민들을 동등하게 처우하고 보호하는 것"인데 노예제는 이 모든 조건과 "양립할 수 없는 것"이라고 주장했다.[4] 평생 노예무역을 직접 경험할 일이 없는 영국 대중이 서인도제도에서 노예제를 직접 목격한 사람의 증언을 처음 접한 것이다. 사람들이 받은 충격은 상당히 컸고 신문과 잡지, 설교 등에서 노예무역이 주제가 되기 시작했다.

램지의 저술은 서인도제도 농장주들을 분노케 했고, 그들이 반격에 나서면서 노예무역은 곧 대서양 차원에서 논쟁거리가 되었다. 첫 번째 공격은 "세인트 크리스토퍼의 어떤 신사들"에게서 나왔다. 저자는 노예 구매가 "성경에서 명시적으로 명령되는 바"이며 노예들을 이 제도 안에서 취급하는 것이 "신의 법률에 따라 승인되는" 의무라고 소책자에서 주장했다.[5] 네비스 섬의 자치의회 의원이었던 제임스 토빈James Tobin은 램지와 그를 지지하는 "정보가 부족한 작가들"에 대항하기 위해《피상적 논평》*Cursory Remarks*을 출판하였다. 그는 램지의 주장들이 편협한 시선에 사로잡혀 있고 명확한 결론에 이르지 못하며 다른 주장들과 일치하지 않는다고 반박했다.[6]

1785년에 이런 비판에 대응하여 램지가 다시 팸플릿을 출판하면서 논쟁은 더욱 치열해졌다. 램지는 "세인트 크리스토퍼의 신사들"과 토빈이 제시한 자료들의 문제와 오류를 나열하면서 역공을 취하였다. 1786년에는 해군 대위 존 스미스John Smith가 램지를 지원하기 위해 자신이 서인도제도에서 직접 목격한 "가장 잔혹한 처우"를 폭로하는 소책자를 발행하기도 했다.[7] 이에 토빈이《램지 목사의 대응에 대한 짧은 답변》*A Short Rejoinder to the Reverend Mr. Ramsay's Reply*을 출판하자 램지는 다시 한 달 만에 재반박하는 공개 편지를 썼다.[8] 대서양 양쪽을 오가는 노예무역 관련 논쟁은 1788년까지 지속되었다. 얼마 전까지 노예무역은 대다수 사람에게 생소한 주제였지만 이제 이 주제는 영국과 서인도제도 식민지의 많은 사람이 관심을 갖는 논쟁거리로 변하고 있었다.

테스턴 서클의 초대

1786년 무렵에 이르면 미들턴 부부가 소유한 테스턴의 바럼 코트 저택을 중심으로 노예무역을 반대하는 무리가 형성되어 있었다. 일부 역사가들은 이를 '테스턴 서클'이라고도 부른다. 1786년 7월 미들턴 부부는 베일비 포티어스(Beilby Porteus, 1730-1809) 주교를 바럼 코트로 초대하였다. 포티어스는 당시 체스터 주교였는데, 체스터는 산업혁명 도시로 노동자들이 몰려들며 빈곤, 노동환경 악화 등 사회 문제가 컸던 곳이었고, 포티어스는 현장에서 이런 문제의 해결을 위해 노력한 성직자였다. 그는 램지의 팸플릿을 읽고 노예제의 실상에 눈을 뜨게 되었으며 교회가 잠자코 있어서는 안 된다고 생각하게 되었다.

1783년에 포티어스 주교는 해외복음전파협회(Society for the Propagation of the Gospel in Foreign Parts, 1701년 설립)라는 유서 깊은 국교회 선교협회의 연례회 설교자로 초청되었다. 국교회 고위 성직자들이 모인 장소에서 그는 교회가 노예무역의 참상을 모른 척하고 있다고 비판하며, 이제는 침묵을 깨고 행동에 나서야 할 때라고 촉구하였다. 1784년에는 '코드링턴 지구에서 노예들의 효과적인 회심을 위한 계획'Plan for the Effectual Conversion of the Slaves of the Codrington Estate이라는 구체적 안을 해외복음전파협회에 제출하였지만 협회는 이를 받아들이지 않았다. 포티어스는 성직자들의 도덕적 수준에 크게 실망하였고 결국 의회에서 이 문제가 제기되어야 한다고 생각하게 되었다. 그러나 이렇게 무모한 도전을 하는 포티어스를 주목하는 사람들이 생겨났고, 그에게 영향받아 노예무역 문제에 관심을 두는 성직자들도 늘어났다.

미들턴 부부는 포티어스 주교에 이어 토머스 클락슨을 초대하였다. 앞서 언급했듯 클락슨은 1785년 케임브리지 대학 재학 시절 라틴어 에세이 공모전에 출전하였는데 주제는 "타인을

그 의지에 반해 노예로 만드는 것이 정당한가?"였다. 클락슨은
이 논문을 준비하는 과정에서 서인도제도에서 일어나는 일들을
처음 알게 되었고 큰 충격을 받았다. 하지만 그에게 이 일은 아직
학문적인 주제였다. 1785년 여름 그는 대상을 받았고 관례에 따
라 수상 후 대학 평의회 앞에서 논문을 낭독하였다. 이후 말을 타
고 런던으로 돌아가는 도중 마음속에 변화가 일어났다.

> 런던으로 돌아오는 길에 그 주제는 내 생각을 온통 사로잡았다.
> 길을 가는 내내 나는 그것에 심각히 영향을 받았다. 나는 중간
> 중간 말을 멈추고 내려서 걸으며 내 논문의 내용이 사실일 리
> 없다고 계속 스스로를 설득하려 했다. 그러나 그 내용과 그것이
> 가진 권위를 생각할수록 더욱 신뢰할 수밖에 없었다. 허트포드
> 셔에 있는 웨이드 밀에 도착한 나는 낙담한 채 길가 잔디밭에
> 앉아 말을 붙잡고 있었다. 내 논문의 내용이 사실이라면 누군
> 가는 이 참상의 끝을 봐야 할 때라는 생각이 여기서 떠올랐다.[9]

그는 자신이 라틴어로 썼던 논문을 1786년에 영어로 번역하여
《노예제와 인류, 특히 아프리카인의 교역에 관한 에세이》로 출
판하였고, 이 책을 읽은 샤프, 램지 등 이미 반노예제 움직임을
시작한 사람들과 합류하게 되었다. 1786년 여름, 미들턴 부부 및
그들의 친구들과 테스턴에서 저녁식사를 하던 클락슨은 노예무
역을 없애는 일에 일생을 헌신하겠다고 선언하게 되었다.

이렇게 초기 반노예제 인사들의 연결 고리를 따라가면 그
핵심에 미들턴 부부, 특히 마거릿이 있었다. 그녀는 매우 적극적

테스턴 마을에 있는 바럼 코트. © Colin Smith/ Barham Court/ CC BY-SA 2.0

인 성격이었고, 노예무역 폐지를 위한 전국적 차원의 운동을 구상하게 된다. 이 문제에 대한 램지, 라트로브, 미들턴 부부의 역사적 대화는 1786년 가을에 있었다. 마거릿은 해군을 떠나 하원의원이 된 남편 찰스에게 이 이슈를 하원으로 가져가라고 권하였지만 찰스는 자신이 적절한 사람이 아니라고 거절한다. 찰스 미들턴은 아직 하원에서 연설을 못 해본 정치 신인이었을 뿐 아니라 이미 60세에 가까웠다. 그는 이 문제를 푸는 데 시간이 오래 걸릴 것이라며 앞으로 노예무역을 폐지하기 위해 싸울 수 있는 젊고 능력 있는 의원이 필요하다고 말하였다.

　　몇몇 이름이 거론되었는데 다들 한두 개씩 부적격 사유가 있었다. 누군가는 나이가 많았고 누군가는 이 문제에 열정이 부족했다. 마지막으로 윌버포스가 언급되자 그가 적임자라는 데 모두가 순식간에 동의했다. 윌버포스는 이미 뛰어난 언변으로 유명한 정치인이었고 나이도 26세에 불과했다. 무엇보다 최근

들려온 소식에 따르면 "진리와 덕성의 강력한 옹호자"가 되었다고 한다. 마거릿은 당장 그에게 편지를 쓰라고 찰스에게 말하였다.

찰스 미들턴은 부인의 말대로 윌버포스에게 편지를 썼고 며칠 후 답신을 받았다. 윌버포스는 자신도 이 주제가 아주 중요하다고 느끼지만 자신이 이러한 중차대한 임무에 부적합하다고 말하였다. 그러나 좀더 이야기를 나누고 싶으니 테스턴에 있는 미들턴 부부를 방문하겠다고 하였다.[10] 1786년 말, 윌버포스는 약속대로 미들턴 가족이 사는 바럼 코트를 방문하였다. 미들턴 부인은 윌버포스에게 노예무역 폐지를 위한 법안을 의회로 가져갈 것을 요청하였다. 윌버포스는 좀더 시간이 필요하다며 노예무역의 현황에 대한 정보를 달라고 했다. 미들턴 부부는 모라비아 교회 목사인 라트로브를 윌버포스에게 소개했다. 모라비아 교도들은 1700년대 초부터 서인도제도에 선교사를 파견했기 때문에 그곳에 대한 정보와 생생한 증언을 확보하고 있었다. 1787년 초 윌버포스는 라트로브의 숙소를 방문하였고 그의 침실에서 격의 없이 오랜 시간 이야기를 나누었다.

1787년 3월에는 클락슨이 나섰다. 이미 클락슨은 올드 팰리스 야드에 있는 윌버포스의 집을 방문해 자신의 논문을 건넨 적이 있었고, 윌버포스는 "이 주제가 내 생각을 자주 사로잡았으며 내 마음의 상당히 가까운 부분에 자리 잡았다"고 답하기도 했다.[11] 이후 클락슨은 윌버포스를 정기적으로 방문했고, 의회에서 노예무역 폐지를 이끌어 달라고 요청할 기회를 엿보았다. 어느 날 클락슨은 자신의 지인이자 유명 작가였던 베넷 랭턴Bennet

Langton의 집에서 윌버포스와 반노예제 성향의 국회의원들 사이에 만남의 자리를 마련했다.

3월 13일 랭턴의 집에서 만찬이 열렸고 찰스 미들턴과 조슈아 레이놀즈, 윌리엄 윈덤, 제임스 보스웰 등 복음주의 성향의 정치인들이 윌버포스를 기다리고 있었다. 노예무역이 주제였던 대화의 막바지에 이들은 다시 한 번 윌버포스에게 노예무역 폐지 법안을 의회에 제출할 수 있는지 물었다. 윌버포스는 "제가 더 준비되었을 때에, 더 적합한 인물이 없는 것이 확실하다면 이 안건을 의회로 가져가는 것에 반대하지 않습니다"라고 조건을 단 수락 의사를 밝혔다.[12] 윌버포스가 여전히 망설였던 까닭은 이 사명이 가진 무게감 때문이었다. 시작하면 오랜 시간 동안 자신의 명예, 재산, 시간을 쏟아야 하는 일이기 때문에 좀더 책임감 있는 결정을 내리고 싶었을 것이다.

두 수상과 한 개혁가

잘 알려지지 않은 사실이지만 윌버포스는 본래 노예무역 이슈에 개인적으로 관심이 있었다. 10대 시절 일기에는 아프리카의 비참한 실상을 언급한 적도 있었다. 이 관심은 성인이 되어서도 이어져 정치를 시작할 때인 1780년에 서인도제도의 앤티가Antigua 섬에 갈 일이 생긴 친구에게 그곳의 노예 농장 정보를 수집해 달라고 부탁하기도 했다. 1783년 11월에는 서인도제도에서 돌아온 램지를 소개받아 대화를 나누기도 했다. 당시는 노예무역을 반대하는 목소리가 곳곳에서 나오던 때였고 여기에 개인적 관심이 더해져 정보를 수집한 것으로 보인다.

미들턴 부부와 클락슨에게서 노예무역 폐지 법안을 제안받던 시점인 1787년에 윌버포스는 이미 종교적 원칙에 따라 행동하는 사람이 되어 있었다. 자신이 서 있는 자리에서 무엇을 할지 고민하고 있던 윌버포스는 인생을 걸 수 있는 정치적 소명을 노예무역 문제에서 발견할 수 있었다. 이 시기에 서인도제도의 노예무역과 노예제도에 대한 그의 일반적 관심이 실질적인 행동으로 전환되기 시작했다.

윌버포스는 마지막으로 이 문제를 현재 수상인 피트와 20년 후 수상이 될 운명이었던 윌리엄 그렌빌(William Grenville, 1806-1807 재임)과 이야기해 보기로 했다. 노련한 정치인들이 보기에도 가치가 있는 일인지, 성공의 가능성이 있는지 진솔한 조언을 듣고자 했다. 1787년 5월 12일, 세 사람은 켄트 홀우드에 있는 피트의 시골 저택에서 만났다. 이들은 산책 후 집 앞의 오래된 나무 밑동에 나란히 앉아 잠시 쉬게 되었다. 산책을 하며 윌버포스가 던진 질문을 생각해 보았던 피트가 먼저 말을 꺼냈다. 그는 노예무역 폐지 법안이 윌버포스의 성격과 재능에 맞는 주제라고 평가하면서 즉시 시작하는 게 어떠냐고 제안했다.

"윌버포스, 노예무역 주제에 대한 결의안을 제출해 보는 게 어떻겠나? 자네는 이미 증거를 수집하기 위해 많은 노력을 기울였으니 그렇게 함으로써 얻은 공을 충분히 누릴 자격이 있다네. 시간을 낭비하지 말게. 그러면 다른 사람이 그 일을 차지하게 될 걸세."[13]

윌버포스가 노예무역 폐지를 결단한 시점에 대해, 라트로브는 미들턴 부인이 윌버포스에게 제안했을 때로, 클락슨은 랭

월버포스, 피트, 그렌빌이 앉았던 고목 자리. 고목은 1960년대까지 남아 있었고 지금은 후손 격의 나무가 서 있다. © Ethan Doyle White

턴의 저택에서 자신이 월버포스에게 법안 제출을 권했을 때로 기록하였다. 하지만 월버포스 자신은 두 수상과 함께 고목 밑동에 앉아 있었던 이때를 오랜 고민이 끝난 시기로 기억했다. 그는 이날의 일기에 "이 대화 후에 나는 이 주제를 하원에 가져갈 의도를 품고 적당한 기회를 보기로 결심하였다"라고 기록했다.[14] 1786년의 종교적 경험이 정치를 하는 이유를 물었고 그는 노예무역 폐지에서 그 해답을 찾은 것이다. 몇 달 후인 10월 28일 일기에 그는 자신이 던진 질문의 해답을 적었다. "전능하신 하나님이 나에게 두 가지 위대한 목표를 주셨다. 그것은 노예무역 폐지와 관습 개혁이다."[15]

노예무역 폐지협회

월버포스가 노선을 확실히 정하면서 반노예제 운동가들이 그를 중심으로 규합하기 시작했다. 흔히 1787년은 영국 노예무역 폐지 운동의 시작점으로 여겨진다. 윌버포스가 노예무역 폐지 법안을 준비하기 시작한 해이고, 또 1787년 5월 22일에 노예무역 폐지협회The Society for Effecting the Abolition of the Slave Trade가 처음 설립되었기 때문이다. 창립 멤버는 12명으로 그중 그렌빌 샤프와 토머스 클락슨, 런던의 은행가인 필립 샌섬Philip Sansom 3명이 국교도였고 나머지는 퀘이커 교도였다. 이들은 이날 노예무역이 "어리석고 불의한" 관행이라는 점에 뜻을 같이했고, 이틀 후 클락슨이 "노예무역의 비인간성과 불의함에 관한 사실을 열거"하자 이를 기록해 2천 부를 인쇄할 것을 결의했다.[16]

1장에서 설명했듯이 영국 의회에 최초로 노예무역 폐지 청원서를 제출한 것은 퀘이커 교우회였고 이들이 초기 노예무역 폐지 운동의 기반을 닦은 것이 사실이다. 하지만 영국에는 국교도만 공직에 나갈 수 있다는 심사법Test Act이 1828년까지 있었기 때문에 결국 이를 공적 영역에서 추진하려면 국교도들이 역할을 해야 했다. 이 협회도 회장직은 그렌빌 샤프가 맡았다. 노예무역 폐지협회는 노예무역 폐지를 위해 필요한 자금과 정보를 즉시 모으기 시작하기로 했다. 그리고 윌버포스는 이런 노력을 의회에서 이어갈 적임자로 여겨졌다.

윌버포스는 오랫동안 노예무역 폐지협회에 이름을 올리지 않았는데 이는 그가 독립적인 위치에 있을 때 더 효율적으로 일할 수 있다고 생각했기 때문이다. 회장을 맡은 샤프는 "윌버포스가 하원에서 이 운동을 시작할 것이다. 그는 가장 큰 지역구 의원으로서 존경을 받고 있으며 그의 개인적 관계망은 영향력이 크다. 여기에 쾌활하고 흠 없는 성격이 더해져 이 대의의 진행을 안전하게 만들 것이다"[17]라고 평가했다. 윌버포스는 노예무역 폐지협회의 실무를 담당하는 클락슨과 계속 편지를 교환하며 노예무역의 참상에 대한 증거를 실시간으로 전달받았고, 적어도 보름에 한 번은 협회 멤버들을 만났다.

점차 노예무역 폐지 운동의 체계가 잡혀 가기 시작했다. 주요 지방 도시에서 자발적으로 또는 클락슨의 도움을 받아 노예무역 폐지협회가 설립되었다. 런던의 협회는 지역 협회가 설립되도록 도움을 주고 각 협회를 조율하는 중앙회 역할을 맡았다. 클락슨은 각 협회를 오가며 정보를 수집하는 연락책 역할을 하였다. 특히 노예무역의 중심 항구였던 리버풀과 브리스톨에 세워진 협회는 클락슨의 정보 수집에 큰 도움이 되었다.

대표적인 두 노예무역 항구에 머물던 클락슨은 노예뿐 아니라 노예선 선원들도 학대당하는 경우가 많다는 것을 알게 되었다. 선주들은 도박이나 음주로 선원들을 꼬드겨 큰 빚을 지게 만든 후 빚을 갚으려면 노예선을 타라고 강요했다. 또한 선원들은 배에서 선장 혹은 선임에게 폭력, 폭언, 강제노동 같은 부당한 대우를 받았을 뿐 아니라 각종 명목으로 임금을 떼먹히는 경우가 많았다. 이는 선원들 대부분이 문맹이었기 때문에 부당한 계약서에 서명하는 경우가 많아서 생기는 일이었다.[18] 그래서 노예선을 탈수록 빚의 굴레에서 벗어나지 못하는 악순환이 반복되었다. 클락슨은 수많은 선원을 직접 만나고 증언을 청취하여 노예선에서 일어나는 참상에 대한 증언을 기록하고 교차 검증하였다. 그는 "런던, 브리스톨, 리버풀에서 2만 명이 넘는 선원 명단을 확보하였고 각 항해에서 무슨 일이 일어났는지" 알게 되었다.[19]

각지에서 노예무역을 다룬 유용한 출판물이 나오면서 노예무역의 끔찍함이 널리 알려졌다. 협회는 1787년 한 해에만 노예무역 관련 의회 의사록을 1만 부 이상, 존 뉴턴의 반노예제 팸플릿은 3,500부 이상 찍어 배포했다.[20] 또한 그해 7월, 협회는 지금도 유명한 도자기 메이커인 '웨지우드'의 설립자 조사이어 웨지우드Josiah Wedgwood의 도움을 받아 메달을 제작했다. '나는 인간이자 형제가 아닙니까?Am I not a man and a brother?'라는 문구 아래 무릎 꿇은 노예의 형상이 있는 메달은 노예무역 폐지 운동을 상징하는 아이템이 되었다. 노예무역 폐지를 지지하는 사람들은 이 이미지를 메달, 머리핀, 배지 등에 새겨 착용하였다. 이런 움직임은 노예무역의 잔혹함을 알게 된 국민적 분노를 깨우고 있었다.

조사이어 웨지우드가 1787년에 만든 메달.
'Am I not a man and a brother?'라는 문구가 새겨져 있다.

노예무역 폐지 동의안 준비

1788년이 되었다. 윌버포스는 2월 2일에 노예무역 폐지 동의안을 하원에 제출한다는 계획을 세웠다. 이미 몇몇 카운티에서 의회에 보낼 청원서를 준비하고 있었기 때문에 때가 되었다고 생각했다. 이때 피트는 현직 수상으로 의회 내 역학 구조를 꿰뚫고 있었고 그동안의 경험에 따라 매우 현실적인 조언을 해주었다. 그는 동의안 통과가 서인도제도와 정착민의 이익과 근본적으로 연결되어 있어서 결코 쉽지 않다고 보았다. 따라서 "우리는 미래의 노예 수입만 막을 것이며 현재의 유효한 이익을 뺏으려는 것이 아님을 밝혀야 한다"고 조언했다.[21] 또한 피트는 지난 몇 년간 도미니카, 세인트 빈센트, 그레나다 섬 등에서 새로 경작된 땅의 면적과 수입된 노예 수와의 관계성을 조사하라고 조언했다. 두 요인 사이의 상관관계가 높다면 앞으로 새 경작지가 늘어날 때 노예무역 폐지는 더 어려워질 가능성이 있었다. 이 경우 어떤 대가를 지급할지 예측하고 준비할 필요가 있었다.

윌버포스가 당초 계획한 동의안 제출일이 한 달 정도 남은 시점에서 각 지역의 열혈 운동가들이 벌써 지역 협회들을 통해 30개 이상의 청원서를 의회에 제출하였다. 한편 반대편에서도 결연한 의지가 모이기 시작했다. 런던과 각 지방에서 노예무역 폐지 목소리가 커지는 만큼 서인도제도에 투자한 사람, 노예무역에 종사하는 사람, 항구 도시 출신 노동자 등 노예무역과 관련된 사람들도 응집하기 시작했다. 자메이카 농장주들의 대리인인 스티븐 풀러는 1788년 1월 내무장관 시드니에게 편지를 써서 노예무역 폐지를 논의하는 것 자체가 서인도제도에서 반란과 폭력을 불러올 수 있다는 심각한 우려를 드러냈다.[22] 이런 과열된 분위기는 의회에서도 나타나기 시작했다.

피트의 지지에도 불구하고 내각 전체로는 노예무역 폐지에 호의적 분위기라고 보기가 어려웠다. 18세기 영국 정치에서 총리나 당 대표가 내각과 당을 완전히 장악하는 일은 드물었다. 여기에 정파별 이해관계에 따라 생각이 달랐고 그 안에서 각자의 경제적 이해관계로 또다시 의견이 분열되었다. 한마디로 노예무역 이슈는 단번에 영국 정치 세력과 국민을 분열시키는 요인이 되었다.

이런 상황을 극복하기 위해 노예무역의 실상, 경제적 중요성, 영국 경제에 끼치는 영향에 관한 증거 수집, 분석, 배부가 중요했다. 윌버포스는 의회에서 논의가 막힐 때마다 이 작업을 보강했다. 이때도 피트는 윌버포스를 돕기 위해 추밀원을 소집해 아프리카 노예무역 실태를 조사할 위원회를 만들라고 지시하였다. 1788년 2월 11일부터 추밀원 조사가 시작되었으나 순조롭지 않았다. 처음 증언을 한 사람들은 아프리카로 항해하는 노예 상인들이었는데 이들은 자신들의 행위를 정당화하기 바빴다. 로버트 히틀리Robert Heatley라는 노예선 선장은 노예들은 중간 항로에서 물고기, 염장 소고기 등으로 풍부한 식사를 하며 하루에 4-6회 깨끗한 물을 공급받고, 이들이 머무는 선실도 일주일에 4회 정도 청소를 한다고 주장했다. 이들의 거주 환경은 고국 아프리카에 있는 왕자들의 거처보다 훨씬 좋다고 주장하기도 했다.[23]

그러나 추밀원 위원들이 노예무역 폐지협회가 제시한 증거를 가지고 추궁을 계속하자 일부 상인들은 부분적이나마 진실을 말하기 시작했다. 1772년과 1776년 노예무역 항해를 떠났던 홀 선장Captain Hall은 노예가 머무는 선실의 지붕을 선원들이 자주 청소하고 통풍에도 신경을 많이 썼다고 강조했다. 그럼에도 여러 증거가 제시되자 배기가 어려운 선실 구조로 인해 열대 바다를 지날 때 많은 노예가 전염병으로 죽는 것과 '가끔씩' 노예들이 학대당하고 방치되는 것이 사실이라고 인정할 수밖에 없었다.[24] 노예무역에 종사했던 아치볼드 달즐Archibald Dalzell이라는 상인도 선원들이 노예들의 거주환경 개선을 위해 많은 노력을 했다고 주장했지만, 과적으로 치사율이 높은 것과 빈약한 식량 공급으로 노예 사이에 괴혈병이 발생한다는 사실을 시인하게 되었다.[25] 결과적으로 이 청문 과정을 통해 노예무역의 거대한 참상이 조금씩 드러났다.

그러나 이렇게 변화의 조짐이 일어나고 있을 때 노예무역 폐지 운동의 동력이 꺾이는 사건이 일어났다. 윌버포스의 건강이 심각하게 나빠진 것이다. 윌버포스는 어려서부터 소화기관이 약했으며 평생 관련된 병을 달고 살았다. 이때도 과로와 스트레스로 몸이 크게 상했고 이것이 큰 문제로 이어졌다. 1788년 1월 31일 일기에는 "아주 안 좋다. 그래서 피트랑 저녁을 먹지 못했고 … 의회에도 가지 못했다"라고 적었으며, 2월 19일에도 "아주 안 좋고, 아주 나른함. 식욕을 완전히 상실했으며 계속 화장실에 감"이라고 적었다. 이후로도 식욕부진, 설사, 시력 감퇴 등으로 고통을 호소했고, 잠시 회복되었던 건강은 3월 12일부터 다시 안 좋아져서 어머니와 누나가 병상을 지키게 되었다.[26] 4월 8일에는 상태가 아주 심각해서 윌버포스가 2주를 넘길 체력이 없다고 의사가 가족에게 말할 정도였다. 윌버포스는 만일을 대비해 피트를 불렀고, 자기 대신 노예무역 폐지 법안 상정을 추진해 달라고 유언 같은 부탁을 했다.

그럼에도 노예무역 폐지 분위기는 전국적으로 달아오르고 있었다. 1787년 런던 주교가 된 포티어스는 고위성직자로서 추밀원 위원이 되었고, 그곳에서 노예무역 청문회를 주도하였다. 전국에서 수백 개의 청원서가 하원에 도달하고 있었고, 맨체스터 같은 산업도시에서 온 노예무역 폐지 청원서는 10만 명의 서명을 담고 있었다. 노예무역 폐지 지지자 중 과격파는 의회에서 법안 상정이 연기되는 것에 분노하면서 의원들의 즉각적인 행동을 이미 촉구하고 있었다. 이런 상황 속에서 피트는 윌버포스와의 약속을 지키려 움직이기 시작했다. 5월 9일 하원의 다음 회기가 시작되자마자 그는 의회 차원에서 노예무역 상황을 조사하자는 결의안을 제출했다. 피트의 결의안에 대해 의회에서 겉으로 드러나는 반대 의견은 없었다. 영국 보수주의의 아버지 에드먼드 버크는 스스로 노예무역 폐지 지지자임을 밝혔고, 대표적인 야당 지도자 찰스 제임스 폭스는 "(노예무역의) 즉각적 폐지로 마음을 거의 정했다"고 밝혔다. 또한 12명의 의원이 지지 의사를 명시적으로 밝혔다.[27]

노예무역에 대한 첫 번째 규제-돌벤법

이러한 분위기에서 노예무역 폐지 운동의 첫 성과라고 할 수 있는 돌벤법이 1788년 통과되었다. 옥스퍼드의 의원이었던 윌리엄 돌벤Sir William Dolben과 그의 친구들은 당시 화제였던 노예선의 실제 상황을 알기 위해 템스강에 정박한 선박을 둘러보았다. 그는 배에 남아 있는 악취, 배설물, 피, 고문 흔적 등을 접하고 큰 충격을 받았고 노예무역 폐지를 지지하게 되었다. 돌벤은 노예선의 비극이 노예를 한 명이라도 더 팔려고 과적을 하는 데서 시작됨을 알았고, 이에 배 한 척에 실을 수 있는 노예의 수를 제한하고 그들이 인간으로서 가져야 할 최소한의 공간을 규정하는 법안을 제출하였다.[28]

이 법안은 56 대 5라는 큰 표 차이로 하원을 통과했지만 토지 귀족들이 다수를 이루던 상원에서는 강한 반대에 직면하였다. 1788년 7월 수상인 피트가 나서서 "이 법안을 반대하는 사람은 나와 같은 정부에 있을 수 없다"고 경고한 후에야 14 대 12로 통과되었다.[29] 상대적으로 적은 투표 수가 보여 주듯 많은 상원의원이 수상의 압력에도 찬성표를 던지느니 기권을 택한 것이다. 그나마도 법안이 통과되기 위해 원안의 내용은 여러 번 수정되어야 했고 결과적으로 최소한의 규제만이 법안에 남았다. 반노예제 운동가들은 노예무역에 대한 법적 규제가 막상 의회에서 통과되기 얼마나 어려운지 체감하게 되었다.

노예무역에 대한 최초의 규제가 가져온 변화와 한계를 예시로 살펴보자. 1788년 말, 플리머스 노예무역 폐지협회가 노예선의 참상을 보여 주기 위해 노예선 단면도를 활용할 것을 처음 제안했다. 이들은 1장에서도 언급된 노예선 브룩스호의 내부 묘사화를 활용하였는데 이 그림이 화제를 일으키자 런던 협회는 이 팸플릿을 대량 인쇄하여 전국적으로 배포하였다.[30] 그리하여 많은 사람이 노예선의 구조를 처음 알게 되었다. 팸플릿에 묘사

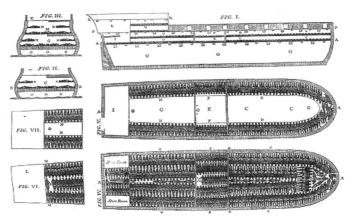

노예선 브룩스호의 갑판 묘사도.

된 브룩스호를 보면 하갑판에 흑인 노예 292명이 숨 쉴 틈도 없이 빽빽하게 누워 있고, 하갑판 위로 선벽을 따라 놓인 상갑판에도 추가로 130명이 묶여 있는 것을 볼 수 있다. 다른 공간도 노예들로 가득 차 있어서 그림 속에는 총 487명의 노예가 누워 있다.

사람들은 이 그림에서 노예들이 빽빽이 누워 있는 것에도 놀랐지만 이것이 돌벤법 통과 이후의 상황이라는 것에 더욱 충격을 받았다. 돌벤법에 따라 성인 남성 노예 한 명당 약 가로 41센티미터, 세로 183센티미터를, 성인 여성 노예의 경우는 약 가로 41센티미터, 세로 178센티미터를, 아이들은 36센티미터, 150센티미터의 공간을 쓸 수 있었는데 이 노예선은 움직일 공간도 부족할 정도로 포화 상태였다. 더구나 하갑판 바닥에서 상갑판까지의 높이는 79센티미터 정도에 불과했다. 브룩스호는 이 법안이 통과되기 전인 1781년의 1차 항해 때는 650명, 1783년의

132

2차 항해 때는 619명, 1785년의 3차 항해 때는 740명을 태웠다. 상황은 미미하게 나아졌지만 여전히 많은 노예가 죽어 갔다.

윌버포스의 복귀

이 모든 상황을 윌버포스는 침상에서 괴로운 마음으로 바라볼 수밖에 없었다. 이 시기에 그가 했던 기도는 그의 절망을 보여 주는 것 같다.

> 큰 환란을 당하여 저로서는 감당할 수 없으나 이것이 당신께는 작고 사소한 일에 불과합니다. 주여, 긍휼과 자비로 저를 돌아봐 주시고, 어느 곳에서나 안식과 고요함과 위로를 주사 저를 회복시켜 주십시오. 저를 이곳에서 벗어나 평화와 행복으로 인도하여 주소서.[31]

그러나 친구들이 윌버포스의 몫까지 일하고 역할을 대신해 주는 사이에 그의 건강은 서서히 회복되었다. 그는 바스Bath 지역에 가서 온천수를 약 삼아 마셨으며, 주치의인 핏케언Pitcairne 박사의 처방으로 아편을 사용하기도 했다. 당시는 아편의 부작용이 알려지기 전이라 진통제로 사용하는 경우가 많았다. 윌버포스는 이후 오랜 시간 아편 부작용으로 또 다른 고통을 겪어야 했다.

1789년 1월, 기적적으로 건강을 회복한 윌버포스는 케임브리지에 도착해 아이작 밀너와 식사를 하는 것을 기점으로 현장으로 돌아왔다. 또한 이때 존 웨슬리를 방문하였으며 그의 조언에 힘을 얻었는지 다시 노예무역 문제에 힘을 쏟게 되었다. 1월

26일 일기를 보면 노예 문제가 다시 그의 최우선 관심사가 되었음을 알 수 있다. "6시까지 하원에 있었고 저녁 내내 노예 문제를 다뤘다. 이때까지 단지 비스킷, 와인, 물만 먹었다. 밤에 신경이 날카로워져서 노예제에 관한 꿈을 꾸었다."[32]

1789년 일기에는 노예무역 문제로 시간을 보낸 기록이 나온다. "2월 9일 피트와 노예 문제 이야기함. 18일 스티븐, 엘리엇과 온종일 노예무역 이야기함. 21일 아침부터 엘리엇과 노예무역 이슈로 토론함."

이런 생활 방식은 3월까지 이어졌다. 윌버포스는 시간을 더 효율적으로 사용하지 않으면 노예무역 문제뿐 아니라 다른 업무도 볼 수 없다고 생각하게 되었다. 그래서 밖에서 저녁 먹는 일을 줄였고 수면 습관도 바꾸었다. "사업과 손님들의 계속되는 급한 요구가 내 몸과 영혼을 파괴하고 있다. 내 삶은 전적인 개혁이 필요하다. 더 이른 시간에 고독의 시간을 갖는 것, 근면한 삶, 시간의 적절한 분배와 절약, 종교적인 친구들과의 교류 등이 하나님의 은혜로 나의 연약함을 강하게 해줄 것이다."[33]

그는 이때부터 하루에 세 번 기도하는 습관을 지켰으며, 성경을 진지하게 읽고 묵상하며 일과를 시작하였다. 그것이 하루를 더 효율적으로 보내는 데 도움이 된다는 것을 그는 느꼈다. 그리고 일요일에는 예배 후 집에서 혼자만의 시간을 보내기도 했는데 이는 영혼의 회복과 집중력 회복을 위한 필수적인 시간이었다. 당시 영국 의회는 여름에 휴정했는데 이 기간에 윌버포스는 런던을 떠나 시골 별장에 가거나 친구의 집을 빌려 시간을 보냈다. 윌버포스는 기회가 되는 대로 '자발적 은둔 시간'을 가졌으며 이는 평생 그가 지치지 않고 수많은 사업을 할 수 있었던 원동력이 되었다.

1789년 5월에는 자그마치 2년을 준비한 노예무역 폐지 프로젝트가 시작됨을 알리는 연설을 계획했다. 그래서 부활절 전후 휴가철에 매일 8-9시간 노예무역 폐지 이슈를 논의했다. 윌버포스의 친구 기즈번이 "난 시내에서 노예무역 폐지를 준비하는 어떤 하원의원만큼이나 바빴네"[35]라고 장난기 섞인 편지를 보낼 만큼 윌버포스는 정신없는 시간을 보냈다. 하원에서는 피트가 실시간으로 상황을 전했다. 노예무역과 관련된 연설을 5월 중순에 하라고 4월 10일에 윌버포스에게 편지를 보내서 조언한 사람도 피트였다. 그때 가장 많은 의원이 참석하기 때문이다. 피트는 이 문제를 의회로 가져가기 전에 보고서를 몇 번 읽어 보고 수치상의 오류를 잡아낼 만큼 신중을 기했다.

그러나 노예무역 폐지론자들만 바빴던 것은 아니다. 반대

	Major application. Study.	Minor application. Study.	Requisite company, &c. Visits, &c.	Unaccounted for, &c. Dressing.	Relaxation suâ causâ.	Squandered.	Serious reading, and meditation.	Bed.	Total.	House of Commons, business, &c. Left out of plan.
Jan. 26th.		5¾	1¾	1¼	¼	½	1½	8½	24	4½
— 27th.			1	½	¼	2¼	1	8½	24½	11
— 28th.			8	¾			½	9¼	24	5½
— 29th.			5½	¼		1	¾	8¼	23¼*	7½
— 30th.			8	1			¾	7¾	24	6½
— 31st.			7	½	¼	3¼	¾	9¼	25	3¼
Sunday Feb. 1st.			4½	1	¼		8½	8¼	22½	
— 2nd.			~~4¼~~ 3¼	½	¼	2¼	¾	8¼	24¼	8½
— 3rd.			4½	¼			¾	9	23¼	9¼
— 4th.			8¼	1¼			¾	8	24	5¼

윌버포스의 하루 시간 사용 확인표. 1788년.[34]

자들도 이 기간을 이용해 매일 모임을 하고, 의회에 노예무역 유지를 요구하는 결의안을 제출했으며, 신문에 기사를 냈다. 이들 또한 노예무역 폐지가 국가 경제에 초래할 손해와 식민지에 가져올 파괴적인 이미지를 팸플릿을 통해 대중에게 각인시키려 했다. 대표적인 노예무역 항구인 브리스톨의 유권자들은 노예무역 폐지를 반대하는 청원서를 작성하였다. 이들의 주장에 따르면 노예무역 폐지는 "노예무역으로 삶을 유지하는 수많은 이의 삶을 파괴하고 이 청원서의 서명자들에게 매우 큰 손실을 안길 것"이었다. 이들이 "다양한 일을 수행하는 주요 자원은 아프리카 무역과 서인도제도의 수출입에서 나오며", 여기서 나오는 수입은 브리스톨 세금 수입의 5분의 3 이상을 차지한다는 것이 핵심 주장이었다.[36]

그리고 리버풀의 레이먼드 해리스 목사처럼 노예무역이 지역 경제와 안보를 위해 필요하다는 소극적 옹호를 넘어 신의 적극적인 승인을 받은 제도라고 정의하는 사람도 있었다. 해리스는 "하나님은 아브라함이 평생 했던 (노예 매매를 포함한) 모든 거래를 지켜보셨고, 그분의 통치 속에 노예제도에 대한 승인이 드러난다는 것은 단순한 추측이 아니다"라고 말하면서 이것이 "아프리카인들의 자유를 열렬히 옹호하는 자들"이 알아야 할 "하나님의 말씀의 진정한 의도와 의미"라고 주장했다.[37] 일부 과격한 노예무역 상인들은 윌버포스 등 노예무역 폐지에 앞장선 정치인들의 정치적 생명과 육체적 생명을 위협하기도 했다.

윌버포스의 인생에서 중요한 순간마다 나타나곤 했던 아이작 밀너는 이번에도 그에게 편지를 보냈다. "자네가 온 생애를 통해 이 일을 계속한다면 오랫동안 수상을 하는 것보다 나은 인생이 될 걸세"라는 말은 윌버포스에게 큰 위로가 되었다.[38] 말이 많고 재치를 겸비한 기즈번은 윌버포스에게 다음과 같이 유쾌하게 경고했다. "자네가 서인도제도 농장주들 손에 칼집이 나서 구워지고 아프리카 상인들 손에 바비큐가 되어서 기니의 선장들에게 먹혔다는 뉴스를 신문에서 읽을 것 같네. 기죽진 말게. 묘비명은 내가 써줄 테니까."[39]

의회에서 노예무역 폐지를 주장하다

드디어 1789년 5월 12일 노예무역 폐지 법안이 하원에 제출되었다. 당시 의원들은 자기 자리에서 일어나 연설을 하는 것이 관례였는데 피트는 오랜만에 의회로 돌아온 윌버포스가 오래 서서 연설하기가 어려우리라 생각해 장관들이 앉는 제일 앞줄에 자리를 마련해 주었다. 이 자리에서는 정부 문서함 dispatch box 위에 자료를 놓고 연설할 수 있기 때문에 장시간 연설을 할 수 있었다. 윌버포스는 이날 3시간 30분 동안 노예무역 폐지를 제안하는 연설을 하였다.

당시는 법안과 관련된 정보가 지금처럼 여러 매체를 통해 사전에 충분히 전달되기 어려웠다. 따라서 필요한 정보를 한 번의 연설로 의원들에게 효과적으로 전달해야 했으므로 연설이 긴 경우가 많았다. 대부분 의원들은 연설 속의 정보와 논리를 듣고 법안의 찬성 여부를 그 자리에서 결정하곤 했다. 그래서 지금보다 정성을 들인 호소력 있는 명연설이 많이 나왔다.[40]

윌버포스는 의원들의 내면에 있는 선의의 공통분모를 끄집

1793-1794년의 하원 모습. 윌리엄 피트가 정부 문서함 앞에 서서 연설하고 있다.
안톤 히켈Anton Hickel 작. 영국 국립 초상화 미술관 소장.

어내면서 연설을 시작했다.

> 저는 열정에 호소하는 것이 아니라 냉정하고 공정한 이성을 요
> 구할 뿐입니다. 저는 그들(노예무역 지지 세력)을 놀라게 하지 않
> 고 이 질문의 모든 부분을 하나씩 신중히 검토하고 싶습니다.
> 저는 누구를 비난하려는 것이 아닙니다. 영국 의회 전체가 그들
> 의 권위 아래에서 이 끔찍한 무역을 계속하도록 내버려 둔 것에
> 대해 스스로 부끄러움을 느끼겠다는 뜻입니다. 이 점에서 우리
> 는 모두 유죄입니다."[41]

윌버포스는 리버풀의 노예 상인조차도 잔인하다고 비난하지 않
았다. 그는 다음과 같이 말했다 "나는 그들도 인류애를 가진 사

람이라고 믿을 것입니다." 그들도 충분한 정보로 실체를 파악했다면 "결코 무역을 지속하지 않았을 것이라 믿습니다."[42]

월버포스는 이런 공통분모를 기반으로 의원들에게 이 문제에 대한 심도 있는 조사의 필요성을 제기했다. 그는 노예무역과 관련하여 초기 조사를 맡은 아프리카 위원회가 "지난 40년간 노예무역에 대한 불만이 2건밖에 제시되지 않은 것"을 근거로 "아프리카에서 실행될 수 있는 중범죄가 거의 없다"는 보고를 한 것에 의문을 제기했다. 여러 관료가 "(노예)압수가 거의 없었고 사기도 거의 없었다고 말하지만 의회가 이들의 추론에 무조건 동의해야 할까요?"라고 질문을 던지면서 직접 제기된 증언과 증거의 신뢰성을 하원이 조사해야 한다고 주장했다.[43]

그리고 연설의 상당 시간을 할애해 직접 노예무역의 참상을 부정하는 주장들을 반박했고 이를 위해 의도적으로 극단적인 사례를 골랐다. 추밀원 조사위원회에 출석해 노예들이 있는 선실이 "상황이 허락하는 한 그들에게 가장 좋게 꾸며져 있다"고 말했던 로버트 노리스라는 선장이 좋은 예였다. 그에 따르면 "그들은 하루에 여러 끼의 식사를 하는데 아프리카 요리 중 최고의 소스를 곁들인 자국 음식과 유럽인의 입맛에 맞는 콩류를 포함한 다양한 음식을 먹는다. 아침 식사 후 몸을 씻고, 자신들 방에 유향과 라임 주스로 향수를 뿌린다. 저녁 전에는 고국의 풍습에 따라 스스로 즐겁게 하며 노래를 하고 춤을 추었다."[44]

노예에게 인간적인 대우를 한다는 것은 노예 상인들과 농장주들이 자주 꺼내 든 수사였다. 월버포스는 자신이 직접 수집한 사실 증거를 가지고 이 담론의 근거를 파헤쳤다. "노리스 씨가 말한 '콩'은 사실 (말의 사료로 쓰는) 잠두콩이며, 물과 식량 부족은 자메이카 자치 의회가 먼저 본국 의회에 관여해 달라고 요청한 주제입니다"라고 그는 반박했다. 또한 다른 증인을 통해 아프리카인들이 이 '최고의 소스를 곁들인' 음식을 거부하는 경우가 많았기 때문에 "음식을 억지로 먹이기 위해 기구가 사용되었다"는 증거를 제시했다.[45]

노리스가 말한 선실 묘사도 곧바로 반박되었다. 윌버포스는 추밀원 위원이었던 조지 영 경Sir George Yonge이 직접 노예선을 방문한 후 남긴 증언을 인용했다. 일반 노예선보다 훨씬 적은 수인 "200명을 태운 노예선에서 나는 견딜 수 없는 악취"에 관한 조지 영의 증언은 '유향, 라임, 향수'의 이미지를 파괴했다.[46] 또한 노리스는 "고국의 풍습에 따라 흑인들이 노래하고 춤춘다"고 말하며 이를 일종의 권장 사항처럼 묘사했지만 진실은 "사슬에 묶여 질병과 비참한 상황 속에 고통받는 그들을 운동시키기 위해 채찍질한다고 협박하거나 실제로 채찍을 사용하여 춤을 추도록 강요하는 것"이었다. "나는 남자 춤을 추고 다른 이는 여자 춤을 추어야 했다"는 어느 노예의 증언을 인용하면서 윌버포스는 이것이 '권장'이라는 단어의 실제 의미임을 밝혔다.[47]

이쯤에서 윌버포스는 상대편의 모순을 극대화하기 위해 약간의 트릭을 사용했다. 그는 노예 수입 중단이 영국 경제에 끼치는 영향에 관한 정보가 입수되었다며 그 내용을 읽어 주었는데 다음과 같았다. "곧 수천, 수만 명이 죽고, 우리의 재산에 손실이 생기고, 상업의 3분의 1이 영구적으로 끊기고, 제조업이 뒤처지고, 토지세가 인상될 것이다. 그러는 동안 우리의 천적이자 라이

벌인 프랑스가 우리의 약점을 이용해 부강해질 것이다."[48]

그러자 여러 의원들이 "옳소"라며 외쳤다. 그들은 윌버포스도 노예무역이 폐지될 경우의 부작용을 일정 부분 인정한 것으로 해석했던 것이다. 그러자 윌버포스가 말했다. "의원님들이 오해하지 않으셨으면 좋겠습니다. 이 예언의 출처가 된 팸플릿은 1774년 글로버 씨가 전혀 다른 상황(미국 독립전쟁 직전)에서 쓴 것입니다. 저는 의원님들께 묻고 싶습니다. 이 주장이 실제로 성취되었습니까?"[49] 순간 장내는 쥐죽은 듯 조용해졌고 윌버포스는 말을 이었다. "우리 모두는 때로 겁에 질려 공상에 사로잡히기 쉽습니다."[50]

이렇게 여러 증거를 통해 노예무역 상황이 얼마나 심각한지, 반대 주장에 얼마나 오류가 많은지 증명한 윌버포스는 드디어 핵심에 도달했다. 즉, "노예무역의 즉각적이고 전면적인 폐지가 필요하며", "서인도제도는 과도한 두려움을 멈춰 달라"는 것이다. 그는 또한 의회를 통한 입법 조치가 "서인도제도의 이익을 무시하지 않을 것이며" 노예 농장에도 궁극적으로 도움이 되는 방식이라고 주장했다.[51] 이 주장에 대한 근거로 윌버포스는 현지 조사원을 통해 수집한 데이터를 제시했다. 당시 자메이카, 네비스, 바베이도스, 세인트 크리스토퍼 등 서인도제도의 섬들은 노예의 성비 불균형이 심각했고 그것이 인구 부족으로 이어지고 있었다.♦ 윌버포스는 "이런 문제의 해결책이 '노예무역 폐지'라

♦   서인도제도 사탕수수 산업은 고강도 노동력을 제공하는 강인한 남자 노예를 선호했다. 여자 노예는 상대적으로 힘이 약하고 아이를 낳으면 아이와 떨어뜨리기 어려워 판매에 어려움이 생긴다는 이유로 덜 선호되는 경향이 있었다.

는 점에 주목합시다"라며 "(노예 농장의) 관리자가 아프리카에서 새로운 노예를 수입할 수 없다는 것을 안다면, 발생하는 사망자를 더 이상 노예를 구매하여 대체할 수 없다는 것을 알게 된다면 … 그들을 대하는 방식에 개선이 이뤄질 것"이라고 덧붙였다. 이는 "(노예들의) 건강, 도덕, 결혼 제도 등 그동안 거의 생각하지 못했던 다른 많은 것들"의 개선으로 이어질 것이며 "그렇게 되면 출산율은 자연적으로 증가할 것"이었다.[52]

윌버포스는 마지막으로 의원들의 도덕적 양심에 호소하며 연설을 마쳤다.

> 영원을 생각할 때, 인간의 행위가 미래에 미치는 영향을 생각할 때, 자기 양심의 명령, 정의의 원칙, 신과 종교의 법칙과 충돌할 만한 것이 이 세상에 무엇이 있을까요? 이제는 노예무역의 성격과 그와 관련된 모든 주변 상황을 우리가 알고 있습니다. 우리는 더는 몰랐다고 할 수 없습니다. 그렇게 빠져나갈 수는 없습니다. … 의회가 국가 정의의 원칙에 무감각한 유일한 기관이 되어서는 안 됩니다. 참으로 상업적인 원칙에 근거한 무역을 통해, 할 수 있는 만큼 아프리카에 배상합시다. 그러면 우리의 정직한 행동은 곧 정기적으로 증가하는 무역의 이익으로 보상받게 될 것입니다.[53]

연설을 마친 윌버포스는 우레와 같은 박수 속에 노예무역 폐지를 촉구하는 결의안을 하원에 상정하였다. 2010-2014년에 영국 외무장관을 역임한 윌리엄 헤이그는 윌버포스가 1788년에 했던 이 연설을 동료 의원들을 어떻게 설득할 수 있는지를 보여 준 모범으로 평가했다.[54] 이는 당대의 거물들도 마찬가지였다. 보수주의의 아버지 버크는 "하원, 국가, 유럽이 존경할 만한 신사가 이 주제를 가장 거장답게, 인상적이고, 유창하게 불러와서 크고도 심각한 의무 아래 놓았다"고 평가했고,[55] 정치적 성향상 버크를 싫어했던 기즈번도 "다른 사람들에게, 심지어 그 모순적이고 이해할 수 없는 버크 같은 사람에게도 지지받은 것을 축하하네"라며 개인적 감정을 넘어서는 공감을 표현했다.[56] 하원의장이었던 윌리엄 그렌빌은 의장으로서 특정 법안에 개인적 의견을 밝힐 수 없었기 때문에 잠시 의장석에서 내려와 "제가 의사당에서 이 감정을 표현하지 않는다면, 그리고 동료 의원들께 지금까지 들은 연설 중 가장 훌륭하고 웅변적인 연설에서 얻은 만족감을 표현하지 않는다면 그것은 정의롭지 못한 일일 겁니다"라고 소감을 밝혔다.[57]

포티어스 주교는 연설 다음 날인 5월 13일 메이슨W. Mason 목사에게 보낸 편지에서 다음과 같이 말했다. "윌버포스 의원이 어제 다른 곳에서 들어 본 적 없는 가장 재치 있고 유창한 연설을 통해 노예무역이라는 중요한 주제를 하원에 제기했습니다. 그것은 세 시간 이상 계속되었고 하원에 강력한 인상을 남겼습니다. 그는 피트, 버크, 폭스 같은 거물들에게 지지를 받았습니다. 이들은 모두 노예무역이 이 나라의 수치이자 비난거리라는 데 동의하였고, 완전한 폐지 외에 어떤 것도 이 악마적인 죄악을 치료할 수 없음에 동의했습니다. 그것은 이 나라에 영광스러운 밤이었습니다."[58]

이 결의안은 의회 회기가 끝나 가던 때에 제출되었기 때문에 표결에 부쳐지지 않고 다음 회기로 이월되었다. 윌버포스도 연설 끝부분에 "이제 몇 개의 결의안을 제출할 텐데 꼭 오늘 밤에 결정해 달라고 하원에 요구하는 것은 아닙니다"라고 말했다.[59] 사실 그가 이날 의도한 것은 결의안의 통과라기보다 노예무역 폐지 운동이 하원에서 시작됨을 알리는 데 있었다. 그는 곧 정식 법안을 제출할 예정이었고 이 연설은 선전포고라 할 수 있었다. 1789년 5월 12일은 노예무역 폐지가 영국 의회에서 처음 주장된 날로 기억된다. 약 한 세기가량 영어권 대서양 양안에서 발생하고 퍼져 가던 노예무역에 대한 반감이 종교적, 인류애적 논의를 넘어 정치의 장으로 넘어가게 된 것이다.

5

험난한 시작

1789—1792

1789년 5월 21일 영국 하원에서 노예무역 폐지와 관련된 토론이 재개되었다. 서인도제도의 노예 농장주들은 윌버포스의 연설 이후 노예무역에 대한 반감이 드세지자 당장 이에 대응하기보다 일단 열기가 사그라들 때까지 시간을 끌기로 했다. 이들은 서인도제도에 경제적 이익이 달린 하원의원들을 움직여 반대 의견을 제시하거나 증인 채택을 반대해 어떻게든 이번 회기를 넘기려 하였다. 반면 노예무역 폐지론자들은 하원에서 이 주제에 관한 관심이 사라지지 않게 계속 문제를 제기하였다. 양측의 갈등 끝에 5월 26일 하원 노예무역 소위원회에 첫 증인이 소환되었고 6월 23일까지 청문회가 계속되었다.

이 기간 윌버포스는 아침이면 의회에 출근해서 노예무역 관련 증거를 심의했고, 밤이면 팰리스 야드에 있는 집으로 돌아와 지지자들을 만나야 했다. 그의 집은 늘 지지자들로 북적였다. 얼마 전 결심한 바와 달리 "친구들과 저녁을 먹음", "의회 앞에서 저녁을 먹음" 같은 말이 매일 일기에서 반복되었다. 가능한 많은 지지를 얻기 위해 누가 되었든 자주 만나야 했기 때문이다.

프랑스 방문 계획

윌버포스의 구상 중 하나는 노예무역 폐지가 국제적 차원에서 이뤄져야 한다는 것이었다. 노예무역에서 영국이 차지하는 비중이 높긴 했지만 프랑스, 포르투갈, 스페인, 네덜란드 등 다른 유럽 국가들도 참여하고 있었다. 노예무역을 지지하는 사람들의 주장 가운데 하나는 다른 국가, 특히 프랑스가 영국이 포기한 노예무역을 가져갈 것이며, 섣부른 국익 포기는 프랑스의 이익만 증가시켜 주리라는 것이었다. 하원의원 찰스 그레이 Charles Grey는 이런 염려 때문에 노예무역에 찬성하지 않는 "자신의 개인적 감정과는 달리 노예무역 폐지에 조용히 반대표를 던질 것"이라고 말하기도 했다.[1] 따라서 프랑스의 협력이 국내 노예무역 폐지 운동의 성공에 중요한 변수가 되었다.

그리하여 윌버포스는 노예무역 폐지 여론을 일으키기 위해 프랑스를 방문할 생각을 하게 되었다. 그는 프랑스가 노예무역을 포기하는 대가로 영국이 일정 수준에서 곡물을 제공하는 거래를 구상했다. 그는 이 문제를 피트와 논의했지만 피트의 첫 반응은 부정적이었다. 두 사람은 이 문제를 좀더 생각해 보기로 했지만 논의가 더 진행되기 전 1789년 7월이 되어 프랑스의 정세가 혼란스러워졌다. 바로 '프랑스 혁명'으로 역사에 기록될 사건이 일어난 것이다.

1789년 5월, 프랑스의 루이 16세는 오랜 전쟁으로 심각해진 재정 적자 문제를 해결하려 성직자, 귀족, 평민 세 신분으로 이뤄진 삼부회를 소집했다. 그러나 삼부회는 투표 방식을 두고 성직자 및 귀족과 평민 대표들이 시작도 하기 전에 갈등을 벌이게 되었다. 전통적으로 삼부회는 신분별로 합의된 의견을 1표로 계산했는데, 귀족과 성직자 계급의 야합을 염려한 평민들이 이러한 방식 대신 모든 대표가 각자 1표씩 행사하는 '머릿수 투표'를 주장한 것이다. 이 주장이 받아들여지지 않자 6월 20일에 이르러 평민 대표들은 삼부회가 열린 장소인 베르사유 궁전을 박차고 나가 근처의 테니스코트에 모여 새로운 대의기구인 '국민의회'를 만들게 된다.

이렇게 정국이 어수선하던 차에 7월 11일 루이 16세가 평민 출신 재무장관 네케르를 해임하자 시민들이 반발했고, 동시에 국왕이 군대를 동원해 혁명을 진압하려 한다는 소문이 퍼졌다. 결국 성난 시민들은 7월 14일 파리 시내에 위치한 바스티유 감옥을 습격, 점령하였고 수비군을 학살하고는 무기를 약탈했다. 그동안 프랑스 구체제의 상징처럼 여겨지던 바스티유 함락 소식은 혁명이 전국에 확산되는 계기가 되었지만 아직 왕당파가 제거된 것은 아니었다. 여러 정파는 수도인 파리와 각 지방에서 정국 주도권을 갖기 위해 치열한 공방을 벌였다.

이 상황에서 피트뿐 아니라 노예무역 폐지협회의 회원 상당수는 윌버포스의 프랑스 방문을 반대했다. 지금 프랑스에 간다면 안전을 보장할 수 없을 뿐 아니라 혁명 정부에 동조한다는

〈바스티유 습격〉(1789). 장피에르 루이 로랑 위엘Jean-Pierre Houel 작.

의심을 살 가능성이 있었다. 그래서 기즈번은 윌버포스 대신 크게 시선을 끌지 않을 대리인을 프랑스에 보내자고 제안했다. 그래서 8월 7일에 윌버포스를 대신하여 토머스 클락슨이 프랑스 정치계의 반응을 살피고 노예무역 폐지에 대한 동조를 끌어내기 위해 파리로 출발했다. 클락슨은 5개월 동안 프랑스에 머물렀으며 매일 윌버포스에게 편지로 진행사항을 알리고 지시사항을 전달받았다.

사실 프랑스 혁명 초기의 주요 인물들은 노예무역 폐지에 호의적인 사람들이 많았다. 루이 16세의 재무장관이었던 네케르, 국민의회 성립을 주도한 미라보, 미국 독립전쟁에 참전한 군인으로 시민의 존경을 받았던 라파예트, 혁명 사상가인 철학자 콩도르세 등이 대표적 인물이었다. 클락슨은 이 중에서도 라파예트와 주로 교류했으며 그로부터 혁명 정부에 노예무역 폐지를 제안하겠다는 약속을 받아 내기도 했다. 클락슨은 윌버포스에게 라파예트에 관해 두 가지 사실을 전달했다. 첫 번째는 "그(라파예트)는 잉글랜드의 어떤 사람보다도 당신을 존경하고 있다"라는 것이고, 두 번째는 "그(라파예트)의 연설은 (국민의회에서) 400표 이상의 차이를 만들 정도"로 영향력이 크다는 것이었다.[2] 클락슨은 자신이 로비한 프랑스의 주요 인물을 통해 프랑스의 노예무역 폐지가 생각보다 쉽게 이뤄질 수 있다는 낙관론을 폈다.

그러나 윌버포스는 상황을 좀더 냉정하게 바라보았다. 9월 24일 클락슨에게 보낸 편지는 "나는 '자기 이익'이 조용하지만 강력히 작동하는 것을 자주 보네. … 우리의 일은 더 점진적으로 이뤄질 것일세"라고 프랑스의 상황을 전망했다.[3] 그의 말처럼 프랑스 혁명 지도자들은 희망 섞인 약속을 했음에도 실제 행동은 계속 미루었다. 결국 클락슨은 실질적 성과 없이 영국으로 돌아오게 되었다.

사실 영국 노예무역 폐지 운동가들이 프랑스 혁명 정부에 접근한 것은 성과가 없었을 뿐 아니라 어떤 면에서는 역효과를 내었다. 영국 노예무역 폐지주의자들의 노력을 의구심을 갖고 바라보는 사람들이 늘어난 것이다. 이후로도 클락슨이 프랑스 혁명의 핵심 요인들과 접촉하고 반노예제 운동의 공조를 시도한 일은 노예무역 폐지 운동가들이 계속해서 공격받는 빌미가 되었다. 처음부터 이를 곧이곧대로 믿는 사람은 별로 없었지만 집요한 공격이 이어지자 일부 영국 대중은 노예무역 폐지 운동과 프랑스 혁명 사이에 연관성이 있다고 생각하게 되었다.

노예무역 폐지 법안의 준비

1790년 프랑스에서 혁명이 진행되고 있을 때 영국에서는 하원 조사위원회가 계속 증인을 불러 심문하고 있었다. 모든 증언이 진실된 것은 아니었다. 각자 이해관계가 있고 또 기억 왜곡도 있으므로 교차 검증이 필요했다. 윌버포스는 이 주제 전반을 가장 깊게 이해하는 사람 중 하나였기 때문에 이 역할을 감당하였다. 지금의 나이지리아에 위치한 노예 거래 항구 칼라바Calabar의 실태에 대한 상인들의 증언에 의구심이 생기자, 윌버포스는 리버풀에 와 있던 레이스 선장Captain Lace이라는 인물에게서 이 주제에 대해 신뢰할 만한 정보를 얻어 내어 조사위원회에 제공하기도 했다.[4]

수많은 증언에 대한 사실 확인을 하고 반증을 찾는 과정은 많은 시간과 노력이 필요한 작업이었다. 이 시기 윌버포스의 집은 사람들로 북적거렸고, 그의 일기에는 다음과 같이 끝없는 만남과 방문의 기록이 이어졌다. "3월 18일 집에서 저녁 먹음. 윌리엄 스미스, 그다음엔 클락슨이 오고 그다음엔 먼카스터가 증거를 보러 옴. 20일. 클락슨과 엘리엇이 와서 저녁을 먹음(노예무역 문제로), 그다음에 헌터와 샌섬이 시내에서 옴. 22일엔 집에서, 스미스, 클락슨, 딕슨과 노예무역 문제로 저녁을 먹고 11시까지 논의함."[5]

윌버포스에게 욕살 로지Yoxall Lodge에 있는 자신의 집을 작업실로 빌려주었던 기즈번은 다음과 같이 기록을 남겼다.

> 윌버포스와 토머스 바빙턴은 우리가 온 이후로 저녁을 급하게 먹을 때 말고는 한 번도 아래층으로 내려오지 않았다. … 노예무역은 그들을 매일 9시간 정도 사로잡았다. 바빙턴은 어젯밤 대형 2절 판으로 1,400쪽짜리 자료를 읽고 충돌하는 견해들을 살펴본 후 답을 모았다. 이는 윌버포스가 의회에서 할 연설에 도움을 주었다. 2천 쪽이 넘는 증거들이 2주 안에 요약되어야 했다. 우리는 일주일에 하룻밤 정도는 날을 새야 했다. … 윌버포스는 생존에 절대적으로 필요한 양 이상의 음식 먹기는 포기한 것처럼 보인다. 그는 아주 소량의 아침을 먹고, 평범하고 절제된 저녁을 먹은 뒤 10시 정도에 빵을 조금 먹는 외에 더는 먹지 않는다.[6]

1791년이 되었고 노예무역 폐지를 위한 증언, 증거를 확보하고 분류하여 정리하는 노력은 계속되었다. 클락슨은 새로운 증언을 확보하기 위해 전국을 돌아다녔다. 윌버포스는 계속되는 과로로 다시 몸이 안 좋아졌다. 그래서 의회에서 가깝고, 손턴의 저택이 있는 클래팜으로 거처를 옮겼다. 본래는 휴식이 목적이었지만 여기서도 일은 끊이지 않았다. 바빙턴이 윌버포스를 도우러 왔고 다른 친구들도 이곳에 머물면서 일을 도왔다.

추밀원의 조사와 하원 특별위원회를 통해 노예무역과 관련된 사실들이 드러날 때마다 대중의 분노는 커져 갔다. 노예무역 자체는 한 세기 넘게 행해졌지만 영국 시민들은 이런 이야기를 대부분 처음 듣기 때문에 충격이 컸다. 그래서 윌버포스 주변에는 노예무역 폐지 법안의 통과를 낙관적으로 보는 이들도 생겨났다. 1788년 1월 찰스 미들턴은 "이 증거들이 국회에서 인정되고 사실로 확인된다면 하원에서 노예무역 폐지가 완벽히 진행되고, 상원에서도 그것에 대한 억제조치가 취해질 것을 의심하지 않는다"고 전망하기도 했다.[7] 실제로 윌버포스의 연설로 하원에서 노예무역이 처음으로 공격받았을 때 노예무역을 공식적으로 옹호한 의원은 노예무역 상인의 이익을 직접 대표하는 2명밖에 없었다.

노예무역 지지 세력의 결탁

하지만 의회 내의 분위기는 일반 대중의 생각과 달랐다. 동료들과 달리 윌버포스는 전망이 결코 밝지 않다고 생각했다. 반노예제 여론이 갑작스럽게 커지면서 노예무역 지지 세력은 처음에는 목소리를 내지 못했지만 시간이 지나면서 이렇게 무방비로 당할 수는 없다고 생각했다. 특히 윌버포스가 하원에서 노예무역의 완전한 폐지를 언급하면서 노예무역 세력은 조직화되기 시작했다. 한때 노예 해안으로 불렸던 기니 해안에 근거를 둔 상인들이 규합하기 시작했고 오래지 않아 서인도제도 농장주들도 단체를 만들었다. 영국에는 이들과 커넥션이 있거나 이 지역에 재산을 투자한 사람들이 많이 있었다. 물론 국회의원들도 마찬가지였다. 어느 정도 양보가 불가피하다고 생각하는 이들도 일부 있었지만 어디까지나 자신들의 재산에 해가 되지 않는 범위에서였다. 이들의 대전제는 노예무역 자체를 건드리면 안 된다는 것이었다.

서인도제도 농장주들은 영국 본토의 노예 상인, 선주, 선원 연합 등으로부터 힘을 얻었다. 노예무역 폐지 운동가들만큼이나 이들도 여론전에 힘을 썼다. 처음에는 연이은 폭로로 위축되었지만 조금 진정한 후 상황을 보니 여론을 자신에게 유리하게 이끌 가능성이 엿보인 것이다. 어차피 영국 본토에서 수만 킬로미터 떨어진 곳에서 일어나는 일에 대해 정확한 사실 확인이 이뤄지기 어려웠고, 그것을 어떻게 포장하고 전달하는지가 중요하다는 점을 안 것이다.

이들은 자신들에게 유리한 증인들을 의회 청문회에 적극적으로 내보냈다. 상인이나 선원들처럼 직업을 잃을 가능성 때문에 또는 농장주들처럼 경제적 이해관계가 있어서 노예무역을 옹호하는 증인들도 있었지만, 이 지역에 파견된 영국 장교들은 부정확한 개인적 관찰에 속아 노예무역을 옹호하는 증언을 하기도 했다. 또한 대중의 감정과 달리 영국 법체계는 재산권과 기존 무역 관계의 안정성에 중점을 두었기 때문에 이를 해치는 법률 제정이 쉽지 않았다. 노예무역 지지 세력은 윌버포스의 법안을 영국의 법적 안정성을 깨뜨리려는 시도로 보이도록 힘을 썼다.

피트는 열성적인 노예무역 폐지주의자였고 현직 수상이었음에도 이 문제에 있어서만큼은 내각 구성원들의 전적인 지지를 받을 수 없었다. 휘그 지도자였던 거물급 정치인 폭스는 적극적으로 노예무역을 반대했지만 그의 추종자 모두가 노예무역 폐지에 동참한 것이 아니었다. 윌버포스의 친구였던 먼카스터 공작은 이런 분위기를 알려 주는 편지를 보냈다. "사실 오늘 내가 만난 다양한 사람 가운데 즉각적 노예무역 폐지를 찬성한 사람은 한 명도 없었네. … 자네의 계획을 재고해 보면 좋겠네. 그럼에도 자네가 계속 이렇게 나아간다면 예전에 동인도(지금의 인도)가 그랬듯이 정부 관료들에게 서인도(서인도제도)가 얼마나 중요한지 발견하게 될 걸세."[8] 그는 노예무역 폐지 운동가들 사이에 퍼져 있는 낙관론과 달리 "즉각적 노예무역 폐지 법안은 하원을 통과하지 못할 것이고, 점진적 폐지안은 상원에서 질식당할 것이다"라는 매우 현실적인 전망을 하였다. 1790년 3월 그렌빌 샤프도 이런 시각을 공유했다. "그 일(노예무역 폐지)은 의회에서 느리게 진행되고 있다. 윌버포스, 스미스, 돌벤 등 몇 명을 뺀다면 우리의 친구들보다 적들이 더 끈질기게 위원회에 참석하고 있다. 우리는 아직 결과를 예측할 수 없다."[9]

또한 1792년부터는 프랑스의 상황이 이 이슈에 다시 영향

시민헌장에 충성 맹세를 강요받는 프랑스의 성직자.

을 주었다. 그해에 프랑스에서는 왕권이 정지되고 자코뱅파◆가 권력을 장악하면서 혁명이 과격화되었다. 무엇보다 기독교에 대한 혁명 정부의 억압이 거세졌다. 이 무렵 프랑스 혁명 정부는 성직자들에게 교황이 아닌 정부에 충성할 것을 요구했고, 성직자도 교황이 임명하는 것이 아니라 교구민의 선거로 뽑게 했다. 이에 저항하는 사제들은 정부의 탄압을 받았다. 1792년부터는 정부에 충성을 맹세한 성직자들도 종교적 모임을 가질 수 없게 되었고, 3만 5천 명의 사제가 국외로 추방당했다. 당시 유럽 대부

◆　　프랑스 혁명 시기에 생긴 정파 중 하나로 원래는 정치클럽인 클뢰브 데 자코뱅 Club des Jacobins에 속한 다양한 사상을 가진 사람들을 일컫는 말이었다. 혁명이 진행되면서 입헌 군주파와 온건 공화파가 여기서 탈퇴하고 산악파로 불렸던 급진 공화파가 자코뱅 클럽의 중심이 되었다. 1793년부터 막시밀리앙 로베스피에르가 자코뱅의 지도자가 되었는데 그는 반혁명 세력으로 의심되는 사람을 형식적 재판을 거쳐 죽이는 공포정치를 시행하였고, 이후 '자코뱅'은 급진 공화파 또는 급진 혁명세력의 대명사가 되었다. 1794년 7월 '테르미도르 쿠데타'로 로베스피에르가 처형당하면서 자코뱅은 몰락하였다.

생도맹그(아이티) 반란의 지도자 투생 루베르튀르.

분 국가에서는 성직자가 국민의 출생, 결혼, 사망 신고를 하였는데 이 또한 금지되었고, 공공장소에서 성직자 의복을 입는 것도 금지당했다. 1792년 9월 연합군의 파리 침공이 임박한 상황에서 집단적 공포가 퍼졌고, 패닉 상태에 빠진 군중들은 왕당파와 귀족들을 학살하였는데 이 과정에서 파리 감옥에 갇혀 있던 주교 3명과 사제 220명이 살해당했다. 이런 소식이 알려지자 영국의 많은 사람이 프랑스에 등장한 새로운 이념이 결국 가면을 벗고 본모습을 드러냈다고 느꼈다.

영국 노예무역 폐지 운동에 프랑스 혁명이 안긴 공포심은 프랑스 식민지의 노예 반란으로 가중되었다. 1791년 8월 프랑스의 설탕 식민지이자 지금은 아이티로 알려진 생도맹그에서 노예들이 반란을 일으켰다. 1789년 프랑스 국민의회가 모든 사람의 자유와 평등을 규정한 〈프랑스 인권선언〉을 발표하자, 그 소식이 생도맹그의 유색 인종을 자극한 것이다. 처음에는 백인과 흑인 혼혈인 '크레올'이 정치적 평등을 요구하며 폭동을 일으켰고, 이에 영향을 받은 흑인 노예들이 투생 루베르튀르(Toussaint Louverture, 1743-1803)를 지도자로 삼고 반란을 일으켰다. 이 소식이 영국에 전해지자 많은 사람들은 프랑스 혁명 이념이 생도맹그처럼 서인도제도에서 영국 식민지의 반란을 촉발할까 염려하게 되었다.

웨슬리의 편지

이렇게 윌버포스가 첫 노예무역 폐지 법안을 발의하기도 전에 적들의 공격은 거세졌고, 국제 정세도 불리한 국면에 접어들었다. 1791년 초 윌버포스는 법안을 내기도 전에 승리가 어렵

1791년 2월 24일 웨슬리가 윌버포스에게 보낸 편지. ⓒ methodistchurch.uk

다고 느꼈고 법안 제출을 미루거나 포기할 생각도 가지게 된다. 이때 곳곳에서 그를 격려하는 사람들이 있었다. 케임브리지 대학 부총장이자 성직자였던 피터 페커드Peter Peckard는 윌버포스에게 보낸 편지에서 "에피스코피우스(Episcopius, 17세기 네덜란드 신학자)가 악명 높은 도르트 공의회에서 그랬던 것처럼, 당신도 진리의 온전한 힘과 합리적인 논증, 사람을 끌 수 있는 화려한 언변을 가지고 영국 의회에 서게 될 것입니다"라고 격려의 말을 전했다.[10]

1791년 2월 24일에는 존 웨슬리가 편지를 보냈는데 이것은 그의 생전 마지막 편지가 되었다. 웨슬리는 이 편지를 쓰고 나서 1주일 후인 3월 2일에 사망했다.

친애하는 의원님께

하나님의 능력이 세속과 맞섰던 아타나시우스◆가 되도록 당신을 세우지 않았다면 저는 당신이 기독교와 영국과 인간성의 수치인 이 저주스러운 악행에 반대하는 영광스러운 과업을 지속하는 과정을 보지 못했을 것입니다. 하나님이 바로 이 일을 위해 당신을 세우지 않았다면 당신은 인간과 악마의 반대로 인해 찢겼을 것입니다. 그러나 하나님이 당신을 위하시면 누가 맞설 수 있겠습니까? 그들 모두가 하나님보다 강하겠습니까? 오! 선

◆ 알렉산드리아의 아타나시우스(296?-373)는 4세기에 활동했던 알렉산드리아 대주교로 성부와 성자가 동일한 본질임을 부정한 아리우스파에 맞서 삼위일체 교리를 정립하는 데 중요한 역할을 한 신학자다.

을 행하다가 지치지 마십시오. 하나님의 전능하신 능력으로 해 아래 가장 비열한 아메리카 대륙의 노예제가 그 앞에 사라질 때까지, 주의 이름으로 전진하십시오. 어렸을 때부터 당신을 인도하신 그분께서 당신을 이 일뿐 아니라 모든 일에도 계속 강건하게 하시길 기도합니다.

당신의 충실한 종, 존 웨슬리[11]

이 외에도 수많은 편지가 윌버포스 앞으로 왔으며, 영혼과 육신이 지쳐 가던 이 시기에 그는 응원에 힘입어 다시 일어설 수 있었다. 하원에 가서 '전투'를 치르기 며칠 전 윌버포스는 다음과 같이 다짐을 적었다.

하나님께서 그의 영광을 위해 내가 조금 더 살도록 허락해 주시기를. 그래서 내 손에 있는 이 위대한 일에 복을 주시기를. 지혜와 힘과 설득의 힘을 주시기를. 내가 이 일을 두고 그분에게 온전히 복종할 수 있기를. 만약 성공한다면 모든 영광을 그에게 돌릴 수 있기를. 그러나 만약 실패한다면 마음으로부터 '당신의 뜻이 이뤄지이다'라고 말할 수 있기를.[12]

4월 18일부터 노예무역 폐지 법안에 대한 논의가 하원에서 재개되었다. 윌버포스는 법안을 제안하는 연설에서 여러 증거를 제시하여 노예무역이 잔혹할 뿐 아니라 어리석은 일임을 증명하려 했다. 우선 그는 노예무역 폐지 여부를 식민지의 자치의회에 맡기는 것이 정책적 실수라고 주장했다. 오히려 새로운 노동자 제공 방식을 그들이 결정하지 못해야 식민지가 보유하고 있는 노예들의 처우가 향상될 것이고, 그것이 분명 소유자들에게도 이익이 될 것이었다. 그리고 윌버포스는 마지막으로 의회 구성원들의 인간성과 종교성에 호소하기를 잊지 않았다.

> 모든 면에서 이 일을 진행해야 하는 쪽은 영국이 될 것입니다. 이 죄악으로 가득 찬 무역이 영국 국민의 손으로 행해지기 때문에, 그들이 커다란 죄악 속에 있기 때문에 우리는 속히 회개해야 합니다. 우리에게 주어졌던 모든 재능과 능력과 기회들을 설명해야 하는 심판의 날이 올 것입니다. 그때 우리의 강력한 힘을 동료 피조물들을 억압하는 데 썼다는 것이, 우리의 숭고한 빛을 하나님의 창조물을 어둠 속에 두는 데 사용했다는 것이 드러나지 않게 합시다.[13]

윌버포스가 논쟁의 포문을 열자 양쪽에서 선수들이 나섰다. 노예무역 폐지 쪽은 수상인 피트와 휘그 파의 거두 폭스가 당파를 초월해 연이어 연설하였다. 피트는 국정을 책임지는 사람답게 노예무역 폐지가 서인도제도에 궁극적으로 가져올 이익을 주로 강조했다. 그는 "(서인도제도의) 개선을 방해하는 것은 새로운 (노예) 수입 시스템이며, 이 지역 노예의 상황을 효과적으로 규제할 수단은 바로 노예무역의 폐지"라고 주장했다. "명예, 신용, 공정한 이익이라는 인센티브가 있는 곳"에서 산업이 발달하기 마련이기 때문에 노예무역 폐지는 "충분한 논증과 고려가 없는 온정적인 생각이 아니라 인간의 본성에 기초를 둔 것"이었다.[14] 이렇게 피트는 노예무역 폐지가 서인도제도 산업을 침체에서 벗어나게 할 현실적인 방안이라고 주장했다.

야당을 이끌었던 폭스는 노예무역 지지 세력의 주장이 얼마나 모순적인지 강조했고 노예무역이 그 자체로 없어져야 할 범죄임을 일깨우려 했다.

"프랑스, 스페인, 네덜란드가 포기하지 않는 한 영국이 노예무역을 폐지해서는 안 된다는 말이 있습니다. 그러나 폭력과 불의에 기초한 무역이라면 영국은 어쨌든 손을 씻어야 하며 다른 나라의 관행은 전혀 문제 되지 않습니다. 범죄에 중독되었다가 이제 과거에 대해 죄책감을 느낀 사람이 '지금 도로에 내가 강도질을 할 수 있는 사람이 있다. 나는 이제 죄책감을 느끼므로 그렇게 하는 것이 유감스럽지만 내가 강도질을 하지 않는다면 반 마일 떨어진 다른 노상강도가 분명히 그렇게 할 것이고 나 대신 그 남자의 지갑을 가져갈 것이다'라고 말하는 것과 같습니다."[15]

이렇게 두 거물급 정치인들의 연설이 끝나자 두 의원이 공개적으로 그들의 변화된 입장을 드러내는 용기를 보였다. 랭카셔의 의원 스탠리는 노예무역 폐지를 반대하다가 마음을 바꾸었으며, 라이더D. Ryder 의원은 입장을 못 정하고 있다가 이때 명확히 노예무역 폐지 지지를 선언했다.[16]

이 논쟁을 지켜본 방청객 드레이크 박사Dr. Drake는 노예무역 폐지를 지지하는 쪽에서는 '거인'이 나왔지만, 반대편에서 나온 선수들은 '피그미'에 가까웠다고 묘사했다. 대표적으로 타비스톡의 의원 존 러셀Lord John Russel, 콘월의 의원 로버트 그로스베너Robert Grosvenor, 북아메리카에서 근무한 군인 출신으로 노예무역 항구인 리버풀의 의원이 된 배내스터 탈턴Banastre Tarleton 등이 노예무역 지지파를 이끌었는데 이들은 분명 수상이나 야당 대표에 비해서 무게감이 떨어졌다.

무엇보다 이들도 반노예무역 연사들이 사용한 주장의 근거를 대놓고 부정하기는 어려웠다. 예를 들어 그로스베너는 노예들이 납치되는 과정 및 다른 야만적인 관행의 증언을 듣고는 유감을 표명할 수밖에 없었다. 그는 그럼에도 "이런 일들은 아프리카의 자연법칙에 따른 결과이다"라면서 노예무역의 관행을 옹호하려 했다. 이는 당시 많은 의원들이 보인 태도이기도 했다. 그들은 노예무역이 잔혹한 것은 어느 정도 사실이지만 "국가적 이익을 희생하면서까지 인류애를 추구하는 것"은 문제가 있다는 입장을 취했다.[17]

그러나 '거인과 피그미 사이의 전쟁'에서 이긴 것은 뜻밖에도 '피그미들'이었다. 영국 같은 근대 국가의 의회 시스템은 거물급 의원이나 초선 의원이나 1인 1표를 행사할 뿐이다. 조용히 숨죽이고 있던 많은 의원들은 드러내 놓고 노예무역을 지지할 용기는 없었으나 자신의 경제적 이해관계를 지키기에는 충분한 권리가 있었다. 이렇게 영국 의회에 처음으로 상정된 노예무역 폐지 법안은 88 대 163으로 부결되고 말았다.

노예무역 폐지 법안이 부결되자 노예무역을 지지하는 사람들은 환호성을 올렸다. 영국 최대의 노예무역 항구 브리스톨에서는 교회 종이 울리고 선주들은 축제를 열었으며 선원 및 항구 노동자들에게 휴가를 주기도 했다.

하지만 이렇게 표면적인 패배의 모습에도 불구하고 성과가 아예 없었던 것은 아니다. 무엇보다 지난 3년간 윌버포스와 그 동료들이 영국, 서인도제도, 아프리카를 오가며 수집한 증거와 추밀원 및 하원 조사위원회가 정리한 자료가 투표 결과와 상관없이 의회 토론을 통해 대중에게 알려지게 되었다. 노예무역 폐지 운동가들은 하원에 제출된 자료를 32쪽으로 요약하여 출판한 뒤 전국에 배포하였다. 역설적으로 이 패배 때문에 노예무역은 전 국민의 관심을 끄는 논쟁거리가 되었다. 사실 진짜 싸움은 이제부터 시작이었다.

시에라리온 회사의 설립

어쨌든 이제 전략의 수정이 필요해 보였다. 우선 하원에서 노예무역 폐지 시도가 좌절되었으니 다시 시도하려면 국민적 지지를 모으는 시간이 필요했다. 영국은 이미 자유민에 의한 선거가 확립된 나라였기 때문에 의원들을 움직이려면 각 지역구의 여론은 필수적이었다. 이에 노예무역 폐지협회는 다시 한 번 클락슨을 파견하였고 그는 전국 각지를 돌며 그동안 수집된 증거들의 요약본을 배포하였다. 전국 각지를 순회하는 것은 이전부터 해온 방식이나 이 시기에는 좀더 많은 정성과 시간이 필요하였다.

또한 1791년 봄에 노예무역 폐지 운동이 길을 잃자 윌버포스는 해외에서 돌파구를 찾아보려 했다. 이 과정에서 '시에라리온 회사'가 설립되었다. 이것은 반노예제 정치가들이 세운 무역회사로 토머스 클락슨이 밝힌 회사의 설립 목적은 상업적 이익보다는 "노예무역 폐지, 아프리카의 문명화, 기독교 전파"였다.[18]

이를 통해 아프리카 지역과 영국 사이에 합법적이고 정기적인 무역이 이뤄진다면 그것은 흑인이 지적으로 열등하고 상업에 적당하지 않다는 노예무역 지지자들의 주장을 반박하는 예가 될 수 있었다.

이런 생각 때문에 윌버포스는 회사 설립에 참여했고 첫 임원 가운데 한 명이 되었다. 그는 이사 중 한 명에게 "회사의 핵심목표는 노예무역 폐지이므로 이익에는 너무 신경 쓰지 말라"고 당부하기도 했다.[19] 이후 윌버포스와 헨리 손턴이 시에라리온 회사의 설립 과정을 주도했고 7월 내내 이 일로 바쁜 시간을 보냈다. 이들은 서아프리카의 시에라리온 해안에 해방 노예를 위한 정착지를 세울 계획을 세웠다. 이를 위해 영국 전역에서 모금운동을 했고 곧 15만 파운드가 모금되었다. 이는 지금의 캐나다 동부 지역인 노바스코샤에 사는 흑인들에게 적당한 정착지를 건설할 수 있는 자금이었다.

이 흑인들이 누구인지는 약간의 설명이 필요하다. 미국 독립전쟁 당시 영국은 식민지인이 보유한 흑인 노예 중 영국 편에

반노예제 정치인들이 세운 시에라리온 회사가 발행한 화폐.

노바스코샤와 시에라리온의 위치.

서는 자에게는 전쟁이 끝나면 자유를 주겠다고 약속한 바 있다. 이 약속에 따라 남부 식민지에 살다가 전쟁에서 영국 편에 선 일부 노예들이 전후에 지금의 캐나다 동쪽 끝에 있는 노바스코샤로 이주하게 되었다. 그러나 막상 이곳에 와보니 너무 추운 날씨에 농사가 잘 안 되고 경작지도 부족해 오랜 기간 거주하기 힘들었다. 그래서 이들은 아프리카 해안으로 이주를 요구하고 있었다. 윌버포스는 약 700명 정도 되는 흑인 남녀와 아이들을 노예가 아닌 자유민으로서 시에라리온으로 보낼 계획을 세우게 되었다.

윌버포스의 계획은 단순히 미국 독립전쟁 당시 영국의 협력자들에 대한 보상을 넘어 노예였던 흑인들이 정착하고 번성할 수 있다는 가능성을 보여 준다는 의미였다. 그 잠재적 위험성을 알아챈 서인도제도 농장주들은 회사 설립 단계부터 반대 움직임을 보였다. 윌버포스는 본래 다른 특허회사처럼 국왕의 인가를 받으려 했지만 피트 정부의 법무장관이었던 아치볼드 맥도널드의 반대로 실패했다.[20] 그는 피트의 측근이었지만 서인도제도에 거주하는 영국 시민들의 이익이 훼손되는 것은 반대했다. 그에게 힘을 실으려고 런던, 리버풀, 브리스톨 등 노예무역 항구의 상인들은 세 번이나 시에라리온 계획에 대한 반대 청원서를 의회에 제출하였다.[21]

1791년 5월 30일 하원에서는 시에라리온 정착 법안에 대한 3차 독회가 열렸다. 리버풀의 국회의원인 범버 개스코인Bamber Gascoyne과 링컨의 국회의원인 존 캐선John Cawthorne 등이 적극적으로 법안을 반대했지만 월버포스와 그의 동료들의 논리가 곧 그들을 압도했다. 특히 존 스탠리John Thomas Stanley, 1st Baron Stanley 는 "정당한 실험을 실행하는 데 반대할 이유가 없으며", "이 법안은 아프리카인을 현지에 고용하고 그 지역을 발전시킴으로써 커다란 이점을 약속하고 있다"라는 이유를 대면서 서인도제도 상인들의 반대를 오히려 국익에 반하는 행위라고 몰아붙였다.[22] 시에라리온 회사의 이사인 헨리 손턴도 반대자들과 치열한 논쟁을 하면서 아프리카와 정기적인 무역 관계를 수립하는 것이 노예무역 폐지와 보완적인 관계가 될 수 있음을 강조했다. 의사당에서 반노예제 정치가들의 활약은 조간 신문을 통해 알려졌고 노예무역 폐지를 지지하는 세력이 결집하는 계기가 되었다. 또한 일부 의원들이 서인도제도의 이익을 위해 서아프리카의 일까지 반대하는 것에 부담을 느끼면서 1791년 5월 30일 시에라리온 정착 법안이 통과되었다.

시에라리온 회사는 토머스 클락슨의 형 존 클락슨을 아프리카 정착촌의 책임자로 선임하였다. 1792년 존 클락슨은 1,100명 정도의 흑인들을 시에라리온에 데려가서 정착촌 프리타운을 건설하였다. 정착촌 개척 과정은 쉽지 않았다. 기본적인 물품과 식량을 자급자족하기까지 시간이 걸렸고 도로나 급수 시설 같은 인프라는 턱없이 부족했다. 주변 부족들과 노예 상인과의 갈등도 위협적이었다. 이런 어려움과 위협 속에서도 자유를 얻은 흑인들의 정착을 위한 실험은 계속되었다. 1790년대에 정착민 가족의 가장에게는 투표권이 주어졌는데 당시 가구의 3분의 1정도는 여성이 가장이었기 때문에 이곳에서는 유럽보다 100년 이상 앞서 흑인 여성이 투표를 하였다.[23] 시에라리온의 흑인 이주민들은 100명 가운데 한 명을 대표로 선출했고 이들이 모여 중요한 결정을 하는 높은 수준의 자치를 누렸다.

최초의 흑인 독립 국가가 되기까지 시에라리온의 갈 길은 멀었지만 새로운 도전은 계속되었다. 이곳의 아프리카 정착민들은 흑인이 경제적, 정치적으로 자립해서 살 수 있다는 실제 사례가 되었다. 또한 영국의 반노예제 세력도 새로운 도전을 통해 지난날의 패배를 극복해 내고 있었다.

청원서 운동

윌버포스는 시에라리온 회사 설립과 동시에 1792년 초 국회가 개원하자 노예무역 폐지 법안을 다시 제출할 계획을 세웠다. 지난번 하원에서의 투표 양상이 보여 주듯 의원들의 표에는 도덕적 명분이 통하지 않았다. 같은 결과를 되풀이하지 않으려면 국민에게 호소하여 유권자들이 의원을 움직이는 사전 노력이 필요했다. 다행히 회기가 시작되기 전에 이 문제에 관심을 다시 불러일으킬 수 있는 조짐이 보였다. 윌버포스는 많은 청원서와 함께 법안을 제출할 수 있을 때까지 노예무역 폐지 법안을 연기하는 데 동의하였다. 그는 동료들에게 다음과 같이 말했다. "우리가 의지해야 할 것은 하원의 정치적 양심보다 국민의 일반적인 느낌과 감정입니다. 그러니 이 불꽃에 계속 바람이 불게 합시다."[24]

　　윌버포스는 각 지역에서 청원서를 제출받으려면 주shire보다 작은 카운티 단위의 움직임이 중요함을 간파했다. 그렇다면 청원서 안에 누구나 이해할 수 있을 정도로 단순하고도, 노예무역 폐지를 우려하는 사람들도 공감할 수 있는 논리가 있어야 했다. 그는 의회에서 '거인'들이 최선을 다해 싸웠음에도 패한 것은 노예무역 폐지의 대의가 아직 일반인 사이에 퍼지지 않았기 때문이라고 보았다. 그래서 자신의 지역구인 요크셔에서 소모임이 시작되자 노예무역 이슈와 관련하여 하원에 제시된 증거와 의회 토론 요약본을 그곳으로 보냈고, 다른 작은 카운티로 이런 노력을 확산시키려 했다. 결국 1792년 회기가 열리기 전에 전국에서 총 519건의 노예무역 폐지 청원서가 들어왔다. 이는 1788년의 청원서보다 5배 많은 수였고, 서명자는 50만 명이 넘었다.[25] 이는 당시 영국 역사상 가장 높은 수준의 대중적 정치 참여였다.

　　이런 분위기 속에서 노예무역 폐지 지지자 사이에 서인도제도 설탕 제품 소비를 거부하는 움직임이 일어났다. 이는 미국과 유럽에서 2000년대 초반, 아프리카 커피 농가와 공정거래를 요구하며 대형 커피 회사 제품을 불매하는 운동이 일어났던 것

"노예가 만들지 않은 동인도 설탕"이라는 문구가 적힌 통.

을 연상시킨다. 윌버포스의 동료인 W. 스미스는 "나는 한동안 설탕 사용을 완전히 중단하였다. 그리고 이 결심을 앞으로도 분명 지킬 것이다. 비록 내 미각이 가장 선호하는 맛을 뺏기는 문제가 해결된 것은 아니지만…"이라고 하였다. 서인도제도 설탕 불매 운동은 개인적 차원을 넘어선 움직임이었다. 레스터 지역에서 활동했던 바빙턴은 "우리는 동인도 설탕만을 소비할 것이다. 그리고 레스터의 노예무역을 반대하는 형제들의 3분의 2 이상이 그렇게 할 것이다"라고 보고했다.[26]

　윌버포스는 개인적으로는 이 방법에 회의적이었다. 그는 서인도제도 제품 소비를 반대하는 협회들에 감사를 표하였지만, "만약 저에게 이런 조치를 권한다면 … 현재로서는 시기상조라고 생각합니다"라고 의견을 밝혔다. "너무 강한 처방은 노예무역 폐지의 대의를 지지하는 상당수 온건한 사람들에게 혐오감을 줄 수 있습니다. 또한 서인도제도 단체들에 이미 스며든 반감을

170

크게 증폭시킬 것입니다."[27] 선한 일은 기본적으로 설득해야 하며 강요해서는 안 되므로 단계별로 적절한 방식이 있다고 생각한 것이다. 그러나 노예무역에 대한 대중의 반감은 윌버포스의 예상보다 커지고 있었고 이를 막을 방법은 없어 보였다.

이상과 현실 사이에서

노예무역 폐지를 둘러싼 상황 인식은 사람마다 달랐다. 일부 노예무역 폐지론자들은 의회에서 좀더 강하게 밀어붙여서 되도록 빨리 구체적인 성과를 거두길 원했다. 그들은 노예무역을 일종의 절대악으로 보았기 때문에 이 당위성을 이해하지 못하거나 동참하기 망설이는 사람들은 악의 편에 선 것이라고 정죄했다.

하지만 윌버포스는 이런 입장은 비현실적일 뿐 아니라 현명하지 못하다고 보았다. 그는 "일부 친구들에게 감금형을 내릴 수 있으면 좋겠다. 그래야 그들도 일이 돌아가는 진짜 형세를 볼 수 있을 것이다"라고 말하기도 했다.[28] 윌버포스는 아무리 정의로운 일이라도 그 정당성을 강요해서는 안 되며 그것이 상대편에게 이해되는 시간이 필요하다고 생각했다. 그는 반대자들 중 일부가 개혁의 내용에서 자신에게 이익이 되는 부분을 발견하여 힘을 합칠 때 목적이 이뤄지는 경우가 많음을 그동안의 경험을 통해 배웠다.

그래서 윌버포스는 노예무역 폐지 운동을 추진하면서 이상과 현실정치의 균형을 추구했다. 그는 자신의 운동이 노예무역 지지자들과의 화해 속에서 수행되길 원했는데 이는 그들이 노예의 인간성과 노예 거래의 비효율성을 인정하지 않는 한 노예무역 폐지를 넘어 아프리카와 자유무역을 확립한다는 궁극적 목표를 이룰 수 없기 때문이었다. 또한 당시 영국 기득권 중 서인도제도에 직간접적으로 경제적 이해관계가 없는 사람을 찾기가 쉽지 않기 때문에 그들 모두를 적으로 만드는 것은 더욱 현명하지 못했다. 그보다는 그 안에 기독교적 양심이 있는 사람들을 찾아 최소한의 양보를 끌어내는 것이 더 현실적인 방법이었다.

그러나 불행히도 그의 적들 가운데는 편협한 생각에 사로잡힌 사람들이 더 많았다. 윌버포스는 노예무역 지지자들에게 계속 인격적 비난을 받았고 악의적인 중상모략에 시달려야 했다. 이런 공격은 윌버포스의 협력자들에게도 향했다. 서인도제도 상인으로서 오랜 기간 목격한 바를 증언한 한 신사는 "하원에서 내가 한 증언은 나에게 상당한 폭력으로 돌아왔고, 나는 서인도제도와의 관계를 끊어야 했다. 그곳 거주민 가운데 일부에게서는 아주 큰 모욕을 당했다"고 말했다.[29] 1788년 추밀원의 노예무역 조사 위원회에서 노예선의 비위생적 상황과 노예에 대한 학대 정황을 인정한 바 있던 홀 선장Captain Hall은 "아프리카 노예무역 증언을 하여 직장에서 혜택을 박탈당했다"면서 "여덟 명이나 되는 내 고결한 가족을 위해 여러분의 우정을 보여 달라"고 도움을 호소하기도 했다.[30]

윌버포스는 1792년 여름에 두 번이나 괴한에게 공격을 당하기도 했다. 클래펌에 있는 헨리 손턴의 저택으로 가는 길에 서인도제도 출신의 선장이 따라와 그를 위협했던 것이다. 다행히 별일 없이 넘어갔지만 친구들은 가슴을 쓸어내려야 했다. 얼마 후에는 노예선 선장 존 킴버John Kimber가 윌버포스를 위협하는 일이 벌어졌다. 킴버는 당시 한 사건으로 유명한 사람이었다. 그는 서인도제도로 항해하던 중 노예들에게 벌거벗고 춤을 추라는 명령을 내렸고, 15세 소녀가 이를 거부하자 그녀를 돛대에 거꾸로 매달아 죽을 때까지 매질했던 것이다.

1792년 4월 2일 노예무역 폐지 법안을 제출했을 때 윌버포스는 노예무역에서 발생하는 잔혹한 행위들을 폭로하였고 이 사건은 그중에서 대표적인 예로 활용되었다. 윌버포스의 언급으로 킴버의 만행은 신문에 보도되어 대중에게 알려졌고 공분을 일으켰다. 4월 8일, 킴버 선장은 체포되었고 재판을 받았지만 몇 달의 재판 끝에 결국 증거 불충분으로 풀려났다. 킴버는 감옥에서 풀려나자마자 무고하게 고발했다며 윌버포스에게 보상을 요구했다. 그는 윌버포스에게 "공개 사과와 5천 파운드, 편안한 정부의 지위"를 요구했지만 윌버포스는 대응하지 않았다. 킴버

노예선 선장 존 킴버를 고발하는 만평. 그는 노예무역 폐지 법안을 제출한 윌버포스를 찾아가 위협했다.

는 윌버포스를 찾아갔고 주먹을 휘두르며 자신의 요구를 강요했다. 그러다가 나중에는 술에 취했는지 "아주 흉악스러운 모습으로, 주절대며 머리를 흔들면서 멀리 사라졌다."[31]

윌버포스의 주변 사람들은 크게 놀랐지만 막상 당사자는 담담한 반응을 보였다. 윌버포스는 다음과 같이 심경을 표현했다. "난 그가 더 이상 사용할 수단이 있는지 모르겠다. 당분간은 신변의 안전을 위해 최선을 다할 것이다. … 하지만 만일 그가 나에게 폭력을 가한다면 우리의 대의에 해가 되기보다는 유익이 되리라 믿는다."[32] 몇 년 후 윌버포스는 노예무역 폐지 운동 가운데 가장 실망했던 사건 중 하나로 킴버가 그 잔혹한 행위에도 결국 허무하게 석방된 날을 꼽았다.

노예무역 폐지 운동가들의 노력 속에 반노예제 대의는 점점 전국적으로 퍼졌고 청원서가 곳곳에서 쇄도하기 시작했다. 또한 거세게 일어나는 설탕 불매운동은 서인도제도 세력에게 큰 위협이 되었다. 그러나 이렇게 어렵게 다시 살린 불씨는 오래가지 못했다. 그것을 단번에 잠재운 충격이 외부에서 왔기 때문이다. 그것은 또다시 노예무역 폐지 운동을 표류시켰고 흑인 노예들의 자유를 먼 미래로 연기하였다. 바로 이웃 나라 프랑스에서 진행되던 혁명이 전쟁으로 격화되면서 영국의 정치 상황까지 덮어 버린 것이다.

6

영국 기독교의 현실과 이상

1787—1797

여기서 잠시 노예무역 폐지 운동의 또 다른 측면을 이야기할 필요가 있겠다. 노예무역 폐지는 그 자체로 커다란 목표이지만 다르게 보면 국가의 도덕과 관습 개혁이라는, 오랜 시간이 필요한 그랜드 플랜의 일부이기도 했다. 5장에서 보았듯이 회심 후 정치를 해야 할 목적을 찾던 윌버포스는 1787년 10월 28일 일기에 노예무역 폐지와 더불어 관습의 개혁the reformation of manners을 그 목표로 적었다.[1] 노예무역 폐지가 대표적 악습이라면 그것을 통해 이뤄야 할 궁극적 목표는 국가적 차원의 도덕성 고양이었다.◆

사실 노예무역을 없애기 위해서도 관습과 도덕개혁이 필요했다. 국가적 차원에서 보면 노예무역으로 다양한 계층의 사람들이 이익을 얻는 상황 속에서 이 무역을 없애려면 영국인 다수의 도덕관념 변화가 전제되어야 했다. 영국의 노예무역은 노예 구입, 운송, 이용 과정에서 상상을 초월하는 잔인함 가운데 진행되었다. 윌버포스는 이것이 특수한 환경에서 일어난 몇몇 이상한 사람들의 기행이라기보다 당시 영국 사회의 도덕 수준을 반영한다고 보았다. 또한 노예무역으로 인해 국가적 차원에서 얻는 경제적 이익과 그것에 의존하고 있는 영국 항구 도시들의 이해관계, 서인도제도 식민지 경제를 생각해 보면 영국민의 가치관과 도덕관 변화가 없는 노예무역 폐지는 기대하기 어려웠다. 이런 점에서 윌버포스에게 노예무역 폐지와 도덕개혁은 처음부

◆ 윌버포스는 이 일기를 작성하기 전에도 "하나님께서 이 나라의 관습 개혁을 내 목표로 삼으라고 주셨다. 그의 도움으로 나는 개혁을 힘차게 시작할 것이다"라며 국가 도덕개혁의 중요성을 강조한 바 있다. 여러 정황상 복음주의적 회심을 겪은 윌버포스에게 관습 개혁에 관한 관심이 자연스럽게 생겨난 것으로 보인다. Micheal D. McMullen (ed), William Wilberforce, *His Unpublished Spiritual Journals* (Christian Focus, 2021), 83.

터 밀접히 관련되어 있었다.

하노버 왕가의 스캔들

월버포스와 그의 동료들은 실제 영국 사회의 도덕적 타락이 심각하다고 느꼈다. 사회의 도덕 수준은 어느 정도 주관적으로 평가할 수밖에 없지만 이 시기 영국 사회의 타락상이 기록으로 많이 남아 있는 것은 사실이다. 그리고 그 중심에 왕실이 있었다.

1603년부터 시작된◆스튜어트 왕가의 마지막 국왕인 앤 여왕은 후계자 없이 1714년 사망했다. 앤은 자녀를 18명이나 낳았지만 즉위 전에 다 죽었기 때문에 그녀가 죽으면 왕조가 끊기게 되어 있었다. 유럽 대륙에서는 명예혁명으로 쫓겨난 제임스 2세의 가톨릭 후손들이 왕위를 요구하고 있었다. 그래서 1701년 앤이 즉위하기 전 미리 제정된 왕위계승법은 영국의 왕위를 프로테스탄트만 계승할 수 있도록 규정하였다. 이 법에 따라 왕이 된 가장 가까운 프로테스탄트 친척은 신성로마제국 내 하노버 공국의 선제후◆◆게오르크였다. 그는 조지 1세가 되어 영국 왕위를 계승하였고 이때부터 영국은 하노버 왕가가 통치하게 되었다.

1714년 시작된 하노버 왕가의 왕들은 개인적으로 부도덕한 삶을 살았다. 사실 이는 하노버 왕가만의 문제는 아니었다. 대부분의 나라에서 왕족이나 귀족은 가문의 이익을 위해 사랑 없

◆ 잉글랜드를 기준으로 보았을 때다. 제임스 6세(잉글랜드에서는 제임스 1세)가 잉글랜드 국왕을 겸하기 전에는 원래 스코틀랜드의 왕가였기 때문에 역사가 1371년으로 올라간다.
◆◆ 전통적으로 신성로마제국 황제는 선거로 선출되었는데 이 선거권을 가진 영주를 말한다. 17세기 이후 하노버 공작은 신성로마제국의 선제후로서 영향력을 행사했다.

는 결혼을 했기 때문에 '결혼 따로 연애 따로'라는 생각이 보편적이었다. 특히 자녀를 낳는 '의무'를 다한 후에는 정부情婦를 두는 경우가 많았다. 조지 1세는 결혼 12년 만에 소피아 왕비에게 불륜 혐의를 씌워 이혼했고 알려진 것만 해도 정부가 넷이나 있었다. 그가 애인들에게 선물하느라 왕실의 보물들을 탕진하는 바람에 정작 아들 조지 2세가 대관식에 쓸 보석이 없어서 빌려 써야 했다는 말도 돌았다.

어렸을 때 아버지가 다른 여인들에게 빠져 어머니를 구박하는 모습을 보고 자란 조지 2세는 자신은 그러지 않으리라 다짐했다. 그러나 성년이 된 그는 아버지 못지않게 여러 애인을 두었고 본인도 왕세자와 사이가 안 좋았다. 왕비 캐럴라인이 죽기 전 병상에서 그에게 재혼을 권하자 조지 2세는 "괜찮소. 나는 정부를 둘 것이오"라고 말했다.[2] 임종을 앞둔 부인 앞에서 할 말이 아니지만 당시 왕족이나 귀족이 애인을 두는 것은 너무도 흔한 일이어서 큰 문제로 여겨지지 않았다. 그에게는 부인이 죽으면 당연히 취할 수 있는 선택지 중 하나였다.

그러나 1760년에 즉위한 조지 3세는 여러 면에서 선왕들과 다른 면모를 보였다. 그는 독실한 신앙을 가졌고 국왕으로서 본분을 다하기 위해 애썼다. 독일의 작은 공국 출신인 샬롯 왕비와도 금슬이 좋아서 15명의 자녀를 낳았다. 조지 3세가 통치한 첫 20년은 18세기에서 왕실 스캔들이 없었던 유일한 시기였다. 하지만 이는 매우 예외적인 경우였다는 것이 그의 아들(훗날 조지 4세) 때문에 드러났다.

왕세자는 18세부터 정부를 두었고 수많은 유부녀와 사귀었다. 그중 엘리엇 부인과 멜버른 부인은 왕세자의 사생아까지 낳았다. 1783년 여름, 왕세자는 이미 2만 9천 파운드의 빚을 지고 있었고 이를 갚기 위해 국가가 주는 보조금을 늘려 달라고 요구해 정치적 문제가 되었다. 왕자는 낭비벽도 심해서 자신이 소유한 칼튼하우스를 1783년부터 30년 동안 개조했고, 결국 50만 파운드(현재 가치로 약 850억 원)라는 천문학적 비용이 필요하게 되었다. 이 공사 비용은 의회와 왕실의 또 다른 갈등 요인이 되었다. 1795년 4월, 수상 피트는 왕세자의 수입을 늘려 주려 시도했고 윌버포스는 이에 강하게 반대하면서 둘 사이의 갈등이 깊어졌다.

　　왕세자의 여러 행실 가운데 조지 3세를 가장 분노하게 만든 것은 그가 가톨릭 신자인 이혼녀 피처버트 부인과 비밀 결혼

하노버 왕가의 방탕한 왕세자. 훗날 그는 조지 4세가 된다.

을 했다는 사실이었다. 이는 가톨릭 교도와 결혼한 자는 왕위 계승권을 상실한다는 1701년 왕위계승법과 조지 2세의 후손은 군주의 동의 없이는 결혼할 수 없다는 1772년 왕실결혼법에 정면으로 어긋나기 때문이다. 그는 아버지의 동의 없이 결혼함으로써 중범죄자가 되었을 뿐 아니라 왕이 될 자격까지 박탈당할 위기에 처했다. 이는 부자간의 갈등을 넘어 입헌군주정의 위기까지 이어질 수 있었으므로 의회가 중재에 나섰다. 의회는 왕세자의 천문학적인 금액의 빚을 탕감해 주는 조건으로 결혼을 무효로 하고 먼 친척인 캐럴라인과 결혼할 것을 제안했다. 왕세자가 이를 받아들이면서 이 사건은 일단락이 되었지만 18세기 내내 왕실에서 일어난 추문과 스캔들은 왕실의 도덕적 권위에 큰 상처를 입혔다.

"마음대로 하라"

왕실뿐 아니라 영국의 귀족들, 국정을 책임지는 의원들도 크게 다르지 않았다. 18세기 초·중반에는 비밀 클럽이 유행했는데 그중 유명했던 것이 필립 와튼 공작Philip Wharton, Duke of Wharton의 '지옥불 클럽'hellfire club이었다. 와튼은 조지 1세 시대를 대표하는 문필가로 유명했지만 밤에는 음탕한 비밀 클럽의 운영자로 활동했다. 그는 당대의 정치, 종교, 철학을 조롱하기 위해 클럽을 만들었다. 이 클럽 회원으로는 트레버 힐Trevor Hill, Viscount of Hillsborough, 조지 헨리 리George Henry Lee, Earl of Lichfield, 에드 오브라이언Sir Ed O'Brien 같은 고위 귀족들이 있었다. 이 귀족들은 성직자 차림으로 모여서 '성령 파이', '악마의 등심' 같은 신성 모독적 이름을 붙인 요리를 먹고, 도박, 싸움, 음란한 행위 등을 하며 밤을 지새웠다.[3] 이 클럽이 사회적 문제가 되자 부도덕한 행위를 억제하는 법안이 1721년 통과되고 클럽은 해체되었다.

그러나 1730년대부터 비슷한 명칭과 성격의 클럽이 다시 생겨나기 시작했다. 가장 유명한 것은 재무장관 및 각종 요직을 지냈던 프란시스 대시우드Francis Dashwood가 설립한 클럽으로 1749년경부터 1760년경까지 운영되었다. 이들은 대시우드의 집에서 모이다가 나중에는 메드메넘 수도원Medmenham Abbey에서 정기적으로 모였다. 이 클럽에는 많은 국회의원과 귀족이 회원으로 이름을 올렸고, 샌드위치 백작, 퀸즈버리 공작, 수상을 지낸 뷰트 백작 등 회원으로 추정되는 인물도 많았다. "마음대로 하라"*Fais ce que tu voudras*는 클럽의 신조대로 이들은 수도원 내에서 음주, 도박, 매춘 등을 했으며 신성 모독적이고 반기독교적 행위를 했다는 기록도 있다. 일부 회원들은 기독교 의식을 패러디하여 바쿠스와 비너스 등 다양한 이교도 신들을 섬겼다.[4] 정도의 차이는 있으나 당시 상류층의 비밀 클럽에서는 비슷한 종류의 외설적 향락과 반기독교적 행위가 공공연히 행해지고 있었다.

18세기 후반의 정치 지도자들도 크게 다르지 않았다. 당시 휘그 지도자 찰스 제임스 폭스의 난폭한 성격과 과도한 음주는 널리 알려진 사실이었다. 폭스는 여성 편력으로도 유명했는데 1795년에는 왕세자의 '정부'로 공공연히 알려졌던 엘리자베스 아미스테드와 결혼하고 7년간 비밀을 유지하기도 했다. 이 사실이 알려지자 영국 정계에는 파란이 일었다. 하지만 당시 런던 정계의 단골 이야깃거리는 그의 도박 중독과 그로 인한 천문학적

빚이었다. 폭스는 적어도 14세부터 도박을 시작했고 평생 헤어 나오지 못했다. 폭스가 23세 혹은 24세 무렵 그의 아버지이자 휘그의 거물 정치인이었던 헨리 폭스는 약 12만 파운드에 달하는 폭스의 도박 빚을 갚아 주었는데 이는 지금 기준으로 약 1,900만 파운드(대략 300억 원)에 달한다. 폭스는 1781년과 1784년에 도박 빚으로 두 번 파산해서 가구를 압류당하기도 했음에도 죽을 때까지 도박을 끊지 못했고 사망 당시에는 20만 파운드를 도박 빚으로 남겼다.[5]

수상인 피트는 이와 다른 내용으로 충격을 주었다. 명예욕이 강했던 그는 1795년 5월 하원에서 토론을 하던 중 조지 티어니George Tierney와 인신 모독적 말을 주고받았다. 티어니는 피트의 대외정책을 비판했고 피트는 그가 애국심이 부족하기 때문이라고 받아쳤다. 이에 큰 모욕을 느낀 티어니가 결투를 신청하자

윌리엄 호가스의 〈프란시스 대시우드〉(1750년경). 아시시의 성 프란치스코를 패러디했다.
대시우드가 만든 비밀 클럽에서는 외설과 반기독교적 행위가 공공연히 행해졌다.

피트가 그의 도전을 받아들여 결투가 성사되었다. 사실 18세기에 결투는 사망률이 크게 높지는 않았지만◆ 현직 수상이 프랑스와 전쟁 중에 이런 무모한 행위를 저질렀다는 것에 많은 사람들이 충격을 받았다. 윌버포스는 당시 상류층의 명예욕과 미성숙함을 보여 주는 대표적 예가 결투라고 생각했다. 그는 이 관행이 "자신의 인격을 지나치게 과대평가하는 것에 기반한다"며 "(자신에 대한) 세상의 평가가 어떤 경우라도 유지되어야 한다"는 생각 때문에 자신을 파괴하는 것이라고 비판했다.[6] 윌버포스는 상류층의 이러한 미성숙한 행위를 금지하는 법안을 제출하려 했다. 이에 피트가 그에게 사과하며 법안 제출을 연기해 달라고 간곡하게 요청하였고, 윌버포스는 이 일로 정권 자체가 흔들리기를 원하지 않아 고민 끝에 철회하였다.[7]

진Gin 열풍

일반 대중의 분위기도 크게 다르지 않았다. 17세기 말부터 영국 사회는 음주가 더욱 만연해져 큰 사회 문제가 되었다. 술 소비량이 전반적으로 크게 늘었고 그중에서도 진Gin이 크게 유행했다. 여기엔 경제적 이유도 있다. 1689년부터 영국 정부는 증류주 산업을 장려했는데 곡물주 소비가 늘어나면 낮은 곡물 가격을 높일 수 있고 수입하는 식민지와 무역을 늘리는 데 도움이 되었기 때문이다.[8] 영국은 국내 증류주 산업을 장려하기 위해 프랑

◆　18세기 말의 결투는 무기를 가진 두 신사가 등을 기댄 상태에서 반대 방향으로 각자 20보를 걸은 후 뒤를 돌아 총을 발사하는 방식이었는데 당시 무기의 명중률이 낮았고 40보 떨어진 상태에서는 현격히 떨어졌다. 그럼에도 심심찮게 부상이나 사망 사고가 일어나곤 했다.

스산 와인 수입을 금지했다. 그래서 진은 애국심을 상징하는 상품처럼 여겨지기도 했다. 진은 위스키와 달리 숙성 기간이 필요 없고, 값싼 곡물을 원료로 사용하기 때문에 싼값에 대량으로 주조할 수 있었다. 따라서 맥주 양조에 적합하지 않은 저품질 보리도 처리할 수 있기 때문에 진은 더욱 권장되었다. 진 시장은 급격히 커졌고 1730년 무렵 런던의 진 하우스는 7천 채 이상이었다고 추정된다. 특히 당시 대표적 빈민가인 세인트 자일스 지역은 2천 채 주택 중 500채 정도가 진 가게였다.[9] 당시 사람들은 이런 현상을 진 열풍Jin Craze이라고 불렀다.

18세기에 진 가격은 다른 음료에 비해 비교가 안 되게 저렴했다. 증류주는 발효된 술을 다시 증류해서 만들기 때문에 알코올 도수가 높다는 특징이 있다. 윌리엄 호가스의 그림 〈진 골목〉Gin Lane을 보면 왼쪽 아래 그려진 선술집에 "1페니면 취할 수 있고, 2펜스면 죽을 만큼 마실 수 있고, (기절해 잘 수 있는) 깨끗한 건초는 공짜이다!"Drunk for 1 penny, dead drunk for tuppence, clean straw for nothing라는 말이 쓰여 있다. 이 말처럼 진은 가난한 사람들이 최저 비용으로 빠르게 취할 수 있는 술이었다. 또 당시는 물에 있는 세균이 전염시키는 질병이 많았기 때문에 위생상 진을 먹는 사람들도 많았다. 런던의 많은 가정에서 진을 제조했고 제대로 된 증류 시설이 없어서 욕조에서 만든 '욕조 진'Bathtub Gin도 흔했다. 그러나 진은 곧 다양한 사회 문제를 만들어 냈다. 많은 사람이 진에 중독되었고 가정 경제가 파탄이 나는 경우가 부지기수였다. 어떤 부모는 술값을 마련하기 위해 어린 자녀들에게 일을 시키거나 팔기도 했다. 부모가 알코올 중독으로 사망하거나 가정 경

윌리엄 호가스의 〈진 골목〉(1751).

제가 안 좋아져 끼니를 거르다가 죽는 아이들도 많았다.

　진으로 상징되는 알코올 중독을 경고한 풍자화로는 이미 언급된 〈진 골목〉이 가장 유명할 것이다. 영국의 공영방송 BBC 는 이를 "가장 강력한 마약 방지 포스터"라고 평가하기도 했다.[10] 악명 높은 슬럼가 지역인 세인트 자일스 교구를 배경으로 그린 이 풍자화는 진에 의존해 살아가는 슬럼가의 음침함과 절망감 을 묘사하고 있다. 그림의 초점은 한 여성에게 맞춰져 있는데, 다 리에 난 매독성 궤양에서 알 수 있듯 그녀는 진에 취해 습관적으 로 매춘을 하고 있었고, 아기가 품에서 빠져나와 계단에 떨어져

윌리엄 호가스의 〈맥주 거리〉(1751). 〈진 골목〉과 사뭇 다른 분위기를 전한다.

죽는 상황을 방치하고 있다. 이 여인의 뒤편으로는 죽은 엄마의 시신이 관에 실리는 동안 고아가 된 아기가 바닥에서 울부짖고 있으며, 알코올 중독으로 미친 한 남자가 아이를 꼬챙이에 꿴 채 거리를 쏘다니고 있다. 왼쪽 뒷면의 전당포에서는 진을 마시기 위해 목수가 톱을 팔고, 주부가 요리 도구를 팔고 있으며, 그 앞에서는 굶주린 어린이가 개와 뼈다귀 하나를 두고 싸우고 있다.

호가스의 〈진 골목〉은 사실 〈맥주 거리〉Beer Street와 짝으로 그린 것이다. 그는 진 골목의 타락상과 맥주 거리의 정숙함을 대비시키려 했다. 〈맥주 거리〉를 보면 무역과 산업이 발달한 웨스트민스터 거리를 배경으로 맥주를 마시는 사람들은 행복하고, 건강하며, 절제력이 있는 모습으로 그려졌다. 왼쪽 아래에서 맥주를 마시는 사람들 앞에 놓인 테이블을 보면 "산업 발전과 평화의 기술 계발을 권하는" 국왕의 연설문이 놓여 있다. 오른쪽 건물의 전당포는 세인트 자일스 거리와 달리 장사가 안 되어 문을 잠근 상태이며, 문에 난 작은 창문을 통해 맥주만 가져가고 있다. 자신의 생계수단을 팔아먹고 실업 상태인 진 골목과 달리 맥주 거리의 사람들은 화가는 팔레트를, 직공은 도구를, 인부들은 사다리를 가지고 일을 하고 있다.

이 그림은 호가스를 포함한 당대인들이 하층민의 지나친 음주 습관이 가난, 위생, 매춘, 전염병 등의 문제를 초래한다고 심각하게 여겼음을 알려 주지만, 동시에 당시 생각할 수 있는 대안이라고는 좀더 중독성이 약한 술을 제공하는 것밖에 없었음을 보여 주었다. 물론 굳이 따지자면 곡물이 더 들어가고 도수가 낮은 맥주가 진보다 덜 해롭겠으나 알코올 중독과 그로 인한 일상의 파괴라는 근본 문제는 크게 다르지 않았다.

정치 없는 정치적 상황 Political situation without politics

이런 사회적 상황에 대해 정치권은 희망을 주지 못했다. 당시 영국 정계는 크게 토리와 휘그라는 두 진영으로 갈라져 있었지만 내부를 보면 더 많은 분열이 있었다. 명예혁명 직전 가톨릭 왕위 계승자의 즉위 문제를 두고 갈라졌던 때는 그나마 명분이라도 있었지만 이제 그런 명분은 사라진 지 오래였다. 토리와 휘그는 몇몇 유력 가문과 정치 세력의 연합에 가까웠고, 그 안에서 개인적 이익과 친분에 따라 휘그에서 토리로 또는 반대 방향으로 진영을 넘나드는 경우도 많았다. 아직 1832년 선거법 개혁으로 유권자의 수가 늘어나기 전이어서, 정치인들은 전체 인구의 1-2퍼센트에 지나지 않는 유권자를 어렵지 않게 매수할 수 있었다. 앞서 언급했듯 당시 유권자는 두 표를 행사할 수 있었는데 한 표를 줄 경우, 한 표를 주고 다른 한 표를 포기할 경우, 투표를 위해 지역을 넘어 이동할 경우에 따라 암묵적인 가격도 형성되어 있었다. 이 돈을 댈 수 있는 것 역시 유력 가문 출신 아니면 기존 정파가 키운 인물이었다. 당시 많은 사람이 정치에 문제가 있다고 생각했지만 이 구조 속에 개혁을 꿈꾸는 새로운 정치인이 의회에 진출하기는 쉽지 않았다.

윌리엄 호가스의 〈선거 풍자〉(1755).
유흥 제공(왼쪽 위), 유권자 회유(오른쪽 위), 공개 투표(왼쪽 아래), 당선자 행진(오른쪽 아래).

정계는 사실상 각 정파를 지배하는 몇몇 가문의 손에 좌우되었고 민생과 상관없는 이슈로 분열되었다. 많은 국민이 선동적인 정치인의 영향을 받아 반대편 세력에 맹목적인 반감을 보였다. 그리고 이해관계에 따라 각 정파가 모이고 흩어짐이 반복되면서 유권자의 혼란은 더욱 커졌다. 1783년 4월의 폭스와 노스의 연정이 대표적 예일 것이다. 토리 진영에 속한 노스 수상 시기에 휘그를 이끌었던 폭스는 그와 극단적으로 대립했고 이는 따르던 사람들도 마찬가지였다. 이렇게 분열의 정치를 이끌었던 두 사람은 얼마 후 연정을 구성하여 모두를 당황하게 만들었다. 권력에 대한 욕심 외에 아무런 사상적 교집합이나 명분이 없었던 두 사람의 결합은 국왕도 경멸하였고 국민 사이에 정치에 대한 불신을 더욱 높였다. 가치의 정치는 사라졌고 약자에 대한

화이트채플의 런던 빈민가 모습. 19세기.

배려와 사회 전체의 이익 추구는 정치에서 사라진 것 같았다. 이제 많은 사람이 정치에 관심을 끊거나 더는 개혁을 기대하지 않게 되었다.

당시 영국의 종교적 상황도 그리 밝지 않았다. 18세기 영국 사회의 종교적 분위기를 묘사한 기록들을 보면 상당수 국교회 성직자들의 종교적 열의는 약해지고 일반 성도의 삶과는 거리가 먼 현학적 논쟁에 빠져 있었던 것이 분명해 보인다. '교회에서의 설교가 마치 겨울날 같다'는 말이 당시 돌았는데 춥고 냉랭한 설교가 어려운 삶에 따뜻한 위로를 주지 못한다는 의미였다. 윌버포스는 특히 영국의 빈민들에게 복음의 빛이 전달되지 않아 그들이 물질적으로뿐 아니라 종교적으로도 "어둠 속에서 비참한 상태" 속에 있음을 안타까워했다.[11] 윌버포스는 "기독교는 외적, 내적인 면이 있는데 영국에서 외적 요소는 적절한 의식 속에 남아 있지만 내적 요소가 드러나지 않는 상태"라고 평가하였다.[12]

이런 상황 속에서 교회가 사회적 책임을 다하지 못한 것은 어쩌면 당연했다. 전통적인 구빈법poor law에 따르면 교구 교회는 지역 빈민들에게 기초 생계에 필요한 경제적 수단, 잠자리, 돌봄을 제공하게 되어 있었지만 그 기능을 상실한 지 오래되었다. 사실 이는 전통 농업 사회에서나 가능한 일이었다. 18세기 말 산업혁명으로 도시에 공장이 늘어나면서 도시로 농촌 인구가 몰려들어 슬럼가가 형성되었다. 많은 노동자들이 머물 공간이 없어 방 한 칸에 수십 명씩 모여 살았고 이마저 구하기 힘든 사람은 거리로 내몰렸다. 사람들이 밀집된 거주 지역은 상하수도나 화장실도 없어 악취가 진동했고 각종 전염병이 빈번하게 창궐했다. 먹고살기 힘든 사람들은 쉽게 범죄를 저질렀고, 살인, 강간, 절도 등이 끊이지 않았다. 새로운 변화에는 새로운 대처법이 필요했지만 기존의 교구 교회는 시대적 변화를 감지할 능력도, 관심도 없었다.

이렇게 여러 징표는 18세기 말 영국 사회가 '정치 없는 정치적 상황'Political situation without politics, 즉 이전과 다른 정치적 구조 속에서 사회 문제가 발생하지만 정치가 해법을 제시하지 못하고 갈등과 혼란만 증폭시키고 있었음을 보여 주었다.

《실제적 견해》의 출판

이런 사회 현상에 대한 윌버포스의 진단을 잘 보여 주는 책이 바로《진정한 기독교와 대비되는 이 나라 중·상류 계층에 속한 자칭 기독교인들 간에 유행하는 종교 체계에 대한 실제적 견해》(A Practical View of the Prevailing Religious System of Professed Christians, in the Higher and Middle Classes in This Country, Contrasted with Real Christianity, 이하《실제적 견해》)라는 책이었다. 1790년대 초 윌버포스는 노예무역 관련 자료를 조사하고 법안 초안을 작성하기 위해 엄청난 시간과 노력을 쏟아부었고, 이 과정에서 지병이 악화되어 죽을 고비를 넘기기도 했다. 이런 상황 속에서도 총 일곱 장章에 500쪽이 넘는 방대한 책을 저술한 것은 초인적 노력으로 볼 수밖에 없다. 이 책을 구상하는 데 3년, 집필에는 4년의 세월이 걸렸다.

윌버포스는 이미 1789년부터 자신의 종교·사회관을 담은 책을 구상하였다. 그러나 당시 종교 서적 출판은 상당히 망설여지는 일이어서 스스로 찬성과 반대 이유를 목록으로 만들어 보

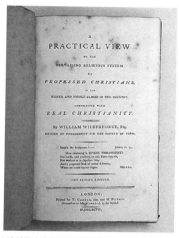

월버포스가 영국의 타락한 도덕성을 짚은 《실제적 견해》 2판. 1797년.

기도 했다. 찬성 이유로는 자신이 공적인 자리에서 "종교를 자주 대화 주제로 삼지 않았던 것을 반성"하고 자기 생각을 명확히 밝힘으로 사회와 종교에 대한 "부당한 결론이 더 이상 도출되지 않을 것"을 들었다. 반대 이유로는 공개적으로 신앙을 밝혀 지나치게 의로운 사람으로 보이고 이것이 "국가 개혁을 위해 사람들이 나와 협력하기를 방해할 것"을 걱정했다.[13] 월버포스가 생각했던 찬성과 반대의 이유 모두 당시 개인 신앙을 공적 영역에서 밝히기 어려웠던 사회 분위기를 반영하고 있다.

그러나 1790년대의 사회 변화가 월버포스의 생각을 바꾸었다. 그는 프랑스 혁명이 초래한 국가적 위기 상황 속에서 사회에 만연한 부도덕과 타락의 문제에 사람들이 민감해짐을 느꼈다. 월버포스는 자신의 신념을 전달하는 것이 다른 어느 때보다 필요하다고 생각하게 되었고 1793년 가을부터 《실제적 견해》를 본격적으로 집필하기 시작했다.

윌버포스는 4년 만에 원고를 완성하고 런던의 출판사들을 찾았으나 반응이 좋지 않았다. 출판사들은 당시 영국 사회에 종교 서적 수요가 거의 없다며 계약을 망설였다. 윌버포스는 그러다가 토머스 케이들Thomas Cadell이라는 출판업자를 만났고 "책에 당신의 이름을 강조할 수 있지요? 그러면 500부 정도 출판하는 모험을 해볼 용의가 있습니다"라는 말을 들을 수 있었다.[14] 결국 윌버포스는 자신의 유명세를 강조하는 조건을 받아들여 출판을 하게 되었다.

그러나 1796년 4월, 《실제적 견해》는 출간되자마자 완판되었고 출판사는 급히 2쇄를 찍어야 했다. 이 책은 6개월 만에 7,500부가 팔렸는데 이는 독서 인구가 많지 않았던 18세기 말 기준으로 볼 때 놀라운 성공이었다. 1826년까지 영국에서는 15쇄, 미국에서는 25쇄를 찍었고, 윌버포스의 생전에 프랑스어, 이탈리아어, 스페인어, 네덜란드어, 독일어로도 번역되었다. 국교회 소속의 인도 선교사였던 헨리 마틴Henry Martyn은 인도에서도 윌버포스의 책이 열심히 읽힌다고 보고했다.[15]

유명인들의 찬사도 이어졌다. 이들은 기독교 저작물에 대한 대중적 관심이 낮은 상황에서 이득이 될 것이 없는데도 중요한 문제를 제기한 정치인에게 찬사를 보냈다. 먼카스터 남작은 "기독교 세계의 일원으로서, 자네에게 모든 감사와 인정을 전하고 싶네. 자네를 잘 안다고 생각했는데 지금 더 잘 알 것 같네. 나의 가장 친애하는 천재적인 윌버!"라고 편지를 썼다.[16] 변호사이자 국회의원이었던 제임스 고든은 "당신이 출판 전에 왜 1년만

194

더 생각할 시간이 있으면 좋겠다고 바랐는지 이해할 수 없습니다. 세상은 단지 1년 더 나빠졌을 것입니다"라고 찬사를 보냈다.[17] 존 뉴턴은 이 책을 세 번 읽었다며 "사방이 덫으로 둘러싸이고, 수많은 일로 혹사당하는 당신 같은 인생을 사는 신사가 수많은 적의 공격을 두려워하지 않고 이런 책을 내는 모험을 한 것에 많이 놀랐습니다"라고 감탄했다.[18] 이 책이 나온 뒤 얼마 지나지 않아 세상을 떠났던 버크는 생의 마지막 이틀 동안 윌버포스의 책을 읽으며 많은 위로를 받았다. 주치의였던 로렌스 박사를 부른 버크는 "내가 혹시 살아난다면 이런 책을 세상에 보내 준 윌버포스에게 감사할 것이네"라고 말했다.[19]

국가 도덕성에 대한 문제의식을 사회 지도층과 대중에게 불러일으켜 감사하다는 사람들도 있었다. 재무장관 러버러는 "많은 사람이 우리가 맞선 이 끔찍한 상황에 적절히 분노하면서 이 책을 읽기를 진심으로 바란다"고 말했고,[20] 런던 주교 포티어스는 "이런 작업물이 이런 중요한 때에 나타난 것"을 섭리로 표현하면서 "이 작품은 사람들의 마음에 강력하고도 광범위한 영향을 미치고 … 시간이 되면 충분히 깨어날 것"이라고 예견했다.[21]

명목상의 기독교인

앞서 언급한 영국의 전 외무장관 헤이그는 《실제적 견해》가 당시 상당한 호응을 얻은 이유 중 하나로 1790년대의 새로운 시대 상황을 들었다. 1792년부터 프랑스 혁명 정부와 전쟁이 시작되면서 영국 사회에는 위기감이 팽배해졌다. 이 분위기 속에서 일부 사람들은 더 보수화되어 기존 질서를 유지하려 하였지만 이전의 향락적인 분위기에서 벗어나 사회 문제에 대한 진지한 설명을 원하는 사람들도 나타났던 것이다.[22] 《실제적 견해》는 당시 영국 사회가 안고 있던 사회적 갈등, 경제적 불평등, 도덕적 타락을 현실적 문제의식으로 바라보았기 때문에 그 분석이 독자들의 관심을 끌 수 있었다.

월버포스는 기독교적 수사와 형식은 따르지만 그 가르침을 믿거나 행하지 않는 '명목상의 기독교' 확산에서 당시 사회 문제 원인을 찾았다. 총 일곱 장으로 구성된 이 책은 앞부분에서는 '명목상의 기독교인'professed Christians이 가지고 있는 기독교의 중요성에 대한 오해, 그릇된 인간관, 신관, 도덕관을 비판했고, 뒷부분에서는 이와 대비되는 '진정한 기독교'의 내용과 그것에 따른 삶의 모습을 그렸다. 월버포스가 책의 앞부분에서 그리는 명목상의 기독교인들은 인간 본성에 대한 얕은 낙관론자였고, 또한 '성령의 역사'를 핑계 삼아 스스로의 노력을 경시하는 그릇된 신관을 가지고 있었다. 무엇보다도 이들은 기독교의 도덕이 종교적 영역에서만 적용되고 일상생활에서는 실질적 힘을 발휘하지 못한다는 이원론적 시각을 가진 사람들이었다.[23]

월버포스가 '명목상의 기독교인'들을 언급하면서 궁극적으로 비판한 것은 바로 일상생활과 종교 영역을 분리하는 시각이었다. 그는 자신들이 정해 놓은 부분에서만 기독교 원리를 따르고 나머지 삶의 영역에서는 그것과 무관하게 사는 것을 반대하였다. "이런 식으로 기독교 도덕을 그 교리와 별개의 것으로 여기는 치명적 습관이 의식하지 못한 사이에 힘을 얻은 것"이 영국 사회에서 도덕성과 윤리가 힘을 잃어 가는 원인이었다. 그는 기독교의 독특한 교리들과 그 실천이 서로 분리됨으로써 "도덕 체계 자체도 생명과 영양 공급을 빼앗긴 채 시들고 부패하기 시작"했다고 주장했다.[24]

이 연장선에서 그는 성聖-속俗 간의 균형 잡힌 시각을 강조하였다. 그는 책 전반을 통하여 진정한 기독교인의 표징은 세상의 명예를 사랑하지 않는 것이라고 강조하면서도 동시에 그것이 세상 속에서의 고립이 아님을 강조하였다. 그가 보기에 세상과 괴리된 종교는 그 의미를 상실한 것이었기 때문이다. 윌버포스는 상당한 분량을 할애하여 다음과 같은 주장을 반복했다.

"성경은 … 세속의 평가와 명예를 지나치게 욕망하고 추구하는 것을 경고하지만 … 또한 그리스도인들은 그것을 완전히 포기하라는 요구를 받은 것이 아니며, 그것이 주어졌을 때는 섭리로 주어졌음을 받아들여야 한다고 가르친다."[25] 윌버포스의 책 곳곳에서 나타나는 실천적 기독교는 그와 그의 동료들이 '세상' 속에서 적극적 개혁을 추구한 배경이기도 했다.

윌버포스는 또한 '진정한 기독교인'이 되기 위해 각 개인이 담당해야 할 수고와 노력을 경시해서는 안 된다고 주장했다. 그는 '진정한 기독교인'이 되려면 높은 도덕적 자질을 갖추기 위한 수고와 어려움, 지속적인 성찰이 요구된다고 생각하였다. '진정한 기독교'는 기독교 국가에서 태어나 자동으로 얻는 것이 아닌, "우리가 변화되어야 하는 상태이며, 우리가 물려받은 것이 아니라 우리 안에 새롭게 창조되어야 하는 본성"을 의미했다.[26] 특히 기독교 사회 속의 유력한 위치에 있는 사람들에게는 일반적인 도덕률을 뛰어넘는 것이 요구된다고 보았으며, 이를 충족시키기 위해서는 도덕과 양심의 명령 아래 자신을 복종시키고 매일 자신을 통제하며 살아야 한다고 강조했다.

　　이렇게 그는 '정치 없는 정치적 상황'의 이면에 기독교 교리와 도덕의 분리가 있다는 진단을 내린 후 기독교 원칙의 온전한 회복을 대안으로 제시하였다. 그의 결론은 "인간 본성의 타락, 구주의 속죄, 성령의 거룩한 영향력"에 관한 기독교 교리를 진정으로 추구하는 가운데 "인간 본연의 존엄성 회복"을 이뤄야 한다는 것이었다. 그는 신에 대한 경외와 사랑이 "동료 피조물에 대한 사랑, 친절, 온유"로 이어진다고 보았고,[27] 그 연장선에서 기독교 교리의 회복이 전제된 "도덕적 발전을 위한 계획 참여, 자라나는 세대를 교육하고 개선하기 위한 노력"을 영국 사회의 도덕적 문제에 대한 "해독제"로 제시하였다."[28] 윌버포스는 영국인들이 오랜 세월을 통해 인정하고 받아들인 종교의 본래 의미를 회복할 수 있다면 사회악을 극복할 수 있다는 희망을 제시하려 했다.

　　윌버포스 스스로 '나의 메니페스토'라고 부른 이 책은 구성 측면에서만 보자면 부족한 점도 보인다. 전달하고자 하는 메시지가 분명해서인지 곳곳에서 비슷한 주장이 반복되고, 3장과 4장은 지나치게 긴 반면, 2장과 5장은 너무 짧고 내용도 추상적이다. 또한 이 책은 영국의 기독교인을 대상으로 쓰였기 때문에 비기독교인도 공감할 사회 이해 방식과 문제의 해결책을 제시한 것은 아니었다. 그래서 기독교에 관심 없이 하루하루를 살아가는 하층민이나 사회 문제에 대한 깊은 고민이 없는 대중의 관심을 끌지는 못했다.

　그러나 당시 자신을 기독교인이라 여겼던 사람들과 영국 사회의 수많은 문제를 어떻게 풀어야 할지 실마리를 찾던 사람들이 현 사회 문제의 핵심을 파악하고, 개혁의 방향성을 세우는 데 있어《실제적 견해》는 유용했다. 그런 점에서 뒤에 소개할 윌버포스의 친구 헨리 손턴의 분석은 참고할 만하다.

　　이 책은 진지하고 선량한 성품을 가진 사람들 사이에서 더 큰 관심을 불러일으켰다. 일반적으로 주교들은 이 책을 지지했지만 일부는 열정적으로, 일부는 냉정히 받아들였다. 그(윌버포스)의 정치인 친구 대다수는 이 책에 감탄하며 내용을 지지했지만 여전히 일부는 발만 담그고 있다. 종교계, 특히 잉글랜드 국교회는 이 책이 교회사에 한 획을 그었다며 매우 높게 평가하고 있다. 비국교도는 이 책을 높이 평가하지만 일부 내용에 집중하는 편이다.[29]

손턴은 이 책이 일방적인 환영을 받은 것은 아니며 다양한 계층의 사람들에게 차별적 영향을 주었다는 것을 인정했다. 그러나 이 주제에 관심이 있던 사람에게는 영감을 불어넣고 위와 같은 높은 평가를 받았던 것 또한 강조하였다.

　윌버포스는《실제적 견해》에서 영국 사회에 만연한 악습과 부도덕함을 억제하려면 기독교의 온전한 의미 회복을 전제로 공공선을 적극 실천해야 한다고 주장했다. 그리고 이런 움직임은 사회 지배층에서 시작되어야 한다고 보았다. 공공선은 재

산과 권력을 가진 자가 사회적 약자를 포용하는 방식으로 나타
날 수밖에 없기 때문이다. 다음 장에서 살펴보겠지만 윌버포스
의 도덕개혁이 국왕의 포고문을 받고 그것을 실천하기 위해 사
회 지도층 협회를 설립하며 시작되었다는 점은 이런 맥락에서
이해할 수 있다.

7

국왕의 포고문

1787—19세기 초

월버포스가 등장하기 이전에 이미 노예무역에 문제가 있다고 느끼고 그것을 억제하자고 주장한 사람들이 있었듯이, 1787년 월버포스가 국왕에게 '범죄와 대중적 부도덕에 관한 포고문' 발표를 요청하기 전에도 이미 국가의 도덕적 상태가 심각하다고 느낀 사람들이 있었다. 역사학자 조안나 인네스Joanna Innes는 18세기 내내 영국의 도덕적 부패를 우려하는 목소리가 존재했는데, 한편으로는 이런 국가적 범죄가 '신의 진노에 찬 심판'을 초래한다는 두려움이 있었고, 다른 한편으로는 게으름, 무절제, 부정직을 빈곤, 범죄, 경제 쇠퇴와 연결 짓는 사람들도 있었다고 분석했다.[1]

실제로 1700년대에 국가 도덕성을 높이려는 운동이 여러 번 일어났고 이는 18세기 말로 갈수록 두드러졌는데, 미국 독립전쟁부터 프랑스 혁명 전쟁으로 이어지는 위기 국면이 이런 현상을 강화했다. 식민지 독립을 주장하는 세력은 영국의 악행, 특히 노예무역을 비판하였고 이는 제국의 도덕적 권위에 도전하는 것으로 해석되었다. 또한 1770년대부터 19세기 초까지 계속된 전쟁으로 국가 재정 상태가 나빠지고 물가가 상승하여 빈민들의 삶이 더욱 어려워지자, 하층민의 환경을 개선하여 여러 악습에서 빠져나오도록 도우려는 움직임이 생겨나기도 했다.

그러나 이는 몇몇 박애주의자들의 자발적 움직임이었고 지역적 차원을 벗어나지 못했다. 리즈에서는 감리교 신자였던 윌리엄 헤이William Hey 시장이 무절제, 게으름, 방탕한 생활 습관 억제 활동을 했고, 미들섹스에서는 국회의원 윌리엄 메인워링William Mainwaring이 감옥 환경 개혁 운동을 이끌었지만 영국 전

체를 아우르는 움직임은 아직 없었다.[2]

국왕의 포고문

윌버포스는 영국 곳곳에서 사회악에 대한 인내심이 한계까지 다다랐음을 느꼈고 이런 움직임을 하나로 모아 전국 운동으로 발전시키려 했다. 그는 평소 역사에 관심이 많았기 때문에 새로운 정책을 시도할 때 역사의 선례를 찾아보곤 했는데, 1692년 윌리엄 3세와 메리 2세◆ 시절 악습 억제를 위한 국왕의 포고문이 발표되고 이에 따라 전국적 도덕개혁 운동이 있었음을 알게 되었다. 이 사례를 분석한 윌버포스는 이때의 포고문이 다른 때처럼 말치레로 끝나지 않은 것은 그것을 실행하려는 자율적 협회가 있었기 때문임을 알게 되었다. 이는 윌버포스가 자율적 조직을 통한 도덕개혁 활동의 방향성을 세우는 데 도움을 주었다. 그는 영국 시민사회의 규모를 고려해 볼 때 "검찰총장과 내무장관 둘이서 이 역할을 감당하는 것"은 불가능하므로 시민들이 자발적으로 만든 조직들로 목표가 달성되는 것이 더 적절하다고 보았다.[3]

그러나 다른 한편으로는 이 운동을 완전히 민간의 자발적 참여에 맡기는 것도 무책임하다고도 보았다. 영국 사회가 마주한 문제는 뿌리가 깊고 그것을 없애기에는 한 개인의 끈기로는 한계가 있으므로 계속 문제를 제기하고 전국적 운동을 조율할

◆ 1688년 명예혁명을 통해 가톨릭 국왕 제임스 2세를 몰아내는 정변에 성공한 제임스 2세의 딸 메리와 그 남편인 오라녜 공 빌렘은 각각 윌리엄 3세(1689-1702 재위)와 메리 2세(1689-1694 재위)로 공동 국왕에 즉위한다.

"경건과 덕성을 장려하고 악덕, 욕설, 부도덕의 처벌과 예방을 위한 포고문"(1760).
1787년의 포고문도 이와 유사한 내용을 담았다. ⓒ PROC 22.40 Guildhall Library, City of London

지도부가 필요하다고 생각했다. 그래서 윌버포스는 악과 부도
덕함을 반대하는 국왕의 포고문을 얻고 그것을 실행하기 위한
중앙 조직을 세우는 것으로 수십 년간 진행될 도덕개혁 운동의
방향을 잡았다.

윌버포스는 약 100년 전의 운동처럼 자신이 구상하는 도덕
개혁 활동에 국왕이 부여하는 정당성을 더하려 했다. 이는 몇 가
지 면에서 필요한 조치였다. 국왕의 포고문은 당시 누구도 공개
적으로 반대할 수 없다는 장점이 있었기 때문에 도덕개혁에 대
한 잠재적 반대를 어느 정도 잠재울 수 있었다. 정부 관리들과 각
주의 치안판사는 적어도 포고문을 따르는 시늉은 해야 했다. 또
한 윌버포스의 동료들은 부도덕한 생활로 악명이 높았던 왕실
및 정부 관리들의 협조를 끌어냄으로써 이들을 개혁의 대상으로
내몰기보다 협력의 대상으로 만들려 했다.

사실 국왕의 포고문 발표 자체가 복음주의 정치인들과 정

치-종교 권력 담당자들 간 협력의 산물이었다. 조지 3세는 이미 1760년에 즉위할 때 이 포고문을 선포한 바 있었다. 이를 굳이 재선포하려면 국가의 도덕적 상태가 심각하다는 것을 왕실이 인식할 필요가 있었다. 윌버포스는 이를 위해 귀족 및 정계의 주요 인물들에게 로비를 시작하였다. 선대 하노버 왕조 왕들과 달리 경건한 삶을 살았던 조지 3세는 개인적으로 포고문의 취지에 공감하는 편이었다. 그럼에도 정치, 종교 지도자들의 지지가 있을 때 왕이 공적 행동을 취하는 부담이 덜어지므로 윌버포스는 캔터베리 대주교 존 무어와 샬롯 왕비에게 이 계획에 관해 설명하고 지지를 구하였다. 또한 윌버포스의 요청에 따라 수상 피트도 포고문 재선포를 전적으로 지지한다는 뜻을 국왕에게 표시하였다. 이러한 물밑 작업의 결과 조지 3세는 1787년 6월 1일 '범죄와 대

범죄와 대중적 부도덕에 관한 포고문을 선포한 조지 3세(재위 1760-1820).
그는 선대 하노버 왕들과 달리 경건하게 살았다.

중적 부도덕에 관한 포고문'을 다시 선포하게 되었다. 내용은 27년 전의 포고문과 크게 다르지 않지만 국왕은 서문을 통해 자신의 특별한 관심을 드러냈다.

> 그동안 짐은 불경과 방탕함의 급속한 유포와 비속함과 부도덕과 온갖 종류의 악행이 범람함으로 인해 우리의 거룩한 종교가 추문에 휩싸이고, 우리의 충성스러운 신하들이 악행을 저질러서 이 나라를 분열시켜 오는 것을 말할 수 없는 염려와 함께 보아 왔다. … 이 포고문을 통해 지위 고하를 막론하고 이 나라 안에 있는 사람들의 모든 악행과 불경 그리고 부도덕을 처벌하려는 왕실의 의지와 결의를 엄숙히 선언한다.[4]

포고문은 이어서 각 주의 판사, 시장, 보안관, 치안판사 등에게 "과도한 음주, 신성 모독, 욕설과 저주, 음란, 주일을 모욕하거나 기타 불경하고 부도덕하거나 무질서한 행위를 저지른 모든 사람"을 기소하도록 명령했다.[5] 이미 지역의 사회악을 억제하려 노력했던 시장이나 치안 판사들은 포고문이 발표되자 이를 환영했고, 이 문제에 호의적이지 않던 공무원들도 어느 정도 호응하는 모습을 보여 주어야 했다.

국왕의 포고문이 발표될 당시 하원의장이었고, 노예 1명당 노예선에서 필요한 최소 면적을 규정한 법률을 만들었던 윌리엄 돌벤은 아들에게 보내는 편지에서 이렇게 말하였다. "국왕 폐하의 포고문이 다른 지역과 마찬가지로 런던, 미들섹스, 웨스트민스터, 서리의 주 장관들에 의해 매우 존중받고 있다. … 캔터베리 대주교도 매우 열정적이다. 난 폐하께서도 그것을 매우 중시한다고 생각하며, 귀족과 교회의 고위층 중 몇몇은 이 문제를 매우 우호적으로 보고 있고, 많은 체통 있는 인사들과 함께 법률 시행을 지원하고 있다."[6] 확실히 국왕의 포고문은 도덕개혁 운동의 좋은 시작점이었다.

윌버포스는 포고문의 내용을 실질적인 것으로 바꾸기 위해 정계와 교회의 지지를 얻으려 노력하였다. 1787년 6월 21일, 보통 때 같으면 회기가 끝나고 쉼과 재충전을 위해 시골로 가야 할 때였지만 그는 수척해진 몸을 이끌고 우스터, 헤리퍼드, 노리치, 링컨, 요크, 리치필드를 방문하여 주교들과 유력 귀족들을 만났다. 윌버포스는 캔터베리 대주교와 요크 대주교에게 계속 서신을 보내 진행사항을 알렸으며, 상원에 진출한 귀족들의 지지를 확보하기 위해 노력했다.◆ 그 연장선에서 개인적 삶은 그리 도덕적이지 못했으나 귀족들 사이에 영향력이 컸던 인물인 조지 몬타규George Montagu, Duke of Montagu에게 국왕의 포고문 내용을 실천할, 곧 구성될 협회의 회장직을 제안하기도 했다.

이 과정에서 거절도 많이 당했다. 윌버포스는 1784년 선거 당시 요크셔에서 자신과 경쟁했던 피츠윌리엄 백작을 찾아가기도 했다. 옛날의 적이 찾아온 이유를 듣고 기가 막혔던 그는 헛웃음을 내며 "우리 가운데 누구든 집 밖에서 방탕하게 쓸 1실링조차 없을 때가 되어야" 가정의 도덕성이 회복될 것이라고 말했다.[7] 한마디로 말도 안 되는 소리라는 것이었다. 노퍽 지방의 유

◆　영국은 지금까지 세습 귀족 및 고위 성직자가 선거 없이 상원의원이 되어 활동한다.

지였던 토머스 비버 경Sir Thomas Beevor은 국왕의 포고문이 편파적이고 빈민을 억압한다고 강하게 비판하기도 했다. 이는 당시 토지 귀족들이 주로 했던 말로, 이들은 가난한 자들에게서 오락과 술을 빼앗는 것은 사회를 불안하게 만들 뿐이라고 생각했다.[8]

포고문 실천협회

그러나 꾸준한 노력이 조금씩 성과를 내기 시작했고, 1789년 가을 '악습과 부도덕에 관한 국왕폐하의 포고문 수행을 위한 협회(Society for Giving Effect to His Majesty's Proclamation against Vice and Immorality, 이하 '포고문 실천협회')가 세워졌다. 윌버포스의 적극적인 설득 끝에 몬타규가 회장직을 맡았고, 그 외에도 그래프턴, 말보러, 노섬버랜드, 챈도스, 버클루 등 다섯 명의 공작과 노스 경을 포함하여 공작보다 낮은 지위의 귀족 11명이 창립 멤버로 이름을 올렸다. 이 중 그래프턴과 노스는 전직 수상이기도 했다. 또한 국교회를 대표하여 캔터베리와 요크 대주교를 포함한 19명의 주교들도 가담했고, 현역 하원의원 13명도 설립에 참여하였다.

이 멤버 구성을 자세히 살펴보면 몇 가지 특징이 드러난다. 일단 몬타규나 말보러처럼 도덕적으로 완벽하지 않은 사람들을 포함시켜 일반인들이 갖는 심리적 장벽을 낮추려 했다. 또한 전직 수상 2명과 대주교 2명은 기득권에게 안정감을 주었고 정치인 출신들은 토리와 휘그 중에 균형 있게 포섭하여 비정파적 운동의 성격을 유지했다. 이런 인적 구성은 개혁이 주는 불안감을 낮추되, 특정 정치, 종교 세력과 밀접한 연관성이 있다는 이미지를 피하는 효과가 있었다.[9]

설립 당시 윌버포스가 작성한 명단에는 49명의 이름이 있었는데 수는 점점 늘어났다. 초창기 멤버를 본 많은 사람이 협회에 이름을 올려도 안전하다고 느꼈고 이를 통해 도덕적 위신도 얻으리라 생각한 것이다. 1788년 2월 발표된 회원 명단에는 총 149명의 이름이 있었다.

포고문 실천협회는 전문성이 있는 회원으로 구성된 소위원회를 중심으로 사안에 따라 운영되었다. 위원회들의 회기는 따로 없었지만 주로 겨울과 봄에 모였다. 의회 회기가 진행 중이어야 정책에 직접 반영하기 쉽기 때문이었다. 이들은 주로 회원의 집에서 모였고 특히 회장인 몬타규는 각종 모임을 위해 자신의 집을 자주 개방했다. 그리고 1년에 한 번씩 모든 위원회가 모이는 총회가 열렸고 이 자리에 연간 활동 보고서가 제출되었다.[10] 활동은 매우 다양했으나 꾸준한 관심사는 대중적 악습 억제였다. 음주, 결투, 도박, 곰 놀리기 같은 잔인한 오락 등이 주요 개혁 대상이었고 협회는 이를 위해 두 가지 방법으로 힘을 썼다.

첫 번째로, 이미 존재하지만 제대로 시행되지 않았던 법률을 시행하려 했다. 1787년 포고문의 내용을 엄격히 시행하라는 공문을 수상 피트의 지시로 내무장관이 각 주의 장관에게 보내자, 각 지방 공무원들은 이미 존재하는 법률에 근거하여 선술집, 극장, 도박장의 허가서를 취소하였다. 새로운 법률이나 규정을 만들기는 쉽지도 않고 시간이 걸리는 작업이기 때문이다. 이들은 또한 미풍양속을 해치는 행동을 억제하는 기존 법률에 근거해 '소 골리기' 같은 잔인한 오락과 과도한 음주를 단속하였다.[11] 리즈 시장이었던 헤이는 포고문 실천협회로부터 정보를 받아 지역에서 물의를 일으키는 주류 판매업자들의 면허를 취소하기도 했다. 각 지역의 치안판사도 그동안 유명무실했던 법률과 규정을 찾아내 악습을 행하는 개인과 단체를 기소하였다.

두 번째로 포고문 실천협회는 하층민의 삶을 개선하기 위해 다양한 협회를 조직하였다. 삶의 수준 향상 없이 이런 관행에서 빠져나오기 어렵기 때문이다. 윌버포스와 그의 동료들이 설립과 운영에 관여한 협회는 파악된 것만 69개 정도이며, 포고문 실천협회는 중앙에서 이 협회들을 조율하는 역할을 했다. 이들이 가난한 사람들의 상태를 개선하고, 노동 현장의 여건 개선을 시도하며, 빈민의 경제 상황을 전반적으로 개선하기 위해 설립한 대표적인 협회들을 아래에서 살펴보겠다.

자매 협회들

윌버포스의 지지자이자 부유한 상인이었던 존 손턴은 '소액 부채로 인한 수감자 구제협회'Society for the Relief of Persons Imprisoned for Small Debts를 설립하였다. 당시 빈민들은 아무리 소액이라도 빚을 못 갚으면 무자비하게 투옥되었다. 한때 스코틀랜드 감옥 수감자 4분의 3 이상이 소액 채무자였다는 통계도 있다. 윌버포스의 동료로 노예무역 폐지 운동 지도자였던 제임스 스티븐도 어렸을 때 아버지가 채무자 감옥에 갇혀서 불우한 시절을 보내기도 했다. 협회는 이런 안타까운 상황에 처한 사람에게 소액 자금을 대출해 주거나 회생을 돕는 일을 했다.

포고문 협회 회원들이 세운 '왕립 아동학대 금지 협회'Royal Society for the Prevention of Cruelty to Children는 당대에 만연한 아동노동

을 억제하려는 목적으로 세워졌다. 아동노동의 실태를 조사한 윌버포스는 5세도 안 된 어린이들이 굴뚝 청소부로 팔려 가는 현실에 경악했다. 당시 석탄 소비가 늘면서 각 가정에 굴뚝이 세워졌는데 좁은 굴뚝을 청소하기 위해 몸집이 작은 어린이들이 이용된 것이다. 작업이 익숙하지 않은 아이들은 일하던 중 뜨거운 열기에 질식하기도 했고, 어린 나이에 폐질환으로 죽는 경우가 많았다. 윌버포스는 굴뚝 청소부 어린이 협회Climbing Boy Society를 설립하여 이들의 노동 환경을 개선하고 정당한 임금을 받고 안전하게 일할 수 있도록 나섰다. 영국에서 아동노동이 완전히 금지되기까지는 갈 길이 멀었지만 그 이전에 아동에게 최소한의 인간적인 환경을 제공하려 한 것이다.

또한 포고문 협회 멤버들은 주일학교 교육을 지원하였다. 당시에는 대부분의 나라에 공교육 시스템이 없었기 때문에 하층민 어린이들에게 글쓰기와 산수를 가르치고 기독교 교리 교육을 했던 주일학교의 역할이 컸다. 국교도 출신의 박애주의자 로버트 레이크스(Robert Raikes, 1736-1811)는 주일학교의 아버지로 여겨지는 인물이다. 본래 출판업자였던 레이크스는 여러 복음주의 서적을 읽던 가운데 노동자 사이에 만연한 부도덕한 관습은 치료보다 예방이 중요하며 가장 좋은 범죄 예방법은 하층민 아이들 교육이라는 결론에 이르렀다. 많은 노동자 아이들이 부모를 따라 주중에 일하러 가는 상황을 고려하여 레이크스는 일요일 오전 예배를 마친 오후 시간에 주일학교를 열었다.

주일학교에서는 설교와 예배 준비로 바쁜 성직자 대신 평신도가 교사 역할을 하였으며, 성경을 풀이한 간단한 교과서를

212

만들어 교재로 사용하였다. 교사를 구하고 교재를 계발하며 아이들에게 필기도구 및 간식을 주려면 재정이 많이 필요하였다. 고아원과 자선학교 교육에 관심이 많았던 윌버포스와 그의 동료들은 주일학교의 가장 든든한 후원자들이었다. 윌버포스는 "주일학교가 없었다면 얼마나 많은 하층민이 문맹으로 남았겠는가"라고 질문하며 이곳에서 행해지는 기초 교육의 중요성을 강조했다.[12] 그는 읽고 쓸 수 있는 능력과 기독교에 대한 기초지식이 비례한다고 믿었다.

1780년부터 글로스터에서 주일학교가 시작되었고 1784년부터는 런던에도 주일학교가 생겼다. 주일학교는 노동자 계층 아이들이 수업료를 내지 않고 글을 배울 수 있었으며, 책, 간식, 옷도 주어져 선풍적인 인기를 끌었다.[13] 글로스터와 런던의 노동계층 아이들이 주일학교로 몰려드는 것을 본 포고문 협회 멤버들은 이 운동을 전국으로 확산시키기 위해 1785년 '주일학교 지원 및 장려협회'The Society for the Support and Encouragement of Sunday

조지 크루익생크 George Cruikshank의 〈두 소년 굴뚝 청소부의 죽음〉(1824).

18세기 말에 유행했던 '소 골리기' 묘사화.

Schools를 설립하였다. 주일학교를 확장하려면 재정 확보가 중요
했고 그러려면 상인의 역할이 컸기 때문에 침례교 상인이자 복
음주의자로 유명했던 윌리엄 폭스가 회장으로 선출되었다. 윌
버포스와 부유한 은행가였던 헨리 손턴은 협회의 핵심 멤버로서
주일학교가 곳곳에 세워지는 데 중요한 역할을 했다.

　　장려협회는 각지의 주일학교에 책과 보조금을 보냈는데
1805년까지 약 5만 권의 신약성경과 20만 권의 철자법 책, 4,100
파운드의 지원금을 보냈다.[14] 이런 노력의 결과 1780년대 말에
이르면 이미 잉글랜드 전역에서 24만 명의 어린이가 주일학교
에 출석하고 있었다. 19세기에 이르러 주일학교 학생 수는 더욱
증가하였고, 1831년 통계에 따르면 영국 전역에서 125만 명의
어린이가 주일학교 교육을 받은 것으로 파악된다.

악습억제 활동의 한계

　　포고문 협회와 그 자매 협회들의 활동은 호응을 받았지만

비판도 있었다. 공격 지점은 주로 음주, 결투, 도박, 잔인한 스포츠 등의 풍속을 개혁하려는 활동에 맞춰졌다. 윌버포스의 동료들은 '동물학대 방지협회'Society for the Prevention of Cruelty to Animals 설립을 지원하였는데 동물 보호 자체보다는 곰 놀리기, 소 골리기 같은 저급한 민중의 풍속을 제지하려는 데 목적이 있었다. 당시 별다른 소일거리가 없던 민중들은 소나 곰을 묶어 놓고 개를 풀어 공격하게 하는 잔혹한 놀이를 즐겼다. 사나운 수소에게 끝까지 매달린 개의 주인은 상금을 챙겼고, 좀더 턱 힘이 강하고 끈질기게 매달릴 수 있는 견종을 개량하는 과정에서 불도그Bulldog 가 등장하기도 했다.

하지만 당시 엘리트 가운데는 이런 '야만스러운 스포츠'를 통해 하류층의 저급한 욕망이 분출되며, 이런 관행이 사라지면 자유나 평등 같은 혁명 사상이 그들의 머리를 채울 것이라 염려하는 이들도 있었다. 1802년 하원의원인 윌리엄 윈덤William Windham은 '곰 놀리기'는 남성적인 스포츠로서 자유분방한 영국인의 건강한 체격과 기질을 계발하기에 적합하다고 주장하기도 했다. 그리고 "만약 빈민들이 '곰 괴롭히기' 같은 스포츠에서 멀어진다면 감리교도나 자코바이트Jacobite◆들의 먹이로 전락하고 말 것"이라며 악습 억제 활동 뒤에 급진 사상이 자리를 잡고 있다는 뉘앙스를 풍기기도 했다.[15]

대중적 오락을 금지하려는 노력을 조금 다른 각도에서 비

◆　영국 명예혁명으로 왕위에서 축출된 스튜어트 왕가의 제임스(라틴어 Jacobus) 2세 및 그 후손의 추종자. 1716년, 1722년, 1745-1746년 등 여러 번에 걸쳐 반란을 일으켰다.

판하는 사람들도 있었다. 이들은 귀족들은 도박으로 하룻밤에 수백 파운드를 쓰는데 이런 사소한 소일거리를 반대한다는 것은 대중의 일상에 대한 위선적 통제라고 보았다. 국교회 성직자인 시드니 스미스Sidney Smith는 귀족들의 여우 사냥은 반대하지 않으면서 빈민들의 곰 놀리기를 반대하는 협회를 향해 "연간 500 파운드 이하 수입을 거두는 사람들의 풍습을 탄압하려는 협회"라고 비꼬기도 했다.[16] 일부 비평가들은 윌버포스가 피트 정부의 인신보호법 중단이나 대중 집회에 대한 억압 조치는 비판하지 않으면서 노동자들의 소소한 오락은 폐지하려 드는 것은 정부의 반동적 조치를 지원하려는 의도라고 해석하기도 했다.

이런 비판들은 사실의 일부를 담고 있지만 전부를 반영하는 것은 아니었다. 윌버포스의 오랜 정치활동을 관찰하면 그가 사회를 단번에 뒤집기보다 차츰 개선하기를 원했음을 알 수 있다. 이런 태도 때문에 그는 당대인의 눈에 기존 질서를 지키려는 보수적 종교인으로 보이기도 했다. 물론 윌버포스가 1790년대에 프랑스 혁명 정부와의 전쟁 국면 속에서 영국의 기존 질서에 도덕적 우위를 제공하려 했고, 당시 엘리트 계층이 공유했던 보수성을 어느 정도 공유한 것은 분명했다. 그러나 동시에 그의 안정 지향성과 기득권과의 협력 덕분에 이 운동이 19세기에도 영국 사회에서 계속 지속되었다는 것도 사실이었다. 급진주의적 성향의 비판자들은 윌버포스가 궁극적으로 추구한 것이 하층민의 '악습' 반대를 넘어 새로운 도덕 기준 확립에 있었음을 이해하지 못했다.

최근 들어 역사학자들은 포고문 실천협회의 엘리트주의를

지나치게 강조하던 해석에 균형을 맞추려 한다. 윌버포스와 동료들의 도덕개혁 활동은 분명 '통제', '반동' 같은 단어보다 다양한 키워드를 담고 있었다. 무엇보다 이들의 노력에 다양한 계층에서 호응이 있었던 것은 분명하기 때문이다. 역사학자 인네스는 당시 엘리트 계층을 넘어 대중 사이에 도덕개혁의 관심이 증가하고 있었기 때문에 포고문 협회가 개혁 전략을 세우고 추진할 수 있었다고 평가했다.[17]

악습억제 협회

1802년, 포고문 실천협회는 '악습억제를 위한 협회'(The Society for the Suppression of Vice, 이하 '악습억제 협회')로 전환되었다. 악습억제 협회는 몇 가지 면에서 이전 협회와 구별되었다. 우선 집행부의 멤버 구성이 훨씬 다양해졌다. 포고문 실천협회가 악습억제 협회로 새롭게 탄생한 것 자체가 구성원을 확대하고 대중적 영향력을 높이려는 시도였다. 예를 들어 1805년 집행부 멤버 34명 중 확인 가능한 25명의 직업을 보면 성직자 9명, 법정 변호사 3명, 일반 법조인 3명, 공무원 4명, 육군 장교 1명, 은행가 3명, 증권거래인 1명, 출판업자 1명이었다. 이는 귀족 11명, 국교회 주교 19명, 국회의원 13명 등으로 이뤄진 포고문 실천협회의 구성 분포와 확연한 차이를 보였다. 또한 새로운 협회는 여성을 회원으로 받아들였고 이는 저변 확대에 큰 도움이 되었다.[18]

악습억제 협회는 도덕개혁의 대중화를 훨씬 적극적으로 추구했다. 다양한 직종 종사자들로 구성된 집행부는 각계각층의 사람들에게 접근할 통로를 보유했다. 어느 멤버는 새 협회 구성원들의 배경이 이전 협회보다 더 다양하기 때문에 "공중도덕에 어긋난 행동을 하는 사람들에게 주의의 시선을 지속해서 기울일 수 있었다"고 평가하였다.[19] 포고문 실천협회의 회원은 가장 많았을 때 150명 정도였는데 악습 억제를 위한 협회의 회원은 1804년에 이르면 1,200여 명으로 이전보다 훨씬 넓은 사회적 지지기반을 갖추고 있었다.

그러나 악습억제 협회 핵심 인물들의 성향이 바뀐 것은 아니다. 역사가 포드 K. 브라운Ford K. Brown은 악습억제 협회의 핵심 구성원을 분석하였는데 윌버포스의 영향을 받던 복음주의자들이 여전히 다수였음을 밝히기도 했다.[20] 또한 1803년 악습억제 협회의 보고서에는 "주일을 모독하고 불경스러운 욕설을 하

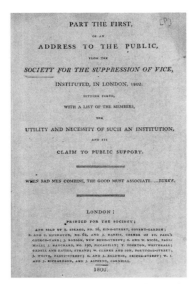

악습억제 협회가 발행한 자료집(1803). 회원 명단 및 협회의 설립 취지를 담은 연설문이 실려 있다.

는 것, 음란하고 외설적인 책과 인쇄물을 출판하는 것, 도량형을 속여 판매하는 행위, 무질서한 공공 주택 환경, 매춘 업소 및 게임장 운영, 매점매석, 불법 복권, 동물 학대" 등이 협회의 특별한 관심사라고 밝힘으로써 이전의 포고문 실천협회와 연속성을 보였다.[21] 악습억제 협회는 윌버포스가 죽은 1833년 이후 활동이 확연히 줄어들었지만 명맥은 유지되어 1885년까지 활동을 계속하였다.

그렇다면 협회의 활동으로 실제 영국 사회의 분위기는 어떻게 변하였는가? 국민의 감정과 관점 변화를 수치화하긴 어려우므로 인상 평가에 어느 정도 의존할 수밖에 없다. 그럼에도 변화의 정도를 유추할 수 있는 여러 기록이 있다. 예를 들어 각종 범죄는 이전보다 더 엄격히 다뤄지고 처벌됨으로써 감소 추세를 보였다. 전 외무장관 헤이그는 18세기 런던의 살인, 폭력 관련 판결 기록을 보면 관련 범죄가 계속 줄어든 것이 분명하다면서, 악습억제 협회의 압력 속에 각 주의 치안판사들이 감옥을 관리하고 부랑자에 대한 규제를 개선하고 매춘 업소를 폐쇄하는 등 실질적인 성과를 거두었다고 평가했다.[22]

사회 분위기 변화를 보여 주는 또 다른 예로 안식일 엄수주의◆ 확산을 들 수 있다. 이는 일요일을 '주의 날'Lord's day로서 엄격

◆ 일요일을 주일Lord's day로서 엄격히 지키자는 것에서 후에는 엄격함과 절제를 강조한 빅토리아 윤리관의 전형적 표현이 되었다. 19세기 대부분 시기에 걸쳐 고교회부터 비국교도의 작은 교파에 이르기까지 많은 신도들이 안식일 엄수주의를 따랐다. 일요일을 주일로서 엄격히 지키기 위해 당시의 복음주의자들은 일하는 것뿐 아니라 모든 세속적 활동을 금지하였으며 영국 일요일의 고요함과 지루함은 19세기 말까지도 외국인 방문객에게 특이하게 비춰질 정도였다. 안식일 엄수주의에 관하여는 다음을 참조. Sally Mitchell, *Daily Life of Wilberforce in Victorian England* (London: Greenwood Press, 1996), 250-252.

히 지키자는 것이다. 1794년부터 안식일 엄수 활동이 시작되었는데 특히 윌버포스는 일요일 여행의 필요성을 줄이기 위해 수상이었던 퍼시벌에게 월요일에 의회가 개원하는 관행을 바꿀 것을 요청하였다. 당시는 교통 상황이 좋지 않았기 때문에 월요일 아침 회의에 참석하려 일요일에 미리 런던까지 이동하는 경우가 많았기 때문이다. 그는 하원의장 애딩턴에게는 일요일 저녁 대신 토요일에 국왕을 만나라고 설득하기도 했다. 고위 공무원 중에서도 일요일에 일하기를 거부하는 예가 생겨났다. 윌버포스의 동료로 인도 식민지 총독이었던 텐머스는 공적 업무를 일요일에 처리하는 것을 이례적으로 거부하기도 하였다.

이런 예는 복음주의자들이 강조하던 안식일 엄수주의가 사회 저변으로 확산되는 촉매제가 되었다. 19세기에 들어서서 영국의 많은 가정에서는 일요일이면 세속적 활동과 주중에 하던 잔일을 금하고 찬 음식을 먹으며 오전, 오후에 걸쳐 교회에 가

알렉산더 존스턴(1815-1891)의 〈안식일 전날〉.

고, 그렇지 않을 때는 조용히 집에 앉아 성경이나 종교서적을 읽는 모습을 어렵지 않게 볼 수 있었다.[23] 19세기 내내 이 안식일 엄수주의는 많은 가정에서 지켜졌다. 일요일을 '주일'로서 엄격히 지키기 위해 당시 복음주의자들은 일하는 것뿐 아니라 모든 세속적 활동을 금지하였으며, 이로 인해 영국 내 일요일의 고요함과 지루함은 19세기 말까지도 외국인 방문객에게 특이한 현상으로 여겨졌다. 1868년부터 네 차례 수상을 역임했던 글래드스턴은 어린 시절 영국 사회의 복음주의가 정치 영역까지는 영향이 크지 않았지만 문화적, 도덕적 측면에서 상당한 지배력을 가졌다고 평가하였다.[24]

18세기 말과 19세기 중반의 영국 사회 분위기를 대조하는 것은 한동안 역사학계의 일반적 서술이었다. 급진주의 개혁가였던 프랜시스 플레이스(Francis Place, 1771-1854)는 음란물이나 천박한 대화에 노출되기 쉬웠던 자신의 어린 시절과 이후 노년 시절을 비교하면서 지난 반세기 동안 "하류층 안에서 도덕적 행위만큼 크게 변한 것이 없다"고 말했다.[25] 무신론자이자 급진주의 지도자였던 사람에게서 나온 이런 평가는 사회 분위기가 어떻게 변하였는지를 일정 부분 반영한다. 그는 "항상 술에 취해 있고 난폭한 촌사람이었던 나의 아버지조차 자식들은 정직하고 소박하며 근면할 것을 강요하였다"고 회상했다.[26]

영국의 점진적 사회주의자 부부 시드니 웹과 비어트리스 웹은 윌버포스와 그의 동료들의 예에서 사회개혁의 실마리를 발견하였다. 웹 부부는 이들이 만든 협회로 인해 19세기 첫 20년 동안 범죄, 소요, 무질서한 행동, 야만적 오락이 줄어들었고, 잉글랜드 노동자들이 '체통'을 중시하게 만든 전국적 운동이 일어났다고 평가하였다. 역사학자 로버트 슐로스버그Robert Schlossberg는 이런 점에서 그들의 도덕개혁은 복음주의의 전성기로 여겨졌던 빅토리아 여왕 시대가 시작되기 전에 영국인들의 심성 안에 빅토리아 시대정신Victorianism이 미리 자리 잡기 시작한 계기로 분석하기도 했다.[27]

도덕개혁 운동과 노예무역 폐지 운동

마지막으로 도덕개혁 운동의 중요한 의의는 노예무역 폐지 운동과의 관계에서 찾을 수 있다. 19세기 중엽 영국의 정치사상가 존 스튜어트 밀John Stuart Mill은 이전 세대의 반노예제 운동을 평가하면서 영제국에서 노예제는 "물질적 이익 분배와 관련해 발생한 변화" 때문이 아니라 노예제가 윤리적으로 잘못되었다는 "도덕적 확신의 확산"으로 폐지되었다고 주장한 바 있다.[28] 그가 언급한 도덕적 확신과 노예무역 폐지 운동의 결합은 이 시기 반노예제 운동의 가장 중요한 특징 중 하나였다. 18세기 말 노예무역 폐지 운동과 도덕개혁 운동은 큰 틀에서 보면 하나의 국가 개혁 운동을 형성하고 있었다.

우선 두 운동이 오랜 시간 동시에 진행된 것이 양자의 밀접한 관련성을 보여 준다. 1787년 5월, 윌버포스와 그의 동료들은 첫 노예무역 폐지협회를 런던에서 조직한 지 몇 달 지나지 않아 포고문 실천협회를 창립하였고 두 위원회를 수십 년 동안 운영했다. 포고문 실천협회 창립 멤버 49명 중 14명은 노예무역 폐지협회의 멤버였다. 오늘날 대부분의 역사 서술은 노예무역 폐지 운동과 도덕개혁 운동을 별개의 장에서 다루지만 윌버포스와 그의 복음주의 동료 정치가들이 모여 살았던 클래팜 마을에서는 포고문 실천협회의 안건과 노예무역 폐지 위원회의 업무가 동시에 논의되고 처리되었다.

또한 노예무역 폐지 운동과 도덕개혁 운동을 주도했던 복음주의 정치가들은 노예무역 폐지가 국가 도덕성 회복과 불가분의 관계임을 인식하고 있었다. 토머스 클락슨은 "동료 인간들의 고통을 줄이려는 행동"이 국민의 "도덕적 수준"을 향상하는 작업이라고 정의했고,[29] 제임스 스티븐은 "노예무역의 부도덕성이 국민에게 알려졌음에도 그에 대한 개혁이 중지된 이후 국가적 재앙이 찾아왔다"고 주장하면서 그 해결책으로 실질적인 도덕개혁 조치들을 제시하였다.[30] 피트파 정치인으로 의회 내에서 복음주의 정치가들과 보조를 맞추었던 마혼 경Charles Stanhope, Lord Mahon은 "이 악취 나는 사업에서 손을 씻어" 다시 영국인들이 "공평과 정의" 같은 도덕적 원칙에 근거해 행동하게 하자고 주장하였다.[31] 미국 독립전쟁으로 영제국의 도덕적 권위가 흔들리던 상황 속에서, 또 영국이 프랑스 혁명 정부와 체제의 우월성을 두고 경쟁하던 상황 속에서 분명 노예무역 폐지 운동은 특정한 악습을 없애는 것을 넘어 국가 도덕성 회복의 시도가 되었다.

반면 의회 내 복음주의 정치가들에게 도덕개혁은 노예무역 폐지를 확고히 하기 위해서 반드시 필요한 작업이기도 했다. 아직도 상당수 사람이 노예무역 자체에 반감을 느끼지 못했고, 영국 사회의 도덕성을 고양해 그들의 심성에 변화를 일으키지 않는다면 노예무역이 사라질 것을 기대하기 어려울 뿐 아니라 설사 폐지된다 해도 다시 부활했을 것이다. 따라서 18세기 말에 이르면 영제국의 위기 국면에 대응한다는 측면을 가지고 있었던 이 두 운동은 매우 높은 수준의 결합성을 보이게 된다.

역사가 데이비드 브라이언 데이비스David Brion Davies는 영국의 복음주의 정치가들에게 "노예무역 폐지 운동은 기독교 도덕관을 정부와 사회에 주입함으로 사회 질서를 개혁하려는 대규모 종교적 십자군의 한 줄기"라고 평가한 바 있다.[32] 영국 복음주의 정치가들은 분명 노예제라는 특정 제도를 공격하거나 대중의 풍습을 통제하는 것을 넘어 영국 헌정 체제를 보호하고 발전시킬 새로운 사회적 분위기를 조성하려 하였다. 이런 점에서 18세기 영국이 직면하였던 국가적 위기와 윌버포스와 그의 복음주의 동료들이 시행한 두 가지 대표적인 운동들은 종합적으로 해석될 필요가 있다.

8

클래팜 공동체: 변화를 위한 연대

1797—1808

30세 무렵의 윌리엄 윌버포스. 1790년경.

윌버포스는 노예무역 폐지 운동과 도덕개혁을 동시에 추진하면서 1790년대를 바쁘게 보냈다. 또《실제적 견해》를 출판해 영국 각지에서 반향을 일으켰던 1797년에는 이미 37세를 지나고 있었다. 대형 프로젝트를 동시에 여럿 추진하다가 정신을 차려 보니 그는 어느덧 결혼 적령기를 한참 지나 있었다. 주변의 가까운 친척과 친구들은 슬슬 걱정의 눈으로 그를 쳐다보기 시작했다.

노총각 정치인

윌버포스에게 연애의 기회가 없었던 것은 아니다. 30세 무렵 영국의 대표적 낭만주의 시인 윌리엄 워즈워스William Wordsworth의 집을 방문했을 때 그의 여동생 도로시가 윌버포스에게 반해 마음을 표현했지만 그는 애써 모른 척했다. 친구 헨리 애딩턴의 처제인 해먼드 양Miss Hammond에게 마음이 가 있었기 때문이다. 하지만 이 삼각관계는 오래가지 못했다. 해먼드는 윌버포스가 아닌 다른 남자와 결혼을 했고 도로시는 그 사이에 마음을 접었다. 윌버포스는 "그녀(해먼드)와 나, 이렇게 감정적인 두 사람이 함께 행복할 수는 없었을 것이다"라며 스스로 위로했다. 반면 도로시는 자신의 마음을 외면한 윌버포스가 섭섭했는지 "내가 아는 누구보다도 결혼할 가능성이 없는 사람"이라는 말을 남겼다.[1]

그 뒤로 윌버포스는 노예무역 폐지 법안을 준비하고 포고문 협회를 조직하면서 다시 시간과 에너지를 정치에 쏟았다. 한두 번의 인연이 있었지만 잘 이뤄지지 않았고 열심히 일을 하다 보니 결혼 적령기가 훌쩍 지나 있었다. 1797년 일기를 보면 "공적인 업무가 다른 원인과 맞물려 '내 여정을 혼자 끝내야 한다'고 믿게 만든다. 내가 얼마나 극도로 많은 일들에 사로잡혀 있는지 생각해 보라"라며 자신이 결혼하기 어려울 것 같다고 느끼고 있었다. "내가 지난 3주간 아침부터 저녁까지 걱정에 사로잡혀 사는 유부남이었다면 어떻게 해야 했을까?"[2]라며 결혼에 대한 마음을 상당히 내려놓기도 했다.

이때까지 윌버포스 옆에는 헨리 손턴, 에드워드 엘리엇Edward Elliot 등 아직 혼자인 친구들이 있어서 심정적으로 의지할 수 있었다. 그러나 점점 이 모임이 재미가 없어졌다. 1791년엔 손턴과 엘리엇을 포함한 친구들과 한 달을 같이 보낸 후 허탈함을 느끼고는 "(오늘은) 엘리엇의 집으로 일찍 떠났다. G(그랜트)의 친구와 저녁을 먹었다. 이런 노총각의 삶을 조심해야겠다"라고 일기장에 쓰기도 했다.[3] 1791년엔 기즈번의 욕살 로지에 있는 집에 가서 "친구들을 다시 보니 기쁘다. 그리고 내가 집에 돌아왔을 때 반가워할 아내와 아이들이 없어서 슬픔을 느낀다"고 일기에 적었다. 그다음 줄에는 "그러나 진정한 갈망의 대상인 하늘을 바

라본다"라며 마음을 다독이고 있다.[4]

　　그러다가 1796년에 '3인방' 중 하나인 헨리 손턴이 결혼을 하자 윌버포스는 심정적으로 충격을 받았다. 그는 1792년부터 헨리의 집에서 살고 있었는데 그가 결혼하자 당장 집을 비워야 했다. 헨리 손턴의 딸 마리앤은 훗날 부모로부터 이 사건이 윌버포스로 하여금 "결혼할 결심을 하게 만들었다"는 말을 들었다[5]. 윔블던에 집이 있었지만 좀더 의회에 가까운 숙소가 필요했던 윌버포스는 같은 클래팜 마을에 있는 엘리엇의 집으로 이사했다.

　　엘리엇은 7년 전에 피트의 여동생 해리엇과 결혼했고 상당히 행복한 결혼 생활을 했다. 하지만 이 행복은 오래가지 못했고 아내가 출산 중에 목숨을 잃은 뒤 혼자가 되었다. 그러나 이 슬픔은 엘리엇을 신앙으로 이끌었다. 엘리엇은 훗날 "나는 불신자와 다를 것이 없었지만 거룩하신 하나님은 나를 찾아와 주셨고 점차 나은 마음으로 이끌어 주셨다"라고 회상했다.[6] 엘리엇은 복음주의 신앙을 받아들인 후 윌버포스와 더욱 가까워졌고 이번에도 기꺼이 그를 자신의 집에 받아들였다. 윌버포스는 겉으로는 결혼에 관심이 없어진 듯했지만 속으로는 더욱 결혼을 갈망하고 있었다.

바버라 스푸너

　　윌버포스는 《실제적 견해》가 출판된 그 주에 바스로 여행을 떠났다. 로마 시대부터 온천으로 유명했던 바스는 당시에도 인기가 많았고, 특히 18세기에는 젊은이들의 명소로 여겨져 항상 사람으로 북적거렸다. 바스는 당시 영국 중상류층 집안의 인기 있는 휴양지이기도 해서 봄, 여름이 되면 자연스럽게 만남의 기회가 생기기도 했다. 물론 요양의 목적으로 오는 사람들도 있었다. 당시 사람들은 바스의 온천물에 각종 치료 효과가 있다고 믿었고 윌버포스도 의회 회기가 끝나면 종종 이곳을 방문했다. 1797년 부활절 기간에는 책 저술과 출판 과정 중 쇠약해진 몸을 회복하기 위해서 케임브리지 재학 시절부터 친구였던 토머스 바빙턴Thomas Babington과 바스를 찾았다.

이때 바빙턴은 자신과 금융 거래를 하던 버밍엄의 사업가 아이작 스푸너의 가족이 바스에 와 있다는 소식을 들었다. 그러다 불현듯 이 집안의 셋째 딸인 바버라 앤 스푸너Barbara Ann Spooner가 윌버포스와 잘 맞을 것 같다는 생각이 떠올랐다. 본래 스푸너 가족은 교회에 정기적으로 출석을 하였지만 바버라는 이때즈음에 복음주의 설교자들의 영향으로 좀더 열성적인 신앙을 가지고 있었다. 그녀는 이때 스무 살로 윌버포스와는 열여덟 살 차이가 났지만 바빙턴은 바버라의 진지한 종교성이 윌버포스의 마음을 열 수도 있다고 생각했다.

정치 풍자로 유명했던 토마스 롤랜드슨Thomas Rowlandson의 〈바스의 향락〉(1798).

바빙턴은 둘을 직접 만나게 해주려 사전 작업을 했다. 복음주의 정치가 윌버포스를 동경했던 바버라에게는 그에게 종교적인 문제에 조언을 구해 보라고 권했고, 윌버포스에게는 최근 종교적 열성으로 타오르는 처녀가 있다며 자네가 찾던 신붓감인 것 같다고 말해 두었다. 며칠 후 바버라는 그의 말대로 신앙생활 전반에 대한 조언을 요청하는 편지를 보냈고 그것은 윌버포스의 마음에 떨림을 주었다.

이렇게 내적 친밀감이 생긴 상태에서 두 사람은 처음 대면했고, 윌버포스는 그녀의 외모와 재치 있는 말솜씨에 빠져 버렸다. 윌버포스의 묘사에 의하면 바버라는 "매력적인 얼굴과 영감 있는 눈을 가졌고" 무엇보다 신앙과 가치관이 일치했다. 이날의 일기를 보면 윌버포스는 바버라에게 깊은 인상을 받았는지, "스푸너 양 때문에 기뻤다"라고 쓰고 굵은 밑줄을 그었다.[7] 그리고 부활절이던 그 주 일요일 예배 때는 설교 시간 내내 바버라를 생각하는 자신을 발견하고 놀랐다.

바버라에 대한 마음이 커지던 4월 17일 월요일, 포츠머스 항구에 정박한 해군 함대 반란 사건이 일어났다. 프랑스와의 전쟁 중에 일어났기에 상당히 심각한 사안이라 런던 정치계는 비상이 걸렸다. 평상시의 그라면 당장 국회로 달려갔겠지만 윌버포스는 계속 바스에 머물기로 했다. 지금이 자기 인생에서 다시 오지 않을 기회라고 느꼈기 때문이다. 대신 그는 전쟁부 장관 윈덤에게 정부의 조치를 묻고, 피트에게는 찰스 미들턴 제독을 파견하면 어떻겠냐고 조언하기도 했다.[8] 급하게 조처를 취한 윌버포스는 바버라를 만났고 수요일에는 바스에 있는 유명 사교 장

1797년 윌버포스와 결혼할 당시 바버라 스푸너.

소인 펌프 룸에서 그녀와 데이트를 했다. 요크셔 하원의원이 젊은 여성과 무도회장에서 춤을 추는 모습은 사람들의 관심을 끌었고 여러 추측을 만들어 냈지만 그는 신경 쓰지 않았다.

그의 결혼을 적극적으로 지지했던 헨리 손턴과 해너 모어가 너무 성급하다고 느낄 정도로 바버라를 향한 윌버포스의 마음은 급격히 커졌다. 그는 친구들의 조언을 받아들여 며칠을 참았지만 결국 바버라를 만난 지 8일 만에 청혼 편지를 보내고야 말았다. 편지를 보내자마자 윌버포스는 너무 성급했다는 후회가 올라와 온종일 조급증 환자처럼 집 안을 맴돌았다. 밤늦게 하인을 보내 편지를 회수하려던 차에 바버라로부터 승낙의 편지가 도착했다. 기쁨의 함성을 지른 윌버포스는 그제야 잠자리에 들 수 있었지만 너무도 흥분되어 거의 뜬눈으로 밤을 지새웠다. 다음 날 윌버포스는 손턴과 밀너에게 바스로 와달라고 했고, 그들은 단번에 달려와 윌버포스를 축하해 주었다. 윌버포스는 친구들 앞에서 쉴 새 없이 약혼자 칭찬을 했고, 신혼이었던 손턴은 "윌버포스가 바버라에 대해 계속 이야기할 수 있도록" 자신의 아

내 이야기를 꺼내지 않는 우정을 보여 주었다.[9]

월버포스가 사랑에 빠져 있는 동안 피트는 그에게 와달라고 편지를 거듭 보냈고, 월버포스는 바버라가 자신의 마음을 받아 주자 런던으로 가기로 했다. 월버포스는 반란 문제로 공격을 받는 피트에게 여러 실질적인 조언을 했고 의회 토론에서 피트를 옹호하는 강력한 메시지를 담은 연설을 했다. 어느 정도 상황이 마무리되자 그는 5월 29일 다시 바스로 돌아왔고, 바로 다음 날인 30일에 바버라와 결혼식을 올렸다. 이때가 두 사람이 만난 지 6주밖에 안 된 시점이었는데 급박한 정치 상황이 아니었으면 더 빨리 결혼했을 것이다.

많은 커플이 그렇듯 모든 조건이 완벽하지는 않았다. 나이 차이도 상당했고 세속적 눈으로 보았을 때 가문의 지위도 차이가 컸다. 헨리 손턴은 친구가 아까웠는지 "바버라는 가진 재산이 5천 파운드밖에 안 되고 … 그녀의 아버지는 딸린 식구가 많네. 그 사람은 요즘 사업이 좀 잘나가는 상인이자 시골 은행가일 뿐이지"라며 "이 결합은 흔히 세상이 말하는 잘 이뤄진 결합은 아니네"라고 평가했다.[10] 또한 바버라는 조용하고 가정적이었으며 소심한 편이었는데 이를 사교성이 떨어진다고 보는 이들도 있었다. 클래팜 마을에서 월버포스 집을 들락거렸던 마리앤 손턴은 어릴 적 함께한 바버라와의 추억을 소중히 여기면서도 그녀가 시야가 좁고 상식이 부족했으며 무엇보다 남편에 대한 소유욕이 지나치게 강했다고 회고했다.[11] 월버포스와 친분이 있던 하원의원 로버트 스미스Robert Smith, Baron Carrington는 "결혼 후 한 감리교도가 그(월버포스)를 완전히 가둬 버렸네. … 그래서 그가 나를

해너 모어(1745-1833)의 초상화.

회심시키기를 포기한 것 같네"라고 냉소적으로 말하기도 했다.◆

　　그럼에도 당사자인 윌버포스는 바버라를 매우 이상적인 신부로 여겼다. 신혼 초에 친구에게 보낸 편지에서 그는 아내를 다음과 같이 평가했다. "그녀는 어지러운 군중 속에서 되도록 오래 물러나고 싶어 하며 자신의 마음을 지키고 동료의 행복을 증진하는 데 자신을 사용하고자 하네. 나는 정말 그런 여성이 있을 거라고 생각을 못했네. 우리는 친밀감, 관심사, 추구하는 바가 완전히 일치하는 것 같아."**12**

　　윌버포스와 바버라는 무엇보다 삶의 지향점이 비슷했다. 바버라는 화려한 옷차림을 할 줄 모르고 사교성이 없을지 몰라도 윌버포스가 중요하게 생각한 종교성과 박애주의를 겸비한 사람이었다. 윌버포스 부부는 나흘간 짧은 허니문을 보낸 후 모어 자매가 빈민을 돌보는 카우슬립 그린을 방문했다. 당대의 유명한 여류 소설가이자 박애주의 운동가였던 해너 모어는 바버라와 함

◆　　'감리교도'는 바버라를 광신자라고 비꼬는 말이다. Pollock, *Wilberforce*, 161.

께 있는 윌버포스를 보고 "이렇게 열정적으로 사랑에 빠진 불쌍하고 정직한 신사는 본 적이 없다"라고 말하기도 했다.[13] 바버라는 이 여행에서 빈민 아이들과 매우 가까워졌고 이후로도 카우슬립의 빈민가를 여러 번 방문했다. 이는 이 부부가 평생 무엇을 소중하게 여기며 살아갈지 보여 주는 하나의 본보기였다.

윌버포스는 바버라가 성격이 매우 꼼꼼해서 자신의 건강을 잘 챙겨줬다고 말하곤 했지만 실제로 결혼 생활 동안 그가 바버라를 돌보는 경우가 더 많았다. 결혼 후 3년이 지났을 때 바버라는 장티푸스로 죽을 뻔했는데, 이후 윌버포스는 그녀의 건강을 계속 신경 써야 했다. 윌버포스는 바버라에게 더 집중하고, 태어날 아이들과 더 많은 시간을 보내기 위해 국회와 적절한 거리에 있으면서도 어느 정도 한적한 곳으로 이사할 필요성을 느꼈다. 또 가까운 곳에서 친구들과 또래 아이들을 키우며 공동 육아를 할 수 있으면 좋겠다고 생각했다. 그곳이 바로 클래팜이었다.

클래팜 공동체의 시작

윌버포스는 원래 윔블던에 집이 있었고 의사당 바로 앞 팰리스 야드에도 회기 중 바쁠 때 이용하는 숙소가 있었다. 그러다가 1792년부터 클래팜 마을에 살게 되었고, 결혼할 당시에는 동창 엘리엇의 집인 브룸필드를 빌려서 살고 있었다. 1797년 아내와 사별하고 몸과 마음이 약해졌던 엘리엇이 결국 병으로 죽자 신혼 4개월 차였던 윌버포스 부부는 아예 그 집을 사기로 했고 이후 10년간 머물게 되었다. 이 기간에 윌버포스와 정치적 뜻을 같이하고 신앙을 공유하는 동료 정치인들이 클래팜에 이주해 같이 살게 되면서 '클래팜파'Clapham Sect의 역사가 시작되었다.

18세기 말-19세기 초 노예무역과 노예제 폐지를 주도한 영국 복음주의 정치가들을 지칭하는 용어 '클래팜파'는 실상 대부분의 멤버가 죽은 뒤 만들어졌다. 식민지부 차관이자 클래팜에서 어린 시절을 보냈던 제임스 스티븐James Stephen은 1844년 〈에든버러 리뷰〉에 투고를 했는데, 윌버포스와 함께 노예무역 폐지를 이끌었던 자신과 이름이 같은 아버지 제임스 스티븐과 그의 동료를 기념하는 글이었다. 이 글에서 스티븐은 클래팜의 비판자였던 시드니 스미스가 이들을 '클래팜파'로 불렀다고 썼는데 이는 잘못된 기억이었다. 실제로 스미스는 윌버포스와 친구들을 '클래팜 교회'the Clapham church라고 불렀다. 그러나 〈에든버러 리뷰〉의 편집자는 이 짧고 강렬한 용어가 맘에 들어 그대로 제목으로 사용했다.[14] 당대를 대표하던 정치 저널에 실린 이 글을 읽은 사람들은 '클래팜파'가 한 세대 전에 영국에 존재했던 독특한 복음주의 정치가 집단의 이름으로 적절하다고 느꼈다. 이후 이들은 지금까지 그 이름으로 기억되고 있다.

윌버포스가 클래팜에 살았던 것은 1792년부터지만 그가 이사를 오기 전부터 실질적으로 클래팜파로 볼 수 있는 무리가 존재했다. 또한 그가 클래팜을 떠난 1806년 이후로도 이 관계는 유지되었기 때문에 클래팜파는 꼭 특정 지역에 얽매이는 개념은 아니다. 그럼에도 윌버포스가 결혼해서 가족과 머물렀던 1797년부터 1808년까지 이곳에서 같이 살았던 사람들이 일반적으로 클래팜파의 주축이라 여겨진다.

손턴 가문

클래팜은 국회가 있는 웨스트민스터에서 남서쪽으로 약 5킬로미터 떨어진 지역으로 런던의 명사들이 많이 살던 지역이었다. 이곳에 먼저 자리를 잡은 사람은 당대의 손꼽히는 부유한 상인이자 복음주의자로 유명했던 존 손턴(John Thornton, 1720-1790)이었다. 본래 손턴 가문은 런던으로 오기 전 윌버포스의 고향 헐에 자리 잡고 있었고, 발트해 및 러시아와의 무역으로 부를 축적했다는 점에서 윌버포스 가문과 연결 지점이 있었다. 앞에서 서술했듯이 윌버포스의 큰아버지 윌리엄이 존 손턴의 누이 해너와 결혼한 것은 윌버포스의 어린 시절 종교성에 큰 영향을 끼쳤다. 윌버포스는 어렸을 때 큰아버지 집에서 존 손턴의 아들 헨리를 만난 적이 있었고 둘은 한동안 꽤 친하게 지냈다.

1790년에 존 손턴이 죽고 헨리는 막대한 유산을 물려받았

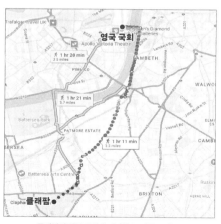

클래팜과 영국 국회의 거리를 보여 주는 지도.
클래팜은 국회에서 남쪽으로 1시간 정도 걸어가면 도착하는 곳이다.

월버포스의 어린 시절 친구인 헨리 손턴(1760-1815)의 초상화.

는데 금융업 분야에서 경력을 쌓아 재산을 불렸다. 그는 다운 앤드 프리Down & Free라는 신규 은행에 공동투자자로 참가했는데 대부분의 은행이 자금 보관 비용을 받던 시절에 예금계좌에 이자를 지급하는 혁신을 일으켜 손님을 끌어모았다. 얼마 안 가 이 작은 은행은 영국에서 가장 큰 규모의 은행이 되었고, 이름도 다운, 손튼 앤드 프리Down, Thornton & Free로 변경되었다.[15] 나이가 든 뒤 손턴은 훌륭한 은행가가 될 수 있었던 비법을 자녀들에게 이야기했는데 그것은 "약간의 상식, 꾸준한 참여, 과하거나 비굴하지 않은 자유와 친절의 정신, 그리고 정확한 성실성"이었다.[16]

1782년 헨리는 헐의 국회의원이었던 윌리엄 위들이 죽자 월버포스와 더불어 보궐선거에 나서려 했으나 이 지역은 유권자의 표를 돈으로 사는 관행이 일반적인 곳이어서 중도에 선거를 포기하였다. 자신이 가진 재산을 생각하면 그리 어려운 일이 아님에도 그는 신념을 지키려 했고, 매표 행위가 관행이 아니었던 도시 지역구 서더크Southwalk의 의석에 도전하였다. 기반도 없는 정치인이 찾아와 신념을 지키려 어려운 싸움을 하는 모습은 유권자에게 신선하게 다가왔고 결국 일반적 예상을 뒤엎고 그는 가장 많은 표를 받았다. 당시 많은 정치인이 대귀족 가문이나 거물급 정치인의 후원을 받아 당선되었고 그 대가로 하원에서 정파적 이해관계에 따라 투표를 하였다. 하지만 헨리가 이런 정치인이 되지 않기 위해 내린 선택과 도전은 이후 그의 도덕적 자산이 되었다.

1785년, 헨리 손턴은 어렸을 때 친하게 지냈던 윌버포스를 다시 만나게 되었다. 윌버포스는 이때 회심한 직후였고 복음주의 국교도 성직자이자 《성경전서 주석》A Commentary on the Whole Bible 의 작가로 유명한 토머스 스콧Thomas Scott 목사가 시무하는 교회를 다니고 있었다. 헨리도 윌버포스를 따라 이 교회를 다니면서 한동안 잊었던 열정을 되찾게 되었다. 헨리는 이른바 '모태신앙인'이었지만 이때쯤 자신이 유명한 복음주의자였던 아버지를 위해 오랫동안 형식적인 종교 생활을 해온 것을 자각하고 있었다. 그것은 차지도 뜨겁지도 않은 익숙한 습관에 가까웠다. 그러나 윌버포스를 만나면서 그는 이전의 뜨거움이 되살아나는 것을 느꼈고 종교적 신념을 입법 활동으로 실천하는 그에게서 영감을 받게 되었다.

헨리 손턴은 윌버포스를 따라 자신이 가진 부를 사회 약자를 위해 사용하기 시작했다. 그는 당시 영국에서 손꼽히는 부자로 알려졌는데 사실 기부 측면에서도 손꼽히는 인물이었을 것이다. 그는 결혼 전인 1794년 한 해에만 구제를 위해 3,750파운드(대략 6억 원)를 지출했다. 결혼 후에도 매년 수입의 3분의 1 정도를 자선단체에 기부했다.

종교적 신념에 따라 사는 기독교인으로 구성된 공동체를 클래팜에 만들고자 했던 사람도 헨리였다. 그는 아버지로부터 클래팜 마을의 배터시 라이즈Battersea Rise라는 집을 물려받았는데 공동체를 만들고자 총 34개의 침실이 있는 집으로 개축했다. 이곳의 오벌 라이브러리Oval Library는 피트가 설계한 것으로 유명한데 나중에 클래팜파 멤버들이 '내각회의'로 불렀던 회의 장소가 되었다. 손턴은 자기 집 근처에 집 두 채를 더 지어 복음주의 신앙을 공유한 친구인 찰스 그랜트(Charles Grant, 1746-1823)에게 글레넬그Glenelg를, 엘리엇에게는 브룸필드Broomfield를 분양하였다.

클래팜이라는 특정 장소에 공동체를 설계한 사람은 헨리 손턴이었지만 네트워크의 핵심은 윌버포스가 분명했다. 손턴은 "그를 통해 나는 소중한 동료이자 친구인 바빙턴, 기즈번과 그들의 훌륭한 가족, 텐머스 경(존 쇼어)과 그의 가족, 해너 모어와 그녀의 자매들, 스티븐 씨와 몇몇 존경할 만한 국회의원들을 소개받을 수 있었다"라며 윌버포스가 당대 복음주의 정치인들을 연결하는 자임을 밝혔다.[17] 1793년 손턴이 쓴 편지를 보면 이때부터 윌버포스를 중심으로 공동의 목표를 가진 정치 조직을 만들 생각을 한 것을 알 수 있다. "저는 우리 클래팜 시스템에서 좋은 결과가 나오기를 희망합니다. 윌버포스는 등잔 밑에 숨겨서는 안 되는 촛불입니다. 그가 나누는 대화의 영향력은 위대하고 놀랍습니다."[18]

그랜트 가문

그랜트는 글레넬그에 살게 되었는데 그의 아버지는 1746년 자코바이트Jacobites의 난에 가담한 반란군의 후손이었다. 명예혁명으로 쫓겨난 스튜어트 왕가를 복귀하려는 자코바이트와 정부 군 사이에 벌어진 컬로든 전투에서 아버지는 전사했고, 그는 아버지가 죽은 그날 태어났다. 아버지와 달리 찰스 그랜트는 잉글랜드와 스코틀랜드의 결합으로 탄생한 연합왕국에서 자신의 운명을 개척할 기회를 발견했다. 그는 인생을 개척하기 위해 인도로 가서 군 복무를 했고, 전역 이후에 그곳에서 사업을 하여 어느 정도 성공을 거두었다. 본래 그랜트는 기독교 신앙과 관련 없는 삶을 살았고 재산을 모으는 것에 인생의 우선순위를 둔 사람이었다. 실제로 목적을 이룬 뒤에는 도박에 빠져 한때 2만 파운드가 넘는 빚을 지기도 했다.[19]

1776년 그는 태어난 지 9일 만에 자녀가 천연두로 죽는 아픔을 겪었고 이 슬픔을 이겨내기 위해 캘커타에 있던 교회를 자발적으로 찾아갔다. 여기서 스웨덴 출신 루터교 선교사 요한 키어란더 Johann Kiernander를 만나 자신이 겪는 고통의 이유를 물었으나 만족할 만한 해답을 찾지 못했다. 그는 포기하지 않고 계속해서 답을 찾았고 결국 성경이 주는 위로를 받아들이게 되었다.[20]

인도 선교에 힘을 쏟은 찰스 그랜트(1746-1823)의 초상화.

1786년 그리스도인이 된 그랜트는 인도 아이들을 위한 고아원을 벵골에 세우고 본격적으로 선교를 시작하려 했지만 동인도회사의 강한 반대에 부딪혔다. 동인도회사는 그동안 현지인의 반발을 우려해 인도에서 선교 활동을 허락하지 않는 정책을 펴왔던 것이다. 그랜트는 복음주의자가 된 요크셔의 젊은 하원의원 윌버포스의 이야기를 들었고 그에게 도움을 요청하는 편지를 보냈다. 동인도회사의 선교 금지 정책은 본국에서도 문제가 되었기 때문에 윌버포스는 피트에게 의회에서 이 문제를 다뤄 달라고 요청했다. 하지만 피트는 수상으로서 동인도회사와 충돌하기를 꺼렸고 결과적으로 윌버포스의 로비는 실패하였다.

하지만 이 사건을 계기로 그랜트는 윌버포스와 친분을 쌓게 되었다. 인도 선교 문제에 진척이 없자 그랜트는 1790년에 가족을 데리고 영국으로 돌아왔고 곧 윌버포스와 동료들의 일원으로 받아들여졌다. 헨리 손턴은 머물 곳을 찾는 그에게 글레넬그 저택을 제안했다. 그랜트는 이후 클래팜의 새로운 동료들과 인도에서 선교가 허용되도록 20년 동안 노력하게 된다.

벤 가문

클래팜의 또 다른 주요 구성원으로 벤 가족이 있었다. 헨리 벤(Henry Venn, 1725-1797)은 1754년부터 1759년까지 클래팜 교구 목사로 시무한 적이 있었다. 1754년 그는 윌리엄 로William Law의 《경건하고 거룩한 삶을 향한 진지한 부름》*A Serious Call to a Devout and Holy Life of Wilberforce*을 읽고 전적으로 기독교를 받아들이게 되었는데 이 책은 존 웨슬리도 소중하게 여긴 책이었다. 벤은 성직자였지만 형식주의에 빠져 거룩하지 않은 삶을 살았던 것을 회개하고 좀더 열성적인 신앙인이 되려 했다. 그는 클래팜의 목사로 근무하는 동안 성직자가 없는 주변의 여러 교회를 정기적으로 방문하여 설교하였다.

당시 클래팜은 런던 시내에서 가깝고 명문 사립 학교들이 근처에 있어 부유하고 명망 있는 신도들이 많이 사는 곳이었다. 신도 중에는 교구 목사 헨리 벤이 지나치게 복음주의에 경도되어 예배를 시끄럽고 무질서하게 만들었다고 비판하는 사람들도 있었다. 결국 교구민들과의 갈등 속에 그는 사실상 해고되어 허더스필드로 사역지를 옮겨야 했다. 그러나 산업혁명의 여파로 공장이 생기고 노동자가 늘어나던 이 도시에서 벤 가족은 이전과 달리 환영받았다. 산업 발전의 그늘이 짙었던 이 도시의 가난한 노동자들은 벤의 열성적인 설교에 반응했다. 그는 노동자들이 교회에 오지 못하면 그들의 일터로 직접 찾아가 '야외 설교'를 했고, 어린아이들이 예배에 찾아오자 그들을 대상으로 수준

클래팜의 목회자였던 헨리 벤(1725-1797).

에 맞는 설교를 해서 인기를 끌었다. 허더스필드 교회는 신도가 3천 명을 넘었고, 일요일이면 사람들이 교회 문 앞에 서서 기다리고 있을 정도로 성장했다.

존 벤(John Venn, 1759-1813)은 아버지가 클래팜에 있을 때 태어났고, 윌버포스보다 5년 뒤에 케임브리지 대학 시드니 서섹스 칼리지에 입학했다. 여러 번 유급도 했던 그는 여기서 헨리 손턴과 찰스 시미언Charles Simeon 같은 미래의 클래팜 멤버들을 만났다. 어렸을 때부터 아버지 같은 설교자가 되겠다고 말했던 존은 졸업 후 국교회 성직자가 되었다. 친구 헨리 손턴은 벤이 "문제의 어두운 면에 지나치게 집중한다"라고 말하곤 했는데 존의 어머니도 우울증을 앓았고 다른 친구들도 비슷한 묘사를 한 것으로 보아 같은 증상에 시달린 듯하다.[21] 그럼에도 이 정신적 어려움으로 그는 내면을 깊이 성찰하게 되었다. 그의 설교는 깊이를 더했고 영혼의 침체를 겪던 사람들에게 위로를 주었다.

1792년 클래팜 교구 목회자 자리가 비게 되었다. 이 교회의 목사직은 존 손턴이 후원하였기 때문에 1790년에 그가 죽은 후로는 그의 아들인 헨리 손턴의 의중이 중요했다. 시미언은 친구인 헨리에게 존 벤을 이 자리에 추천하였다. 그러나 존 벤은 어렸을 때 아버지가 신도들과 갈등을 빚고 클래팜을 떠났던 기억 때문에 그곳으로 가기를 꺼렸다. 또한 자신도 클래팜 지역의 부유한 교인들을 감당할 자신이 없다고 느꼈다.[22] 이때 아버지 헨리가 존에게 편지를 보냈다. 그는 34년 전 비슷한 이유로 클래팜을 떠났던 자신의 결정을 후회하면서 아들에게 똑같은 잘못을 저지르지 말라고 설득하였다. 그리하여 1794년 존 벤은 가족을 데리고 클래팜에 오게 된다.

1792년부터 1813년에 사망할 때까지 존 벤은 클래팜의 홀리 트리니티 교회 담임목사로 일했다. 클래팜의 정치가들은 그의 교회에 출석하면서 같은 색깔의 신앙을 유지했다.[23] 존 벤은 또한 반노예제 운동의 지도자였고 대표적인 복음주의자였다. 그는 1797년 세워진 국교회 선교단체 '교회선교협회'Church Missionary Society의 공동 설립자이기도 하다. 이 협회는 1804년 처음 선교사를 보냈고 1829년부터 의료 선교사를 파송한 이래 지금까지 활발히 활동하고 있다. 참고로 존 벤의 손자는 이름이 같은 존 벤인데 중·고등학교 수학 교과서에 나오는 벤 다이어그램을 고안한 인물이다. 이렇게 1790년대 후반에 그랜트, 손턴, 윌버포스, 벤 가족은 클래팜에 자리잡게 되었다.

클래팜파의 확대

클래팜파 멤버는 계속 확대되었다. 존 쇼어(John Shore, 1751-1834)는 17세 때 동인도회사 서기로 인도에서 일하기 시작해 1793년에 인도 총독에 오르고 텐머스 경Lord Teignmouth이 된 입지전적 인물이었다. 그는 인도에서 세입 조사관으로 일하면서 공정한 세금 관리와 뛰어난 재정관리로 신망을 얻었고 1786년에는 동인도회사 이사가 되었다. 1793년 벵골 총독이 되어 1798년까지 임무를 수행한 후 쇼어는 다시 영국으로 돌아왔다. 그는 인도에 있을 때 자기와 비슷한 시기에 복음주의자가 된 찰스 그랜트를 만나 친구가 되었는데, 영국에 온 후 그의 권유로 클래팜에 정착했다. 그는 이곳의 환경과 이웃에 만족했고, 그 뒤로 항상 사

해외 선교에 열심이었던 존 쇼어(텐머스 경, 1751-1834).

람들에게 "집을 구하기 전에 먼저 이웃을 구하라"고 말하곤 했다.[24] 쇼어는 1802년부터 1808년까지 클래펌에 거주했다.

클래펌 멤버 중에서 해외 선교에 가장 열심이었던 쇼어는 윌버포스, 그랜트와 함께 동인도회사가 인도에서 선교 활동을 허가하도록 의회에 압박을 가했다. 이 과정에서 동인도회사의 인가장 갱신 조건으로 인도 선교 허용을 제시하는 전략을 세운 것도 그였다. 쇼어는 더 나아가 전 세계의 다양한 언어를 사용하는 민족에게 성경을 전파하려는 목표를 세웠다. 후술할 것처럼 1804년에 '영국과 해외 성서공회'British and Foreign Bible Society가 설립되었는데 그는 초대 회장으로 선출되어 협회의 기초를 닦았다.

1802년에는 제임스 스티븐(James Stephen, 1758-1832) 가족이 클래펌에 자리 잡았다. 그는 어렸을 때 아버지가 큰 빚을 져 파산하여 온 가족이 채무자 감옥에 산 적도 있었다. 당시 수감자는 가족을 데리고 살 수 있었기 때문이다. 명석했던 그는 10대 때부터 신문 기자로 일하여 돈을 벌어 가며 법학을 공부했다. 1775년에는 법조인 양성 기관인 링컨스 인Lincoln's Inn◆에 입학했고 7년 뒤에는 변호사 자격을 얻었다. 그는 좀더 고위직 법률가가 되기 위해 애버딘의 마리샬 칼리지에서 학위를 받으려 공부했지만 비싼 학비를 감당하지 못하고 결국 학업을 중단해야 했다. 이에 그는 운명을 개척하기 위해 서인도제도로 이주하였다.

사실 그가 갑작스럽게 해외로 간 것은 여러 스캔들에서 도망친 측면이 있었다. 스티븐은 젊은 시절 엄청난 바람둥이였다. 이미 약혼자가 있었던 낸시라는 여인과 사귀면서 파혼까지 시켰지만, 곧 그녀의 친구 마리아에게 마음을 빼앗겼고 결국 마리아를 임신시켰다. 스티븐은 마지막까지 낸시와 마리아 사이에서 갈팡질팡하는 모습을 보였는데 이 와중에 다른 여성을 잠시 사귀기도 했다. 이런 스티븐을 보면서도 끝까지 곁을 지켰던 것은 낸시였다. 스티븐은 결국 그녀와 결혼하였지만 이를 다른 사람에게는 비밀로 하고 홀로 서인도제도로 향하는 배를 탔다.[25] 스티븐은 후에 회고록을 썼고 젊은 날의 과오를 상당히 솔직하고 적나라하게 묘사한 바 있다. 그의 명성에 흠이 될 것을 우려한 후손들이 회고록 출판을 꺼렸지만 1954년 스티븐의 증손녀 멜 베빙턴Merle Bevington이 이를 출판함으로써 세상에 알려지게 되었다.

서인도제도에 온 스티븐은 세인트 키츠에 정착했다. 본국에서 온 변호사는 이곳에서 인기가 많았다. 그는 여기서 열심히

◆　잉글랜드와 웨일스의 변호사 협회 가운데 하나이다. 런던에는 미들 템플, 이너 템플, 그레이스 인, 링컨스 인, 이렇게 4개의 변호사 협회가 있다. 대략 15세기 무렵 세워진 이 협회들은 단순한 협회를 넘어 교육 기능이 있어서 예비 변호사는 이곳에서 일정 기간의 수련을 받고 변호사 자격을 취득하게 된다.

윌버포스의 처남이자 든든한 조력자였던 제임스 스티븐.

돈을 벌어 언젠가 다시 돌아갈 날을 꿈꾸었다. 그러던 어느 날 스티븐은 바베이도스의 법원에 출장을 갔다가 살인 혐의로 흑인 4명이 재판받는 것을 목격하고 큰 충격을 받았다. 재판은 완전히 엉터리였다. 검사가 기소를 한 것도 아닌데 재판이 열렸고, 배심원도, 변호인도 없었다. 한 소녀가 이들에게 불리한 증언을 하였지만 이 유일한 증언을 지지하는 증거는 없었다. 결국 흑인들은 화형을 선고받았는데 그중 2명은 주인이 개입하여 혐의를 풀고 석방되었다. 그러나 동일한 혐의로 재판을 받았는데도 나머지 2명은 그대로 화형을 당했다. 스티븐은 집에 돌아와 며칠을 고민한 끝에 노예제를 없애는 데 나서야겠다고 결심을 했다.

그는 1789년에 런던을 방문하여 윌버포스를 만났고 이 혐오스러운 제도를 폐지하는 일에 동참하겠다고 말했다. 그는 이때부터 윌버포스에게 노예무역과 노예제에 대한 정보를 수집해서 제공하였다. 이렇게 과거에 허비한 시간을 뒤로하고 새로운

1797 —— 1808

삶을 살기로 하자 누구보다 반겼던 것은 방황하는 남편 곁을 지키던 아내였다. 그러나 낸시는 스티븐의 새로운 삶을 보지 못하고 출산 후유증으로 갑작스럽게 죽어 버렸다. 스티븐은 큰 슬픔 속에서 과오를 회개하고 신이 준 사명에 더욱 헌신하게 되었다.

영국에 돌아온 스티븐은 노예무역 폐지 활동에 더욱 열심을 내었고 1797년 무렵 윌버포스의 제안으로 클래팜으로 주거지를 옮긴다. 두 사람은 서로 가까운 곳에 거주하면서 더 효율적으로 일할 수 있었다. 윌버포스 집에 자주 들락거리던 스티븐은 비슷한 시기에 남편을 잃고 동생 집에 머물던 윌버포스의 누이 사라를 만나게 되었다. 처지가 비슷했던 두 사람은 서로 의지하다가 사랑에 빠지게 되었고 몇 년간 교제하다가 1800년에 결혼했다. 윌버포스와 가족이 된 스티븐은 그의 의회 활동에 가장 든든한 조력자로 활동했으며 1806년에는 영국 선박이 다른 유럽 국가의 식민지로 노예를 운송하는 것을 금지하는 법안의 초안을 작성하기도 했다. 이 법률의 통과로 영국 노예무역이 3분의 1 정도 줄어드는 효과가 있었다고 평가된다.

클래팜 밖의 클래팜 멤버들

클래팜에 살지는 않았으나 정기적으로 방문해 깊은 유대를 가졌던 멤버들도 있었다. 케임브리지는 클래팜파의 중요한 연결 고리 중 하나였다. 클래팜파의 다수가 케임브리지 대학 출신이었고 또 일부는 계속 케임브리지에 살았다. 윌버포스의 종교적 멘토 역할을 한 아이작 밀너는 1784년 윌버포스와 함께했던 대륙 여행에서 돌아온 후 4년이 지나 케임브리지 대학 퀸즈 칼리

지의 학장이 되었다. 그는 재임하는 동안 이곳을 "복음주의 초심자의 요람"으로 만들려 노력했다.[26]

월버포스의 친구였던 찰스 시미언은 케임브리지 시내에 있는 홀리 트리니티 교회의 목사로 시무하며 신앙과 학문의 조화를 추구하는 설교로 대학생들에게 영향을 끼쳤고, 국교회 내에 복음주의 진영을 대표하는 인물이 되었다. 또한 이미 여러 번 언급된 토머스 클락슨, 토머스 바빙턴, 토머스 기즈번도 모두 월버포스의 케임브리지 동창으로서 평생 노예무역 폐지 운동을 함께했다.

클래팜에 살지 않았지만 핵심 인물 가운데 하나로 평가되는 재커리 머콜리Zachary Macaulay는 토머스 바빙턴의 처남이었다. 바빙턴은 스코틀랜드 장로교 목사의 딸인 진 머콜리와 결혼했는데 진의 동생이 재커리였다. 재커리 머콜리는 9세 때 사고로 오른팔을 한동안 쓰지 못하게 되었는데, 이 기간에 집에서 그리스어, 라틴어, 영문학을 독학으로 배웠다. 명석했던 그였지만 학업을 중단하면서 또래 친구를 사귀지 못하였고 청소년기에는 불량

아이작 밀너가 "복음주의 초심자의 요람"으로 만들고자 했던 케임브리지 대학 퀸즈 칼리지 전경.

클래팜파의 핵심 인물 가운데 한 명인 재커리 머콜리.

한 무리와 어울리며 음주에 빠져 살았다. 그는 10대 시절 한 상점에서 일을 배우기 시작했지만 불미스러운 '어떤 사건'으로 해고를 당했다.[27] 그가 회고록에서 이 사건을 살짝 언급하고 넘어가기 때문에 구체적인 내용은 알 수 없지만 기억조차 하기 싫은 사건이었던 것은 분명했다.

16세에 이미 실패자로 낙인찍힌 그는 운명을 개척하고자 서인도제도로 갔다. 그곳의 어느 플랜테이션 농장에서 일을 시작했는데 멋모르고 시작한 그 일은 노예들을 현장에서 직접 다루는 관리직 역할이었다. 그는 노예들이 겪고 있는 참상을 직접 목격하고 무척 놀랐으나 얼마 지나지 않아 그들에게 채찍을 휘두르는 자신을 보면서 얼마나 빨리 자신이 악마화되는지 충격을 받았다.

머콜리는 양심의 가책으로 결국 일을 그만두고 1789년 영국으로 돌아와 누나 집에 머물게 되었다. 이곳에 머무는 중에 그는 지난날의 잘못을 뉘우치고 누나와 매형의 신앙을 받아들였으며, 또한 바빙턴이 추진하고 있는 노예무역 폐지 운동에 자신이 할 수 있는 일이 있다면 동참할 뜻을 밝혔다. 바빙턴은 그를 윌버포스에게 소개했고 서인도제도 현장의 생생한 증언과 증거가 필요했던 윌버포스에게 머콜리는 큰 도움이 되었다. 머콜리는 클래팜파가 해방 노예들의 정착지를 시에라리온에 개척하는 회사를 설립하려 하자 적극 참여하였고, 1794년부터 1799년까지는 그곳의 총독으로서 직접 아프리카에 가서 근무하기도 했다. 그는 대중 교육의 확대에 관심이 많아서 영국과 해외 성서공회를 통해 성경을 보급하는 일에 깊이 관여했고, 나중에는 런던 대학의 창시자 가운데 한 명이 되었다.

지금까지 살펴보았듯 윌버포스와 함께 클래팜파를 이루었던 주요 멤버들은 윌버포스와 손턴 정도를 제외하면 대부분 어려운 환경에서 자랐다. 집안 몰락 혹은 가난 때문에 교육을 제대로 못 받는 등 혹독한 시련을 겪기도 했지만 굳은 의지와 노력으로 자신의 운명을 개척했다는 공통점이 있다. 또한 젊은 시절 신앙에서 멀어졌다가 개인적 아픔을 겪고 신앙을 되찾은 뒤 노예무역 폐지라는 시대적 사명에 헌신했다는 점에서도 비슷한 인생 여정을 걸었다. 조상과 부모에게서 물려받은 지위나 부를 가진 사람들이 정치를 하고 사회 지도층이 되는 것이 당연했던 시대에 이들은 신앙과 전문성으로 그 자리에 올라갈 수 있음을 보여 주었다. 이들은 오랜 시간 같은 공간에 모여 살면서 종교, 정치, 교육 등에서 비슷한 가치관을 공유했고 영국 정계에 존재하지 않았던 새로운 정치 집단이 되었다. 이들이 공동체로서 가졌던 특징이 무엇인지 다음 장에서 자세히 살펴보겠다.

9

클래팜의 유산

1797—19세기 초

어렸을 때 친했던 친구라도 몇십 년이 넘도록 친밀한 관계를 유지하기란 쉽지 않을 것이다. 사람은 생각이 바뀌기 마련이고 또 살다 보면 이해관계도 충돌하게 된다. 그런 점에서 영국 근대 정치사에서 중요한 획을 그었던 인물들이 한 장소에 10년 이상 모여 살며 공동체를 이룬 점, 그 후로도 오랫동안 같은 신앙과 가치관을 공유한 점, 서로 협력하며 각종 개혁을 해낸 점은 상당히 독특한 사례다. 후대가 '클래팜 사람들'Claphamites이라 불렀던 이들은 어떤 가치관을 공유했을까? 이 공동체가 남긴 유산은 무엇이었을까?

복음주의 정치인

클래팜파의 특징 중 하나는 복음주의 색채를 지닌 기독교인들이라는 점이다. 근대 교회사 연구자 데이비드 베빙턴David Bebbington은 근대 복음주의의 특징으로 회심주의, 성서주의, 십자가 중심주의, 실천주의를 제시한 바 있다.◆ 클래팜파는 이 네 가지 특징이 가장 잘 나타난 집단이었다. 이들은 대부분 20대 때 '진정한' 그리스도인이 되는 경험을 했고, 그리스도의 십자가에 대한 성경의 가르침에 신앙생활의 기초를 두었으며, 그것과 도덕적 행위가 분리된 것이 사회 도덕을 흔든다는 문제의식을 공유했다. 종교와 생활의 일치를 추구하는 실천적 기독교와 공공선의 적극적 실현에 대한 공감은 이들이 오랫동안 개혁 활동을 같이한 배경이 되었다.

◆ 베빙턴이 제시한 근대 복음주의의 특징은 다음과 같다. 1) 회심주의: 개인의 삶이 복음으로 인해 변화될 필요가 있다는 믿음. 2) 실천주의: 실천을 통해 복음을 표현해야 한다는 믿음. 3) 성서주의: 종교의 최종적 권위를 성서에 의존하는 믿음. 4) 십자가 중심주의: 그리스도의 십자가 희생에 대한 강조. David Bebbington, *Evangelicalism in Modern Britain: A History from the 1730s to the 1980s* (Allen & Unwin, 1989), 35-42.

특히 1807년에 노예무역이 폐지된 이후 노예제 자체를 폐지하려는 운동이 진행될 무렵에는 이들의 자녀들이 부모를 이어 활동했다. 클래팜이 단순한 이익 공동체였으면 이렇게 오래 활동할 수 있었을지 생각해 볼 만한 지점이다. 이들은 본인들의 신앙 색채를 지키면서도 협력에 제한을 두지 않았다. 그렌빌 샤프는 개인적으로 복음주의와 거리가 있는 보수적인 고교회적 성향을 보였고 하원의원으로 반노예제 운동에 앞장섰던 윌리엄 스미스는 유니테리언◆이었지만 클래팜 멤버들과 아주 가깝게 지냈다.

이들은 윌버포스가 제시한 아젠다를 전반적으로 공유했다. 이 집단은 윌버포스의 첫 번째 정치 목표인 노예무역 폐지 운동을 20년 동안 수행했고, 이후로도 노예제도를 폐지하려는 노력을 26년간 계속하였다. 이들은 윌버포스의 두 번째 목표인 관습과 도덕 개혁을 항상 병행했는데, 구체적으로는 영국의 사회 질서를 기독교 원칙 위에 세우려 했고, 영제국에 기독교를 전파하려 했다. 전자를 위해서는 6장에서 설명한 관습과 도덕 개혁 활동을 했고, 후자를 위해서는 적극적인 선교 활동에 나섰다.

클래팜파가 세운 '교회해외선교회'Church Missionary Society가 대표적 예일 것이다. 1787년, 인도에 머물던 찰스 그랜트는 동인도회사의 반대로 선교 활동이 이뤄지지 않자 더 적극적인 해외 선교 활동을 위해 새로운 조직을 설립하자는 기획서를 윌버포스에

◆　유니테리언파Unitarianism는 삼위일체를 믿지 않는 교파로 우주의 유일한 창조자인 단일한 신을 주장한다. 예수의 가르침을 중시하며 예수가 인류를 구원했다고 보나 성부와 동등한 존재로는 믿지 않는다. 16세기 중반 폴란드, 트란실바니아에서 시작되었으며 영국에는 1774년에 첫 교회가 세워졌다. 18-19세기 지식인 사이에 유행했던 신학적 조류로 평가받는다.

게 보낸 적이 있었다.[1] 윌버포스는 존 뉴턴을 포함한 여러 성직자에게 의견을 구했지만 영국에는 이미 복음전파협회(Society for the Propa-gation of the Gospel in Foreign Parts, SPG, 1701년 설립)와 기독교지식진흥협회(Society for Promoting Christian Knowledge, SPCK, 1698년 설립)라는 선교단체가 존재하고 있어서 또 다른 단체 설립에 회의적인 의견이 많았다.

하지만 기존 단체가 감당하지 못하는 영역이 드러나면서 1799년에 이르러 존 벤에 의해 새로운 선교단체의 필요성이 주장되었다. 기존 선교단체들은 북아메리카와 서인도제도에 활동이 제한되어 있기 때문에 전 세계를 대상으로 선교하는 협회가 필요하다고 벤은 주장했다.[2] 또한 전 세계적 선교는 성직자만이 담당하기에 역부족이므로 평신도 선교사를 파송하자고 주장했다. 이는 선교 계획을 세우고, 홍보하고, 파송하는 모든 과정에 평신도가 참여하는 것을 의미했다.

1799년 4월 12일 런던에서 창립총회가 열렸다. 윌버포스는 초대 회장이 되어 달라는 제안을 받았지만 의정 활동에 집중하기 위해 사양하였으며 결국 클래팜의 교구 목사 존 벤이 회장으로서 선교회를 이끌게 되었다. 재무 이사는 헨리 손턴이었고, 윌버포스, 찰스 그랜트, 제임스 스티븐이 부회장을 맡았다.[3] 당시에는 평신도 선교사라는 개념이 생소했기 때문에 반대의 목소리도 컸고 기존 선교단체와 활동이 충돌하리라 염려하는 사람들도 있었다. 그러나 이 협회의 설립으로 선교 대상 지역이 전 세계로 확대되고 선교가 모든 신도의 의무라는 생각이 퍼진 것은 큰 변화였다.

클래팜파는 1804년 설립된 '영국과 해외 성서공회'British and Foreign Bible Society의 설립에도 적극 관여했다. 성서공회 설립 몇 년 전, 윌버포스는 메리 존스Mary Jones라는 소녀의 이야기를 듣게 되었다. 15세의 웨일스 소녀 메리는 웨일스어로 된 성경을 갖고 싶었지만 가난한 농가 처녀에게 성경은 너무 비쌌다. 그래서 6년 간 어렵게 돈을 모으고 있었는데 이 소식을 들은 어떤 성직자의 도움으로 결국 성경을 갖게 되었다. 이 이야기는 주변으로 퍼졌고 조셉 휴즈Joseph Hughes라는 목사는 더 다양한 언어로 된 더 저렴한 성경이 필요하다는 편지를 교회 지도자들에게 보냈다. 그는 다음과 같이 호소했다. "그것(성경 보급)이 웨일스를 위하는 것이라면 왜 이 나라 전체는 안 되겠습니까? 이 나라를 위하는 것이라면 왜 전 세계는 안 되겠습니까?"[4]

이 이야기는 많은 사람에게 영감을 주었고 윌버포스와 그

영국과 해외 성서공회의 창립 총회가 열린 런던 타번 본관.

의 동료들이 '영국과 해외 성서공회'의 설립을 추진하게 만들었다. 1804년 3월 7일, 뜻을 같이하는 300여 명의 지지자가 함께한 가운데 창립 총회가 열렸다. 윌버포스는 전 세계에 성경을 배포하려면 여러 교파가 협력해야 한다고 생각했다. 그래서 국교도 15명, 비국교도 15명에 외국인 6명으로 집행부가 구성되었다. 그렌빌 샤프가 만장일치로 회장이 되었고, 포티어스와 배링턴 주교가 부회장을 맡았다. 윌버포스, 그렌빌 샤프, 바빙턴, 그랜트, 머콜리, 스티븐 등 클래팜파의 주요 멤버들이 이 단체에 참여했고, 헨리 손턴이 다시 한 번 재무 이사를 맡았다.[5] 이 선교협회는 첫 프로젝트로 캐나다에 거주하는 모호크족의 언어로 성경을 번역했고, 이후 웨일스어, 게일어, 각종 인도 방언으로 성경 번역에 착수했다. 1830년, '영국과 해외 성서공회' 창립 26주년 총회 보고에 따르면 협회는 신약, 구약의 일부 번역을 포함하여 434,422권이 넘는 성경을 세계에 유포하였다.[6]

클래팜파의 종교적 열정은 선교뿐 아니라 어려운 이웃을 구제하려는 움직임으로 이어졌다. 클래팜 멤버들은 개인적으로도 구호에 힘썼지만 힘을 합쳐 더 많은 일을 했다. 1792년부터 1808년까지 이들은 영국의 지배하에 있던 아일랜드에 자선 학교를 세우는 프로젝트를 진행했다. 여기에는 농아 학교와 고아원 설립도 포함되었다. 또 런던 등 대도시의 굴뚝 청소 아동을 돕는 협회도 설립했다. 이들은 도시의 빈민 청소년 교육에 관심이 많아서 이들의 종교 교육 증진을 위한 협회를 세웠고, 무엇보다 주일학교 협회를 적극 지원했다. 또 런던 빈민들을 위한 전염병 치료소, 암 병원, 안과 병원 설립도 지원했다.

독립파 정치인

클래팜 정치인들은 특정 정파에 소속되지 않았다. 당시는 토리, 휘그의 경계가 지금처럼 명확하지 않았으나 이들은 양대 정파 사이에서 기계적 중립을 지키는 것을 넘어 적극적인 독립 파로서 정체성을 지키려 했다. 월버포스는 정치 신인이었을 때 부터 당파심에 사로잡힌 정치인이 되지 않으려 애썼다. 1784년 요크셔에서 당선되어 일약 스타 정치인으로 떠올랐을 때 많은 사람들이 피트의 내각에 들어가리라 예상했지만 그가 실제로 했 던 것은 뜻을 같이하는 의원 40명을 모아 "(정부 내) 지위, 연금, (귀 족) 작위"를 받지 않겠다는 서약이었다.[7]

월버포스와 그의 동료들은 그리스도인 정치인이 정치적이 되, 정파적이지 않아야 한다고 생각했다. 월버포스의 정치 인 생에서 피트는 가장 중요한 동맹이자 후원자였지만 이 관계로 인해 정치적 신념을 희생시킨 일은 없었다. 후에 언급하겠지만 1804년 피트의 측근이자 스코틀랜드 정치의 거물인 헨리 던다 스가 탄핵당할 위기에 처하자 월버포스는 조용히 반대표를 던지 는 것이 아니라 수상의 최측근 탄핵이 국가 도덕성을 바로 세우 는 일임을 적극적으로 설파했다.

영국은 지금도 다수당 지도자가 수상이 되고, 당 소속 국회 의원을 장관으로 임명하는 의원 내각제를 채택하고 있다. 이런 시스템에서는 집권당 소속이 아니면 고위직에 나가는 것이 사실 상 어렵기 때문에 클래팜의 정치인들은 이를 포기했다. 1793년 부터 1798년까지 인도 총독을 역임한 쇼어를 제외하면 바빙턴, 그랜트, 스티븐, 손턴, 월버포스 등 주요 클래팜 멤버는 하원의원

외에 고위 공직을 맡은 적이 없었다. 대신 그들은 필요한 법안을 통과시키기 위해서라면 이 독립성을 활용하여 정파를 넘는 광범위한 네트워킹 능력을 보였다.

윌버포스는 네트워크의 중심인물이었다. 그는 헨리 뱅크스, 조셉 버터위스, 리처드 힐, 찰스 미들턴, 존 찰스워스, 휴 피어슨, 새뮤얼 윌크스 등으로 이뤄진 의회 내 복음주의 네트워크의 핵심이었다. 그는 벤담, 브로햄, 캐슬레이, 콘월리스, 던다스, 피트, 웰링턴 등 그리 종교적이지 않은 정치인과도 효율적인 업무 관계를 형성하고 협력하였다. 윌버포스와 클래팜의 동료들은 윌리엄 도스, 리처드 존슨, 새뮤얼 마스덴, 헨리 마틴 등 식민지에 파견된 관리들과 연결 고리가 있었고, 이들을 통해 아프리카, 아시아, 오스트레일리아에서 필요한 정보를 수집할 수 있었다.

클래팜파 정치가들은 기독교적 대의를 하나의 정파가 오롯이 대변할 수 없으며, 성경적 가치관을 대변하는 목소리는 사안별로 다양한 집단에서 나올 수 있다고 보았다. 더 자세히 설명하겠지만 1807년 노예무역 폐지 법안은 집권 세력인 피트파와 야당을 대표하는 폭스파의 협력으로 통과될 수 있었다. 정파적 쟁점이 되는 순간 노예무역 폐지 통과도 어려웠겠지만, 통과되더라도 의회 내 다수파가 바뀌면 뒤집히기도 쉬웠을 것이다. 그래서 클래팜파는 이를 정파를 초월한 국가적 양심과 이익의 문제로 만들기 원했고, 결국 1807년 각 정치 세력의 경계를 뛰어넘어 압도적인 표 차로 법안을 통과시킬 수 있었다.

가족 공동체

클래팜파는 외부에서 보면 정치, 종교 집단으로 보일 수 있지만 이들은 기본적으로 가족 공동체였다. 가정은 아마도 사람의 인생에서 가장 오래 지속되는 '공동체'일 것이다. 가족의 틀로 서로 연결되어 있었기 때문에 개혁활동은 대를 이어 지속될 수 있었고 반대자들보다 오래 영향력을 발휘할 수 있었다. 재커리 머콜리가 은퇴한 후 그의 아들 토머스 머콜리는 아버지를 대신하여 노예해방 운동에서 핵심적 임무를 수행했다. 하지만 그들의 반대파는 세월을 뛰어넘는 활동의 일관성을 가질 수 없었다.

월버포스는 당시 보기 드문 가정적 아버지였다. 그는 노예 무역 폐지 운동과 도덕개혁 운동을 한참 이끌어 가던 중 결혼을 해서 아이들이 태어나고도 몇 년간 시간을 많이 보내지 못했다. 어느 날 오랜만에 아이들을 만나 안아 주자 한 아이가 울기 시작했다. 유모는 자연스럽게 "얘는 항상 낯선 사람을 무서워해요"라고 말했고 그는 이 말에 큰 충격을 받았다.[8] 그 뒤 월버포스는 모든 기회를 활용해 아이들과 시간을 보내기로 결심했다. 의회 회기 중에 아무리 바빠도 일요일은 꼭 집에서 보냈고, 아이들과 함께 교회를 다녀왔다. 집으로 오는 길에는 마차에서 같이 찬송가나 성경 구절을 암송하고 윌리엄 쿠퍼 같은 시인의 경구를 읽었다. 아들 새뮤얼과 로버트는 아빠와 함께 정원을 걷고 꽃으로 꽃다발을 만들고, 즐겁게 저녁을 먹으며 대화한 시간을 기억했다.

월버포스는 의회 회기가 끝나면 방문객을 피해 한적한 시골집으로 가서 아이들과 여름을 보내는 것에 큰 기쁨을 느꼈다. 날씨가 좋으면 아이들과 가까운 곳으로 소풍을 갔고, 큰 소리로

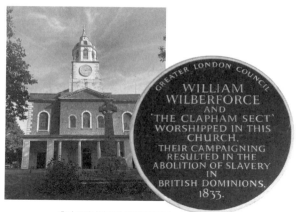

홀리 트리니티 교회 전경과 기념판.
윌리엄 윌버포스와 '클래팜파'는 이곳에서 예배를 드렸다.

책을 읽거나 놀이를 했다. 늦은 오후에는 조금 더 가볍고 즐거운 책들을 읽었다. 아이들은 아침 일찍 윌버포스의 드레스룸에 가서 그가 옷을 갈아입을 동안 고민을 털어놓거나 좀더 깊은 대화를 나누곤 했다.

윌버포스는 18세기 말의 아버지들답지 않게 아이들 교육에 관심이 많았다. 요즘처럼 입시에 신경 썼다는 의미가 아니다. 예를 들어 그는 독일 기억법 연구가 그레고르 폰 파이네글Gregor von Feinaigle에 대한 소문을 듣고 자신의 아이들에게 도움이 될지 알아보았다. 파이네글의 이론을 한참 연구한 그는 새로운 이론을 무턱대고 따라하기보다 아이들의 성격에 맞는지가 더 중요하다는 결론을 내렸다. "아이들에게 기억술을 가르쳐서 놀라운 기술을 연마하게 만든다는 외국인이 시내에 왔다. 난 그것이 하나의 집을 여러 방으로 나누는 오랜 방법론 중 하나가 아닌가 한다. 그러나 이런 단순한 기술은 특히 어린이에게 위험한데 허영심과 자만심을 부추기고, 실제로 지식이 없으면서 그것을 과시하는 힘만 주기 때문이다."[9]

윌버포스는 항상 아이들의 다양한 성격을 면밀히 관찰하였다. 그는 아이의 특징을 기록한 긴 목록을 갖고 있었다. "○○는 무거워 보이는 아이, 그러나 때로 많은 생각을 보인다. 사실 어제는 유클리드의 공리를 연습하였다." "○○는 다른 아이들보다 훨씬 용기 있는 성격이다." "아들 윌리엄이 저녁 식사 후 '에지워스 양의 이야기'Miss Edgeworth's tale를 읽어 주는 것을 들었다." "아이들에게 로버트슨의 아메리카의 역사를 읽어 주었다." "○○는 어젯밤 △△와 관련해 매우 멋지게 행동하였다."[10]

아이들이 기숙학교에 갈 나이가 되자 아버지와 아이들에게 힘든 시기가 찾아왔다. 윌버포스 부자는 애착 관계가 깊었기 때문에 떨어지는 것을 생각하기 어려웠던 것이다. 헤어지는 날 일기는 다음과 같았다. "○○와 같이 기도한 후 레스터를 향해 출발했다. 불쌍한 어린 것은 나와 헤어진다는 생각에 고개를 돌려 눈물을 보였다. 처음에는 조용히 그리고 나중엔 훌쩍였다. 나도 거의 울 뻔했다."[11] 윌버포스는 기숙사에 있는 아이들에게 "나의 사랑하는 ○○을 위한 힌트들, 자기 성찰을 위해 자주 읽어 볼 것"이라고 쓴 메모를 보내곤 했다. 아이들에 따라 내용이 달라지긴 하지만 보통 7-8개 항목으로 이뤄진 메모를 보면 '형제에게 친절할 것', '화내지 말 것', '부모의 사랑을 기억할 것', '경기할 때 정정당당할 것', '적절한 유머 감각을 유지할 것' 등의 내용이 담겼다.[12]

클래팜의 종교 교육

윌버포스와 그의 동료들은 기독교가 삶의 모든 부분을 지배하는 가장 중요한 근거라고 받아들였지만, 배타적이거나 인위적인 방식으로 믿지는 않았다. 이는 자녀 교육에도 동일해서 클래팜의 부모들은 자녀들이 감정뿐 아니라 지성으로도 기독교를 받아들일 수 있도록 도왔다. 부모들은 특히 과학과 역사 교육을 중시했다. 이를 통해 자녀가 생각의 폭을 넓히고 종교가 사회와 연관성을 가지기를 바랐다.

또한 그들은 '부자연스럽고 인위적인 엄숙함'을 담은 종교 교육을 피하였다. 당시 국교회 성직자였던 리처드 세실은 믿음의 의미를 가르치기 위해 딸이 가장 아끼는 인형을 스스로 불 속에 던지게 만든 후 나중에 더 좋은 것을 주면서 "네가 나를 믿고 좋은 것을 던졌듯이 하나님께 똑같은 신뢰를 보이면 더 좋은 것을 얻는다"고 가르치기도 했다.[13] 그러나 윌버포스는 이렇게 아이들에게 상처를 주는 종교 교육은 결코 좋은 결과를 낼 수 없다고 보았다.

러스킨이나 필립 헨리 같은 당대 대표적인 지성인들조차 성경을 가르칠 때 나이를 고려하지 않고 성경주석을 이용하라고 권했다. 개인의 정서적 차이와 성숙의 정도를 고려한 종교 교육 개념이 아직 발달하지 않았던 것이다. 하지만 윌버포스는 아이들과 성경을 읽을 때 아이들 수준에 맞게 성경 구절을 택했다. 그렇지 않으면 아이의 지적, 감정적 수준에 맞지 않는 지식과 감성이 심길 수 있기 때문이다. 하루는 자녀 가운데 하나가 나이에 맞지 않은 종교 서적을 읽고 하나님의 용서에 대해 그럴듯한 설명을 하자, "난 ○○의 글이 아이를 인위적으로 만들까 두렵다"며 오히려 걱정을 했다. 윌버포스는 아이들이 자신 때문에 혹은 주변의 신앙심 좋은 어른들 때문에 "진짜 느끼는 것 이상으로 영향을 받을 것을" 두려워했다.[14]

이는 윌버포스의 친구들도 공유하는 교육관이었다. 클래펌파는 신앙의 형식보다 내적 동기를 중요하게 여겼다. 제임스 스티븐은 "나는 아이들이 '명목상의 기독교인'이 될까 봐 밤낮으로 걱정한다"라고 말했는데 이는 클래펌 부모들의 마음을 대변한다.[15] 재커리 머콜리의 아들 토머스는 13세 때 스스로 다음과 같은 글을 썼다. "종교는 의식을 지키는 것이 아니고, 외적인 공언이 아니며, 구원이 행위에 존재한다는 믿음도 아니다. 종교는 바로 행동의 동기에 있다. 하나님을 기쁘시게 하려는 열망은 가장 지배적인 원칙이 되어야 한다."[16]

클래펌 교육에서 종교는 즐거움과 연결되었다. 클래펌 복음주의자들의 열성적 활동은 영국 사회에 '안식일 엄수주의'가 뿌리내리는 데 영향을 주었지만 사실 이곳의 아이들에게 일요일은 진지한 날이라기보다 가족과 함께하는 기쁜 날이었다. 윌버포스는 아이들이 상급학교에 진학하여 떨어져 지내자 '주일의 평안과 사랑 속에' 가족이 얼마나 다정히 예배드리고, 같이 시간을 보내며, 같은 탁자에 앉아 있었는지 상기시키곤 하였다.[17] 일요일이면 가족들에게 설교를 읽어 주는 전통을 지키던 머콜리 집안에서는 종종 친구네 아이들을 초청하여 밝은 분위기를 조성하였다. 머콜리는 아이들이 종교적 지식을 너무 무겁게 받아들이지 않기를 원했다. 종교 교육과 즐거움의 연결은 클래펌의 특징으로써 아이들의 마음에 오랫동안 남아 있었다.

클래팜 가족

클래팜에서는 즐거움과 재미에 빠져 있는 혈기왕성한 아이들을 쉽게 볼 수 있었다. 아이들에게 가장 인기 있었던 놀이꾼은 바로 윌버포스였는데 그는 아이들에게 즐거운 놀이를 선사하고 재밌는 농담을 던져 인기를 끌었다. 손턴의 배터시 라이즈 저택에 드나드는 아이들에게 윌버포스는 '피리 부는 사나이'였다. 헨리 손턴의 딸은 "우리 아버지와 다른 분들 사이에 길고 심각한 토론이 진행되는 동안, 그(윌버포스)는 나에게 공이나 꽃다발을 던지거나, 유리문을 열고 나와서 '발을 따뜻하게 한다'며 함께 잔디밭에서 경주를 하면서 재충전을 하곤 했다"고 회상했다.[18] 윌버포스는 평소에는 그의 위트와 모방 실력을 잘 통제하는 편이었지만, 가끔은 이를 통제하지 못하고 클래팜의 가족들에게 자신의 장기를 보여 주기도 하였다.

클래팜은 손턴의 딸과 머콜리의 자녀들이 설교자들과 신앙심 깊은 방문객들을 짓궂게 흉내 내는 것조차 허락되는 곳이었다. 머콜리의 외손자인 조지 트레벨리언은 "클래팜 저택에서는 넘치는 자유, 따뜻한 친목 관계, 남녀노소 모두가 받아들일 만한 즐거움이 있었다"고 회상했다. 클래팜과 멤버들과 친분이 있었던 존 코쿤John Colquhoun은 클래팜 공동체에 대해 다음과 같은 묘사를 남겼는데 이곳의 따뜻하고 즐거운 분위기를 잘 보여 준다.

사람들은 인접한 저택에서 나오거나 공유지를 건너왔다. 헨리 손턴처럼 도심에서 꽉 찬 일정을 소화하고 오는 사람도 곧 가족들을 불러 모아 즐거운 시간을 보내기 위해 그들에게 잘 알려진 정원으로 가곤 했다. 거기에는 해녀 모어가 활기차게 이야기를 하고 있었고 깔끔하고 침착하며 알로에 나무처럼 변함없는 모습을 지닌, 긴 얼굴 속에 푸른 눈을 소유한 스코틀랜드인 그랜트도 있었다. 졸린 듯이 중얼거리는 점잖은 귀족, 텐머스 경(존 쇼어)의 매끄러운 말주변은 남쪽으로 흐르는 개울처럼 입에서 흘러나왔다. 머콜리는 눈썹을 늘어뜨리고 조용히 들으며 서 있었다. 푸른 코트를 입은 바빙턴은 쉰 목소리로 설득력 있게 말을 이어 가고 있었다.

정원의 응달진 곳에서 이런 장면들이 펼쳐질 때, 이 현자의 무리들은 남쪽으로 펼쳐진 초원에서부터 (마치 그늘진 방으로 들어오는 햇빛처럼) 걸어오는 요크셔 하원의원(윌버포스)의 밝은 얼굴에 시선을 집중했다. 아이들은 기쁨에 손뼉을 쳤다. 그는 무리에 합류하여 곧 이야기의 흐름을 파악한 후 경쾌하게 말을 이어 갔고, 행복의 광선을 쏟아 내었다. 그도 잠시 동안은 다른 사람들처럼 지혜롭고 사려 깊으며 충실한 사람처럼 보였다. 그러나 아이들은 이런 이상적인 장면이 오래가지 않으리라는 것을 알고 있었다. 아이들은 윌버포스가 그들처럼 재미있는 놀이를 좇아 들떠 있던 것을 기억한다. 유년기의 모험심을 간직한 이 쾌활한 정치가는 곳곳을 뛰어다녔다. 그들은 놀이를 하며 꽃다발 공을 던졌고, 어린이들과 박애주의자들은 장난삼아 싸움하며 뛰어다녔다. 규율이나 정치 지도자의 덕목 따위는 잊었다. 윌버포스는 그들 중 가장 명랑한 어린이였다.[19]

클래팜의 아이들은 서로 가족처럼 지냈다. 재커리 머콜리의 손녀는 자신의 어머니가 "결혼하자마자 소개받은 이 공동체의 관행은 … 사생활을 추구하는 대신 이 공동체의 모든 구성원을 대가족의 일부로 여기는 것"이었다고 회상했다.[20] 남자아이들은 결혼 전까지 함께 방을 쓰는 경우가 많았고, 여자아이들은 떨어지게 되면 긴 편지를 주고받았다. 손턴 가족의 배터시 라이즈, 그랜트 가족의 글레넬그, 윌버포스 가족의 브룸필드는 항상 다른 가족들로 북적였다. 이들은 같은 장소로 휴가를 떠나거나 아내와 아이들을 데리고 서로의 집에서 시간을 보냈다. 윌버포스는 의회가 쉬는 기간에 가족과 함께 바빙턴의 로스리 템플 저택이나, 욕살 로지에 있는 기스본의 별장에서 여가를 즐기는 일이 많았다.

자연스럽게 가까운 친구의 형제, 자매와 사랑에 빠지고 결혼하는 경우가 생겨났다. 이미 언급했듯이 제임스 스티븐은 이곳에서 윌버포스의 누나 사라를 만나 재혼했고, 그들의 아들 제임스[21]는 존 벤의 딸과 결혼했다. 제임스(제임스 스티븐의 아들)는 자녀들의 이름에 자신이 삼촌처럼 여겼던 '벤'과 '윌버포스'라는 이름을 넣었다. 재커리 머콜리는 자신의 여동생과 결혼한 토머스 바빙턴의 이름을 따서 아들의 이름을 지었고 그리하여 19세

J. M. W. 터너의 〈19세기 초 클래팜 커먼〉(1800?-1805).

〈토머스 헉슬리와 새뮤얼 윌버포스〉(좌 1869, 우 1871). 배니티 페어*Vanity Fair*에 실린 캐리커처. 헉슬리는 다윈 옹호자로 유명했다.

기의 저명한 역사학자 토머스 바빙턴 머콜리가 탄생했다. 바빙턴의 누이는 토머스 기즈번과 결혼했다.

클래팜파의 유산

클래팜파의 전성기는 1797년부터 1808년까지 10년이 조금 넘는 기간으로 여겨진다. 1808년 윌버포스와 쇼어가 클래팜을 떠났고, 나중에 스티븐과 머콜리가 그 뒤를 이었다. 윌버포스가 클래팜을 떠난 이유는 여러 가지였다. 우선 국회 회기가 한창일 때는 근처 숙소에서 자야 해서 집 두 채를 쓰는 불편함이 있었다. 아이들이 진학을 위해 클래팜을 떠나면서 이전과 같은 가족적 분위기가 사라지기도 했다. 무엇보다 아이작 밀너의 진심 어린 충고도 중요했다. 그는 비슷한 지위와 신앙의 색깔을 가진 사람들이 모두 클래팜에 모여 사는 것의 위험성을 지적했다. 그는 이 공동체에서 "자만심, 영적 교만, 냉랭하고 비판적인 정신"을 감지했다.[22] 오랜 세월 같이 살면서 의도치 않게 다른 종교인들에게 위화감을 주고, 세속적 지위에서, 종교적 우월성에서 구별된 집단이 되어 가는 것이 집단적 교만으로 발전할 위험성을 본 것이었다. 윌버포스는 고민 끝에 이 조언을 따랐다. 1813년에 존 벤이, 1815년에는 헨리 손턴과 그의 아내가 사망하면서 클래팜에 거주하는 클래팜파의 역사는 사실상 끝났다.

이 가족 공동체의 후손들은 장소와 상관없이 계속 아버지 세대의 과업을 이어갔다. 애초에 '클래팜'파라는 지역 이름이 들어간 명칭이 붙여진 것이 1840년대이기도 했다. 특히 창립 멤버의 자녀 중 찰스 그랜트(글레넬그 남작), 로버트 그랜트, 토머스 바빙턴 머콜리, 제임스 스티븐, 헨리 벤, 헨리 윌리엄 윌버포스, 로버트 아이작 윌버포스, 새뮤얼 윌버포스 등이 노예제 폐지 운동에서 많은 활약을 했다. 예를 들어 아버지 제임스 스티븐은 노예무역 폐지 법안의 초안을 작성했고, 그의 아들 제임스 스티븐은 노예제 폐지 법안의 초안을 쓴 사람 중 하나가 되었다. 재커리 머콜리의 아들인 역사학자 토머스 바빙턴 머콜리는 "그 작은 (가족 간의) 매듭에서 전 세계의 거의 모든 성서공회와 선교회가 생겨났다"라고 말하며 클래팜 구성원들이 대를 이어 각종 복음주의 선교회 조직에 참여한 것을 언급했다. 그는 19세기 영국 복음주의자들의 네트워크의 근원에 클래팜이 있었으며 "복음주의 정치 조직 전체가 그들의 작품이었다"[23]고 평가했다.

클래팜파의 자녀 세대는 상당수가 복음주의자로 남았고 특히 윌버포스 가문은 오랫동안 그 명맥을 이어 갔다. 윌버포스의 둘째 아들 로버트와 막내 헨리는 후에 가톨릭으로 개종했지만 셋째 새뮤얼 윌버포스(1805-1873)는 당대의 유명한 국교회 주

클래팜이 낳은 저명한 후손들. 왼쪽부터 토머스 바빙턴 머콜리(1800-1859), 조지 머콜리 트리벨리언(1876-1962), 버지니아 울프(1882-1941).

교로서 다윈 옹호자 토머스 헉슬리와 《종의 기원》(*On the Origin of Species*, 1859)의 적합성을 두고 유명한 논쟁을 했다. 그의 아들(월버포스의 손자) 레지널드(1838-1914), 어니스트(1840-1907), 앨버트 바질(1841-1916)은 모두 성직자가 되었다.

이에 비해 다른 집안들은 시간이 흐르면서 이전 세대의 유산이 점차 사라져 갔다. 제임스 스티븐의 복음주의 신앙은 아들인 제임스(1789-1859)에게 이어졌고, 아들 제임스는 클래팜 교구 목사인 존 벤의 딸 캐서린과 결혼했지만 그들의 아들(스티븐의 손자) 리즐리(1832-1904)는 본래 국교회에서 성직을 받았음에도 《종의 기원》을 읽고 신앙을 저버렸다. 리즐리의 딸 버지니아 울프(Adeline Virginia Stephen, 1883-1941) 때에 이르면 복음주의 유산은 찾아볼 수 없게 되었다. 20세기에 이르기까지 클래팜 후손 중에서 버지니아 울프 외에도 역사가 조지 머콜리 트리벨리언, 소설가 E. M. 포스터 등 유명 지식인들이 계속해서 나왔다. 이는 클래팜파가 의도하지는 않았으나 영국 사회와 지성계에 남긴 또 다른 유산이었다.

10

프랑스 혁명의 격랑 속으로

1792—1794

다시 이야기를 1790년대 초로 돌려 보자. 1789년 프랑스에서 시작된 혁명은 한동안 온건한 분위기 속에서 진행되고 있었다. 그러나 1790년대 초에 이르러 혁명이 과격해지는 징조들이 나타났다. 국왕 루이 16세는 자신의 권한이 하나둘씩 제거되면서 불안을 느끼고 있었다. 1791년 부활절, 미사에 참석하러 가던 국왕이 탄 마차가 군중에 의해 저지당한 사건이 있었다. 그들은 루이 16세가 파리를 탈출하는 것으로 오해했던 것이다. 군중은 국왕에게 모욕적인 행동을 보이며 욕설을 퍼부었고 마차를 흔들었다. 루이 16세는 신변의 위협을 어느 때보다 생생히 느꼈다.

프랑스 혁명의 과격화

이때부터 루이 16세는 프랑스를 탈출할 계획을 세웠고, 1791년 6월 20일 밤에 모험을 감행했다. 그러나 국왕의 가족뿐 아니라 가까운 친척을 포함한 대가족이 시종들과 함께 움직이기란 쉽지 않았다. 말 여섯 필이 끄는 대형 마차는 생각보다 이동에 시간이 걸렸고, 중간에 고장이 나서 수리하느라 소중한 시간을 허비하기도 했다. 국왕은 무슨 생각에서였는지 마을 주민들과 한가롭게 이야기를 나누기도 했는데 그의 초상화를 본 적이 있는 동네 우체국 직원이 국왕을 알아보았다. 결국 국왕과 그의 가족은 바렌 마을에서 체포되었고 파리로 압송되어 튈르리 궁에 감금되었다.

프랑스에서 군주제가 위협받고 있는 상황은 이웃 국가들에 점점 위협으로 다가왔다. 1792년 4월 오스트리아와 프로이센은 연합군을 구성하여 전쟁을 선포했고, 프로이센 군사령관은 프랑스 왕실이 위험해지면 반드시 복수하겠다고 공언했다. 이 소식은 파리 시민을 흥분시켰고 파리 방위군은 성난 군중과 합세하여 루이 16세가 있는 튈르리 궁전을 습격했다. 왕실 근위대마저 겁에 질려 도망간 상황에서 루이 16세를 끝까지 지킨 것은 투철한 직업 정신을 가진 수백 명의 스위스 근위대였다. 이들은 궁전 방어가 불가능하다고 판단한 루이 16세가 '그만하면 됐다'고 해산을 명령하자 그제야 항복했다. 그러나 이미 동료들의 죽음을 본 시민들은 이들을 잔혹하게 살해했다. 죽음을 맞이한 스위스 근위병들은 충성과 의리의 상징이 되었고, 30여 년의 시간이 흐른 뒤 1824년 스위스 루체른의 한 호숫가에 있는 암벽에 조각가 루카스 아호른이 〈빈사의 사자상〉을 조각하여 그들을 기렸다.

비슷한 시기에 유럽 대륙의 여러 나라가 혁명을 막기 위해

루카스 아호른의 〈빈사瀕死의 사자상〉(1824). 루이 16세를 끝까지 호위한 스위스 근위대를 상징한다.

연합군을 결성하고 프랑스를 침공했다. 귀족이 주축이 된 장교들이 모조리 도망한 프랑스 혁명군은 연전연패하다가 파리까지 위협받는 상황에 이르렀다. 혁명이 위기에 처했다는 소문은 전국의 급진파를 흥분시켰고, 이들은 귀족, 성직자 등 반혁명 세력으로 여겨지던 사람들에게 테러를 일으켰다. 이런 혼란 속에서 입헌군주제를 추진하던 입법의회가 1792년 9월 20일 해산되었고 국민공회가 수립되었다. 새 집권 세력은 수백 년을 이어 온 군주제를 폐지하고 공화정을 수립하였다. 그리고 같은 날 파리 근교의 발미Valmy까지 쳐들어 온 연합군과의 전투에서 혁명군이 기적적으로 승리하면서 프랑스 혁명은 살아남았다.

국민공회 내에는 온건 세력 지롱드Girondins와 과격파 자코뱅Jacobins이 있었다. 이들은 폐위된 국왕 루이 16세를 어떻게 처리할 것인지를 놓고 첨예하게 대립하다가 결론이 나지 않자 국민공회 의원들을 배심원으로 하는 재판을 열기로 했다. 루이 16세의 재판이 시작되고 한 달이 지난 1793년 1월 16일, 루이 16세가 유죄인가라는 질문에 투표자 708명 중 673명이 유죄라고 투표했다. 35명이 기권했지만 무죄에 표를 던진 의원은 없었다. 이제 남은 것은 '루이 16세를 어떻게 처벌할 것인가'였다. 종신형, 즉각 사형, 사형을 선고하되 집행유예 등의 안을 두고 36시간가량 논쟁이 이어졌다. 결국 루이 16세의 운명은 투표로 결정되었고, 721명의 의원 중 절반에서 한 표가 더 많은 361명이 즉각 처형에 찬성하여 사형이 확정되었다. 1월 21일, 프랑스의 절대군주였던 루이 16세는 파리 시민이 지켜보는 가운데 목이 잘렸다. 이제 프랑스 혁명은 돌아올 수 없는 다리를 건넜다.

〈루이 16세의 처형〉(1794). 프랑스 화가 이시도르 스타니슬라스 헬만(1743-1809)의 판화.

토머스 페인의 《인권》

대다수 영국인에게 프랑스에서 일어난 일은 전례가 없었으며 너무나 급격하고 폭력적인 변화로 느껴졌다.[◆] 이런 충격에 대한 반작용으로 이들은 조금이라도 프랑스 혁명과 비슷한 것이 보이면 이전과 달리 민감한 반응을 보이기 시작했다. 당시 영국에서도 일부 대중은 프랑스 혁명에 영향을 받아 자유와 평등을 주장하기 시작했는데 이는 지배층을 더욱 예민하게 만들었다.

이런 분위기에 기름을 부은 사람이 영국의 급진사상가 토머스 페인Thomas Paine이었다. 그는 이미 1776년 《상식》Common Sense 이라는 팸플릿에서 북아메리카 식민지가 영국의 지배에서 벗

◆ 영국도 1640년대에 왕당파와 의회파 사이에 내전이 벌어졌고 찰스 1세가 올리버 크롬웰이 이끄는 의회군에 패배하여 결국 사형당하기도 했지만 민중에 의해 체제가 전복되거나 지배계급이 바뀐 것은 아니었다. 무엇보다 쫓겨난 스튜어트 왕가는 1660년 의회와 국민의 환영 속에 다시 복귀했다.

어나 독립하는 것이 식민지인들에게 이익이며 상식적인 결정이라고 주장해 독립 여론이 우세해지는 데 큰 영향을 주었다. 그는 1790년에는 혁명을 겪고 있던 프랑스를 여행하였고 곧 혁명의 적극적인 지지자가 되었다. 당시 이미 영향력 있는 작가였던 페인은 혁명을 옹호하는 책인《인권》*Rights of Man*을 1791년에 출간하였다.

그는 이 책에서 영국이 유지하고 있는 군주제, 의회제도, 신분제 같은 전통이 아니라 이성이 사회의 기초가 되어야 한다고 주장하였다. 정부는 개인의 자유와 권리를 보호하고 개인이 할 수 없는 일을 담당할 때 존재 이유가 있는 것이지 그 자체로 고유한 가치는 없는 것이었다.[1] 그는 영국이 유지하는 의회제도가 합리적 원칙에 근거하지 않은 채 수 세기 동안 아무렇게나 발전해온 제도라고 깎아내렸고, 대중이 다스리는 민주적 제도만이 개인의 생명, 재산, 자유 등 자연권을 보장한다고 주장했다. 그리고 언론의 자유, 종교의 자유, 행복추구권 등을 반드시 보장되어야 할 인간의 기본권으로 강조하였다.[2] 지금으로서는 상식에 속하는 주장이겠으나 스스로 급진주의자라고 여기던 폭스조차 경악할 정도로 당시에는 충격적이었다. 그럼에도《인권》이 대중에게 끼친 영향은 아주 컸다. 이 책은 사상 유례없이 20만 권이 팔리며 공화주의를 전파했다. 주로 비국교도, 상공인, 숙련공, 개혁 성향의 정치인 사이에서 인기를 누렸다.

페인의 주장에 영향받아 대중의 조직적 움직임이 나타나기 시작했다. 잉글랜드 북부 더럼에서는 많은 군중이 모여 영국의 지배체제에 반대하는 시위를 했다. "국왕 반대"No King, "자유"Liberty, "평등"Equality처럼 상상하기 어려웠던 구호가 거리에 등장했다. 전역한 장군으로 더럼의 하원의원을 지냈던 존 램턴General John Lambton이 시위대를 만류하자 그중 한 명이 물었다. "톰 페인의 소책자 읽어 보셨습니까?" "아니오." 그러자 그가 다시 말했다. "읽어 보십시오. 우린 그 책을 아주 좋아합니다. 당신은 넓은 토지를 가지고 있지요. 우린 그걸 곧 나눠 가질 것입니다." 램턴이 물었다. "당신은 그걸로 분명 술을 마실 텐데 그땐 무얼 할 겁니까?" 그 사람이 대답했다. "장군님, 그때 우린 다시 나눠 가질 겁니다."[3] 아이작 밀너는 이런 상황을 윌버포스에게 전달하면서 "우리는 소란과 소요에 관한 보고를 수없이 받고 있다. 그것은 상당히 커다란 사건이 될 것 같다. 몇몇 신사들은 이미 프랑스의 이념에 우호적이다"라며 당시 상황에 우려를 보냈다.

영국 보수주의의 대부 에드먼드 버크(1729-1797)의 초상화. 조슈아 레이놀즈 작.

버크의 《프랑스 혁명에 대한 고찰》

당시 영국의 기득권층은 프랑스 혁명 속 대중의 움직임이 매우 위험하다고 보았다. 사실 《인권》은 1790년 에드먼드 버크가 쓴 《프랑스 혁명에 대한 고찰》(*Reflections on the Revolution in France*, 이하 《고찰》)을 반박하는 글이었다. 그래서 버크의 글을 읽으면 당시 지배층의 시각을 이해할 수 있다. 버크는 인간의 발전이 개인의 이성보다 사회적 훈련으로 이뤄진다고 보았다. 그는 개인의 이기적이고도 비합리적인 충동을 억제하고 그들에게 문명의 습관을 주입하기 위해 강력한 사회 제도가 요청되며, 사람들이 기존 제도를 유지하면서 그것을 개선하는 가운데 참다운 진보가 가능하다고 주장하였다.[4] 따라서 그는 영국 헌정 질서의 보호를 강력히 주장했다. 버크는 영국 의회제도가 여러 세기를 거치며 변화하는 가운데 원숙하게 다듬어진 것이라 보았고 이 질서를 파괴하는 혁명을 위험하다고 주장했다.[5] 대중 사이에 급진주의가 빠르게 퍼져 나간 것 만큼이나 버크의 보수주의도 지배 계층에 많은 영향을 끼쳤다.

지금 현대인들이 프랑스 혁명을 바라보는 시각과 당시 영국인들의 관점은 아주 달랐다. 역사학자 린다 콜리Linda Colley가 말했듯 대다수 영국인은 프랑스 혁명이 영국의 헌정 체제, 문화, 종교를 무너뜨리는 외부 위협이라고 보았고, 특히 혁명 정부의 반기독교적 정책들은 프로테스탄트 국가가 된 영국의 기본 질서를 위협한다고 느꼈다.[6] 그래서 1791-1792년에 혁명이 과격화되는 과정은 많은 영국인들에게 프랑스와 대비되는 '영국성'Britishness을 강화하는 계기가 되었다. 잉글랜드 북부 리즈에서는 '신이여, 왕을 지켜 주소서'God save the King를 외치며 3천 명 넘는 군중이 밤늦게까지 행진을 하였다. 그들은 페인의 인형을 막대에 달고 목을 밧줄로 묶은 뒤 채찍질을 했으며 마지막에는 광장에서 인형을 불태웠다.[7] 1792년 당시 영국에서 더 흔히 볼 수 있었던 것은 이러한 정부 지지 시위였다.

프랑스 혁명과 반노예제 운동의 연결

이런 분위기는 노예무역 폐지 운동가들의 활동에도 영향을 주었다. 당시 프랑스의 격변은 자코뱅파가 주도했는데 윌버포스와 그 동료들은 이들과 연관이 있다는 의심을 차츰 받기 시작했다. 왜 그랬을까? 실제로 클락슨처럼 프랑스 혁명에 상대적으로 유화적 태도를 보인 멤버도 있었다. 프랑스를 방문해 혁명 지도자들을 만났던 클락슨은 그들이 혁명 이념의 연장선에서 반노예제적 태도를 취한다고 보았고, 노예무역 폐지는 국제적 협력이 필요한 문제이므로 이들과 협력의 여지가 있다고 생각했다. 하지만 진짜 문제는 자코뱅이 실제 어떤 정치 집단이든 간에 영국에서는 급진주의의 대명사처럼 여겨진다는 점이었다. 그리고 이 연결 고리는 노예무역 지지 세력의 악의적 선동에 먹잇감이 되었다.

윌버포스는 이 위험성을 인지하고 있었다. 그는 친구 먼카스터에게 보낸 편지에서 "자코뱅이 노예무역 폐지에 호의적인 것은 사실이지. 그런데 이것이 우리 대의에 해가 되는 것도 사실이네"라며 "클락슨을 만나면 프랑스 혁명 이야기를 하지 말라고 경고해 주게. 그것은 우리의 대의에 큰 재앙이 될 걸세"라고 말

리처드 뉴턴의 〈맹목적인 열성주의자〉(1792). 노예무역 폐지주의자를 그린 풍자화로
흑인 노예가 윌버포스의 눈을 가리고 있고 그의 입에서 나오는 말이 불이 되어 노예 반란의 불을
멀리서 일으키고 있다. 정의의 여신은 선원을 향해 '무죄'라고 적힌 종이를 들고 있다.

했다.[8] 이런 우려는 곧 현실로 나타났다. 한때 "당신의 흑인 고객들은 안녕한가, 윌버포스?"라며 친근감을 표시했던 조지 3세는 윌버포스를 다시 만나자 고개를 돌려 그를 못 본 척했다.[9] 국왕은 이때부터 노예무역 폐지 반대 의견으로 기울었다.

여기서 윌버포스가 프랑스 혁명을 바라보는 시각에 대해 면밀히 살필 필요가 있다. 그도 영국 사회 지배층의 한 사람으로서 혁명을 반대하고 영국의 정치 질서를 지지한다는 점에서는 크게 다르지 않았다. 윌버포스는 "자유와 평등을 외치는 몇몇 정신 나간 사람들은 그들의 이론을 실행에 옮기려 할 것이나 곧 패배할 것이다"라며 혁명에 반감을 보였다.[10] 그에게 혁명은 국가적 죄악에 대한 신의 심판을 상징하기도 했다. "나는 우리처럼 오랜 기간 종교적, 세속적으로 모든 면에서 축복받는 나라가 진노한 하나님의 심판을 받을 것이 두렵다"고 말하면서 이웃 나라의 혁명이 가져올 파괴적 결과를 염려하였다.[11]

그러나 윌버포스는 대응 방식에서 당시 주류 정치 세력과 차이를 보였다. 그는 강압적 방식으로 혁명 사상의 확산을 막으면 언젠가 터질 수밖에 없으므로 제대로 된 대응은 영국 사회를 개혁하여 프랑스보다 도덕적 우위에 서는 것이라 생각했다. 노예무역 같은 악습 폐지와 사회 관습 개혁, 의회 시스템 개혁이 그 방법이 될 수 있었다. 이런 생각의 연장선에서 프랑스와 전쟁을 벌이는 것은 궁극적 해결책이 될 수 없었다. 무력으로 프랑스를 굴복시킨다 해도 이미 퍼진 혁명 사상까지 쫓아낼 수는 없는 것이었다.

프랑스와 전쟁을 하느냐를 놓고 윌버포스와 피트 사이가 처음으로 갈라졌다. 윌버포스는 기본적으로 전쟁이 현 국면에 대한 해결책이 아니라는 이유로 반대했다. 그뿐 아니라 이 전쟁은 장기전이 될 것이므로 영국이 받을 타격이 적지 않으리라고도 생각했다. 이와 달리 피트는 프랑스 혁명은 무력으로 굴복시킬 수밖에 없으며 전쟁이 일어나도 전면전보다 해상 국지전이 될 것이라 예상했다. 결국 1793년 2월 1일 프랑스가 영국에 선전포고를 하면서 전쟁이 시작되었다. 윌버포스는 평화협상의 여지가 있다고 보고 마지막까지 피트를 설득했다. 그러나 유화적 목소리는 적에 동조하는 것이라 여겨질 뿐이었다.

프랑스 혁명으로 노예무역 폐지 운동에 혼돈기가 찾아왔음을 여러 징표가 알려 주었다. 대중 여론만 놓고 보면 노예무역 폐지에 대한 감정이 나쁜 것은 아니었다. 그러나 그동안 드러내 놓고 노예무역을 찬성하지 못했던 사람들은 노예무역 폐지와 프랑스 혁명 사상의 연결 고리를 만들었고, 이를 노예무역 폐지 거부의 명분으로 삼았다. 본국의 노동자와 식민지 흑인 노예가 혁명에 자극받아 폭동을 일으키는 것은 영국 기득권층에게 최악의 시나리오였고, 노예무역 지지 세력이 이를 조장한다는 주장은 공포를 더욱 조장했다.

이런 환경 속에서 노예무역 폐지 활동을 계속하는 것이 맞을까? 고민의 시간이 있었음에도 노예무역 폐지가 궁극적으로 영국의 도덕적 위신을 강화한다는 생각을 포기할 수 없었던 윌버포스는 하원의 우호적이지 않은 분위기에도 계속하여 노예무역 폐지 법안을 준비했다. 이 무렵은 노예무역 폐지 지지자 사이에서도 법안 제출을 연기하자는 의견이 나오던 때였다. 피트도 상황이 안 좋다고 느끼고 노예무역 폐지 법안 상정을 연기하라고 강하게 권하였다. 이는 윌버포스를 힘겹게 만들었고 그는 다음과 같이 일기에 남겼다. "오늘 피트와의 우정 때문에 나의 의무를 다하고 하나님을 기쁘게 하기로 결심하기가 힘들었다." 그럼에도 그는 자신의 신념을 지키려 했다. "이것은 나의 모든 개인적인 애착과, 특히 모든 정무적 관계를 저울 위의 먼지같이 가볍게 만들어야 될 문제이다."[12]

어려운 상황 속에서도 소신을 지키며 행동하는 그의 모습에 일부 대중의 마음이 움직였다. 1792년 한 해에만 노예무역 폐지를 요구하는 청원서가 500개 이상 의회에 도착했고 여기에 서명한 사람들을 합산하면 50만 명이 넘었다. 18세기 말 잉글랜드 유권자는 대략 34만 명 정도로 추산되는데 이 수를 넘어선 것이다. 이런 대중적 운동은 당시 정치에서 소외된 그룹이 자신의 목소리를 낼 수 있는 통로이기도 했다. 퀘이커, 침례교도, 감리교도 같은 비국교도 출신이 조직원으로 활동했고, 여성과 아이들이 웨지우드의 배지를 착용하고, 서인도제도 설탕 대신 인도 설탕을 소비하자는 운동을 주도할 수 있었다. 대중의 광범위한 참여는 윌버포스가 활동하기 이전의 영국 정치에서 보기 어려웠던, 노예무역 폐지 운동의 특징이었다.

국회의 논쟁

이런 대중적 지지를 배경으로 윌버포스는 1792년 4월 2일 하원에서 다시 한 번 노예무역 폐지를 호소하는 연설을 했다. 버크는 이를 "하원에서 행해진 최고의 연설"이었다고 평가했다. 윌버포스는 이 연설에서 자신의 목표를 보다 정교하게 가다듬어 제시했다. 좀 더 구체적으로 그는 노예무역 폐지 지지와 노예해방 주장을 구별했다. 그는 현 상황에서 흑인 노예는 자유를 누릴 준비가 되어 있지 않기 때문에 노예해방은 먼 미래에 논의될 주제임을 분명히 했다.

그러나 노예무역 폐지는 현 상황에서 국가에 이익이 되므로 추진해야 했다. 다른 식민지에서 생도맹그 반란 같은 사건이 일어날까 봐 노예무역 폐지를 반대하는 이들이 일부 있지만, 이는 원인을 잘못 짚은 것이었다. 사실 반란의 위험성은 노예 수입으로 흑인 인구가 늘어서 증가한 것이었다. 이성적으로 생각해보면 노예가 반란을 일으키기 쉽다고 생각하면서도 그들의 상태를 개선하지 않는 것이 더 위험한 일이었다. 그런 점에서 생도맹 그 반란은 오히려 노예무역 폐지의 필요성을 보이는 증거였다. 그는 다른 목적이 아닌 "이 불쌍하고 고통받는 사람들의 권리 회복"이 자신이 마음에 품은 뜻이며 "이 목적을 달성할 때까지 절대 포기하지 않을 것이다"라고 선언했다.[13]

연설 이후 양쪽에서 대표 선수들이 일어나 서로를 향해 포화를 퍼부었다. 그레나다 농장주들의 이익을 대변하던 베일리 Mr. Bailie는 노예무역 과정에서의 비인도적 악행을 어느 정도 인정하였다. 하원 특별위원회의 3년에 걸친 조사를 통해 드러난 증거들을 완전히 부정하기는 어려웠기 때문이다. 그러나 그는 "인간성의 연약함은 온 세상 어디나 비슷하게 퍼져 있습니다. 영국에서조차 실현하기 어려운 완벽한 도덕성을 그곳(서인도제도)에서 기대하는 것은 비이성적입니다"라고 반박했다.[14] 개인적으로 노예무역선을 소유했던 배내스터 탈턴 Banastre Tarleton 의

의회에서 연설하는 찰스 제임스 폭스. 그는 개인의 자유 확대에 투철한 정치가였다.

원은 크게 흥분한 얼굴로 일어나 영국이 서인도제도 노예무역을 포기한다면, 포르투갈, 덴마크, 네덜란드, 스페인, 프랑스 상인들이 그것을 차지해 영국령 서인도제도 경제가 파탄 날 것이라 주장했다.[15]

　이때 야당석에서 폭스가 일어났다. 그는 절대 권력을 반대하고 개인의 자유 확대를 추구하는 점에서 누구보다 투철한 신념이 있었고, 이 관점의 연장선에서 노예무역을 강하게 반대했다. 폭스는 "잔인함의 세련된 형태"refinement of cruelty가 노예무역이라고 담대히 선언했다. 그는 "그들(노예 상인)은 모든 부도덕한 상황을 조장해 흑인들을 야만인으로 만들어 놓고서는 … 그들을 서인도제도에 노예로 보내는 것이 흑인들의 상태를 개선하는 것이라고 말합니다"라며 노예무역 세력의 모순을 지적했다. 폭스는 생도맹그와 최근의 비참한 상황을 언급하면서 "최근 그곳에서 일어난 불행한 사건은 노예들을 사납게 만든 주인의 억압이 초래한 것이며, 노예무역이 금지되지 않는다면 서인도제도의 우리 식민지에서도 비슷한 사건이 일어날 것입니다"라고 의원들에게 경고했다.[16]

점진적 노예무역 폐지안

　이렇게 양측의 논쟁이 치열하게 전개되던 중에 스코틀랜드의 영향력 있는 의원이자 당시 내무장관이었던 헨리 던다스Henry Dundas가 '기발한' 중재안을 제시했다. 바로 윌버포스의 법안에 "점진적"이라는 단어 하나를 덧붙이자는 것이었다.[17] 그도 노예제가 영국의 법률 정신과 기독교 도덕에 맞지 않는 잔혹한 관행이라는 것을 알고 있었다. 그러나 아프리카 무역이 중단되면 피해를 보는 영국 상인들이 많고, 식민지 경제에 끼칠 악영향도 무시할 수 없는 게 사실이니 시간을 두고 이런 경제적 충격을 줄이면서 노예무역 폐지라는 목적을 이루자는 것이었다.

던다스의 말이 끝나자 수상 피트가 일어나서 매우 긴 연설을 시작했다. 프랑스와 전쟁을 벌이는 문제로 얼마 전 윌버포스와 갈등이 있었지만 그런 것은 신경 쓰지 않는다는 듯 윌버포스를 강력히 지지하는 내용이었다. 한밤중에 시작된 연설은 먼동이 틀 무렵 끝이 났다. 평소 피트를 별로 좋아하지 않았던 윌리엄 윈덤William Windham 의원은 이번 연설이 피트가 지금까지 한 연설 중 가장 뛰어났으며, 특히 마지막 20분은 정말 영감을 주었다고 말하였다. 역사가 앨런 M. 리스Alan M. Rees도 피트의 정치 인생에서 최고의 연설이었다고 평가하기도 했다.[18]

피트는 지난 4-5년간 서인도제도의 출산율과 사망률 데이터를 통해 그곳에서 아프리카인뿐 아니라 인구가 전반적으로 꾸준히 증가하고 있음을 밝혔다. 노예 수입을 중단하면 인구가 줄어들 것이라는 주장에 대한 반박 자료였다.[19] 피트는 오히려 서인도제도 사망률의 가장 큰 부분을 여러 인종 집단 중 아프리카인이 차지한다는 증거를 제시해서 노예들이 처한 비참한 환경을 개선해야 한다는 근거로 활용하였다.[20]

이런 구체적인 증거를 가지고 피트는 즉각적 노예무역 폐지가 영국과 식민지의 경제에 가장 이익이 되는 방안이라고 주장했다. "이 불행한 존재의 행복을 증진하는 것"은 결과적으로 그들의 노동력의 양도 증가시킬 것이므로 농장주들에게도 경제적 해법이 될 수 있었다. 그들에게 인간적인 대우를 해주면 그들은 인간 본연의 에너지를 발산할 것이고 "그들의 노동은 이전에 본 어떤 것보다도 생산적일 것이다."[21] 이는 서인도제도 농장주들에게도 노예무역 폐지를 어느 정도 안전하게 제시하려는 시도였다.

마지막으로 피트는 노예무역에 대해 도덕적 정죄를 내렸다. "인류를 괴롭혀 온 가장 실질적인 죄악"으로 노예무역을 정의한 그는 백인과 똑같이 온전한 사람인 흑인들을 "세계 역사에 기록된 가장 혹독하고 극단적인 재앙"으로부터 구하자고 호소하였다.[22] 밤새 진행된 토론의 마지막 주자였던 피트가 이 말을 마칠 때 마침 동쪽 창문을 통해 여명이 밝아 오고 있었다. 피트는 햇살을 맞으며 힘 있게 외쳤다. "신께서는 우리가 아프리카에 이같이 무서운 재앙을 가하고, 온 세계에 미치는 지식의 빛이 그 해안에 도달하지 못하게 더는 막지 말라며 금하고 계십니다." 40년 후 윌버포스가 노예해방 청원서를 작성하는 집회에서 사실상 생애 마지막 연설을 할 때도 햇살이 비쳤고, 그는 그때 이 장면을 기억했다.

그러나 치열한 논쟁 끝에 치러진 표결에서 다시 한 번 '피그미'들이 승리를 거두었다. 윌버포스의 노예무역 폐지 '법안'은 끝내 채택되지 않았고 던다스의 점진적 노예무역 폐지 '동의안'은 압도적으로 통과된 것이다. 이것이 당시 영국 하원의원 다수의 도덕적 수준이었다. '법안'bill이 법률 초안의 수용 여부를 묻는다면, '동의안'motion은 그 이전 단계에서 특정 주제를 의회 논의로 이어갈 것인지 동의 여부를 묻는다. 많은 의원이 당장의 이익 때문에 노예무역 폐지 법안은 반대하나 언젠가 이 문제를 논의하는 것에는 동의함으로써 양심의 가책과 따가운 대중의 시선을 피하려 하였다. 즉 악행을 실제 줄이는 것은 거부하면서 국민의 분노를 식힐 환기구는 연 것이다. 이 '점진적' 노예무역 폐지 동의안은 238 대 85로 통과되었다.

헨리 던다스

점진적 노예무역 폐지안과 헨리 던다스의 역할은 평가가 갈린다. 30년 후 윌버포스는 이때를 이렇게 회고했다. "그것(점진적 폐지안)은 노예무역에 대한 우리의 첫 번째 공격이 패배하고 이후 20년간 이 살인적인 무역이 계속된 중요한 이유였다."[23] 데이비드 브라이언 데이비스, 로저 안스티, 스티븐 톰킨슨 같은 역사학자들도 던다스가 노예무역 폐지 시점을 '적절한 상황'과 묶어 버려서 그 가능성을 무한히 늦춰 버렸다고 평가했다. 사실 이 거대한 국제무역을 없앨 수 있는 '적절한 상황'이란 존재하기 어렵기 때문이다. 비교적 최근에 윌버포스의 전기를 쓴 에릭 메탁사스도 던다스가 서인도제도 세력과 모종의 관계가 있어서 노예무역 폐지를 늦추려 한 것처럼 묘사했다.

그러나 세간의 평을 잠깐 뒤로하고 던다스에 관한 기록만 놓고 보자면 그는 정치를 하는 동안 한 번도 공개적으로 노예 상인이나 서인도제도 농장주들의 편에 선 적이 없음을 알 수 있다. 그는 복음주의자는 아니었지만 스코틀랜드에서 유행하던 계몽주의의 영향 아래 노예무역에 반대하였으며, 1792년에는 에든버러에서 노예무역 폐지 청원서 운동을 주도하기도 했다. 던다스는 "노예무역 폐지에 당신은 동의하지 않느냐고 묻는다면 나는 그의(윌버포스) 의견과 다르지 않다"라고 입장을 명확히 밝힌 바 있다.[24]

다만 던다스는 노예무역 폐지가 "온건한 방식"으로 진행되어야 한다고 생각했다. 그가 보기에는 그것이 이 목표를 실제로 앞당기는 방법이었기 때문이다. 이런 점에 주목하여 최근 몇몇 학자들은 그의 역할을 재평가한다. 역사학자 마이클 프라이 Michael Fry는 던다스가 주도한 정치적 타협으로 인해 노예무역 폐지가 법으로 규정된 목표가 되었다고 말했다.[25] 앤젤라 매커시 Angela McCarthy는 프랑스 혁명 정부와 전쟁을 치르고 있고 상원의 토지 귀족들이 노예무역 폐지를 완강히 반대하는 상황에서 던다스가 가장 현실적 대안을 제시했다고 평가하기도 했다.[26]

여러 정황을 고려해 볼 때 그가 친노예제적 동기를 숨기고 이 제안을 한 것이라고 부정적 평가를 할 필요는 없겠지만, 그럼에도 그의 제안이 반노예무역 정치가들을 상당히 곤란하게 만든 것은 분명하다. 윌버포스와 그의 동료들은 이 동의안으로 인해 노예무역 폐지가 계속 미뤄질 가능성과 그럼에도 노예무역이 폐지되어야 할 대상이라고 의회가 처음 인정했다는 명분 사이에서 선택을 해야 했고 결국 후자를 택하였다. 노예무역 폐지 법안이 하원을 통과한다 해도 상원을 통과할 가능성이 크지 않은 상황에서 적어도 이 명분을 가지고 계속 싸움을 할 수 있다고 판단한 것이다. 피트가 좀더 냉정하게 말한 것처럼 "이제 이후 누구도 노예무역이 폐지되어서는 안 된다고 주장할 수 없게 되었다."[27]

계속되는 실패

그러나 명분과 함께 우려하던 바도 실제로 일어났다. 얼마나 '점진적'으로 노예무역을 폐지할 것인지 하원에서 격론이 있었고 결국 1796년 1월 1일로 노예무역 폐지 날짜가 잡혔다. 하지만 동의안이 상원으로 올라가자 반발이 거셌다. 대부분 토지 귀족 출신으로 이뤄진 상원은 하원보다 서인도제도 노예 농장과 이해관계가 더 깊었고, 고위 귀족은 선거를 거치지 않고 의원이 되므로 민심의 영향을 덜 받았다. 후에 윌리엄 4세가 되는 클라렌스 공작은 노예무역과 관련된 증거를 직접 청취해야 한다고 주장했는데 이는 하원에서 몇 년간 했던 일을 다시 하자는 말과 같았다. 법안 통과를 미루다가 점진적 폐지안마저 무력화하

훗날 윌리엄 4세가 되는 클라렌스 공작. 그는 조지 3세의 삼남으로
상원의원 재직 시 노예무역 폐지의 강력한 반대자였다.

려는 전략이었다.

상원이 이렇게 법안 처리를 미루자 윌버포스는 1793년 첫 회기에 하원에서 다시 한 번 점진적 폐지 '법안'을 통과시켜 상원을 압박하려 했다. 더 압도적인 표 차이로 법안을 올려 보내면 상원도 마냥 무시할 수 없을 것이라는 생각이었다. 이때 하원에서 친노예무역 세력의 지도자는 윌리엄 영 준남작Sir William Young, Baronet으로 서인도제도에 900명에 달하는 노예를 둔 농장주였다. 그를 비롯하여 서인도제도 세력 쪽 연사들은 사실 노예무역 폐지 운동가들에 비하면 무게감이 떨어졌다. 반노예무역 진영에서는 전국적 지명도를 가진 정치인 윌버포스가 뛰어난 언변을 뽐내며 열변을 토했고, 수상인 피트와 야당 지도자 폭스가 전혀 다른 정치 성향에도 불구하고 다시 연합해서 지원 사격을 했다. 그러나 이런 보기 드문 장면이 연출되었음에도 전년도 하원의 결정(점진적 폐지)을 좀더 빠른 시기에 시행하려는 투표는 여덟 번이나 부결되었다. 당시 하원에는 서인도제도와 이해관계가 있는 의원들이 더 많았고 이 구조를 깨뜨리기 어렵다는 것은 분명했다.

노예무역 폐지를 반대하는 적들은 윌버포스가 지쳐 간다고 악의적인 소문을 퍼뜨렸다. 윌버포스는 "내가 이 과업을 포기했다고 알려졌다는 것에 놀라지 않을 수 없었다"고 말하기도 했다.[28] 그리고 이 실망의 시기 동안 일부 지지자들이 노예무역 폐지 대열에서 떨어져 나간 것도 사실이다. 윌버포스의 전기를 집필한 로버트와 새뮤얼 윌버포스도 이 시기를 노예무역 폐지 운동 기간 중 가장 어려운 때로 보았고 그들의 아버지가 '더 높은 곳'에서 나온 동기로 행동하지 않았다면 포기할 수밖에 없었을 것이라고 서술했다. 윌버포스의 동료 커리Dr. Currie도 "당신이 아직 노예무역을 폐지시키겠다는 희망을 갖고 있다면 그것은 사람이 아니라 하나님을 향한 신뢰 때문일 겁니다"라고 안쓰럽게 말하기도 했다.²⁹

그러나 윌버포스는 승산이 없어 보이는 일을 신적 소명으로 여기고 계속했다.

> 어떤 때는 밀어붙이는 것이 맞고 어떤 때는 노력을 잠시 보류하는 것이 옳다. … 그러나 지금처럼 실질적으로 일어나는 죄악이 문제가 되는 상황에서 하나님을 경외하는 사람은 (선택이) 자유롭지 못하다. 난 이 위대한 대의를 변덕의 대상으로 만들거나 개인적 감정이나 정치적 편리를 계산하여 희생시킬 수 없다.³⁰

상황이 크게 달라질 것 같지 않았으나 그는 성실히 의회 내 관련 모임에 참석했다. 그는 "난 지난 회기 하원 위원회의 아침 회의에 거의 매일 참석했고 적어도 1,100쪽의 자료를 출간했다"라고 적었다. 약간의 성과도 거두었다. 윌버포스는 아프리카에서 서인도제도로 가는 중간 항로에서 노예 처우를 개선하는 법안을 통과시켰고 이후 노예의 생명 손실은 매년 조금씩 줄어들었다.³¹

그러나 실패 소식이 더 많았다. 1793년 5월에는 서인도제도 식민지의 노예 수입량을 제한하는 법안을 제출하려다 실패했다. 1794년 2월에는 다시 해외 노예무역을 억제하는 법안을 제출했다. 이는 영국 상인이 다른 국가 영토로 노예를 운송하는 것을 막는 법으로 영국 식민지로의 공급을 제한한 것은 아니었음에도 서인도제도 농장주와 노예 상인들은 윌리엄 영의 주도로 이 법안도 반대했다. 이들은 서인도제도를 근거로 활동하는 노예 상인들의 활동에 제약이 생길 것을 두려워했고, 좀더 근본적으로는 본국 의회가 식민지인의 개인 무역활동에 간섭하는 것에 저항하였다.

그럼에도 윌버포스는 동료 의원들을 적극 설득하고 하원 토론에서 열성적으로 호소하였다. 이런 노력이 일부 의원들을 움직여 해외 노예무역 억제 법안은 세 차례 독회를 거쳐 하원을 통과했다. 그러나 상원이 이를 다시 막아 버렸다. 상원은 1차 독회 후 해외 노예무역 실태를 조사한다는 이유로 2차 독회를 석 달 후로 연기했다. 조사위원회는 증인을 2명만 채택하고 계속 시간을 끌었다. 윌버포스도 인내심의 한계를 느끼고 분노를 표출했다. 그러나 이는 자신의 의지를 내려놓는 과정이기도 했다. "솔직히 고백하자면 해외 노예무역 법안이 상원을 통과할 것이란 희망이 없다. … 그러나 삶의 모든 실망에도 불구하고 '당신의 뜻이 이뤄지이다'라고 말하는 법을 우리는 배워야 한다."[32]

11

인내의 시간

1794—1799

프랑스 혁명이 격화되면서 노예무역 폐지 운동은 국회에서 큰 진척이 없었다. 점진적 노예무역 폐지가 주장된 이후로는 더 수렁에 빠진 상황이었다. 이 무렵 윌버포스를 더 힘들게 했던 것은 노예무역 폐지 운동을 같이 해온 동지들과의 갈등이었다. 그것은 때로 오해에서, 때로 가치관의 차이에서 비롯되었다. 1790년대에 윌버포스는 이런 안팎의 오해와 갈등 속에서 힘겨운 싸움을 해야 했다.

토머스 클락슨

클락슨은 윌버포스가 노예무역 폐지 운동에서 전적으로 의지했던 동료이기 때문에 그와의 갈등은 유독 힘든 일이었다. 노예무역 폐지 운동을 위해 전국에 노예무역 폐지협회 지부를 세우고 혁명 지도자와 접촉하기 위해 프랑스를 오가던 클락슨은 1794년에 건강이 악화되어 은퇴할 수밖에 없었다. 그는 산과 호수가 어우러진 잉글랜드 북서부의 레이크 디스트릭트로 가서 요양을 했다. 이때 윌버포스는 지지자의 기부금으로 클락슨에게 1,500파운드의 사례금을 주었다. 그는 먼캐스터에게 보낸 편지에서 이렇게 말했다. "클락슨은 (대의를 위해) 자신의 적은 재산에서 상당 부분을 사용했다네. 이게 꼭 필요한 것인지 나도 고민했지만 많은 시간, 힘, 재능을 희생한 그와 같은 사람이 돈이 부족해서 고통받아서는 안 된다는 생각이 들었네. … 클락슨은 용맹하고, 열성적이고, 지칠 줄 모르네. 우리는 그의 노력에 크게 도움을 받았네."[1]

그런데 클락슨의 요구는 점점 늘어났다. 그는 윌버포스에게 자신의 형을 해군 함장으로 승진시켜 달라고 부탁했고 실제로 윌버포스는 이것을 들어주기 위해 노력했지만 별 효과가 없었다. 윌버포스의 영향력으로 일이 해결될 거라 생각했던 클락슨은 실망을 넘어서 분노를 표했다. 그는 윌리엄 피트의 형으로 당시 해군부 장관이었던 채텀 경Lord Chatham이 자기 형의 요청을 무시했다면서 "우리 형님의 승진이 불발된 것은 당신(윌버포스)의 확고함의 결여 때문이오. 당신은 채텀에게 그렇게 자주 편지를 쓰면서, 형님의 승진을 강한 어조로 얘기한 적이 없소"라고 불평했다.[2]

윌버포스도 클락슨에게 크게 실망했다. "사실 난 이런 불평에 익숙하다네. 이것은 나에게 부탁을 하면 자신이나 지인이 정부의 도움을 얻을 거라 기대하는 사람들에게서 익숙하게 겪는

노예무역 폐지 운동의 주요 인물이었던 토머스 클락슨.
그는 은퇴 후 청탁 문제로 윌버포스를 실망시켰다.

일이지. … 그래도 난 자네가 이런 연약함에서 어느 정도는 벗어난 줄 알았다네."[3] 그는 클락슨과의 오랜 관계에도 불구하고 자신이 그은 선을 알려 줄 수밖에 없었다. "만약 내가 엄격한 규칙에서 벗어나 편향성을 보일 거라 생각했다면 불평할 이유가 있겠지. 하지만 자네는 그 반대가 사실임을 알게 될 걸세."[4] 둘의 관계가 회복되는 데는 한참의 시간이 걸렸다.

피트와의 갈등

1795년 2월 26일 어려운 환경 속에서 노예무역 폐지 법안이 다시 제출되었다. 그리고 이전의 패턴이 반복되었다. 윌버포스는 시에라리온에서 수집한 노예 수출입 통계를 통해 현재 노예무역의 이익이 크지 않다는 것을 밝히고 마지막에는 "인류가 겪어 보았던 것 중 가장 크고, 가장 복잡하고, 가장 확대된 죄악을 진압"해 달라는 박애주의적 호소를 하였다.[5] 그러나 친노예무역 세력에서 윌리엄 영, 바럼Mr. Barham, 이스트Mr. East 등이 일어나 전쟁 국면에서 급진적인 변화는 위험하다면서 노예무역 폐지가 프랑스에 도움을 준다는 논리로 반론을 폈다. 결국 이번에도 78 대 61로 패배했다.

이 무렵 윌버포스는 노예무역 폐지에 대한 피트의 열정이 많이 줄어들었다고 느꼈다. 프랑스 혁명이 과격해지고 프랑스 혁명 정부와 전쟁 가능성이 커지면서 노예무역 폐지는 그의 관심사에서 멀어졌고, 이 주제가 다뤄질 때면 일부러 회피하는 것 같았다. 피트는 현 상황에서 노예무역 폐지 운동과 대중 운동의 결합이 위험해 보이며, 이 상황에서 법안을 제출하는 것이 궁극적 목표를 이루는 데 방해가 된다고 했다. 이로 인해 윌버포스와 피트는 갈등을 겪게 되었다.

두 사람은 프랑스 혁명 정부와 전쟁을 벌이느냐를 두고도 의견이 달랐다. 피트와 달리 윌버포스는 전쟁을 궁극적인 해결책으로 보지 않았고 협상이 가능하다고 주장했다. 1795년 윌버포스는 프랑스와의 평화협상을 요구하는 결의안을 의회에 제출했다. 이 시도는 결과적으로 통과되지 못했지만 그와 뜻을 같이한 의원이 86명이나 있던 것은 피트에게 부담이 되었다.

1795년 4월에는 왕세자에게 연금을 지급하는 문제로 충돌하였다. 앞서 설명했듯 왕세자는 천문학적 액수의 빚을 갚기 위해 왕실에서 원하는 조건의 신붓감인 브런스윅의 캐럴라인Caroline of Brunswick과 결혼하는 대가로 국고에서 재정 지원을 받기로 했다. 왕세자는 이것이 부족했는지 추가로 2만 5천 파운드를 요구했는데 피트는 왕실과 국가를 안정시킨다는 명목으로 이를 받아들이려 했다. 윌버포스는 생필품 가격 상승으로 하층민들이 고통을 겪는 상황에서 있을 수 없는 일이라며 강하게 반대했다.[6] 결국 액수는 초안으로 확정되었고 이들은 얼마 후 다시 만나 서로의 입장을 설명하고 우정을 확인했다. 하지만 이런 노력을 하는 것 자체가 관계가 이전과 같지 않음을 보여 주었다.

선동적 집회법과 반역법

1795년부터 프랑스와 대립이 심화되면서 노예무역 폐지 운동은 더 깊고 어두운 터널을 지나게 되었다. 유럽 대륙에서는 프랑스 혁명군이 계속 승리를 거두고 있었고 혁명 사상이 퍼지고

제임스 길레이의 〈조지 3세가 탄 마차를 공격하는 런던 시민들〉(1795).

있었다. 프랑스와 대치 중인 영국에서도 혁명 사상에 동조하는 움직임은 퍼지고 있었다. 전쟁 상황은 영국 경제에 어려움을 주었고 특히 물가가 상승하면서 민심이 흉흉해졌다. 1795년 10월 29일에는 국회 개원식에 가던 조지 3세의 마차가 성난 시민들에게 둘러싸여 유리창이 깨지는 사건이 발생했다. 그렇지 않아도 런던에서 급진주의 운동이 급증하는 것을 우려하던 피트는 이를 계기로 강경한 정책을 펴기 시작했다. 정부는 국왕이 탄 마차의 유리창이 돌이 아니라 총알에 의해 깨졌다고 과장하면서 이를 핑계로 곧 2개의 법안을 통과시켰다. 첫 번째 법안은 반역법으로, 국왕의 신체에 위해를 가하는 행위뿐 아니라 그것을 의도하는 것까지 반역죄로 규정했다. 두 번째는 치안판사의 허가 없는 50명 이상의 대중 집회를 금지한 선동적 집회법Seditious Meetings Act으로, 당시 이 법은 '재갈 물리기 법'이라고 비판받았다.

영국 정계는 두 법으로 인해 분열되었다. 영국의 기득권 층

선동적 집회법 풍자화(작자 미상. 1795년). 피트가 조지 3세의 눈을 가린 채 권리장전을 불태우고 있다.

은 정파의 구분을 넘어 이 조치들을 지지했지만 일부 급진적 성향의 휘그파 정치인들은 이것이 시민의 기본권을 심각하게 제한한다며 비판했다. 그러나 윌버포스는 그동안 프랑스에 상대적으로 온건한 태도를 보였음에도 이 두 법에 대해서는 찬성표를 던졌다. 그는 영국 사회 시스템을 보호하는 방법으로써 전쟁 대신 사회개혁을 추진한 것이기 때문에 사회 제도에 대한 위협에는 단호한 정책이 필요하다고 보았다. 이런 점에서 보면 윌버포스도 프랑스 혁명을 영국 헌정체제를 흔드는 외적 공격으로 보았던 당시 지배층의 정서에서 크게 벗어나지 않는다.

당시 일부 비판자들은 윌버포스가 반혁명 조치를 지지하는 대신 피트의 노예무역 폐지에 대한 지지를 약속받았다고 의심했고, 어떤 이들은 윌버포스가 노예무역 폐지 운동과 프랑스 혁명과의 연계성을 부인하기 위해 정치적 소신을 꺾었다고 보기도 했다. 윌리엄 코빗William Cobbett이나 윌리엄 헤이즐릿Willam

Hazlitt 같은 사람들은 이런 의심에서 프랑스 혁명 당시 클래팜파의 행동이 위선적이라고 비판했다.

그러나 윌버포스를 옹호하거나 비판하기 전에 그가 프랑스 혁명에 대해 가졌던 입장과 태도에 주목할 필요가 있다. 우선 그는 프랑스 혁명 사상을 영국의 헌정체제에 대한 위협으로 보아 일관되게 반대했다. 그러나 프랑스보다 영국의 정치 시스템이 우위에 있다는 것을 보이기 위해 노예무역을 폐지하고 사회개혁을 실행하는 것이 승리의 방법이라고 보았다. 그는 후자의 이유로 프랑스와 직접적인 무력 충돌을 피하고 협상해야 한다고 주장했지만 막상 전쟁이 일어나 영국이 위협받는다고 느꼈을 때는 전자의 이유로 체제를 보호하려는 조치를 옹호하였다.

윌버포스는 피트의 조치를 지지했지만 그것은 이 원칙 내의 제한적 지지였다. 그는 반역법과 선동적 집회법이 영국인의 자유를 보호하는 새로운 보루가 될 것이라고 하원에서 말하면서도 피트를 찾아가 집회법 내의 독소조항을 개선하라고 촉구하였다. 윌버포스는 반역법에도 찬성하였으나 이 법으로 사형처럼 중벌을 내리는 것에는 반대했다.

요크셔 방문

윌버포스의 지역구인 요크셔에서는 정부 법안에 대한 주민 토론회가 열릴 예정이었는데 요크셔 주 장관이 이를 허락하지 않았다. 윌버포스는 이 소식에 안타까워했다. 그는 이런 강압적인 조치는 오히려 "이 주제에 대한 온전하고 공정하며 자유로운 토론을 막는다"면서 요크셔 유권자의 분별력을 신뢰해야 한

다고 말했다.[7]

주민 집회가 열리지 않게 되자, 결국 요크셔의 피트 정부 지지자들과 반대자들이 각각 모여 세력 대결을 하게 되었다. 정부 비판 세력은 길드홀을 차지했고 정부 지지자는 코니 스트리트에 위치한 조지 여관에 집결했다. 이런 상항 속에서 윌버포스는 지역구민을 직접 만나 설득하기로 했다. 런던에서 떠날 때는 아직 요크셔 현지의 분위기는 모르는 상황이었고 그의 친구들은 윌버포스가 두 법안을 지지하는 것을 비판하는 여론이 높을 것이라 경고했다. 그동안 독립파로서 가졌던 정치적 노선을 바꾼 것처럼 보일 수 있기 때문이다.

1795년 12월 1일 오전 11시가 다 되어 윌버포스의 마차가 정부 지지자들이 모인 코니 스트리트에 들어오자 수천 명이 환호했다. 그는 곧장 반대파가 모인 길드홀로 가서 토론을 요청했지만 그들은 거절했다. 주 장관이 뒤늦게나마 주민 집회를 허가하기도 했고 또한 윌버포스를 상대로 논쟁에서 이기기 쉽지 않았기 때문이다. 그래서 윌버포스는 자신이 11년 전에 연설했던 캐슬 야드로 갔다. 이미 수많은 신사와 유권자가 그곳에 모여 있었다. 자코뱅에 호의적인 연설을 한 손턴 대령도 있었지만 큰 호응은 없었다. 선동적 집회법을 반대하는 주민들이 프랑스 혁명을 지지하는 것은 아니기 때문이다.

드디어 윌버포스가 연단에 섰고 청중들은 열렬히 그를 환영했다. 윌버포스는 이미 10년 넘게 이 지역의 대표였고 지역구민들과의 관계는 매우 각별했다. 산업 지역의 이익과 노예무역 폐지를 위해 노력하는 하원의원의 존재는 지역구민들의 자랑이었다. 그가 주민들을 설득하려 등장한 것만으로도 비판자들은 입을 다물었고 잠깐 신뢰가 흔들렸던 사람들은 믿음을 회복했다.

윌버포스는 자신은 평화를 추구하기 때문에 적과도 타협할 수 있다고 생각하며 그 연장선에서 항상 전쟁을 반대해 왔다고 말했다. 하지만 그 이유는 영국의 자랑스러운 정치 체제를 지키는 것이며, 그것이 없이는 이런 평화의 노력이 의미가 없음을 밝혔다. 윌버포스는 무엇이 더 우선하는 목표인지 생각해 보자고 지역구민을 설득했다. 윌버포스의 지인으로 그 자리에 함께했던 앳킨슨Mr. Atkinson은 3명의 연사가 연설을 했지만 윌버포스의 연설이 논리와 호소력에서 "비교불가"였다고 평가했다.[8]

이는 단순히 친구의 공치사가 아니었다. 정부의 조치에 대한 윌버포스의 지지 연설이 끝나고 이 자리에 있었던 4천 명의 주민들은 "선동적인 집회를 반대하고 국왕과 헌정 체제를 옹호하는 청원서"를 압도적 지지로 통과시켰다. 요크셔 지역에서 의회 개혁 운동을 했던 위빌Mr. Wyvill은 이 지역의 결정은 윌버포스의 개인적 노력과 카리스마 때문이라고 말했고, 콜스러스트Dr. Coulthrust라는 지역 주민도 "이 법안(집회법)에 단호하게 반대했던 많은 사람이 당신 연설에 설득되어 청원서에 서명했습니다. 당신은 요크셔 서부의 큰 상업 도시 다섯 곳의 주민들 대부분의 지지를 얻었습니다"라고 편지를 보냈다.[9]

하원으로 돌아간 윌버포스는 잉글랜드 북부 지역(요크셔)은 정부의 조치를 찬성한다고 당당히 선언하였다. 실제로 며칠 후 요크셔 여러 지역에서 그를 따라 많은 청원서가 도착했다. 피트는 윌버포스의 정치적 무게감을 다시 한 번 느꼈다. 당시 어떤 하원의원도 이 민감한 주제에 대해 주민들을 설득하려 지역구를 방문한 이가 없었다. 피트에게 이는 용기 있는 행동일 뿐 아니라 정치적 수세에 몰린 자신을 구해 준 일이기도 했다. 이는 피트와의 관계를 회복하고 노예무역 폐지 운동가들과 자코뱅의 연관성에 대한 대중의 의심을 불식시키는 윌버포스의 정치력이 드러난 대목이었다.

뼈아픈 패배

1795년 12월 15일, 윌버포스는 다시 동료들을 불러 모았다. 노예무역 폐지 법안에 호의적인 분위기가 정말 오랜만에 되살아난 것이다. 그는 다음 회기가 시작되면 새 법안을 제출할 것이라 선언했다. 손턴의 집에 있는 오벌 라이브러리는 이 시기 반노예제 운동가들의 본부가 되었다. 클래팜파 멤버들 외에도 제레미 벤담Jeremy Bentham, 존 뉴턴, 머콜리(아직 클래팜 외부에 살고 있었음) 등이 회의에 참석했다. 다시 정보가 수집되고 분류되었으며 법안 초안이 다듬어졌다. 1년 전 패배의 분위기는 사라졌고, 변화를 기대하는 분위기가 생겨났다.

1796년 2월 2일, 의회가 다시 소집되었고 윌버포스는 2월 18일에 노예무역 폐지 법안을 제출했다. 노예무역을 지지하는 측에서는 분위기를 눈치 챘고 정면 승부보다는 싸움을 미루는 전략을 택했다. 탈튼, 윌리엄 영, 덴트 의원은 자신들이 나서는 것보다 중립적으로 보이는 의원들의 목소리가 더 호소력이 있다고 생각했고 로비에 나섰다. 미래에 수상이 될 로버트 젠킨슨

Robert Jenkinson 의원은 이들의 설득으로, "적어도 평화의 시기가 다시 도래할 때까지만 이 문제를 연기하자"고 제안을 하게 된다.[10]

월버포스는 오랜만에 찾아온 호기를 놓치지 않으려 더 결연한 의지를 보였다. "이 문제가 유보되면 아프리카의 끔찍한 상태도 유보됩니까? 이 악독한 무역이 초래한 모든 복합적인 비극이, 죽음의 작업이 유보됩니까? 그렇지 않습니다. 저는 이 법안을 연기하지 않을 것입니다. 저는 이미 지체된 정의로운 행동을 또 미룸으로써 하늘의 인내를 모독하지 말 것을 하원에 호소합니다."[11] 결국 노예무역 폐지 논의를 미루자는 결의안은 26표 차로 패배했다. 이는 노예무역 폐지 법안 통과에 분명 긍정적 신호였다.

오랜만에 승리의 기운이 느껴졌다. 피트와의 관계는 이 무렵 완전히 회복되었고 폭스와의 결합도 굳건했다. 요크셔에서 월버포스가 보인 활약으로 노예무역 폐지 운동과 혁명 세력을 연계해 보는 시각도 많이 줄어들었다. 이렇게 의회 내에 전통적인 반노예제 세력의 동맹이 재건되면서 관망하던 의원들도 조금씩 노예무역 폐지 쪽으로 입장의 변화를 보였다. 월버포스는 어느 때보다도 법안의 통과 가능성이 크다고 보았다.

영국 의회는 하원에 법안이 제출될 경우 세 번의 독회reading를 거친다. 1차 독회는 주로 법안을 소개하고, 2차 독회에서 이 안건을 더 논의할지 결정해 통과가 되면 3차 독회로 가는데 여기서 통과되면 하원의 법안이 되어 상원으로 넘어간다. 상원에서 동일한 과정을 또 한 번 겪은 후 통과되면 국왕의 서명을 거쳐 법률이 될 수 있다. 1796년 3월 3일에 하원에서 2차 독회가 열렸다. 노예무역 폐지 법안이 이번에는 통과될 가능성이 있다고 느낀 반대 세력은 의원들이 저녁을 먹으러 나간 시간에 기습적으로 2차 독회를 열었다. 윌버포스는 이 소식을 듣고 집에서 저녁을 먹다가 급하게 하원으로 달려가 2차 독회에 참여했다. 발언권을 얻은 그는 다른 의원들이 올 때까지 최대한 긴 연설로 시간을 끌었다. 결국 3월 7일 노예무역 폐지 법안이 73 대 31로 2차 독회를 통과했다. 이제 3차 독회를 통과하면 법안이 처음으로 하원을 통과하는 상황이었다.

이렇게 손에 잡힐 듯 다가온 승리는 노예무역 지지 세력의 꼼수로 허망하게 사라졌다. 3차 독회가 열리는 시간에 윌버포스에게 지지를 약속한 사람 중 10-12명이 사라진 것이다. 그중 몇명은 당일에 개봉한 새로운 오페라 〈두 명의 곱사등이〉I Dui Gobi

제임스 길레이의 〈노예무역 법안 패배 이후 박애주의자들이 받은 위로〉(1796). 윌버포스는 노예무역 폐지 법안 실패 후 흑인 여성들과 음탕한 관계를 맺으며 위로를 받는다는 악의적 모독에 시달렸다.

를 보러 갔던 것이다. 그 결과 3차 독회에서 노예무역 폐지 법안은 74 대 70으로 패배했다. 이 오페라에는 비그노니Vignoni라는 당대의 유명 가수가 출연해 표를 구하기가 쉽지 않았는데 서인도제도 세력이 의도적으로 이들에게 오페라 초청장을 뿌린 것이다. 하원을 나오는 길에 이를 알게 된 윌버포스는 고개를 떨구고 올드 팰리스 야드를 걸어갔다.

윌버포스는 동료 의원들의 부주의에 적들의 저열한 수법이 더해져 위대한 대의가 희생된 것에 크게 상심했다. "나는 계속 노예무역 때문에 마음이 아프다"[12]라고 말한 그는 실제로 병에 걸려 열흘 정도 앓아누워야 했으며 공직을 떠날 생각을 했다. 이때 그의 멘토들이 그에게 힘을 주었다. 케임브리지에서는 밀너가 약을 들고 찾아왔다. 윌버포스는 그의 방문이 "내 생명을 구하지는 못하더라도 적어도 길고 위험한 병에서 벗어나게 해준 수단이었다"라며 고마워했다.[13] 윌버포스는 이후로도 몇 달 동안 활동을 하지 못했는데 이 소식을 듣고 존 뉴턴이 편지를 보냈다.

꾸준히 같은 자리를 지키는 사람의 존재와 그것이 보여 주는 예는 다른 사람에게 보이지 않아도 강력한 영향력을 끼칠 수 있습니다. 당신은 요크셔의 대표일 뿐 아니라 사람들이 하나님을 알지 못하는 곳에서 그분을 대표하는 더 큰 영광을 누리고 있습니다. … 다리우스가 다니엘에게 했던 것처럼 저도 당신에게 '너의 항상 섬기는 네 하나님이 너를 구원하시리라'라고 말하겠습니다.[14]

월버포스는 9월 정도에 건강을 회복했고 다시 공무에 복귀하였다. 하지만 한 번 꺾인 분위기는 쉽게 회복되지 않았다. 1797년 5월 15일 월버포스는 다시 한 번 힘을 끌어모아 노예무역 폐지 법안을 제출했지만 이전보다 표 차이는 더 벌어져서 82 대 74로 부결되었다. 그는 이번에는 오히려 담담했다. "이번에는 분노하지 않기 위해 그리스도의 사랑이 필요치 않았다. 내가 제출한 법안이 실패하고 실망을 느끼는 것에 오랫동안 적응이 되었다."[15]

세 정치인 동맹의 분열

1797년 월버포스, 폭스, 피트 사이에 유지되던 반노예무역 동맹이 다시 흔들렸다. 그해 여름 피트 정부는 프랑스와 평화협상을 시도했으나 결과적으로 실패했다. 이 협상에는 월버포스도 깊이 관여했다. 그러자 피트는 전쟁에 필요한 보급물자를 걷는 계획을 11월 24일 하원에 제출했는데 필요한 재원 마련을 위해 부가세를 3배로 올릴 것을 제안했다. 이때 피트는 월버포스가 자신의 정책에 힘을 실어 주길 원했다. 지난 반역법, 선동적 집회법 때도 그의 도움이 컸고, 독립파에 속한 정치인의 지지는 반대편에게도 설득력이 크기 때문이었다.

그러나 월버포스는 이번에는 피트의 도움 요청을 거부했다. 그것이 노예무역 폐지 법안 통과에도 악영향을 줄 것을 알았지만 "어떤 것도 그것을 지지하게 만들지 못했다."[16] 거듭된 흉작으로 물가가 상승하고, 오랜 전쟁으로 서민의 생활이 이미 파탄에 이른 상황에서 증세가 감당치 못할 어려움을 주리라 여겼기 때문이다. 12월 30일 하원에서는 부가세 문제로 늦게까지 격론이 벌어졌고, 윌버포스와 피트가 맞붙는 보기 드문 장면이 연출되었다. 윌버포스는 서민의 부담을 줄이기 위해 증세 법안에 몇 개의 예외를 두자고 대안을 제시했지만 피트는 부정적이었다. 두 사람은 상당히 거친 언사를 주고받았고 윌버포스는 다음 날 크게 후회했다. "그에게 이런 반응이 나올 것을 예상해야 했고 그의 잘못을 하나님께 가져가야 했다."[17]

윌버포스는 증세 법안이 통과되는 마지막 과정에서 강한 단어를 자제하고 피트를 설득하려 했는데 이번엔 이것이 폭스를 화나게 했다. 윌버포스가 서민의 이익을 양보한다고 생각한 그는 특유의 비꼬는 말투와 과한 단어를 사용하여 윌버포스를 공격했다. 진영은 달랐어도 오랜 기간 협력했던 폭스의 태도 변화는 윌버포스의 마음을 상당히 아프게 했다. 10년이 넘도록 의회에서 노예무역 폐지 움직임을 주도했던 세 정치인의 연합이 흔들리고 있었다.

인내의 시간

1798년이 되었고 윌버포스는 다시 노예무역 폐지 법안 제출을 계획했다. 상당히 어려운 국면인 것은 알았지만 그렇게 노력하는 모습을 보이지 않으면 대중의 관심에서 멀어질 것이라고 윌버포스는 생각했다. 그는 이 무렵 피트가 이 이슈에 대해 보이는 태도에 크게 실망했다. "솔직히 말해서 여러 이유로 나는 야당보다 정부에 분노를 느낀다"고 그는 섭섭함을 토로했다.[18] 이렇게 윌버포스가 대의를 위해 고군분투하는 모습은 옛 동지들을 불러 모았다. 그레이, 셰리든, 캐닝 같은 정치인들이 다시 노예무역 폐지 세력에 복귀했고, 폭스도 개인적 불편함을 내려놓고 법안에 찬성표를 던졌다. 그럼에도 친노예무역 세력이 우위인 의회 내 역학관계는 바뀌지 않아서 1798년 이른 봄 이 법안은 다시 부결되었다.

1799년 3월, 윌버포스는 전년도의 패배에도 불구하고 다시 법안을 제출하였다. 어떤 때에는 꾸준한 인내와 노력밖에 답이 없는데 지금이 그때라고 생각한 것이다. 노예무역 폐지 법안을 둘러싼 의회 논쟁을 보면 프랑스 혁명으로 인한 국가적 위협이 깊어질수록 '신의 심판', '진노', '정의', '응보' 같은 단어가 많이 쓰였음을 알 수 있다. 1799년의 윌버포스의 연설에서도 이 상관관계가 잘 드러난다.

> 이미 알고 있는 죄악을 지속함으로써 하늘의 진노를 불러일으키지 말아야 합니다. 의원 여러분, 저는 허리케인이나 지진을 신의 복수의 손길이라고 생각하자는 말이 아닙니다. 그러나 신적 통치에는 성립된 질서가 있고 죄악된 행동과 재앙 사이엔 분명 상관관계가 있습니다. 자연적 인과관계의 작동을 통해 신의 뜻이 드러나며 그의 도덕적 통치가 입증되고 있습니다.[19]

윌버포스의 경고는 의원들의 마음을 움직이지 못했고 84 대 54로 다시 부결되었지만 그는 노예무역 폐지의 대의가 시간이 갈수록 힘을 얻을 것이라고 동료들을 다독였다. 그는 클래팜 멤버인 스티븐에게 보낸 편지에서, 자신의 동료들이 "인류에게 가장 핵심적인 봉사"를 하고 있다면서 "나는 우리가 이 (노예무역의) 거

대한 팔다리를 자를 수 있는 법안을 국회에서 통과시킬 수 있다
고 믿어 의심하지 않네"라며 의지를 보였다.[20]

1799년 3월 5일에 헨리 손턴이 노예무역 제한 법안을 제출
했다. 그것은 노예무역을 아프리카 해안의 특정 지역으로 제한
하고, 상인들의 활동을 아프리카의 특정 항구로 한정하며, 배 한
척으로 운송할 수 있는 노예 수를 할당하는 내용을 담고 있었다.
노예무역 지지 세력은 당연히 반발하였지만, 그동안 노예무역
폐지를 반대하면서 마음에 불편함을 느꼈던 의원들 중 일부가
이 낮은 수준의 제한에 찬성함으로써 법안은 5월 2일에 가까스
로 하원을 통과하였다.

하지만 서인도제도 지역과 더 강하게 연결된 귀족들이 있
는 상원에서는 강력한 반대에 부딪혔다. 윌버포스는 상원의 반
노예무역 세력을 대표하는 그렌빌에게 지원을 요청했고, 그는
자신이 상원에서 할 연설에 근거가 될 자료를 제공해 달라고 요
청했다. 이 작업을 맡은 머콜리는 상원 토론일이 얼마 남지 않았
기에 밤낮을 가리지 않고 일을 하다가 과로로 쓰러져 버렸다. 윌
버포스는 친구가 하던 작업을 떠맡아 자료를 분석하기 시작했는
데 며칠이 지나지 않아 그마저 쓰러지게 되었다.

노예무역 폐지 운동가들이 모두 안타까워하고 있던 때에
피트가 이 법안에 대해 지지를 선언했다. 윌버포스가 고군분투
하는 모습을 더 이상 보고만 있을 수 없었던 것이다. 그는 상원의
원들을 개별적으로 접촉하여 설득하기 시작했고, 7월 5일 수상
의 제안으로 상원은 노예무역 제한 법안을 다시 논의하게 되었
다. 몇몇 상원의원들은 법안의 통과를 조심스럽게 점치기까지

하였지만 결과는 다시 27 대 32로 패배였다. 이 법안에 호의적이었던 36명의 주교가 서인도제도 로비스트들의 설득으로 위임장을 내고 불참한 것이 패배의 중요한 원인이었다. 그동안 불굴의 의지로 희망을 잃지 않았던 윌버포스도 이번엔 그러지 못했다. "어떤 패배도 이렇게 실망스럽고 슬프지 않았다"고 말하는 윌버포스에게 피트는 내년에 다시 한 번 도전하자고 위로를 건넸다.[21] 참으로 어려운 시기였다.

12

승리를 향해

1800—1807

1800년 영국에는 큰 변화가 일어난다. 통합법Act of Union이 이해에 통과되고 1801년 1월 1일부로 아일랜드가 공식적으로 영국에 편입된 것이다. 더 거슬러 가보면 1603년, 스코틀랜드의 스튜어트 왕가의 왕이 잉글랜드 왕을 겸하면서 나라는 다르나 국왕이 하나인 동군연합同君聯合이 이뤄졌고, 1707년에는 통합법으로 스코틀랜드와 잉글랜드 두 국가가 합쳐서 그레이트 브리튼Great Britain 왕국이 성립되었다.

왼쪽부터 잉글랜드, 스코틀랜드, 그레이트 브리튼(1707-1800)을 상징하는 깃발.
1707년 잉글랜드-스코틀랜드 통합에 따라 그레이트 브리튼 깃발이 생겼다.

그동안 아일랜드는 공식적으로는 분리되어 있으나 잉글랜드 왕이 아일랜드 종주왕Lord of Ireland으로서 통치하는 형태로 지배를 받았는데 1800년 통합법으로 공식적인 영국 영토가 되었다. 이제 웨스트민스터에 있는 영국 국회에 아일랜드 국회의원들이 오게 된 것이다. 이로써 공식적으로 '그레이트 브리튼과 아일랜드 연합왕국'United Kingdom of Great Britain and Ireland이 출범하게 되었다.[1]

왼쪽부터 그레이트 브리튼, 아일랜드의 세인트 패트릭, 연합왕국을 상징하는 깃발.
그레이트 브리튼에 아일랜드가 통합되면서(1800) 현재의 국기(연합왕국, Union Jack)가 되었다.

피트의 사임

이 통합으로 인구와 영토가 늘어났지만 새로운 문제도 있
었다. 당시 영국 인구가 1,100만 명 정도였는데 그 45퍼센트에
해당하는 500만 명의 아일랜드계 가톨릭 국민이 편입된 것이
다. 영국은 헨리 8세 때 종교개혁을 단행한 이후 프로테스탄트
국가가 되었고, 1688년 국왕 제임스 2세가 이 질서를 무시하고
가톨릭 세력 회복을 추구하다 명예혁명으로 쫓겨났을 정도로
국민 사이에 프로테스탄트 정체성은 확고했다. 또한 18세기 내
내 가톨릭을 믿는 프랑스와 전쟁을 겪으며 영국인들 사이에 반
가톨릭 정서가 강해진 상황이었다. 특히 제임스 2세의 가톨릭교
도 후손들이 외국의 후원을 받아 1745년까지 군사적 정변을 시
도한 결과 영국에서 가톨릭은 국가를 위협하는 외국 세력과 동
일시되었다. 1780년에는 미국 독립전쟁 중 군인이 부족해 정부
가 가톨릭교도의 입대를 허용하려 하자 런던에서 큰 폭동이 일
어나기도 했다.

그러나 수상인 피트는 아일랜드 인구의 다수를 차지하는
가톨릭을 계속 차별할 수는 없다고 보았다. 1678년 제정된 심사
법Test Act은 가톨릭교도의 공직 취임을 금하고 있었는데 피트는
이들에게 가해지는 법적 제약을 완화하려 하였다. 그러나 국왕
조지 3세가 이를 강하게 반대했다. 국왕은 "이는 의무와 애정 사
이의 갈등"이라고 말하면서 새로운 백성을 사랑하는 마음은 누
구 못지않지만 국교회의 수장으로서 의무가 더 우선시되어야 한
다고 말했다.[2] 결국 피트는 국왕의 신임을 잃었다고 여겨 1801년
2월 16일에 수상직을 사임했다. 국왕은 헨리 애딩턴Henry Adding-

피트의 후임 수상이었던 헨리 애딩턴(1801.03.-1804.05. 재임).

ton을 후임으로 지명했고 그는 3월 17일에 정권을 승계했다.

이때 윌버포스가 새 내각에 합류한다는 이야기가 나오기도 했다. 윌버포스는 프랑스와의 협상을 꾸준히 주장해 왔는데 이는 새 정부의 기조와 맞았다. 클래팜의 친구 중에서는 이를 공개적으로 희망하는 목소리도 있었다. 그러나 윌버포스는 이를 크게 신경 쓰지 않았는데 독립파의 노선을 포기할 생각도 없었고, 무엇보다 새 내각이 노예무역에 두는 우선순위가 윌버포스의 기대에 미치지 못했기 때문이다.

협상파 정치인

1801년 11월부터 프랑스와 평화협상이 시작되었지만 영국 정치인들은 여전히 강화조약 체결 여부를 두고 입장이 갈라져 있었다. 특히 프랑스군이 스코틀랜드에 상륙할 가능성이 있다는 소문이 퍼졌고, 윌버포스도 프랑스인들이 영국을 침공할 생각으

로 가득 차 있다는 말을 프랑스에서 막 도착한 사람 편으로 전해
들었다. 그러나 윌버포스는 평화협상이 어느 때보다 필요하다고
주장하는 사람이었다. 벌써 10년 넘게 프랑스와 전쟁 중인 터라
국민의 피로감이 높았고, 특히 피트 정부 말기에 전쟁 비용 마련
을 위해 부가세를 높이자 물가가 상승하여 대중의 반발이 거센
터였다. 실질 임금은 오르지 않은 상태에서 곡물 가격 상승은 인
플레이션으로 이어져 민생을 더욱 어렵게 했다. 더욱이 1798년
과 1799년에 비가 많이 내려 연달아 흉년이 들었고, 1800년에 이
르러 일부 지역에서는 기근이 발생했다. 윌버포스는 당시 민심
이 심각한 수준으로 정부를 떠나고 있다고 보았고, 안보를 위해
서라도 전쟁보다 빈민의 처우 개선이 우선이라고 보고 있었다.

윌버포스는 당시 많은 정치인이 그랬듯 애덤 스미스의 경
제 사상에 영향을 받았다. 그의 일기에는 스미스의《국부론》*The
Wealth of Nations*을 여러 번 읽었다는 기록이 나오는데 대부분 긍정
적 평가를 내리고 있다. 그는 인간이 각자의 이기심으로 최선의
생산과 소비를 택한다는 설명에 공감했으며 그것이 공공의 이익
을 가져올 수 있다고 믿었다. 윌버포스는 분명 정부의 개입보다
는 "보이지 않는 손"에 의해 가격이 형성되는 자유 시장을 선호
했다. 그러나 그는 극단적인 시장 의존에는 반대했다.◆

1800년대 초에 그는《국부론》을 다시 읽었고, 시장경제를

◆　　John Pollock, *Wilberforce* (Constable & Co.,1977), 171. 당시 영국 지배계급 중에는 자유방임
　　주의를 오해하여 토머스 맬서스(Thomas Malthus)의《인구론》(*An Essay on the Principle of
　　Population*)에 영향받은 사람들도 있었다. 국교회 성직자이자 경제학자인 맬서스는 식량
　　증가 속도보다 인구가 기하급수적으로 빨리 증가하기 때문에 식량 부족이 필연적이라고
　　주장했다. 피트는 맬서스에게 영향을 받아 인위적인 곡물 가격 조정과 빈민에 대한 복지
　　예산 투입을 반대하기도 했다.

에든버러 로열 마일에 세워진 애덤 스미스 동상. 그의《국부론》은 윌버포스의 경제관에 영향을 미쳤다.

지지한다 해서 당장 기아선상에 있는 사람들을 돕지 않는 것이 정당화될 수 없다고 생각했다. 어떤 원칙이든지 현실에 맞지 않게 밀어붙이는 것은 정치적으로 위험한 행동이라고 여겼기 때문이다. 그는 하원의 빈민 상황 조사 위원회 위원으로 활동했고 한 번도 결석하지 않고 활동할 정도로 열심을 보였다. 영국의 농경제학자 아서 영Arthur Young의 주장을 받아들여 감자를 대량 재배해서 곡물 가격을 낮추는 정책을 지지한[3] 그는 하층민의 불만이 심상치 않다고 느낀 정부가 곡물 수입을 결정했지만 아직도 빈민들에게는 가격이 비싸므로 최고가격을 정해야 한다는 혁신적인 주장을 하기도 했다.

윌버포스에게 프랑스와의 평화협상은 민생을 살리는 길이기도 했다. 오랜 전쟁을 멈추면 정부가 증세를 멈추고 군비를 줄여 복지예산을 늘릴 재정적 여유가 생긴다. 또한 자유무역을 활성화해서 곡물 수입이 늘어나면 물가를 전반적으로 낮출 수도 있으므로 서민들의 삶에 매우 시급하고 중요한 문제였고 이를 외면한다면 전쟁 수행은 결코 국민적 지지를 받을 수 없었다.

프랑스에 대한 유화정책은 또한 노예무역 폐지와도 관련이 있다. 영국 혼자 노예무역을 폐지하기보다 유럽 열강들이 반노예제 정책을 세우고 공조한다면 대서양 차원의 노예무역을 궁극적으로 없애고 아프리카와 자유로운 무역 관계를 형성하는 최선의 방법이 될 수 있었다. 윌버포스는 애딩턴 수상에게 프랑스에 노예무역 폐지 대가로 경제적·군사적 제재를 줄이겠다는 것을 평화협상 카드로 사용하자고 제안하였다. 그러나 애딩턴은 피트보다 노예무역 폐지에 대한 열정이 크지 않았다. 윌버포스는 자신의 설득이 헛수고였다고 하면서 "만약 지금 평화협상이 진행 중일 때 피트가 수상이었으면 이 문제는 중요한 논의 대상이 되었을 것"이라며 아쉬워했다.[4]

1802년 3월 25일, 애딩턴 정부는 프랑스 혁명 정부와 아미앵 조약을 체결하고 1803년 5월까지 약 14개월가량 평화를 유지

질 클로드 지글러의 〈아미앵 조약의 체결〉(1802).
나폴레옹의 형 조제프 나폴레옹과 영국의 찰스 콘윌리스 장군이 악수하고 있다.

했다. 1792년 프랑스 혁명 전쟁이 시작된 이래 오랜만에 전쟁이 멈췄다. 그러나 윌버포스의 바람과 달리 노예무역 폐지는 평화 조약의 조건이 되지 못했다. 사실 이 조약은 영국과 프랑스 모두 내부 불안을 잠재우고 다가올 전쟁을 위해 잠깐 숨을 돌리는 성격이 강했다. 따라서 애초에 유럽의 미래를 바꿀 만한 노예무역 폐지 같은 굵직한 이슈는 다뤄지기 어려웠다.

윌버포스는 나폴레옹에 대해 일방적 유화론자는 아니었다. 프랑스 혁명 기간에 드러난 폭력성, 무질서, 반기독교성을 그는 결코 받아들일 수 없었다. 나폴레옹은 집권 후 교황과 협상을 벌여 가톨릭 성직자에 대한 박해를 중지하고, 교회 재산도 어느 정도 회복시켰다. 그러나 윌버포스는 여전히 그를 신뢰할 수 없었다. 1804년 나폴레옹은 스스로 황제가 됨으로써 프랑스에 군주제를 회복하였지만 윌버포스는 그것이 옛 질서의 회복이 아니라 독재 체제의 수립일 뿐이라고 보았다.

그가 보기에 전쟁은 프랑스와의 체제 경쟁에서 마지막 수단이며, 궁극적인 승리를 가져올 수단이라고 보기 어려웠다. 윌버포스는 궁극적 승리를 위해서는 "우리 내부의 재원을 개발하고 우리 국민의 마음, 특히 선원들의 마음을 얻고, 하층민의 세금 부담은 덜어 주면서 지출을 경제적으로 하고, 필요하다면 상류층에는 세금을 더 무겁게 매기는" 민심 수습책이 필요하다고 의회에서 주장하였다.[5] 이를 위해 무엇보다 국민 사이에 국가와 공동체를 소중히 여기는 애국심을 다시 살리려는 노력이 중요했다. 그는 동료 의원들에게 말했다. "대중이 냉담한 상태에 있는 것은 위험하기 때문에 당신은 그들의 따뜻한 친구가 되어야 합니다. 그렇지 않으면 그들은 당신의 적이 될 것입니다."[6]

영국과 프랑스 모두 이 평화가 오래 가리라 예상하지는 않았다. 나폴레옹은 프랑스 내부 반대 세력의 소요와 유럽 내 정복지의 저항 세력을 소탕할 시간이 필요했다. 그래서 아미앵 조약으로 영국과 소강상태에 이르자 국내 반대 세력을 소탕한 뒤 곧 이탈리아와 독일 쪽으로 군대를 보냈다. 다시 프랑스와 유럽 대륙에서 자신의 지배권을 확고히 하겠다고 선언한 것이다. 게다가 영국 쪽 해안으로 군대가 집결한다는 첩보도 있었다. 이 소식은 영국 내 반프랑스 여론을 들끓게 했고 본토가 위기에 처했다는 인식에 따라 1803년 5월 애딩턴 정부는 다시 프랑스와 전쟁 상태에 돌입하게 되었다.

하원이 398 대 67로 프랑스와 다시 전쟁을 하기로 했을 때 윌버포스는 반대표를 던진 소수파였다. 그러나 실제로 전쟁이 시작된 후에는 정부를 지지했다. 오랜 세월이 흐른 후 이때를 회상한 그는 "나는 이 전쟁을 강하게 반대했다. 그러나 일단 전쟁이 시작되자 그것이 초래할 피해를 계속 부정할 수는 없었다"라고 말했다.[7] 다시 말해 그는 무조건적 평화주의자는 아니었고, 전쟁을 할 수밖에 없는 상황에서는 효율적으로 싸워 빨리 승리하는 것이 낫다고 생각했다.

영국 본토 방어 계획

현대 국가는 전면전이 일어나면 일반 국민에게 국가 방위 의무를 강제로 부여하는 징병제를 시행하는 경우가 많지만 윌버포스 당시 유럽에서는 일반적 방법이 아니었다. 1792년 프랑스

326

가 처음으로 성인 남성을 대상으로 징병을 했지만 예외적인 경우에 속했다. 그래서 윌버포스는 국민의 애국심에 호소해 의용군을 조직할 것을 촉구했다. 그는 이를 위해 수상과 내각이 런던에 거주하는 성인 남성의 리스트를 만들고 이들에게 당면한 위험을 설명하고 각자의 직업에 따라 그들이 담당할 의무를 제시하자고 제안했다. 이 계획에 따르면 국왕이 직접 의회에 와서 적절한 연설로 사기를 돋우고, 왕세자를 수장으로 하는 귀족 위원회가 먼저 부대를 조직해야 한다. 상인들은 전쟁에 나가지 않을 경우 의용군에 필요한 물자를 공급할 계획을 세워야 한다. 그는 런던에서 동원할 수 있는 병력을 10만 명으로 계산했고, 런던의 예가 다른 도시들의 의용군 구성을 자극할 것이라 예상했다.[8]

당시 내각에서는 프랑스처럼 16세부터 60세 사이 남성을 소집하자는 의견도 나왔지만 윌버포스는 국민의 자발적 참여가 없이는 궁극적 승리를 보장하기 어려우며, 지나치게 높은 수준의 징병은 국가 재정에도 부담을 주고 결국 세금 증가로 이어진다며 반대했다. 윌버포스는 옥스퍼드셔의 한 농부가 "세금이 너무 많아서 나폴레옹이 오는 것도 나쁘지 않을 것 같다"고 말하는 것을 듣기도 했다.[9] 그는 의용군을 조직하려면 사회 지도층의 협조가 필요하다고 보았으며, 스스로 본을 보이는 차원에서 물품 지원 명목으로 500파운드를 기부하였다.

당시 영국은 전쟁 준비가 충분히 되지 않은 상태였다. 오랜 전쟁에서 단련된 프랑스군과 비교해 볼 때 본토 방위를 위해 이제 막 모집된 의용군은 수준 차이가 컸다. 해군 제독 출신인 찰스 미들턴이 서인도제도와 인도에 파견된 배들까지 동원해 프랑스 함대로부터 연안을 방어할 계획을 세웠고 애딩턴 정부도 이를 승인했지만, 그 후 두 주가 지나도록 특별한 조치가 취해지지 않았다. 일반 국민의 사기는 높은 편이었지만 정부의 준비 미숙으로 불안해하는 사람들이 많았다. 그리고 프랑스가 침공한다는 소문만 돌고 막상 별다른 조짐이 없자 시민들은 초조함 속에 지쳐 가고 있었다. 1803년 9월 9일 윌버포스는 이런 위기 속에 국민이 지치지 않도록 하루 동안 금식하면서 기도했다. "이렇게 스스로 낮추는 행위의 주요 목표는 이 나라의 죄악 중 나의 몫을 회개하는 것"이었다.[10]

1804년 2월 1일 하원이 다시 열렸고 찰스 미들턴을 비롯한 많은 해군 장교들은 영국 본토를 침공하려는 프랑스 함대를 막을 준비가 미흡하다고 말했다. 3월 15일 이런 상황을 개선하기 위해 이제 전직 수상인 피트는 해군력 증강을 위한 법안을 제출했다. 그러나 휘그와 애딩턴파 토리가 연합하여 이 법안을 부결시켰다. 윌버포스는 탄식했다. "이 나라의 정파심과 당파성이 만들어 낸 결과물이 얼마나 슬픈가! … 사실 우리에게 부족한 것은 재능 있는 사람이 아니라, 잘못을 바로잡고 중요한 위치에 적절한 사람을 선택할 수 있는 확고하고 진실한 마음이다."[11] 윌버포스는 피트가 애딩턴과 정부 관료들과 힘을 합치기를 바랐지만, 전·현직 수상의 적대감은 시간이 흐를수록 강해졌다.

1804년 4월 무렵 애딩턴의 리더십은 한계에 달했다. 피트는 애딩턴을 공격했고 여기에 그렌빌파와 폭스파가 합세했다. 국회의원 다수의 지지 확보가 더 이상 어려운 것이 확실해지자 국왕 조지 3세는 5월 2일 다시 피트를 수상으로 불렀다.

노예무역 폐지 운동의 부활

원래 피트는 여러 정파로 나뉜 영국 정치 지형에 변화를 일으키고자 각 정파의 인물이 함께하는 거국일치 내각을 조직할 계획이었다. 그러나 프랑스 혁명에 호의적이라는 이유로 국왕이 폭스를 반대했고, 거국일치 내각을 지지했던 그렌빌은 폭스 없이 내각에 들어가는 것을 거부했다. 결국 정치적 화합 시도는 시작도 하지 못했고 소수의 피트파로만 내각이 구성되었다.

노예무역 폐지 문제는 지난 4년 동안 사실상 진척이 없었다. 윌버포스는 1년 전인 1803년에 법안을 준비했지만 전쟁의 위협이 높아지자 대중적 관심이 줄어들어 법안 제출을 포기하기도 했다. 그러나 이 무렵 다시 사회 분위기 변화가 감지되었다. 노예무역 폐지의 대의가 변화된 국가적 상황 속에서 새로운 지지자들을 얻게 된 것이다.

1804년쯤에 노예무역 폐지 운동이 부활한 요인으로 크게 세 가지를 생각해 볼 수 있다. 우선 반노예무역 핵심 세력인 복음주의 정치가들의 절박함이 더 커졌다. 영국은 프랑스 혁명 이후 계속 전쟁 상황 속에 있었지만 나폴레옹 집권 이후 더 심각한 위기 국면에 접어들었다. 1804년 나폴레옹은 프랑스의 황제가 된 후 영국 침공을 염두에 두고 약 20만 대군을 영불해협 바로 앞인 불로뉴에 배치했다. 윌버포스는 이번 크리스마스가 "영원한 삶을 준비할 수 있는 마지막 시기가 될지도 모른다"고 말할 정도로 위기감을 느꼈다.[12] 당시 많은 복음주의자가 국가적 위기 속에서 신의 심판을 감지했으며 이들에게 노예무역 폐지는 국가적 죄악을 버리고 이 위기 국면에서 빠져나올 기회로 재해석되었다. 역사학자 존 커피John Coffey는 영국에서 19세기 초에 "노예무역 폐지주의가 국가적 수치와 명예에 관한 것"이 되었다고 서술하면서 그것이 민족의 죄악을 제거해 국가적 재앙을 면하려는 영국인의 심성을 반영하기 시작했다고 해석했다.[13]

또한 국제 정치적 상황도 변했다. 1794년 2월 프랑스 공화국은 프랑스 본토와 그 식민지에서 노예제를 법적으로 폐지했고, 1795년 공화국 헌법도 인간의 권리를 규정하면서 노예제 폐지를 명시적으로 선언했다. 따라서 프랑스와 전쟁 중이던 영국 지배층의 일부는 노예무역 폐지주의가 프랑스 혁명 사상과 연결되었다고 여기기 쉬웠다. 이런 상황에서 노예무역을 폐지하자는 주장은 반영국적으로 보일 수 있었다. 그러나 나폴레옹은 집권 후 1802년 5월에 법률을 통해 프랑스령 서인도제도의 설탕식민지에 다시 노예제를 도입하고, 이 지역의 노예 반란을 무자비하게 진압하였다. 이 새로운 국면에서 역설적으로 영국의 노

1804년 8월 불로뉴, 나폴레옹의 프랑스군 사열.

1800 —— 1807

예무역 폐지는 프랑스와의 관련성에서 벗어나게 되었다. 오히려 두 국가의 체제 경쟁 국면에서 영국이 노예무역을 폐지하는 것은 그것을 재도입한 프랑스에 비해 도덕적 위신을 높이는 역할을 할 수 있었다.

마지막으로 이때쯤 서인도제도 안의 여론에도 미세하지만 틈이 생겼다. 이때까지 노예무역 폐지 법안은 계속 부결되었으나 표결의 내용에서는 조금씩 변화가 감지되었다. 1796년 이후 하원에서 노예무역 폐지 법안은 한 번을 제외하고 계속 10표 미만 차이로 부결되었고, 1799년에는 노예선의 과적을 규제하는 법안이 하원을 통과하기도 했다. 냉정하게 보았을 때 언제까지 노예무역을 유지할 수 있겠느냐는 회의적인 의견이 노예 상인과 서인도제도 농장주들 안에서 생기기 시작했다. 게다가 프랑스와의 전쟁 과정에서 영국이 트리니다드, 데메라라, 수리남 등 새로운 설탕 생산 가능 지역을 획득했다. 반노예무역 정치가들의 강력한 반대로 영국 정부는 새로운 영토에 노예공급을 허용하지 않았고 임금 노동자들이 들어오기 시작했다. 이렇게 되면 곧 기존의 서인도제도 식민지 설탕의 경쟁력은 떨어질 것이 예상되었고 이런 상황에서 일종의 출구 전략이 필요해 보였다.

윌버포스는 이제 일부 서인도제도인들이 노예무역 폐지의 가능성을 언급하기 시작했다고 일기에 적었다. 1803년 12월, 네덜란드 식민지였다가 영국이 차지하게 된 데메라라에서 자유민이 설탕을 경작하자, 일부 노예 농장주들은 노예무역을 일정 기간 유예하는 방안을 윌버포스에게 비밀리에 제안하기도 했다. 1804년 5월 17일, 런던에서 서인도제도 농장주와 노예 상인들

연도	결과
*1788	*돌벤법(노예선 환경 규제 내용) 통과
1789	노예무역 폐지 법안 발의 불발 (청문회로 표결 미뤄짐)
1791	노예무역 폐지 찬성 88 : 반대 163
1792	노예무역 폐지 찬성 109 : 반대 158
1793	노예무역 폐지 법안 8표 차이로 부결
1795	노예무역 폐지 찬성 61 : 반대 78
1796	노예무역 폐지 찬성 70 : 반대 74 (2차 독회 통과 → 3차 독회 패배)
1797	노예무역 폐지 찬성 74 : 반대 82
1798	노예무역 폐지 찬성 83 : 반대 87
*1799	*Slave Trade Regulation Act 통과 (노예선 과적 규제) 상원에서 5표 차 부결(27 대 32)
1799	노예무역 폐지 찬성 54 : 반대 84
1804	노예무역 폐지 찬성 124 : 반대 49로 통과 (상원에서 부결)
1805	노예무역 폐지 법안 다시 제출 → 하원 2차 독회에서 패배
*1806.5	*해외 노예무역 폐지 법안(영국인들의 유럽 국가 식민지 노예무역 금지) 통과 → 실제로 영국 노예무역의 3분의 2 금지 효과
1807	노예무역 폐지 찬성 283 : 반대 16 *노예무역 폐지 법안 상원에서 41 대 20으로 통과 후 하원에서 통과

영국 의회의 노예무역 폐지 법안 표결 결과. 1788-1807년.

의 총회가 열렸다. 여기서도 전쟁 기간 중 노예무역 일시 중단 제안이 나왔지만 결과적으로는 부결되었다. 하지만 서인도제도 농장주와 노예무역 상인의 동맹에 균열이 포착되기 시작했다.

열 번째, 열한 번째 패배

이런 분위기 속에서 윌버포스는 다시 노예무역 폐지 법안을 제출했다. 1804년 5월 30일, 이 법안은 1차 독회◆를 124 대 49로 통과했다. 이 투표에서 복음주의 정치가들과 피트파, 폭스파

◆ 현대 영국 의회는 1차 독회에서 법안의 취지만 설명하지만 윌버포스 당시에는 1차 독회에서 투표까지 진행했다.

사이의 오랜 연합이 재건되고, 여기에 영국 국회에 새로 들어온 아일랜드 의원들이 새로운 지지 세력이 된 것이 드러났다. 아일랜드는 노예무역과 큰 상관이 없는 지역이었고, 오랫동안 억압을 받은 역사 때문에 박애주의적 주장이 좀더 호소력이 있었다. 윌버포스는 이전처럼 지지를 약속한 의원들이 오페라 관람 등 딴 곳으로 빠지는 것을 막기 위해 아예 이들과 같이 식사를 한 후 함께 의사당에 들어가기도 했다.

1804년의 1차 독회 통과는 노예무역 폐지와 관련하여 1796년 3월 하원에서 2차 독회를 통과한 이후 너무도 오랜만에 거둔 승리였다. 감격한 윌버포스는 "만물의 주재자는 사람의 마음을 돌이키신다. 그 앞에 어려움은 사라지게 된다"라고 말했다. 다른 사람들이 볼 때도 고지가 바로 눈앞에 있는 듯했다. 뉴턴은 "두 달 후면 나는 80세가 되는데 살아서 이 일의 성과를 꼭 보아야겠다"고 말했다.[14] 공리주의 철학자로 노예무역을 오랫동안 반대해 온 제레미 벤담은 "지금까지 멸시의 대상이 되어 온 무고한 인종을 위해 당신이 오랫동안 해왔던, 조만간 좋은 결과가 예상되는 그 노력에 저도 마음을 같이합니다"[15]라고 윌버포스에게 응원의 메시지를 보냈다.

윌버포스는 신중한 태도를 견지했지만 1804년 6월 7일에 노예무역 폐지 법안이 하원의 2차 독회도 통과하자 자신감이 생겼다. 그는 3차 독회에서 큰 표 차로 이기길 원했는데 이 경우 상원의원들이 하원의 법안을 부결시키기에 부담을 느끼리라 생각했기 때문이다. 위협을 느낀 서인도제도 세력의 로비가 강해졌고 특히 새로 국회에 들어온 아일랜드 의원들에 대한 회유와 압박이 거세졌다. 그럼에도 1804년 6월 27일 3차 독회에서 이 법안은 99 대 33이라는 큰 표 차이로 통과되었다. 노예무역 폐지 법안이 처음으로 하원 문턱을 넘어 상원으로 간 것이다.

월버포스는 상원 통과를 위해 17년 전 켄트의 저택에서 노예무역 폐지 운동의 시작을 같이 의논했던 윌리엄 그렌빌Lord Grenville에게 도움을 요청하는 편지를 썼다. 본래 하원의원이었던 그렌빌은 이때 귀족이 되어 상원에서 영향력 있는 인물이 되어 있었다. 그러나 주로 토지 귀족들이 모인 상원의 분위기는 하원과 매우 달랐고 국민의 직접 투표로 뽑는 하원과 달리 귀족원貴族院인 상원까지는 여론의 변화가 미치지 못하고 있었다. 그는 상원에 있던 포티어스 주교로부터 법안 통과에 대한 부정적 전망을 들었다. 피트도 또다시 패배하느니 차라리 내년까지 보류하기를 제안했다. 월버포스도 분위기가 심상치 않음을 알았지만 하원에서 큰 표 차이로 통과했기 때문에 법안이 부결되기는 쉽지 않으리라 기대했다.

1804년 7월 2일 노예무역 폐지 법안에 대한 상원의 2차 독회가 열렸다. 노예무역 폐지를 주장하는 측에서는 나중에 수상이 되는 그렌빌과 그 후에 수상이 되는 로버트 젠킨슨Robert Jenkinson이 일어나 열정적으로 지지 연설을 했다. 그에 비해 폐지를 반대하는 측은 상대적으로 조용했다. 그러나 여기서도 거인들보다는 조용히 있던 피그미의 수가 많았다. 이들이 노예무역 폐지 법안을 막을 수 있다고 판단한 그렌빌은 다음 회기로 법안 표결을 연기하는 데 합의했다. 월버포스는 여러 번의 경험을 통해 법안을 다음 회기로 미루면 통과되기가 매우 어렵다는 것을 알고 있었기에 다시 한 번 좌절감을 느꼈으나 어쨌든 다음 회기에 법안을 다시 제출해야 하므로 준비를 시작했다. 윌버포스와 그의 동료들은 예상되는 공격과 질문의 리스트를 만들고 그에 대한 답변을 작성했다. 제임스 스티븐이 윌버포스에게 팸플릿 초안을 보내자 그는 그것을 기존의 자료와 자세히 비교하면서 모순되는 점을 찾아내고 논지를 다듬었다. 자료를 찾고 정리하는 일은 주로 스티븐이 전담했으나 일이 너무 많았다. 윌버포스는 다시 토머스 클락슨에게 연락을 했고 이를 계기로 클락슨은 노예무역 폐지 활동에 복귀했다. 또한 이때쯤부터 클래팜파의 자녀 세대가 아버지들을 돕기 시작했다. 상원에서 제기될 예상 질문에 대한 자료는 그랜트의 자녀들이 조사했고, 특히 찰스 그랜트의 아들 로버트는 뛰어난 언어 능력으로 여러 자료를 해석하고 요약하는 데 큰 도움을 주었다.

1805년 1월 12일에 클래팜 멤버들은 윌버포스의 브룸필드 저택에 모였다. 윌버포스는 그들과 함께 "폭풍우 치는 바다에 뛰어들기 전에 … 주께서 내 안에 있는 힘으로 강하게 해주시길 기도하였다."[16] 그러나 그들이 맞닥뜨리게 될 폭풍우는 생각보다 거셌다. 윌버포스는 이전의 경험을 통해 노예무역 폐지 법안이 하원을 통과해 상원까지 통과하려면 의회가 열리자마자 움직여야 함을 알게 되었다. 회기가 끝나간다는 이유로 상원에서 법안 토의가 다음 회기로 미뤄진 적이 여러 번 있었기 때문이다. 그래서 개원한 지 얼마 안 된 2월 6일에 노예무역 폐지 법안을 다시 제출했다. 이 법안은 하원에서 2월 19일에 1차 독회를 통과하였고 2차 독회도 무난히 통과하리라 예상되었지만 2월 27일 2차 독회에서 뜻밖에도 70 대 77로 패배하고 말았다. 윌버포스에게 지지를 약속한 의원 중 미지근한 열정의 소유자들이 또다시 핑계를 대고 참석하지 않았던 것이다.

윌버포스는 반복되는 패턴의 패배에 지쳤다. 먼카스터에게 보낸 편지에서는 다음과 같이 말했다. "목요일 저녁 치명적인 패배 이후 심장에 이상이 생겼네. 목요일, 금요일 밤에는 전혀 잘 수 없었지. 상처투성이인 아프리카 해안의 약탈과 잔혹한 장면이 계속 꿈에 나왔네. … 난 정말이지 자네에게 글을 쓸 힘이 전혀 없네. 친구여, 우리가 지금 어떤 세상에 살고 있는가? 지금은 맘몬[物神]이 우리가 실제로 무릎을 꿇고 경배하는 신이지. 그리고 자기 이익이 영구적인 활동의 원칙이라네."[17]

헨리 던다스 탄핵 문제

이 시점에 윌버포스를 더 어렵게 만든 일이 발생했다. 피트와 관계가 다시 악화된 것이다. 이전에도 사이가 좋지 않았던 적은 있었지만 이번은 차원이 달랐다. 1802년부터 해군 특별 조사위원회는 오랜 시간 피트 정부에서 요직을 차지했던 인물로 점진적 노예무역 폐지 동의안을 제안했던 헨리 던다스의 비리를 조사하고 있었다. 시작은 20년 전에 해군의 회계 책임자인 알렉산더 트로터Alexander Trotter가 공금을 자신의 개인 계좌로 빼돌린 일이었다. 그는 이 횡령금으로 투자를 하여 이익을 얻었는데 당시 해군 재무관이었던 던다스가 이를 묵인했다는 의혹이 일었던 것이다. 1805년 특별 조사위원회의 결과보고서가 발표되었고 이 문서는 던다스의 혐의가 사실일 가능성을 강하게 암시했다.

피트의 최측근이었으나 비리 혐의로 사임한 헨리 던다스(1742-1811).

　　피트는 보고서를 1805년 3월에 미리 받았고 마침 그 자리
에 있었던 윌버포스는 그의 얼굴색이 창백히 바뀌었다고 일기에
적었다. 오랫동안 피트의 최측근이었고 지금도 내각의 해군장
관인 던다스가 유죄라면 정권에 치명타가 될 수 있었다. 윌버포
스는 피트에게 공개적으로 던다스를 방어해서는 안 되며 공정한
잣대로 이 문제를 대해야 한다고 조언했다. 그러나 피트는 20년
전의 그 일은 실수였고 결과적으로 공금에 손실이 생기지 않았
다는 던다스의 말을 믿고 그를 보호하기로 했다.[18]

　　윌버포스는 피트와의 친분에도 불구하고 공인으로서 신의
를 더 중시했다. 4월 8일 하원의원 새뮤얼 휫브레드Samuel Whit-
bread가 던다스를 수사할 것을 촉구하는 결의안을 제출했고, 피
트파 의원들과 야당 의원들 사이에 오랜 시간 격론이 일어났다.
이 논쟁의 막바지에 피트와의 관계 때문에 조용히 있을 것이라
는 예상을 깨고 윌버포스가 자리에서 일어났다. 피트는 간절한
눈빛으로 윌버포스를 쳐다보았고 훗날 윌버포스는 "나를 관통

하는 듯한 호소의 눈빛에 저항하기 위해서는 큰 노력이 필요했다"라고 회상했다.[19]

발언권을 얻은 윌버포스는 담담히 던다스의 잘못을 나열한 후 연설의 마지막에 정의의 엄격한 기준을 적용할 것을 하원에 호소했다. "우리는 지금 영국의 도덕적 감수성을 시험받고 있습니다. 그것에서 후퇴했다면 우리 자신의 행동을 깊이 뉘우쳐야 합니다."[20] 당파심에서 벗어나 높은 대의에 호소한 이 연설은 효과가 매우 컸다. 그 자리에 있었던 존 리가드 Sir John Legard는 윌버포스에게 "처음에 결의안의 성공은 의심스러워 보였습니다. 그러나 당신이 일어나 연설했을 때 그것은 40여 표에 영향을 주었습니다. 피트는 당신의 연설이 일으킨 변화를 보며 불안을 감추지 못했습니다"라고 편지를 보냈다.[21]

결의안에 대한 투표가 시행되었고 결과는 공교롭게도 216 대 216으로 동수가 나왔다. 이 경우 평상시에는 투표하지 않는 하원의장이 한 표를 행사하게 된다. 당시 의장이었던 찰스 애보트 Charles Abbot는 모두의 주목 속에 한 표를 행사했고 그 결과 수사 결의안은 통과되었다. 그 자리에 있던 대다수 의원들은 피트와 동맹관계로 여겨지는 윌버포스의 연설이 영향을 주었다고 생각했다. 결국 수사가 진행되면서 자신과 내각의 평판이 흔들리는 것을 참을 수 없었던 던다스는 6월 11일 장관직을 사임했다.

이 모든 과정에서 윌버포스는 원치 않았지만 가장 괴로운 역할을 수행했다. 사실 중간에 '점진적' 노예무역 폐지를 주장하긴 했으나 던다스도 윌버포스와 가까운 사이였고 오랫동안 노예무역 폐지를 위해 협력한 동료이기도 했다. 그럼에도 윌버포스는 "조국은 내가 멜빌 경♦의 행위에 관한 결정을 내림에 있어서, 당파심, 개인적 우정, 다른 어떤 외적 동기를 고려하지 않고 오직 정의의 규칙, 헌정 체제의 원칙에 따를 것을 요구한다"며 자신의 역할을 해냈다.[22] 시간이 흘러 1810년 윌버포스와 던다스는 다시 만나 옛일로 인한 감정을 풀어냈다. 던다스가 죽기 1년 전의 화해였다.

피트의 죽음과 새로운 기회

던다스의 불명예 퇴진은 피트에게도 치명상을 입혔다. 이 사건은 내각의 도덕성을 흔들었고 오랫동안 피트 정부의 오점으로 남았다. 사건 이후 몇 주가 지난 뒤 피트와 윌버포스는 다시 만나 화해했지만 그들의 관계는 이전과 같을 수 없었다. 조금 더 시간이 있었다면 달라질 수 있었겠지만 그런 일은 일어나지 않았다. 피트가 세상을 떠나게 된 것이다.

피트는 이때쯤 재정 문제로 골치를 썩고 있었다. 피트 정부는 나폴레옹과의 전쟁 때문에 확장 재정 정책을 폈으며 그의 임기 말년에 국가 부채는 6억 7,900만 파운드까지 치솟았는데 이는 1806년 영국 GDP의 2배가 넘는 액수였다. 피트는 부채 완화를 위해 토지세, 소득세를 높였지만 살기 어려워진 국민의 저항도 심해졌다. 이런 상황에서 1805년 12월 2일, 아우스터리츠 전투에서 나폴레옹이 영국의 동맹 오스트리아와 러시아 연합군을 대파했다는 소식은 피트에게 치명타가 되었다. 윌버포스는 아

♦　　1802년 던다스는 멜빌 자작Viscount Melville이 되었다.

우스터리츠의 소식이 준 충격을 피트의 사망 원인으로 꼽았다.[23] 이 패배로 향후 영국이 맞닥뜨릴 위협이 수상인 피트에게 커다란 스트레스가 되었다고 본 것이다. 어릴 때부터 가지고 있던 고질병이 과로로 더 악화되었던 피트는 이 소식 이후 병세가 심해졌고 결국 1806년 1월 23일에 사망했다.

윌버포스의 충격과 상심은 말로 다 하기 어려웠다. 특히 피트와 관계가 온전히 회복되지 않은 상황에서 일어난 일이라 후회도 컸다. 지난 20년 동안 노예무역 폐지에 대한 수상 피트의 지지는 이 운동을 추진하는 요소 중 고정값에 해당했다. 얼마 전부터 관계가 소원해지긴 했어도 피트는 노예무역 폐지에 대한 공식적인 지지를 거둔 적이 없었다. 그런데 한창 나이인 46세에 피트가 죽으면서 이 상수常數가 사라져 버렸다.

윌버포스는 "전능자는 우리에게서 중요한 버팀목들을 빼앗으시는 것 같다. 넬슨, 피트, 콘월리스 모두 가버렸다"◆라고 쓸쓸히 적었다. 그는 슬픔 중에서도 섭리를 믿으려 애썼다. "그러나 동일한 사건이 여러 다른 면을 보이기도 한다. 전능자는 (어떤 사건을 통해) 육체적인 수단을 의지하는 우리의 무지함을 드러내기도 하지만 그것들이 더 이상 없을 때도 우리를 구원하고 보호할 수 있음을 보이기도 한다."[24] 1806년 2월 22일 장례식이 열렸고 윌버포스는 피트의 관 앞에 서서 조기를 들고 걸어갔다.

피트의 죽음으로 내각은 해산되었고 1787년 켄트의 저택

◆ 윌버포스는 트라팔가르 해전에서 승리한 넬슨 제독과 북아메리카와 인도에서 활약한 콘월리스 장군을 피트와 더불어 영국을 지키던 중요한 인물로 평가했다. 넬슨과 콘월리스는 1805년에 사망했다. *Life of Wilberforce*, III, 250.

에 있는 나무 밑에서 피트가 윌버포스에게 노예무역 폐지 운동
을 권했을 때 같이 있었던 윌리엄 그렌빌이 총리가 되었다. 윌버
포스가 그동안 심정적으로 의지하던 피트가 사라지자 역설적으
로 새로운 기회가 생겨났다. 그렌빌은 당시 국가적 위기를 극복
하기 위해 모든 주요 정파가 참여하여 의회의 광범위한 지지를
받는 거국 내각을 조직했다. '재능 내각'Ministry of All the Talents이
라고 불렸던 이 내각에는 조지 캐닝이 이끄는 일부 토리를 제외
한 대부분의 정파가 가담했다. 그 결과 노예무역을 반대하던 각
정파의 대표들이 한 정부 안에 들어오게 되었다. 우선 그렌빌 수
상 못지않게 오랫동안 열성적인 노예무역 폐지 지지자인 폭스
가 외무장관이 되었다. 또한 재무장관인 헨리 페티, 추밀원 의장
피츠윌리엄, 내무장관 스펜서 등이 모두 노예무역 폐지 지지자

웨스트민스터 사원 입구에 있는 윌리엄 피트의 묘비.

로서 역대 어떤 정부보다도 반노예무역 색채가 강한 정부가 들어선 것이다.

제임스 스티븐은 "우리(클래팜파)가 새 내각에 대표단을 보내자"고 제안했다.[25] 새 내각이 노예무역 폐지를 정부 차원에서 지지할 것을 약속한다면 클래팜파도 그들의 정책을 전반적으로 지지한다는 계약을 체결하자는 것이었다. 그러나 윌버포스는 정치적 신념에서 이를 반대했다. 그는 계약 때문에 양심에 반해 정부를 비판하지 못하거나 반대로 무조건 지지해야 하는 상황을 염려했으며, 또한 현실적으로 양 세력이 어느 정도까지 협력할지 범위를 두고 결국은 갈등하게 되리라 예상했다.

이런 원칙 때문에 그는 새 정부가 현직 대법관이었던 엘렌보러 경Edward Law, Baron Ellenborough을 재무장관에 임명하는 것을 반대했다. 윌버포스는 그와 20년 지기였지만 대법관직을 유지하면서 내각에 합류하는 것은 사법부의 독립을 침해한다고 주장했고 다른 의원들도 여기에 동감했다. 결국 엘렌보러는 여러 의원들의 비판을 못 견디고 2주 만에 재무장관직을 사임했다. 그러나 엘렌보러는 윌버포스의 비판이 어느 정도 일리가 있다고 받아들였으며 1년 후 "윌버포스, 내가 자네에게 너무 많은 잘못을 저지르진 않았기를 바라네"라고 장난조로 말하기도 했다.[26]

해외 노예무역 금지 법안

1805년까지 노예무역 폐지 법안의 통과는 열한 번 실패하였다. 윌버포스는 전과 같은 방식으로 이번에도 패배할 수는 없다고 생각했다. 그래서 이전처럼 전국적인 청원서 운동을 진행하면서도 여기에 좀더 현실적인 방법을 하나 추가했다. 친노예무역 세력을 단번에 단합시키는 전면적이고 즉각적인 노예무역 폐지를 내세우는 대신 '해외 노예무역 금지'라는 우회 통로를 거치기로 한 것이다. 이 법안은 영국 노예 상인이 외국과 거래하거나 외국을 대신하여 거래하는 것을 금지시켰고 겉으로 보면 경쟁국 식민지의 농장에 노예 노동력 공급을 중단하고 영국 농산물의 경쟁력을 높이는 것을 목표로 하는 법처럼 보였다. 하지만 당시 영국의 노예무역에서 타국의 노예무역을 대행하거나 다른 유럽 식민지에 노예를 운송하면서 얻는 이익은 매우 높은 비중을 차지하고 있었다.[27] 당시 이 법안으로 영국 노예무역의 4분의 3이 실질적으로 금지되리라 예상한 사람은 거의 없었다.

새 내각은 이 법안에 상당히 호의적이었다. 1806년 3월에 윌버포스는 그렌빌 수상과 외무장관 폭스, 재무장관 페티와 회담을 갖고 정부 법안으로 해외 노예무역 금지 법안을 제출하기로 했다. 윌버포스는 정부의 지지를 확보한 뒤 이 법안을 최대한 조용히 처리하는 전략을 세웠고 결국 법무장관 아서 피곳Arthur Leary Piggott이 하원에 법안을 제출하기로 했다. 윌버포스는 이렇게 노예무역 폐지에 협조적인 수상과 내각이 등장한 것에 감개무량했다. 그는 일기에 다음과 같이 적었다. "섭리의 방법이 얼마나 놀라운가! 지금 해외 노예무역 법안이 조용히 진행 중이다. 하나님이 사람의 마음을 어떻게 돌리시는가!"[28]

당시는 대부분의 의원들이 독회에서 법안을 처음 접했으므로 노예무역 폐지론자로 알려진 정치인들은 1, 2차 독회에 일부러 참석하지 않거나 참가하더라도 발언을 삼가서 반대파의 관심을 끌지 않으려 했다. 윌버포스가 이 법안에 관심이 없다는 것이 말이 안 되기 때문에 그는 당당히 지지하되 그 영향력을 축소해 말하는 전략을 폈다. 노예무역 지지 세력이 주목하는 또 다른 정치인 폭스는 법안 자체를 모르는 척했다. 결국 이 법안은 반대파가 대거 참석하지 않은 가운데 1806년 5월 1일 35 대 13으로 통과했다. 노예무역을 지지했던 로버트 필(나중에 수상을 역임하는 로버트 필의 아버지) 의원은 법안 통과 직후에 "지금처럼 그 법안의 성격이 매우 악의적이라는 것을 알지 못했기 때문에 이 법안의 이전 논의 단계에 참석하지 못해 유감입니다. 이 법안은 인류의 대의에 도움이 되기는커녕 오히려 인류에게 큰 해를 끼칠 것입니다"라며 분통을 터뜨렸다.[29]

이미 수가 드러났기 때문에 상원에서도 같은 전술을 쓰기는 어려웠다. 여기서는 전력을 다해 싸우는 수밖에 없었다. 상원은 하원보다 노예무역에 우호적인 의원들이 포진해 있지만 이번에는 분위기가 달라졌다. 가장 중요한 것은 수상이 된 그렌빌이 직접 법안을 제출하고 의원들을 설득한 것이다. 여기에 윌버포스를 도와 포고문 협회의 회장을 맡았던 글로스터 공작이 젊은 귀족층을 공략했고, 포티어스 주교가 고위 성직자의 표를 모았다. 결국 42 대 18로 해외 노예무역 폐지 법안이 통과되었다. 영국인들이 행하는 노예무역의 상당 부분을 금지하는 이 법안의 통과는 노예무역의 완전한 폐지로 가는 길을 열었다.

윌버포스는 이 승리의 분위기를 소멸시키고 싶지 않았고 곧장 노예무역 폐지 법안을 제출하려 했으나 이미 회기가 끝나가는 시점이라 중간에 폐기될 것이라는 그렌빌과 폭스의 의견을 받아들였다. 대신 1806년 6월 10일 폭스는 "아프리카 노예무역이 정의, 인류애, 건전한 정책의 원칙에 반함을 인식하고, 실행 가능한 모든 노력을 기울여 해당 무역을 폐지하기 위한 효과적인 조치를 할 것"을 하원에 촉구하는 결의안을 발의했다.[30] 이 결의안이 통과된다면 노예무역 폐지를 위해 구체적인 조치를 하도록 의회를 구속하는 효과를 기대할 수 있었다. 결과적으로 이것은 폭스가 살아서 마지막으로 제안한 안건이었고, 통과를 위해 그는 인생 최고로 평가되는 연설을 했다.

1806년 6월 24일, 이 결의안은 찬성 114 대 반대 15로 하원을 통과했고, 얼마 후 찬성 41 대 반대 20으로 상원을 통과했다. 분명 국회의 분위기는 바뀌었고 노예무역 폐지의 대의가 이전보다 더 받아들여지고 있었다. 서인도제도에 재산을 가지고 있는 한 의원은 자포자기했다는 듯이 20년간의 노력의 결과가 이제 열매 맺으려 한다며 윌버포스에게 미리 축하 인사를 건넸다. 그러나 윌버포스는 아직 싸움이 끝나지 않았음을 알고 있었다.

폭스의 죽음

폭스는 다음 회기에 제출할 노예무역 폐지 법안을 준비하는 과정에 참여했지만, 갑작스럽게 건강이 나빠졌고 다시 회복하지 못했다. 9월 13일에 윌버포스는 그의 사망 소식을 들었고 매우 슬퍼했다. 18세기 말에는 휘그를 포함한 많은 귀족이 서인도제도에 자산을 투자한 상황이었기 때문에 노예무역과 노예제를 반대하기가 어려웠다. 이런 상황에서 상당수의 휘그가 노예무역 폐지 대의에 동참하는 데는 그들의 지도자인 폭스의 영향력이 컸다. 폭스의 반노예제 사상은 그의 정치적 신념의 연장선에 있었다. 그는 자신의 정치 일생을 국왕의 권력이 전제화되는 것에 저항하고 의회의 권한 확대를 주장하는 데 보냈다. 노예무역 폐지 또한 권력에 억압받는 개인의 자유를 옹호하는 정치적 신념이 반영된 이슈였다. 폭스는 당시 영국 정치인을 통틀어 가장 일관되게 노예무역 폐지를 주장한 정치인이었다.

개인적으로 윌버포스는 폭스와 맞지 않는 부분이 많았다. 정치적으로 사회적 안정과 질서를 중요하게 여기고, 개인과 사회의 도덕성을 중시하는 윌버포스가 프랑스 혁명에 우호적인 태도를 보이고 도박과 여성 편력 등 방탕한 사생활로 유명한 폭스를 좋아하기는 쉽지 않았다. 또한 논리적이고 깔끔한 스타일의 연설을 하는 윌버포스는 주장할 때 부정확한 근거를 대거나 자극적인 표현으로 청중을 선동하는 폭스의 연설 스타일을 좋아하지

웨스트민스터 사원에 있는 찰스 제임스 폭스의 묘비. 발치에서 흑인 노예가 애통해하고 있다.

않았다. 그럼에도 윌버포스는 노예무역 폐지를 향한 폭스의 진정성을 인정하고 평생 고마워했다. 윌버포스는 폭스에 대해 "그를 잘 모르는 사람들이 대부분 부정적인 견해를 가진다. 그는 정치적으로 치우친 글을 쓰는 것 같아 보이나 완전한 진정성을 가지고 글을 썼다. 폭스는 자신의 이슈들을 완전히 이해하는 사람이었다. ⋯ 그는 억압받는 사람들에 대한 공감, 정의와 진실에 대한 사랑의 측면에서 진실된 사람이었다"라고 평가하기도 했다.[31]

1806년 10월, 그렌빌은 좀더 안정적인 의석을 가지고 정책을 수행하고자 의회를 해산하고 총선을 실시했다. 같은 해 10월 24일부터 12월 17일까지 치러진 총선에서 그렌빌 정부는 의석을 기존의 262석에서 424석으로 늘렸고, 야당은 155석을 상실했다. 이는 노예무역 폐지에 호의적인 그렌빌 정부를 지지하는 의원의 증가를 의미하는 것이기도 했다. 그동안 노예무역 폐지를 주장하는 거인들과 반대하는 피그미들의 싸움에서 후자의 수가 많았었는데 이제 노예무역 폐지를 지지하는 피그미들이 많아진 것이다. 이 선거에서는 영국에서 가장 큰 노예무역 항구 중 하나인 리버풀에서 노예무역 폐지를 주장하는 윌리엄 로스코William Roscoe가 당선될 정도로 노예무역에 대한 반감은 거셌다. 요크셔에서는 윌버포스와 더불어 또 다른 노예무역 폐지주의자 월터 포크스Walter Fawkes가 큰 무리 없이 당선되었다.

섭리와 심판

하원이 새롭게 소집되고 이제 오랜 전쟁의 끝이 보이기 시작했다. 그렌빌은 법안이 하원을 어렵게 통과해도 상원이 제동을 걸었던 경우를 대비하여 이번에는 상원에 먼저 노예무역 폐지 법안을 제출하자고 제안했다. 그렌빌이 파악한 상원의 분위기는 여느 때처럼 노예무역 폐지에 호의적이지는 않았다. 의원들의 성향을 조사한 결과 56명 이상의 지지자를 찾기 어려웠다. 그러나 그렌빌과 윌버포스는 의원들을 한 명씩 접촉하여 설득했고, 결국 70명 이상의 찬성표를 확보했다.

　드디어 노예무역 폐지 법안이 상원에 제출되었다. 노예무역 폐지 측에서는 그렌빌, 글로스터 공작뿐 아니라 모이라, 홀랜드, 시드머스, 셀커크, 로슬린 등 그동안 침묵을 지켰던 의원들이 자리에서 일어나 목소리를 내었지만 반대편은 상대적으로 조용했다. 이제 상원 안에서도 젊은 귀족과 성직자들을 중심으로 반노예무역 세력이 분위기를 주도하고 있었고, 최종적으로 상원에서 노예무역 폐지 법안은 100대 34로 통과되었다. 상원에서 처음으로 통과된 노예무역 폐지 법안은 2월 10일 하원으로 넘어갔다.

　이때 윌버포스가 현 상황을 바라보는 시각이 주목할 만하다. 아직 상원에서 법안 통과가 쉽지 않아 보일 때 그는 자기 지역구인 요크셔 주민에게 역사 속에 있는 신의 섭리에 대한 믿음을 피력하는 공개 서신을 보냈다. 윌버포스는 영제국의 위기와 나폴레옹이 거두는 승리를 보며 실망도 했지만, 오히려 눈앞에 보이는 세속 권력의 흥망성쇠를 넘어 역사를 이끄는 신의 손길을 보게 되었다. 그는 지역구 주민들에게 다시 한 번 노예무역 폐지 법안이 실패한다 해도 "자연 속 원인의 작용과 그 결과를 통해 결국 섭리가 세상을 지배"함을 믿고 실망하지 말라고 말했다.[32]

　그러나 역사 속 신의 손길을 보지 못한 민족에게는 그에 따른 심판이 찾아올 수밖에 없다. 그는 지역구민에게 "그러나 우리가 인간의 역사에 눈을 감은 게 아니라면, 계시의 명백한 가르침에 완전히 귀를 닫은 것이 아니라면, 고집스럽게 유지되고 있는 죄악과 억압과 잔인함이 전능자의 가장 무거운 심판을 우리에게 반드시 가져올 것을 믿어야 한다"고 강조했다.[33]

당시 많은 복음주의 의원들은 노예무역이 국가에 심각한 위기를 초래하고 있다는 윌버포스의 생각을 공유하고 있었다. 1807년 2월 20일 늦은 밤에 시작된 하원 토론에서는 노예무역이 초래할 신적 심판이 자주 언급되었다. 이날 의회 토론에서 찰스 그레이Charles Grey, Viscount Howick는 몇몇 개인이나 상인집단의 잘못을 넘어 아프리카에 "불의하고, 무분별하며 … 범죄에 동기를 제공하는" 부도덕한 국가적 범죄라고 노예무역을 정의했고, 그것이 정의, 인류애, 기독교에 반한다고 주장했다.[34] 러싱턴 Mr. Rushington 의원은 영국이 정의와 인류애에 반하여 수입과 수출의 균형을 맞추려는 부도덕한 거래에 빠져 있다고 경고하고 의회가 반드시 개입하여 이를 바로잡아야 한다고 말하기도 했다.[35]

이렇게 노예무역을 영국이 행하고 있는 국가적 죄악으로 해석한 노예무역 폐지 정치가들은 그것에 뒤따르는 국가적 심판을 면하기 위해 즉각적인 행동을 촉구했다. 윌버포스는 "인간성과 정의에 어긋나는 관행이 만연한 것으로 밝혀지면 아무리 그 이익이 크더라도 그것을 지속시킬 수 없음을 보여 주어야 합니다"라면서 영국 의회가 이제야말로 그것을 폐지할 때가 되었음을 주장했다.[36] 찰스 스탠업Charles Stanhope, Lord Mahon은 영국이 처한 위기 속에서 구원을 얻는 길은 "전능자의 보호와 지원을 받는 것뿐"이라고 강조했다. 이를 위해 그는 다음과 같이 호소했다. "이제 공정하고 상호적인 정의의 원칙에 근거해 행동하고, 무력하고 의지할 데 없는 민족을 더 이상 억압하거나 해치지 맙시다."[37]

마침내 찾아온 승리

2월 23일 저녁, 결전의 순간이 다가왔다. 자신에 대한 노예무역 세력의 반감이 혹시라도 투표에 영향을 줄 것을 두려워한 윌버포스 대신 외무장관 찰스 그레이가 법안을 제출했다. 리버풀에 할당된 두 의원 중 한 명으로 노예 상인들을 대표하는 개스코인 장군이 노예무역을 폐지할 경우 선원들의 대량 실직이 국가적 문제가 될 것이라는 주장을 했다. 또 다른 노예무역 항구 브리스톨의 의원인 배서스트도 비슷한 이유로 노예무역의 폐지를 반대하면서 대신 노예무역에 고율의 세금을 부과하자는 대안을 제시했다.

하지만 그 뒤로 단상에 오른 8명의 의원은 모두 노예무역 폐지 법안을 지지하였고 이제 법안의 통과가 정해진 사실인 듯 20년간 이 과업을 수행한 윌버포스를 칭송했다. 그중 법무장관 새뮤얼 로밀리Samuel Romilly의 연설이 절정을 이루었다. 그는 노예무역 폐지에 찬성하나 실행은 연기하자는 말에 더 이상 속지 말자며 즉각적 폐지만이 국가적 죄악에 대한 유일한 구제 방법이라고 주장했다. 그는 다음과 같은 말로 연설을 마쳤다.

저는 화려한 권력과 승리의 자부심에 둘러싸여 가족에게 왕국을, 추종자들에게 공국을 분배하며 왕좌에 앉아 있는 프랑스 군주제의 수장(나폴레옹)을 봅니다. 그가 왕좌에 앉았을 때 그는 인간 야망의 정점에, 지상 행복의 정점에 도달한 것처럼 보입니다. 그러나 침대에 혼자 있을 때는 자신이 흘리게 한 피와 스스로 저지른 불의로 인해 고통을 겪을 것입니다. 그리고 이런 고통과 비교했을 때, 우리의 명예로운 동료 윌버포스 씨는 오늘 밤 자신의 인도적이고 끊임없는 노력의 성공을 확인하는 투표가 끝난 후 국회를 떠나 집으로 돌아갈 것이며, 세계 각지에서 그를 축복하는 수많은 목소리를 생각하며 자신의 행복하고 사랑스러운 가족과 함께 잠자리에 들 것입니다. 앞서 언급한 유혈과 억압을 통해 왕좌에 오른 사람에 비해, 윌버포스 씨는 자신이 수백만 명의 동료 인간을 구했다는 사실에 훨씬 더 순수하고 깊은 행복을 느낄 것입니다.[38]

하원의원들은 로밀리의 말이 끝나기도 전에 환호성을 지르고 만세를 불렀다. 그 뒤 마지막으로 히버트 로즈Hibbert Rose 의원이 일어나 서인도제도의 이익을 옹호하는 연설을 했지만 그에게는 야유가 쏟아졌다. 새벽 4시가 되었고 투표할 때가 되었다. 이후 치러진 표결에서 찬성 283 대 반대 16으로 마침내 노예무역 폐지 법안이 통과되었다.

　　의사당 곳곳에서 윌버포스에게 축하가 쏟아졌다. 존 도일 경Sir John Doyle은 "제가 존경하는 의원(윌버포스)의 지칠 줄 모르는 노력과 열정과 인상적인 연설이 만들어 낸 결과"를 축하하면서 그것이 "국민성을 장식하는 옷에서 더러운 얼룩을 씻어 냈습니다"라고 칭송했다.[39] 스탠업도 다시 한 번 일어나 이렇게 찬사를 보냈다. "이 커다란 문제를 처음 제기하고 고통받는 인류를 위해 열성적이고 지칠 줄 모르는 노력을 기울인 그의 이름은 절대 퇴색하지 않는 명예와 함께 후대에까지 전해질 것입니다."[40] 제임스 매킨토시Sir James Mackintosh 의원은 노예무역 폐지를 위해 20년을 헌신한 윌버포스의 삶을 기리며 "한 사람의 생애 중 짧은 한 시기만이라도 현명하게 방향이 잡히면 수백만 명의 비참한 삶을 영원히 구원하기에 충분합니다"라고 찬사를 보냈다. 그는 앞으로 "수백, 수천 명이 윌버포스가 거둔 성공에, 인간에게 재앙이 된 타락과 잔혹함을 공격한 이 유명한 사람에게 영감을 받을 것"이라고 예견하기도 했다.[41]

윌버포스는 법안 통과 직후 "프랑스가 (전쟁에서) 패배할 첫 번째 확실한 이유가 오늘 생겨났다"고 말했다. 윌버포스의 전기를 쓴 그의 아들 새뮤얼과 로버트는 "이 끔찍한 무역을 종식한 바로 그해부터 몇 가지 사건들이 시작되었고, 그것은 웰링턴의 승리와 (나폴레옹) 보나파르트의 몰락으로 끝났다"고 말하면서 영국이 나폴레옹 전쟁에서 승리한 주요 이유를 노예무역 폐지가 가져온 변화와 연결 지었다.[42] 그들에게 노예무역 폐지의 진정한 의의 중 하나는 그것이 영국이 직면한 국가적 위기에서 벗어나는 수단이 되었다는 점에 있었다. 반노예제 세력은 1807년 영국 사회 시스템에 도덕적 위신을 더할 수 있는 비전을 제시하였고, 그것에 참여하는 사람들이 도덕자본moral capital을 얻을 가능성을 제시하였다. 하원을 통과한 노예무역 폐지법은 국왕의 승인을 거쳐 1807년 3월 25일 영제국 전체에 적용되는 법이 되었다.

13

윌버포스 신드롬

1807—1812

1807년 3월 25일, 노예무역 폐지 법안이 공식 법이 된 이날은 거국 내각의 마지막 날이기도 했다. 국왕 조지 3세가 가톨릭 지위 향상을 추진하던 내각을 해산시킨 것이다. 그렌빌은 수상이 된 후 노예무역 폐지와 더불어 가톨릭교도들의 법적 지위 문제를 해결하려 했다. 그러나 가톨릭과 관련된 문제는 또 한 번 내각을 해산시킬 정도로 파괴력이 큰 이슈였다. 피트가 정확히 보았듯 대다수가 가톨릭인 500만 명의 아일랜드인들이 연합왕국에 들어온 상황에서 어떤 식으로든 그들의 정치적 권리 보장이 필요했지만 영국인들의 거부감은 여전히 컸다. 결국 1년 43일간 존재했던 거국 내각의 가장 큰 업적은 노예무역 폐지가 되었다.

1807년 요크셔 선거

내각이 해산되고 새로 선거가 치러졌다. 이때까지 윌버포스는 다섯 차례에 걸쳐 요크셔를 대표하는 의원으로 선출되었지만, 긴장감 있게 치른 선거는 처음 당선되었던 1784년뿐이었다. 대부분의 선거구처럼 요크셔에도 두 의석이 할당되어 있었는데 1796년, 1806년 선거 때는 3위 후보가 선거 중에 사퇴했고, 1790년, 1802년은 윌버포스 외에 후보가 한 명뿐이어서 실제로 선거가 치러지지 않았다. 선거가 매번 이렇게 흘러갔던 가장 큰 이유는 윌버포스의 존재 때문이었다. 윌버포스의 당선이 당연하게 여겨졌기 때문에 소속 정당의 요청에도 2등이 될 자신이 없으면 정치인들이 도전을 하지 않았다. 그러나 이번은 달랐다. 그동안 여러 당파가 결탁했던 거국 내각이 끝나고 영국 정계가 다시 토리와 휘그의 양당 진영으로 재정비되면서 양당은 한 석이라도 차지하기 위해 요크셔에도 출사표를 던졌다.

선거가 시작되자 휘그의 거물급 정치인 피츠윌리엄 백작의 아들인 찰스 웬트워스-피츠윌리엄(Charles Wentworth-Fitzwilliam, Lord Milton, 이하 '밀턴')이 출마를 선언했다. 21세를 갓 넘긴 이 젊은 이는 방대한 영지와 그곳에 있는 탄광에서 나오는 막대한 수입이 무기였다. 토리에서는 서인도제도에 재산을 투자하여 엄청난 부를 쌓은 것으로 유명한 헨리 라셀스Henry Lascelles가 선거에 나왔다. 라셀스는 전국적으로 반노예제 정서가 강했던 1806년 선거 때 주변의 만류로 출마를 포기했기 때문에 이번 선거를 명예 회복의 기회로 보았다. 그는 바베이도스에 있는 재산 전부를 쓸 준비가 되었다고 포부를 밝혔다.

윌버포스는 그동안 선거에 이 정도의 재산을 쓴 적이 없었고 이번에도 그럴 생각이었다. 하지만 윌버포스의 대중적 인기에 대항할 무기가 돈밖에 없다고 생각한 상대 후보들의 자금 경쟁으로 요크셔는 선거 운동 단계부터 전국적 관심을 끌었다. 세

헨리 라셀스의 헤어우드 하우스Harewood House 전경. 헨리 라셀스의 부친이 서인도제도에서 벌어들인 수익으로 요크셔 서부에 지었으며 지금도 라셀스 가문이 소유하고 있다. ⓒ Sirenuk

후보가 쓴 선거 비용은 대략 25만 파운드에 달했는데 윌버포스의 경쟁자들이 쓴 비용이 대략 20만 파운드였다. 이는 1832년 선거법 개정 전까지 가장 비싼 선거로 기록되었다.

윌버포스는 선거 운동을 위해 3월 28일 런던을 떠나 29일 요크셔에 도착했다. 당시 밀턴의 캠페인 색은 주황색이었고 라셀스는 파란색이었는데, 거리 곳곳에는 주황색 아니면 파란색 옷을 입은 선거 요원들이 유권자에게 여흥을 제공하고 투표 가격을 흥정하고 있었다. 지금이라면 명백한 불법 행위로 처벌을 받겠지만 당시는 1832년 선거법 개혁 전이라 단속도, 처벌도 제대로 이뤄지지 않았다. 활력이 넘치는 상대방에 비해 윌버포스의 캠페인 색인 핑크색 옷을 입은 사람들은 길거리에서 점잖게 공약을 설명할 뿐이었다.

그러나 윌버포스가 도착하면서 분위기가 바뀌었다. 그는 이때까지 지켜 온 정치적 신념을 더 당당히 천명하였다. 당시 후보들은 선거에 엄청난 자금을 쓰고 일단 하원 의석을 얻으면 이권에 개입해 비용을 메우면 된다는 계산이 있었다. 윌버포스는 유세에서 자신이 "(선거로) 낭비된 재산을 보전하기 위해 하원 의석을 얻으려 노력했다는 비난을 듣는 일은 없을 것"이라고 선언하면서, 선거 자금 때문에 자신의 독립성이 흔들리지 않게 해달라고 호소했다.[1] 사람들은 윌버포스가 보기 드문 일을 하고 있다는 것을 다시 깨달았다. 한 신사는 "우리가 윌버포스를 저버리는 것은 불가능하다. 그에게 500파운드를 기부한다고 서명했다"라고 말했다. 윌버포스는 이 자리에서 1만 8천 파운드를 모금했다.[2]

윌버포스는 요크 서부 유세를 마치고 동부로 갔다. 그는 그곳의 지지자들에게 자신의 정치적 신념을 설파한 뒤 그동안 자신이 정파심이나 개인적 이해관계에 좌우되지 않고 지역 주민과 국가를 위해 어떻게 노력해 왔는지 보아 달라고 호소했다. 윌버포스는 자신도 피트라는 정치인과 친밀한 관계를 맺었고 그가 죽을 때까지 우정을 지속했지만 공적인 문제에서는 항상 "양심이 명령하는 대로 그를 지지하거나 반대했다"면서 자신이 정파의 명령을 따르는 정치인이 아님을 강조했다. 그리고 분열 대신 통합을 추구하는 정치인으로 자신의 이미지를 제시했다.

> 자유로운 나라에는 언제나 있을 수밖에 없는 정치적 다양성에도 불구하고 저와 여러분은 외부의 적이 있을 때마다 굳게 단결할 것입니다. 이 위대한 나라는 절대 외부 요소 때문에 정복당하지 않을 것입니다. 애국심이 있는 한 여러분은 하나님의 은혜와 함께 우리 적들의 힘에 저항하려 애쓸 것입니다. 따라서 여러분과 다른 요크셔의 자유민들이 허락한다면, 여러분들이 다섯 번이나 주셨던 그 명예로운 신뢰를 다시 한 번 주신다면, 저는 여러분의 이익을 지키고 복지를 증진하려 최선을 다할 것입니다.[3]

19세기 초에는 선거 기간이 길었고 개표도 매일 진행했다. 선거 기간은 국왕의 명령이 내려지면 지역 선거관리위원장이 지역 사정에 맞게 정했는데 요크셔에서는 5월 20일부터 6월 5일까지 선거가 진행되었다. 윌버포스는 선거가 시작된 5월 20일에 요크셔 동부에서 다시 요크로 돌아왔는데, 첫날부터 선거 흐름이 이전과 다름을 느꼈다. 이전 같으면 초반부터 압도적인 선두를 달릴 텐데 첫날 밤에는 2등에 머문 것이다.

이는 윌버포스의 지지자를 데려올 운송 수단이 부족했기 때문이었다. 요크셔는 영국에서 가장 큰 선거구에 속했지만 투표소는 요크 시내 캐슬 야드에 하나만 설치되었고 유권자들은 여기까지 와서 투표해야 했다. 윌버포스는 유권자가 아주 멀리 사는 경우가 아니면 운송비를 지원하거나 마차를 지원하지 않았지만, 밀턴과 라셀스는 교통편을 체계적으로 지원하고 투표에 따른 금전적 보상을 약속하며 유권자들을 투표소로 데려왔다. 런던에서 온 한 변호사는 선거 운동의 양상을 지켜본 뒤 윌버포스에게 차라리 빨리 사퇴하는 게 좋지 않겠냐고 말하기도 했다.

그러나 사흘째 되던 날부터 선거인들이 대거 투표장에 도착하기 시작했다. 이들은 선거 캠프가 제공한 마차나 말을 타지 않고 다양한 교통수단을 이용해 스스로 투표소까지 왔다. 대부분은 윌버포스에게 투표하러 온 사람들이었다. 이들 중에는 요크셔에 토지를 둔 채 헐이나 헤벌리 등 주변 지역에 사는 유권자들도 있었는데 그들 중 한 명은 이렇게 상황을 설명했다. "마차를 찾지 못한 경우 보트를 빌려 강을 따라 내려왔는데 보트는 유권자들로 만원이었다. 농장주들이 마차를 빌려 주기도 했고, 당나귀를 타고 온 유권자도 있었으며, 걸어서 투표하러 온 사람도 수백 명이었다. 돈 때문에 온 유권자는 아무도 없었다."[4]

이는 윌버포스가 오랜 시간 지역구를 관리한 결과이기도 했다. 그의 집은 요크셔에서 온 유권자에게 항상 열려 있었고, 그는 유권자의 호소에 최선을 다해 응답하였다. 1804년에 한 유권자가 그를 찾아와 자신이 나라를 위해 군에서 복무했지만 일정 수준의 재산이 없다고 투표를 못한다며 억울함을 호소한 적이 있었다. 그는 이를 심각하게 받아들여 하원에 국가를 위해 복무한 지원병이 투표할 수 있도록 참정권의 재산 규정을 완화하는 법안을 제출하기도 했다. 이 법안 자체는 통과되지 않았으나 이 유권자는 윌버포스를 위해 동료 군인들을 단체로 투표소에 데려왔다. 또 웬슬리 데일Wensley Dale에서도 한 무리의 유권자들이 떼를 지어 요크로 왔다. 이들에게 "어떤 당을 위해 왔냐"고 묻자 그들의 리더는 "우리는 윌버포스라는 사람 때문에 왔소"라고 답했다.[5] 선거 3일째인 5월 22일까지 밀턴이 3,032표로 선두였고, 윌버포스는 2,847표, 라셀스는 2,698표를 득표했는데, 4일째인 5월 23일에는 밀턴이 4,158표, 라셀스가 3,894표, 윌버포스가 4,269표로 선두가 되었다.

밀턴의 공격

이렇게 윌버포스가 앞서나가자 밀턴의 공격이 시작되었다. 사실 라셀스는 이미 몇 차례 선거에 나왔고 한때 요크셔의 의원을 지내기도 했기 때문에 선거 운동 방식이 익숙한 경쟁자였다. 하지만 정치 신인 밀턴은 여러 가지로 까다로운 상대였다. 그동안 후보들이 윌버포스의 당선을 전제하고 2등을 할 생각을 했다면 그는 젊은 패기로 윌버포스를 이기겠다는 목표를 가지고 치밀한 전략을 세웠다.

우선 밀턴은 자신의 지지자들에게 한 표는 자신에게 주고 다른 한 표는 포기할 것을 요청했다. 당시 대부분의 선거구는 크기와 상관없이 2명의 의원을 뽑기 때문에 유권자들이 두 표를 행

찰스 웬트워스-피츠윌리엄(밀턴 경, 1786-1857).
그는 요크셔에서 윌버포스에게 도전장을 내민 까다로운 인물이었다.

사했다. 플럼핑plumping이라고 불린 이 전략은 다른 후보에게 남은 표가 가는 것을 막아 결과적으로 자신의 득표율을 높이는 효과가 있었다. 이를 위해서는 자신의 지지자들이 윌버포스와 라셀스 가운데 누구에게도 표를 주지 않아야 했다. 그래서 밀턴은 윌버포스가 말로는 자신과 라셀스 둘 중에 누구와도 연합하지 않는다고 하면서도 실제로는 라셀스가 당선되도록 돕고 있다는 악성 루머를 퍼뜨렸다. 밀턴 캠프에서 내놓은 근거는 사실 상당히 빈약했다. 윌버포스와 라셀스 캠프가 같은 회사에서 만든 종이와 같은 펜을 사용하고 있으며 심지어 선전물에 유사한 단어를 사용하고 있는데 이것이 양측의 비밀 교류를 보여 준다는 것이었다. 그러나 유세장에서 밀턴이 계속 이 주장을 반복하고 팸플릿을 대량으로 제조해 요크셔 곳곳에 뿌리자 이를 믿는 사람들도 생겨났다. 적어도 밀턴의 지지자들에게 이 전략은 확실한 효과를 냈다. 윌버포스나 라셀스의 지지자들과 달리 이들은 다른 후보에게 표를 주지 않았고 실제로 밀턴이 받은 총 11,117표

중 9,061표(81%)가 플럼핑 표였다.[6]

선거는 바람의 영향을 받는다. 한번 윌버포스에 대한 의심이 싹트자 밀턴의 지지자뿐 아니라 다른 유권자 집단도 영향을 받기 시작했다. 라셀스는 서인도제도 노예 농장 투자자였기 때문에 반노예무역 세력뿐 아니라 서인도제도의 토지 농업 이익과 대립하는 산업 지대의 공장주, 숙련 노동자, 직물업자 등과 사이가 좋지 않았는데 이들이 덩달아 윌버포스에게 반감을 보이기 시작했다. 윌버포스는 잘못된 소문을 바로잡으려 했지만 밀턴은 기회를 주지 않으려 했다. 여러 후보 지지자들이 모여 있는 합동 유세에서 윌버포스가 연설하려 하자 밀턴이 고용한 폭력배가 소란을 일으켰고, 밀턴의 지지자들은 윌버포스에게 거세게 야유를 보냈다. 당시는 마이크가 없으므로 큰 소리에 목소리가 묻히면 방법이 없었다. 윌버포스의 친구는 연설을 포기하고 루머를 반박하는 팸플릿을 돌리자고 제안했다. 요크셔의 선거는 15일간 지속되었는데 12일째 날까지 윌버포스는 이런 어려움을 겪었다.

윌버포스가 이런 흑색선전을 대하는 일반적 원칙은 무대응이었다. 그는 "이런 오해는 점차 사라질 것이다, 내가 삶을 통해 보여 준 행동의 궤적에 의해 결국은 제압될 것이다"라고 일기에 적었다.[7] 사실 잘 생각해 보면 유권자들이 서인도제도와 연관된 후보와 연합 가능성에 분노하는 것은 그만큼 높아진 대중의 반노예제 감정과 정치에 대한 도덕적 기대감을 반영하는 것이며, 따라서 밑바닥 정서는 여전히 그에게 호의적이라고 판단했다. 실제로 윌버포스는 선거 4일째에 선두로 올라온 후 마지막까지 박빙이긴 하였으나 선두를 놓치지 않았다. 하지만 상대편이 흑색선전, 거짓 선동, 선거 방해 행동을 하는 데 맞대응하지 않는 것은 대단한 인내가 필요한 일이었다.

월버포스는 밀턴에게 직접 대응하지 않고 이슈를 키우지 않는 대신 요크셔 곳곳을 다니며 유권자와 직접 대면하는 방법을 택했다. 그것은 밤낮을 가리지 않는 강행군이었다. 합동 유세에서는 밀턴파가 계속 연설을 방해했지만 그는 이런 행태가 결국은 역풍을 맞을 것이라 믿었다. 그런데 요크셔 곳곳을 누비던 그는 낡은 여관에서 벌레에 물리고 세균에 감염되어 선거 운동 기간의 마지막 며칠을 침대에 누워 있어야 했다.

통신이 발달하지 않은 당시에는 후보의 일정을 일반 유권자들이 알기 어려웠고 중요한 시점에 후보가 보이지 않자 월버포스가 선거를 포기했다는 소문부터 병에 걸려 죽었다는 말까지 돌았다. 이 절망스러운 상황 속에 월버포스가 유지한 평안은 대단한 것이었다. 그의 선거 운동원 러셀은 요크셔의 시골 여관에 누워 있던 월버포스가 밤이면 같은 시를 반복해 읊조리는 것을 들었다. 그것은 윌리엄 쿠퍼William Cowper의 시였다.

> 고요한 휴식처, 고요한 그늘
> 기도와 찬양이 함께합니다
> 달콤한 은혜가 만든 것 같습니다
> 당신을 따르는 사람들을 위해[8]

결국 선거는 끝났고 정치 신인의 저돌적 전략보다 오랜 정치 경험이 있는 월버포스의 진중한 대응이 더 효과적이었음이 드러났다. 그의 판단대로 흑색선전을 믿지 않고 후보들이 제공하는 서비스에 흔들리지 않은 유권자가 더 많았던 것이다. 유권자의 투표 성향을 보면 요크셔 서부West Riding의 직물업자들은 밀턴에게 몰표를 주었지만, 소상인, 농부, 점원, 자영업자, 소지주, 교사, 숙련공 등 나머지 대부분의 직종에서 윌버포스는 고른 지지를 받았다. 특히 요크셔 동부 지역East Riding에서 윌버포스는 77퍼센트, 라셀스는 50퍼센트, 밀턴은 37퍼센트의 득표율을 기록했다. 요크셔 서부 유권자들이 투표소에 몰렸던 시기에는 밀턴이 턱밑까지 따라오기도 했지만 윌버포스는 대부분의 직종과 동부 지역의 압도적인 지지로 승리를 거두었다. 최종 결과 윌버포스 11,806표, 밀턴 11,177표, 라셀스 10,989표로 윌버포스와 밀턴이 당선되었다. 윌버포스는 악성 루머로 인해 잠재적 지지층의 40퍼센트 정도를 잃었다고 선거 이후 평가했다.[9]

새로운 정치

당시 이 선거의 결과는 시사하는 바가 컸다. 19세기 초에는 대귀족 가문에 속한 후보와 맞붙어서 이기는 것이 매우 어려웠고 이를 극복하려면 정당 차원의 지원이 필요했다. 윌버포스는 자신의 승리가 내적 신념이나 양심의 판단에 따른 행동이 여전히 정치적 자산이 될 수 있음을 보여 준다고 생각했다. 윌버포스도 고민 끝에 이 선거에서는 멀리 있는 유권자에게 교통수단을 제공했다. 일종의 정치적 타협인 것은 분명하나 경쟁 후보의 행태와 비교할 바는 아니었다. 그런데 그의 지지자 중에는 이런 경비조차 거절하는 예도 많았다. 그의 선거 운동원이 외진 시골에 사는 가난한 성직자를 찾아가 교통비를 받으라고 여러 번 권한 적이 있었다. 그러자 그는 "당신들의 제안을 받겠소. 그러나 그 금액을 내 이름으로 윌버포스에게 기부하도록 하시오"라고 말했다. 선거 운동원이 "그럼 어떻게 오시려고요?"라고 묻자 그는 "밀턴 측 마차를 타고 오겠소"라고 대답했다.[10]

윌버포스는 선거 경비도 놀랍도록 적게 썼다. 그는 요크셔에 도착한 뒤 1주일이 안 되어 64,455파운드를 모금했으며 정치 후원금의 상당 부분은 런던, 에든버러, 버밍엄, 콜체스터, 레스터 등 그와 연고가 없는 지역에서 왔다. 레스터에서 후원금을 보낸 토머스 로빈슨 목사Rev. Thomas Robinson는 그 이유를 이렇게 밝혔다. "이번 선거에서 당신을 위한 저의 노력은 우정 같은 편애에서 온 것이 아니라 강한 의무감에서 비롯된 것입니다. … 당신이 그동안 의회에서 보여 준 행동은 당신을 지지하라는 요구에 저항할 수 없게 만듭니다."[11] 윌버포스는 선거가 끝나고 모금된 비용 중 남은 부분을 유권자들에게 돌려주었다.

윌버포스가 이 진흙탕 선거에서 보인 행동과 결국 승리를 거머쥐는 정치력은 그에게 어떤 정당의 지도자 못지않은 명성과 인기를 선사했다. 〈요크 해럴드〉는 "혁명의 시기 이후 어떤 것도 이 위대한 카운티에서 15일 동안 나타난 모습을 세상에 제시하지 못했다. 원거리를 오가는 이 카운티의 모든 길이, 매일 모든 방향에서 유권자들의 마차로 뒤덮였다"라고 보도했다.[12] 다른 두 후보의 지원자들은 제공된 마차나 말을 타고 요크까지 왔지만, 자발적으로 마차, 말, 도보 등으로 찾아온 유권자들은 윌버포스의 '비효율적인' 선거 방식 때문에 마음이 움직인 경우였다.

이는 일종의 윌버포스 신드롬이라 불릴 만한 현상이었다. 윌버포스는 "하나님은 나의 노력에 성공으로 관 씌우시고 내가 선의와 신뢰를 얻게 하셨다"라고 말하면서 1807년에 거둔 두 가지 큰 승리에도 평정심을 유지하려 애썼다.[13]

요크셔를 떠나다

6선 의원이 된 윌버포스는 의회 내 위상이 더 높아졌고 이제 정파를 초월한 역할을 요구받는 정치인이 되었다. 변화된 지위는 더 많은 업무를 의미했다. 이를 위해 그는 1808년 클래팜을 떠나 켄싱턴 고어로 이사했다. 덕분에 웨스트민스터에 있는 국회까지 이동 거리를 절반 정도로 줄였고, 가족과 더 많은 시간을 보내리라 그는 예상했다. 지금은 런던 시내가 되었으나 당시는 사슴이나 여우를 볼 수 있는 전원 지역이었기에 아이들의 정서에도 좋을 것 같았다.

물론 클래팜을 떠나는 것은 "내가 지금 형제처럼 지내는 가장 친한 친구들인 손턴, 텐머스, 스티븐, 벤, 머콜리 가족과 이별"을 의미했고, 윌버포스는 큰 슬픔을 느꼈지만 곧 그것이 기우였음을 알게 되었다.[14] 손턴과 벤 가족은 시시때때로 윌버포스를 찾아왔고 스티븐 가족은 아예 근처로 이사를 왔다. 윌버포스의 새집을 방문한 손턴은 그가 여전히 손님을 분별없이 받아 집이 시끄럽다고 불평했지만 자신이 그 손님 가운데 하나라는 생각은 하지 못했다.

1811년, 윌버포스는 52세가 되었다. 지금이라면 정치 인생의 전성기가 펼쳐질 나이에 그는 진지하게 은퇴를 고려했다. 가장 큰 이유는 가족이었다. 첫째 아들이 13세였고 밑으로 세 아들과 두 딸이 더 있었다. 윌버포스는 아이들의 교육에 관심이 많았고, 종교와 도덕 교육에 자신의 역할이 중요하다고 생각했다. 항상 건강이 좋지 않았던 그는 아이들의 교육과 거대 지역구 요크셔의 국회의원 임무를 병행할 자신이 없다고 느꼈다.[15] 그는 이를 "가족이 나에게 마땅히 요구할 수 있는 수준보다 시간을 덜 할애하는 삶을 계속하거나, 의회 안에서 열정적 의원이길 포기하거나"라는 선택의 문제라고 보았다.[16]

윌버포스는 친구들의 의견을 물어보았다. 그의 건강 상태를 잘 알았던 바빙턴은 친구를 아끼는 마음에서 아예 정계를 은퇴하라고 권했고, 반대로 그랜트와 헨리 손턴은 나라를 위해 할 일이 많으니 신께서 도우실 것이라며 은퇴를 반대했다. 스티븐은 요크셔 같은 큰 지역구가 주는 책임에서는 벗어나되, 국가를 위해 계속해야 할 일이 있으므로 작은 지역구에서 정치를 계속하자는 대안을 제시했다. 그러면 윌버포스가 건강도 좀더 챙기

켄싱턴 고어에 위치한 윌버포스 저택.

고 아이들 교육에 집중할 수 있는 시간을 상대적으로 벌 수 있을 것이다. 결국 친구들의 의견은 이 방향으로 모였고 윌버포스도 이에 따르기로 했다. 그는 브램버Bramber라는 서섹스의 작은 항구 도시로 지역구를 옮겨 정치를 계속하기로 했다.

1812년 9월 24일에 윌버포스는 자신이 요크셔를 대표하는 자리에서 은퇴한다는 공개편지를 썼다. 그는 요크셔의 대표로 의정활동을 할 수 있어서 영광이었다고 지지자들에게 감사를 표하고 이 지역과 유권자들을 진정으로 사랑하기에 그 영예를 내려놓겠다는 뜻을 밝혔다. "제가 다른 시골 지역구 의원들이 일반적으로 하는 것처럼 의회 출석만으로 만족했다면 여러분의 대표직을 계속했을 것입니다. 그러나 세상의 일반적인 신조보다 더 엄격한 종교적 신념을 고백하는 사람으로서 저의 행동도 더 엄격히 하는 것이 옳다고 생각합니다."

갑작스러운 은퇴 소식에 요크셔 유권자들은 놀랐지만 많은 사람이 그의 진심을 받아들였다. 1812년 10월 12일, 윌버포스의 사퇴로 공석이 된 자리에 후보를 지명하기 위해 요크 캐슬 앞에 여러 정파를 대표하는 정치인들과 유권자들이 모였다. 이 주민회의에서 유권자들은 먼저 "윌버포스가 그들의 대표로 섬겼던 것에 감사를 표하는 결의안"을 만장일치로 채택했다. 성명서는 다음과 같이 윌버포스를 기렸다. "당신은 28년 동안 충실히 봉사했고 그 직책이 필연적으로 주기 마련인 영향력을 소유했지만, 공적 지위, 연금, 귀족 지위 같은 것들을 거절하고 '인류의 친구'라는 영예스러운 칭호만을 받았습니다."[17]

국회에서도 그의 결단에 대한 찬사가 넘쳐났다. 요크셔라는 정치적 의미가 큰 지역구를 내려놓을 수 있는 용기를 칭찬하는 사람도 있었고, 그가 아직 정계를 떠나지 않은 것에 감사를 전하는 사람들도 있었다. 한 친구는 윌버포스에게 "지금 모든 문서에 당신에 대한 칭찬이 넘쳐 난다"라고 편지를 보냈다.[18] 셰리든Mr. Sheridan 의원은 "당신과 저는 하원의 투표에서 의견이 일치하는 일이 그리 많지 않았지만 당신이 수행했던 독립적인 역할 때문에 당신의 정치 은퇴는 공적 손실이 되리라 생각합니다. 그래서 다시 생각해 달라고 편지를 쓰려고 했는데 당신이 의석을 브램버로 바꿔서 계속 의회에 남는다는 소식을 듣고 참기로 했습니다."[19]

친구들이 보기에 윌버포스의 건강이 좋지 않다는 것은 확실했다. 몸이 구부정해져서 키가 줄어들어 보여 더욱 그랬다. 윌버포스의 센스 있는 반응(비록 한쪽 귀는 멀었지만), 반짝이는 눈, 매력적인 목소리 등이 이런 느낌을 일부 상쇄했지만 여전히 한계가 있었다. 그래서 여러 친구가 그에게 고된 일을 줄이라고 권했던 것도 이런 맥락에서 이해할 수 있다. 그러나 좀더 작은 지역구로 의석을 옮겼음에도 그의 여가 시간은 거의 늘지 않았다. 각종 나랏일과 전국에서 찾아오는 손님들로 계속 바쁠 수밖에 없었다.

1812년 12월 8일의 일정을 보자. 그는 아침부터 찾아온 손님들과 식사를 하는 경우가 많았는데 그날 아침에는 동인도회사 인가장 갱신 문제 때문에 찾아온 손님들과 회의를 겸한 식사를 했다. 그다음은 각종 위원회에 참석하는 시간으로 이날은 런던 시내로 가서 켄트 공작이 의장으로 있는 제조업자 위원회에 참석해 산업정책에 관련한 결정을 내렸다. 개인 구제 활동에도 시간을 할애했다. 이날은 개인적 어려움 때문에 만남을 요청한 해처드Hatchard라는 지인의 집에 들른 후 그의 사정을 들어 주었다. 이후 집에 와서 간단한 식사와 함께 편지를 썼다. 전국 각지에서 각종 현황으로 연락이 오기 때문에 그는 편지를 쓰는 데 상당한 시간을 할애해야 했다.[20] 그리고 저녁에는 찰스 시미언 및 다른 성직자와 함께 식사를 하면서 스탠업 경의 금괴법과 빈민구제 협회 문제 등을 의논했다. 늦은 밤이 되어서야 그는 혼자만의 시간을 가질 수 있었다.

어떤 날은 편지를 쓸 시간조차 없기도 했다. 딱한 상황을 호소하거나, 각종 사업에 윌버포스의 지지를 구하려는 방문객이 시도 때도 없이 찾아왔기 때문이다. 방문객은 그야말로 다양했는데, 아일랜드에서는 기네스 맥주의 창시자 아서 기네스가, 스코틀랜드에서는 사회개혁가 로버트 오언이, 미국과 프랑스에서는 장관들이 찾아왔다. 윌버포스는 새로운 만남을 좋아했고 또어려운 사정을 들어 주는 것이 공인의 의무라고 생각했기 때문에 여건이 허락하는 한 방문객을 물리치지 않았다.

1810년대에 들어서면서 클래팜 멤버들 중 세상을 떠나는 사람들이 생겨났다. 1813년 7월 1일에 클래팜의 목사 존 벤이 세상을 떠났고, 7월 16일에는 그렌빌 샤프도 죽었다. 1800년경 영국의 평균 수명은 60세가 조금 넘었기 때문에 그렇게 이른 죽음은 아니었다. 존 벤은 윌버포스와 나이가 같았기 때문에 윌버포스는 자신의 남은 삶도 그리 많지 않다고 느꼈다.

14

대서양을 자유롭게 하다

1812—19세기 중반

윌버포스에게는 더 쇠약해지기 전에 마무리 지어야 할 일이 있었다. 젊은 시절을 바쳐 이뤄 낸 노예무역 폐지의 효과가 아직 완연히 나타나지 않았기 때문에 그는 두 가지를 더 이뤄야 한다고 생각했다. 첫 번째는 영국 식민지에서 노예무역을 실질적으로 폐지시키는 것이고, 두 번째는 유럽 다른 국가의 노예무역 억제였다.

해외 노예무역 억제정책

첫 번째 목표를 위해서 윌버포스는 1807년 이전에 농장주들이 '합법적'으로 구매한 노예를 등록하는 법안을 통과시키려 했다. 1807년 노예무역 폐지법에도 불구하고 노예 밀수는 완전히 없어지지 않은 상태였다. 그래서 서인도제도 농장에 있는 노예의 신상정보를 기록하여 새로운 노예가 들어왔을 때 쉽게 적발할 필요가 있었다. 이 법안은 서인도제도 안에서 노예 밀거래를 막을 수 있는 효과가 있었다.

1812년 윌버포스와 동료 국회의원들의 압박으로 정부는 트리니다드에 시범적으로 노예등록 제도를 시행했다. 영국 의회는 이곳에 있는 모든 노예 인구를 조사해서 그들의 출생, 사망, 판매에 관한 기록을 적은 등록부를 만들었는데 이는 이 지역으로 노예 밀수를 막는 데 큰 효과가 있었다. 그러나 동시에 서인도제도인들의 반발도 일으켰다. 농장주들은 불법적인 노예무역 통로가 막히는 것이 좋을 리 없었고 노예들에 대한 법적 책임을 지는 것에 부담을 느꼈다. 또한 서인도제도 정치인들은 본국 정부가 식민지의 입법권을 침해한다는 논리로 이를 반대했다.

두 번째 목표, 즉 1807년 이후 다른 나라의 노예무역을 억제하는 노력은 왜 필요했을까? 우선 영국 홀로 노예무역을 포기한 것만으로는 대서양 노예무역을 억제하는 데 큰 효과가 없었다. 스페인, 포르투갈, 브라질 등의 국가들은 여전히 노예무역을 하고 있었고 미국 남부, 서인도제도, 남아메리카 지역에는 노예 노동력에 대한 거대한 수요가 존재했기 때문에 이들이 영국이 노예무역에서 차지했던 부분을 메우는 것은 시간문제였다.

또한 영국령 서인도제도 식민지의 경제 상황도 고려해야 했다. 특히 스페인의 서인도제도 식민지와 포르투갈 식민지였던 브라질로 노예가 계속 유입되고 있었는데 이는 그 지역의 인구와 산업 생산량을 늘려서 인접한 영국 서인도제도 식민지의 무역 수지를 악화하고, 산업 구조를 약화시킬 수 있었다. 이런 이유에서 영국에서 노예무역을 폐지하는 법안의 최대 반대자였던 서인도제도 농장주들은 1807년 법안이 통과되자 이번에는 재빨리 다른 유럽 국가의 노예무역을 억제하는 정책의 적극적인 지지자가 되었다.

외교적 노력

윌버포스는 처음에는 유럽 열강들이 모두 노예무역 폐지에 합의하는 외교적 선언을 구상했다. 이는 나폴레옹의 몰락과 맥을 같이한다. 1813년 10월 라이프치히 전투에서 나폴레옹이 대패한 후 연합군은 독일을 지나 프랑스로 진격하기 시작했고, 유럽 주요 열강들은 나폴레옹 몰락 후 유럽 질서를 슬슬 논의하기 시작했다. 이를 위해 영국의 캐슬레이Robert Stewart, Viscount Castlereagh 외무장관은 동맹국 장관들과 협상을 시작했다. 윌버포스는 나폴레옹 전쟁이 끝나고 세워질 신질서 안에 노예무역에 대한 포괄적 금지 내용을 넣는 것이 대서양에서 노예무역을 없애는 방법이 될 수 있다고 생각했다.

윌버포스는 유럽 각지에서 여론을 움직일 수 있는 명사들과 적극 연락을 취했다. 1807년 이후 그는 영국 밖에서도 유명해졌고 그에게 호감을 표하는 사람들이 많았다. 대표적으로 제르멘 드 스탈(Germaine de Staël, 1766-1817)이 있다. 흔히 스탈 부인으로 알려진 그녀는 루이 16세 때에 재무장관을 지낸 네케르의 딸로서 프랑스 낭만주의의 선구자로 유명하다. 스탈은 "어렸을 때부터 경외감을 가지고 이름을 들었던" 윌버포스와 편지를 주고받다가 1814년 영국에서 그를 만났다. 이 프랑스의 여류 문인은 창조의 역사성 같은 종교적 이슈부터 노예무역 같은 시사 문제

프랑스의 여류 문인 제르멘 드 스탈의 초상화.

까지 다양하게 윌버포스에게 질문을 던졌고 윌버포스의 진지하면서도 위트 있는 대답에 크게 만족했다. 그녀는 지인에게 보낸 편지에서 "윌버포스는 내가 이 나라에서 만난 최고의 대화 상대이다. 난 그가 가장 종교적이라고 들었지만 지금은 잉글랜드에서 가장 재치 있는 사람이라는 것을 알았다"라고 평가했다.[1] 스탈은 죽을 때까지 프랑스에서 대표적인 노예무역 폐지 운동가로 활동했다.

윌버포스는 프로이센의 대표적 지성이었던 알렉산더 훔볼트Alexander von Humboldt와도 친분을 나누었다. 그는 남아메리카를 탐험했다가 노예 농장에서 흑인들의 처우를 보고 큰 충격을 받은 바 있었다. 몇 년 후인 1814년 런던에서 열린 국제회의에 참석한 그는 윌버포스를 만났고 대화와 편지를 주고받는 가운데 독일 지역의 대표적인 반노예제 사상가가 되었다. 스위스의 역사가이자 경제학자인 장 샤를 시스몬디(Jean Charles Sismondi, 1773-1842)도 윌버포스와 서신을 주고받았는데 그가 1814년과 1817년에 출간한 반노예제 소책자는 윌버포스의 영향을 받은 것으로 알려져 있다. 스탈과 더불어 프랑스 낭만주의를 선도한 문인인 샤토브리앙(François René de Chateaubriand, 1768-1848)도 윌버포스와 교제를 나누던 무렵부터 노예무역 폐지주의를 표방하기 시작했다.

1814년 4월, 연합군은 파리를 포위했고 결국 나폴레옹은 퇴위당하고 이탈리아와 코르시카섬 사이에 위치한 엘바섬으로 유배를 가게 되었다. 프랑스 외무장관 탈레랑으로부터 소식을 들은 윌버포스는 "하나님께서 하신 일"이라며 "나의 불쌍한 친구 피트가 1789년부터 25년간 진행된 드라마의 파국적 결말을 지금 살아서 보았다면…" 하고 아쉬워했다.[2] 영국인들은 나폴레옹과의 전쟁이 드디어 끝났다고 생각했고 전국이 축제 분위기가 되었다.

새로운 유럽의 질서를 세우고자 열강들 사이에 협상이 시작되었다. 1807년 선거 이후 국회에 반노예제 세력이 대거 진출하여 정계의 한 축을 이루고 있었기 때문에 영국 정부는 외국과의 협상 과정에서 어떤 식으로든 노예무역 문제를 다룰 수밖에 없었다. 당시 스웨덴, 덴마크 등은 영국 정부의 노예무역 폐지 제안에 큰 거부 없이 동의하였으나 포르투갈과 스페인처럼 오랫동안 노예무역을 해온 국가들은 소극적인 태도를 보였다. 또한 아직 포르투갈의 식민지였던 브라질은 여전히 노예무역을 계속하고 있었다. 프랑스는 전쟁 중에 노예무역을 일시 중단하고 있었는데 나폴레옹 몰락 후 복귀한 부르봉 왕가는 노예무역을 재개하려는 움직임을 보였다.

후술하겠지만 노예무역 폐지 직후 윌버포스와 그의 동료들은 노예무역을 대서양에서 완전히 없애고 아프리카와 자유무역을 발전시키기 위해 '아프리카 협회'the African Institution를 설립한 적이 있다. 윌버포스, 머콜리, 손턴, 스티븐 등 클래팜 멤버들과 전직 총리인 윌리엄 그렌빌(1806-1807 재임)과 미래의 총리인 찰스 그레이(Charles Grey, 1830-1834 재임) 같은 회원들은 나폴레옹 몰락 후 개최될 유럽 대표들의 회의에서 노예무역 폐지가 의제에 올라가도록 전력을 다하자고 뜻을 모았다.

알렉산드르 1세

아프리카 협회가 윌버포스에게 부탁한 역할은 러시아 황제 알렉산드르 1세를 설득하는 것이었다. 나폴레옹의 러시아 침공 당시 나라를 지켰고 1813년 10월 라이프치히 전투에서 러시아의 승리를 이끌었을 뿐 아니라 1814년 3월에는 러시아 군을 이끌고 파리에 입성한 알렉산드르 1세는 유럽 여러 나라에서 해방자로 여겨지고 있었다. 실제로 이후 유럽의 대표들이 모인 빈 회담에서 유럽의 질서를 짠 사람 중 한 명이 바로 알렉산드르 1세였다. 윌버포스는 유럽 열강이 모인 흔치 않은 기회를 이용해 대서양에서 노예무역을 한꺼번에 막을 수 있는 가능성을 보았고 그에게 보낼 편지를 쓰는 데 심혈을 기울였다.

러시아는 지리적으로 대서양과 거리가 멀었고 노예무역에 관여하지 않았기 때문에 윌버포스가 알렉산드르 1세에게 보내는 편지는 노예무역의 역사에 대한 긴 서술로 시작되었다. 노예무역이 실제로 어떤 참상을 일으키고 있는지 끔찍한 묘사가 이어졌고, 편지의 말미에서 윌버포스는 다음과 같이 호소했다. "비

1814년 파리에 입성하는 러시아 군대.

록 이 악독한 무역의 죄와 불명예가 영국에 더 이상 남아 있지는 않으나 노예무역 자체는 여전히 존재하고 있습니다. 그래서 폐하께서 기독교와 정의와 인류애의 이름으로 노예무역을 억제하는 데 강력한 영향력을 사용해 주시기를 요청드리는 바입니다."[3]

알렉산드르 1세는 깊은 신앙심으로 유명한 인물이었고 그 연장선에서 노예제에 여러 번 반감을 보인 적이 있어서 긍정적 반응을 기대할 수 있었다. 그러나 프랑스에 복귀한 루이 18세는 노예무역을 폐지할 의사가 별로 없었다. 그는 모든 것을 혁명 이전으로 되돌리려는 정책을 폈고 그 연장선에서 노예무역이 되살아날 가능성이 커졌다. 이에 윌버포스는 랭스 주교와 라파에트 장군 등 영향력 있는 프랑스 인사와 접촉해서 이를 막으려고 노력했고 직접 파리에 가서 이들을 만날 생각도 했다. 그러나 건강 때문에 멀리 여행을 갈 수 없었기에 머콜리가 윌버포스의 편지를 들고 파리에 가서 로비 활동을 시작했다.

이러한 노력에 찬물을 끼얹는 사건이 일어났다. 1814년 5월 외무장관 캐슬레이는 루이 18세 정부와 노예무역에 관한 조약을 맺었는데 그 내용에는 문제가 많았다. 이 조약에는 프랑스가 노예무역을 폐지하는 조건으로 이전의 모든 식민지를 프랑스에 돌려준다는 내용이 있다. 그러나 프랑스에 5년의 유예기간을 주었고 이 기간이 끝났을 때 프랑스의 노예무역 폐지 약속을 강제할 명시적 수단은 없었다.[4] 클래팜파는 전력을 다해 이 조약을 반대하였다. 캐슬레이가 파리에서 돌아와 하원에 등장하자 윌버포스는 "당신의 손에 수많은 무고한 희생자들, 남녀, 아이들의 사망확인서가 보입니다"라며 그를 성토하였고[5] 뒤를 이어 반노예제 성향의 의원들이 일어나 조약을 되돌릴 것을 주장했다. 의회 밖에서는 조약에 반대하는 대규모 서명 운동이 시작되었다.

이러한 상황에서 윌버포스는 러시아 황제의 외교적 지지를 확보하기 위해 직접 나서게 되었다. 나폴레옹 전쟁에서의 승전을 기념하여 러시아의 알렉산드르 1세, 프로이센의 프리드리히 빌헬름 3세, 오스트리아의 재상 메테르니히 등 연합국 정상들이 1814년 6월 8일부터 22일까지 영국을 국빈 방문하였다. 알렉산드르 1세는 런던의 피카딜리 거리에 있는 펄트니 호텔Pulteney Hotel에 머물렀고 이곳으로 윌버포스를 초청하였다.

일요일이었던 6월 12일 아침, 정교회 성당에서 미사를 드리고 온 황제는 호텔 2층에서 윌버포스를 만났다. 두 사람은 만나자마자 손을 잡고 반가워했으며 영어와 프랑스어로 대화를 나눴다. 윌버포스는 국제적인 노예무역 폐지 합의의 필요성을 설명하면서 프랑스의 비협조적인 태도를 염려했다. 그러자 황제는 "우리는 반드시 그렇게 만들 것입니다. … 그들이 반드시 그것을 지키게 할 것입니다"라고 여러 번 약속하였다.[6] 윌버포스는 며칠 후 알렉산드르 1세를 다시 한 번 만나 그의 지지를 재확인할 수 있었다.

빈 회담의 노예무역 폐지 선언

나폴레옹의 패배에 가장 큰 공을 세운 러시아의 지지는 빈 회담에서 국제 노예무역 폐지 조항을 삽입할 수 있다는 기대를 높였고 국민의 기대감도 높아졌다. 윌버포스가 말했듯이 "이 문제에 대한 일반적이고 강력한 감정이 나라 전체에 명백히 드러나고 있었다." 그는 노예무역처럼 국가의 이익과 밀접히 관련된 사안은 당파의 이해관계에 얽히지 않아야 한다고 믿었고 "그것이 정파의 문제가 되지 않도록, 반대파도 나에게 문을 열도록 정교하게 행동했고 또 최선의 노력을 다했다"[7]

6월 17일 런던 프리메이슨 홀에서 영국 노예무역 폐지주의자 총회가 개최되었다. 강력한 해외 노예무역 억제정책을 정부에 촉구하는 청원서가 이 자리에서 채택되었다. 이들은 하원에서는 윌버포스가, 상원에서는 그렌빌이 청원서를 제출하도록 결의했고 양당 지도부와 의원들의 서명을 받아 이것이 특정 정당을 넘어서는 의제임을 밝혔다. 윌버포스의 전기를 썼던 그의 아들들은 이를 중세 때 성일이나 축일에 전쟁을 멈추던 관행인 '신의 휴전'truce of God 같았다고 묘사했다.[8]

이렇게 정파를 초월한 지지는 압도적인 대중의 반응 때문이었다. 이 시기에 800개 이상의 청원서가 하원의 테이블을 덮

빈 회담에 영국 대표로 참석한 외무장관 캐슬레이(1812-1822 재임).

었는데, 그 안에는 거의 100만 명의 서명이 담겨 있었다.[9] 이는 역사상 가장 많은 서명을 받은 청원서 운동이었고, 영국의 대외 정책 담당자들을 압박하였다. 당시 대륙에서 강화협상을 진행 중이던 웰링턴 공작은 "대다수 사람들은 이 나라가 이 끔찍한 무역을 끝내려면 전쟁을 수행하는 정책이 옳다고 생각한다"고 말했으며, 캐슬레이는 1814년의 강렬한 반노예무역 여론을 보면서 "온 나라가 이 문제에 몰두하고 있다. … 나는 청원서를 제출하지 않은 마을이 거의 없다고 본다. 이제 관리들은 그것(노예 문제)을 정책의 기초로 삼아야 할 것"이라고 말했다.[10] 결국 그는 외무장관으로서 프랑스, 스페인, 포르투갈과 노예무역 억제조항을 담은 조약을 맺기 위해 더 노력하라고 외교관들에게 지시를 내리게 되었다.

결국 캐슬레이는 노예무역 폐지 조항을 공동성명서에 삽입한다는 목표를 가지고 빈 회담에 참석했다. 윌버포스는 머콜리에게 캐슬레이를 따라가서 "노예무역 폐지가 근거하는 모든 가설과 근거들을 그에게 법률 자문서 형식으로 제공해 주게"라고 부탁했다.[11] 머콜리는 필요한 정보를 캐슬레이뿐 아니라 파리에서 프랑스 정부와 협상 중이던 웰링턴 공작과 다른 나라 대사들에게도 보냈고, 웰링턴은 이 팸플릿을 프랑스 정치인들과 언론에 뿌렸다. 프랑스에 있던 스탈 부인은 노예무역 폐지에 호의적인 기사들이 프랑스 신문에 실리고 있다고 윌버포스에게 편지를 보냈다.[12]

1814년 가을, 나폴레옹 몰락 후 프랑스로 돌아온 부르봉 왕가는 왕정복고를 도와준 영국의 압박을 무시할 수 없어서 생도맹그에 노예제를 재도입하려던 계획을 철회했고, 11월 15일에는 지금의 나이지리아 근처인 포르모사 곶 북쪽에서 프랑스인이 노예무역을 하는 것을 금지하였다. 이 과정에서 영국 노예무역 폐지 운동가들의 역할이 작지 않았다. 캐슬레이는 자신은 "그 (윌버포스)의 명령을 따랐다"며 공을 윌버포스에게 돌렸고, 프랑스 외무장관 탈레랑도 윌버포스에게 감사의 인사를 보냈다.[13] 그럼에도 프랑스 정부는 여전히 노예무역 완전 폐지는 완강히 거부했다.

이때 프랑스 정부가 태도를 바꾸는 계기가 찾아왔다. 1815년 2월, 나폴레옹이 유배지 엘바섬을 탈출한 것이다. 나폴레옹은 3월에 다시 정권을 잡았고 영국, 프로이센, 러시아, 오스트리아와 전쟁이 시작되었다. 그러나 6월 18일 웰링턴 공작이 이끄는 영국군은 벨기에 동남부 지역에 있는 워털루 전투에서 나폴레옹을 결정적으로 패배시켰다. 결국 '백일천하'로 알려진 나폴레옹의 재집권은 100일도 안 되는 짧은 기간에 끝나 버렸다. 영국은 나폴레옹을 남대서양 한가운데 있는 세인트헬레나섬으로 보내 버렸고 그는 다시 돌아오지 못했다. 이후 루이 18세가 프랑스의 국왕으로 다시 돌아왔지만 영국의 영향력이 더욱 커진 상황에서 영국 정부가 반대하는 노예무역을 되살리기는 어려워졌다. 이제 유럽의 주요 강대국 중에 노예무역을 공식적으로 지속하는 나라는 사라졌다. 1815년 6월 발효된 빈 조약에는 캐슬레이의 강력한 주장과 알렉산드르 1세의 지지 속에 국제 사회에서 노예무역을 금지하는 조항이 처음으로 삽입되었다.

빈 회담의 각국 대표. 좌측 첫 번째 인물은 영국의 웰링턴 공작,
가운데 다리를 꼬고 있는 인물은 영국 외무장관 캐슬레이다.

노예등록 법안

윌버포스를 포함한 영국의 반노예제 정치가들은 1807년
직후 노예무역이 폐지되어 더 이상의 수입이 없어지면 노예에
대한 처우가 좋아지고 결과적으로 그들에게 실질적 자유가 주어
질 것이라 기대했다. 하지만 노예무역이 폐지된 지 7년이 지났지
만 아직 서인도제도 노예들의 삶에 큰 변화는 없어 보였다. 그래
서 이들은 노예무역 폐지에 실효성을 더할 조치로 노예등록 제
도를 생각하게 되었다. 그것은 영국 정부가 만든 기록부에 등록
된 노예 외에는 새로운 흑인 노동력을 들이는 것을 금지하는 제
도였다. 1812년에 시범적으로 이 제도를 도입한 트리니다드에
서 기대했던 효과가 나타나고 있었다.

1815년 7월 5일, 윌버포스는 서인도제도의 영국 식민지 전
체를 대상으로 하는 노예등록 법안을 하원에 제출했다. 제임스
스티븐이 초안을 작성한 이 법안은 영국 정부가 노예의 출생, 사

망, 매매에 대한 정확한 통계를 관리하되 "등록되지 않은 흑인은 자유인으로 간주한다"는 것이 요지였다.[14] 윌버포스는 법안을 제출하면서 머콜리에게 다음과 같이 말했다. "그들은 모든 힘을 다할 것이고 그들의 동맹들도 최선을 다해 조직적으로 우리를 대적할 것일세. 브리스톨의 상인들도 우리의 적들에 동참하겠지."[15]

실제로 그랬다. '런던 서인도 농장주 및 상인 협회'London Society of West India Planters and Merchants는 같은 날 회의를 열고 "본국에 수많은 재난을, 식민지에는 파괴를" 가져올 이 법안을 공격하는 결의안을 채택했다.[16] 그리고 비슷한 성격의 결의안이 앤티가, 도미니카, 네비스, 토바고 등의 자치의회에서 통과되었다. 영국 의회에서는 서인도제도의 이익을 대변하는 의원들이 강력한 반대 주장을 펼쳤다. 결국 이들의 격렬한 반대로 1815년 11월 노예등록 법안은 부결되었다. 1816년에 윌버포스와 동료들은 이전에도 비슷한 일을 겪었었기 때문에 이에 굴하지 않고 새로운 노예등록법을 준비하기 시작했다. 윌버포스는 친구들에게 말했다. "그러나 우리의 대의가 옳으니 두려워하지 맙시다. 분명 그분은 궁극적으로 정의와 자비의 편에 서실 것입니다."[17]

이렇게 노예등록 법안의 통과는 상당히 어려운 일이었지만 의도치 않은 결과를 낳기도 했다. 상대적으로 낮은 수준의 규제인 노예등록법에 서인도제도 세력이 과도한 저항을 보이자, 반노예제 정치인들 사이에 노예 문제를 다루는 기존의 접근법에 대한 회의감이 퍼지기 시작한 것이다. 이때 처음으로 '해방'이라는 단어가 아프리카 협회의 지도부 사이에서 등장했다. 그러나 아직 윌버포스를 비롯한 아프리카 협회 지도부는 이를 먼 미래의 목표로 여겼다. 윌버포스는 언젠가 노예들에게 기본적인 권리를 주어 그들을 동등한 법의 보호 아래 두고, 주인의 가축이 아닌 영제국의 일원으로 대우받게 해야 한다고 생각했다.

1816년 회기가 끝나자 윌버포스는 가족과 함께 오랜만에 바스로 요양을 떠났다. 그런데 제임스 스티븐과 결혼해 살던 누이 사라가 죽어 간다는 소식이 들려왔다. 급하게 런던으로 돌아간 그는 몇 주간 누나를 돌보았으나 결국 그녀는 죽고 말았다. 어려서 여러 형제를 잃고 유일하게 남은 혈육이었기에 그의 슬픔은 매우 컸다. 누이가 죽고 윌버포스는 한동안 혼자만의 시간을 보냈다.

국제 중재법원의 설립

1817년 무렵부터 영국의 해외 노예무역 억제 정책에도 변화가 생겼다. 다자 조약보다는 여러 국가와 양자 조약을 통해 노예무역 억제를 추진하는 쪽으로 정책 방향을 바꾸게 된 것이다. 빈 선언문에 반노예제 조항이 담긴 것은 분명 역사적 성과였지만 유럽 사람들에게 노예무역 폐지의 당위성을 확인시킨 것 이상의 성과는 없었다. 강행조항을 담지 않은 선언이 수사에 불과하다는 것을 깨닫는 데는 오랜 시간이 걸리지 않았다. 이때부터 영국은 스페인(1817)을 시작으로 네덜란드(1818), 포르투갈(1821), 브라질(1826), 미국(1862) 등과 노예무역과 관련된 상호 조약을 맺기 시작했다.

영국은 새로 맺은 조약 안에 크게 두 가지 내용을 담으려 했다. 첫 번째는 평상시에도 조약국의 해군이 상대편 선박을 임의로 세우고 수색할 수 있는 임검수색권Right of Search이고, 두 번째는 여기서 노예가 발견되면 어떻게 처분할지 결정하는 국제 중재법원의 설립이었다.

왜 이런 장치가 필요했을까? 지금도 전쟁 당사국은 자기 나라에 불리한 물품이나 무기가 적국으로 가는 것을 막기 위해 바다에서 적국 및 중립국의 선박을 수색하는 것이 일반적이다. 영국도 나폴레옹 전쟁이 끝나는 1815년까지 이 전시 임검수색권을 행사하였는데, 이 과정에서 노예가 발견되면 금지 품목을 실은 것으로 간주해서 발견된 노예와 선박의 운명을 본국의 '해사법원'vice admiralty court에서 결정하였다. 그러나 이는 전쟁 때에만 행사할 수 있는 특별권한이었고 해사법원의 판결은 영국 안에서만 유효하여 다른 나라가 따르지 않는 경우도 많았다. 그래서 영국은 대서양에서 영구적으로 노예무역을 금지하려면 평상시에도 임검수색을 할 수 있고 그 결과 발견된 노예를 해방하고 노예선을 몰수하는 행위에 국제법으로 정당성을 제공할 수단이 필요했다.

그래서 나폴레옹 전쟁 이후 영국 정부는 노예무역 당사국들과 양자 조약을 체결했다. 지금도 그렇듯 당시에도 대부분 국가에서 조약은 국내 법률과 동등한 효력을 가지기 때문이다. 이 조약에 따라 영국 정부는 평상시에 상대국의 선박을 검색하고 적발한 노예의 운명을 결정하기 위해 자국과 상대국의 판사를 같은 수로 구성하는 공동법원Mixed Court을 세웠고, 여기서 내려진 판결은 영국과 상대국 모두에서 효력을 발생하게 되었다. 즉

노예를 풀어주고 노예선을 압수하는 행위가 국제법적 정당성을 갖게 된 것이다.

영국이 맺은 조약에 따르면 이론상 영국 선박도 수색당할 수 있고 영국인도 공동법원에서 내려진 판결을 따라야 하지만 영국은 이렇게 상호 시스템 안에서 국익을 실질적으로 보호할 수 있는 방법을 계발하였다. 사실 강대국과의 상호 조약은 국력의 차이 때문에 실제로 '상호적'이지 않은 경우가 많다. 만약 어떤 국가가 지금의 미국과 상호수색 조약을 맺는다 해도 실제로는 미국 선박을 수색하기보다 그 반대의 경우가 훨씬 많이 일어날 것이다. 마찬가지로 19세기에는 어떤 국가도 영국의 압도적인 해군력을 따라갈 수 없었기 때문에 막상 대서양 세계에서 일어나는 일은 영국 해군의 일방적인 타국 선박 수색이었다.

공동법원은 양국 영토에 각각 한 개씩 설립하고, 양국에서 한 명씩 판사를 임명하도록 하여 한 국가가 일방적 판결을 내리지 못하게 되어 있었다. 하지만 다른 대륙에 법원을 설립하고 공

영국 해군 함선 블랙 조크Black Joke(왼쪽)가 스페인 노예선 엘 알미란테El Almirante를 나포하는 모습(1827년경).

무원과 그 가족을 파견하는 일은 대부분의 나라에 재정적으로 상당한 부담이 되었다. 실제로는 상대국이 법원 운영을 포기하고 영국이 운영하는 한 개의 법원만 존재하는 경우가 많았다. 또 영국은 포르투갈, 스페인, 브라질, 네덜란드, 라틴 아메리카 국가들과 만든 공동법원을 아프리카의 시에라리온에 집중해서 설립했는데 파견할 판사를 구하지 못해 상대국의 판사가 없을 때도 많았다. 어렵게 파견한 판사가 질병으로 죽기라도 하면 새 판사를 보내는 데만 몇 년이 허비되어 영국 판사 혼자서 판결을 내리는 경우도 많았다. 이렇게 영국은 노예무역 억제를 위해 세운 상호 호혜적인 제도의 틀 속에서 자국의 이익을 일방적으로 강제할 수 있는 체제를 갖추게 되었다.

1807년 이후 노예무역 억제 활동의 의의

영국은 1817년경 시작한 해외 노예무역 억제정책을 윌버포스가 죽고 나서도 30년 가까이 지속하였다. 1860년대에 이르면 공동법원이 사라지는데 이때가 되면 대서양 노예무역이 사실상 사라졌기 때문이다. 윌버포스가 시작하고 영국 정부가 반 세기가량 지속한 해외 노예무역 억제정책은 몇 가지 역사적 의의가 있었다.

우선 영국은 이 기간에 유럽 주요 열강 및 아메리카의 신생 국가들과 조약들을 병렬로 유지함으로써 당시 노예무역이 행해지는 대서양 양안의 대부분 지역을 공동법원의 관할권 아래 둘 수 있었다. 특히 당시 영국 해군의 독보적 힘으로 인해 영국은 노예무역이 행해지는 대부분 지역에서 안정적으로 자국 함대를 운영할 수 있었다. 이는 영국이 대서양 전역으로 해상 패권을 실질적으로 확대하는 효과를 가져왔다.

또한 19세기 초·중반 대서양에서 영국 주도의 국제 질서가 작동하게 된 이유에는 영국의 국력이 자리 잡고 있겠으나 다른 한편으로는 노예무역을 공격함으로써 영국이 얻게 된 도덕 자본 Moral Capital도 생각해 볼 수 있다. 흥미롭게도 영국의 노예무역 억제정책은 상대국 여론의 상당한 지지를 받았다. 1840년대 영국 외교관 데이비드 턴불은 영국 정책의 영향으로 쿠바에서 노예무역 억제를 요구하는 대중 운동이 날로 거세지고 있다고 보고하였으며,[18] 외무장관 파머스턴도 브라질에서 노예무역 지속을 반대하는 정치 집단이 등장하는 것에 주목했고 그들이 영국을 "자기들의 대의에 대한 지원자"로 여기고 있다고 증언한 바 있다.[19] 무엇보다 영국은 공동법원 시스템을 통해 반세기 가까이 반노예무역 활동에 국제법적 정당성을 부여하였기 때문에 시간이 흐를수록 다른 국가도 드러내 놓고 노예무역을 지지하기 어려웠다.

마지막으로 한 가지 기억해야 할 점이 있다. 영국의 꾸준한 해외 노예무역 억제활동과 외교적 노력이 가시적 효과를 드러낸 때는 1840년대부터였다는 점이다. 즉 윌버포스가 죽은 1833년 이전을 보면 해외 노예무역 억제는 아직 본궤도에 오르지 않은 정책이었다. 1807-1833년 사이에는 노예등록제가 실패하고 해외 노예무역의 억제정책이 아직 가시적인 효과를 내지 못하는 상황으로 인해 점차 노예제도 자체를 억제해야 한다는 의견이 반노예제 세력 사이에 퍼져 나갔다. 즉 반노예제 진영의 노예 문제 접근법에 일대 전환이 필요해지고 있었던 것이다.

15

사슬을 끊다: 노예제도의 폐지

1818—1833

1807년 2월 23일, 노예무역 폐지 법안이 영국 의회를 통과한 날 밤 축하연이 열렸다. 윌버포스는 동료인 헨리 손턴에게 "그래, 헨리. 다음엔 무엇을 폐지해야 하지?"라고 물었다. 그때 손턴이 했던 말은 약간 생뚱맞게도 '도박'이었다.[1] 현대 독자라면 노예 무역 폐지 이후 노예제 폐지가 당연하다고 생각할지 모르지만 1807년 직후 노예제 폐지는 다음 목표가 아니었다. 반노예제 정치가들은 노예무역 폐지를 오히려 관습 개혁과 연결 지어 생각하고 있었다.

노예무역 폐지에서 노예제 폐지로

앞 장에서 본 것처럼 반노예제 정치가들은 1807년 이후 10년 이 넘도록 외교적인 선언을 통해 노예무역을 국제적으로 금지시키거나 특정 국가들과 양자 조약을 맺어 그것의 폐지를 강제하려 했다. 이러한 활동의 전제는 노예무역이 폐지되어 더 이상 수입이 없어지면 노예들의 처우가 좋아지고 결과적으로 실질적 자유가 주어질 것이란 생각이었다.

물론 윌버포스와 그의 동료들이 노예제 폐지 자체를 염두에 두지 않거나 반대한 것은 아니었다. 노예무역이 정의와 인류애에 반한다고 말하면서 흑인들을 노예 상태에 두는 것은 논리적으로 모순이었다. 그러나 윌버포스뿐 아니라 대다수 반노예제 운동가들은 노예제 자체의 폐지가 언젠가 도달할 궁극적인 목표라고 생각했다. 1807년 당시 수상이었던 윌리엄 그렌빌은 "노예들이 지금은 자유를 어떻게 사용해야 할지 모르기 때문에" 해방은 그들에게 해를 끼칠 뿐이라고 말하면서 그것을 미래의 과제로 남겼다.[2] 당장 해야 할 일은 노예들의 실질적인 삶을 개선하는 것이었다.

이런 태도는 이 시기 반노예제 진영을 대표하는 단체인 아프리카 협회의 목표에서 잘 반영되었다. 앞서 언급했듯 1807년 노예무역 폐지 직후 윌버포스는 노예무역 폐지에 실효성을 더하기 위해 이 협회를 설립했다. 협회의 회장은 국왕 조지 3세의 조카인 글로스터 공작Duke of Gloucester이 맡았고, 대표적인 휘그 정치인 헨리 배설-폭스Henry Vassall-Fox, Lord Holland 등 13명의 귀족과 런던 주교를 포함한 5명의 주교, 윌버포스와 헨리 손턴을 포함한 24명의 국회의원이 이사를 맡았다. 1807년 4월 14일 첫 회의에서 정한 창립 목적 중 하나는 "아프리카인들이 유럽인과의 관계에서 겪었던 잘못된 관행"을 바로잡고 그들의 "문명과 행복을 증진하는 것"이었다. 그리고 이 목적을 달성하는 방식은 노예무역을 국제적으로 중지시키고, 자유무역을 통해 아프리카의 생활 수준을 향상하는 것이었다.[3]

영국의 꾸준한 해외 노예무역 억제 활동과 외교적 노력은 시간이 흐르며 어느 정도 가시적 효과를 드러냈지만 그것은 1840년대부터였다. 즉 윌버포스가 죽은 1833년 이전에 아직 이 정책의 효과는 더디었다. 아프리카 협회는 1810년 4차 보고서와 1811년 5차 보고서에서 영국과 미국 선박이 노예무역이 허용되는 스웨덴, 스페인, 포르투갈 같은 국가의 깃발을 사용해 노예무역을 하고 있는 사례를 보고하였고, 1812년의 6차 보고서는 1810년에만 7-8만 명의 노예가 영국의 단속을 피해 대서양을 횡단해 운송되었다고 밝히기도 했다. 비슷한 내용이 1822년의 16

차 보고서까지 매해 보고되었다.

　이렇게 해외에서 노예무역 억제정책이 큰 진전을 보이지 않자 1823년 1월 8일에 윌버포스와 그의 동료들은 이 문제를 논의하기 위해 '비밀 내각회의'를 개최했다. 그들은 이때까지 식민지에서 들어온 정보와 아프리카 협회의 보고서를 모두 취합한 결과 노예들의 상황이 크게 나아지지 않았다고 결론을 내렸다. 그리고 의회가 입법을 통해 노예제도 자체를 규제하도록 만드는 것에 동의하게 되었다.

윌버포스의 후계자

　천성적으로 몸이 약했던 윌버포스는 이 무렵 건강이 더 악화되었다. 60대에 접어들면서 척추 굴곡이 심해져서 앉을 때 고정 장치가 필요했다. 시력도 좋지 않아져 독서를 줄여야 했고 오랜 궤양성 대장염으로 인해 진통제로 아편을 쓰고 있었다. 그래서 이 무렵 그는 자신보다 젊은 사람이 의회에서 반노예제 운동을 이끌면 좋겠다고 생각하고 있었다. 누가 적합할까? 이런 뜻을 동료들에게 비치자 1804년부터 노예무역 폐지 활동에 참가한 헨리 브룸Henry Brougham이나 러싱턴Lushington 같은 열성적인 의원들이 거론되었지만 이들은 윌버포스의 신앙을 공유하지 못하는 문제가 있었다.

　사실 윌버포스는 1816년부터 눈여겨보던 사람이 있었다. 바로 토머스 파월 벅스턴Thomas Fowell Buxton이라는 사회개혁가였다. 그는 소상공인 집안 출신으로 일찍 아버지를 여의고 20대 초반부터 런던의 양조장에서 일을 하였다. 성실함을 인정받은 그는 양조장의 파트너가 되었고 이곳에서 재산을 모으게 되었다. 벅스턴은 1807년 해너 거니Hannah Gurney라는 여성과 결혼했는데 그녀의 여동생이 사회개혁가로 유명한 엘리자베스 프라이Elizabeth Fry였다. 그는 처제의 영향으로 감옥 개혁과 빈민 생활 개선에 관심을 갖게 되었고 자신의 재산을 빈민들을 위해 사용하기 시작했다.

1816년에는 한 자선협회에서 스피탈필즈 지역 방직공들의 열악한 작업환경을 개선하자는 열성적인 연설을 하였는데 그 자리에서 4만 3천 파운드가 모금되었고 많은 사람이 그로 인해 산업혁명 과정에서 소외된 사람들에게 관심을 두게 되었다. 이 자리에 있었던 윌버포스는 벅스턴에게 편지를 보냈다. 그는 벅스턴의 성공적인 연설에 찬사를 보내면서 그의 관심을 스피탈필드 노동자를 넘어 확장할 것을 권고했다. "저는 언젠가 당신이 다른 분야에서도 행할 노력의 성공을 기대하며, 우리가 행동의 동기와 노력의 대상이 일치하는 동료가 될 것이라고 믿습니다."[4]

윌버포스가 자신의 후계자로 지정한 노예해방 운동가 토머스 파월 벅스턴.

1818년 벅스턴은 하원의원에 당선되었고 이제는 의원으로서 도시 환경 개혁, 감옥 개혁, 사형제 폐지를 위한 입법 활동에 열심을 내었다. 특히 그는 빈민들이 쉽게 범죄에 노출되고 자신을 변호할 돈이 없어 중형에 처해지는 상황을 개선하고자 했다. 그의 노력으로 경범죄임에도 사형을 선고할 수 있었던 범죄가 200개에서 8개로 감소하기도 했다.

　　노예해방에도 관심이 많았던 벅스턴은 1821년 1월 아프리카 협회 모임에 참석하여 지난 14년간 불법 노예무역이 끊이지 않고 노예 농장에서 그들의 상황이 실질적으로 개선되지 않은 것을 지적하며 협회 지도부의 정책 전환을 요구했다. 의장단에 앉았던 윌버포스는 용기 있는 적절한 지적에 감사를 표하면서 발언자가 누군지 주목했는데 자신이 예전에 보았던 벅스턴인 것을 알게 되었다. 1821년 5월 23일, 벅스턴은 제임스 매킨토시 의원이 사형 폐지 법안을 하원에 제출하자 사형을 폐지해야 하는 법리적, 종교적 근거를 제시하며 이를 강력히 지지하는 연설을 했다. 의원석에서 이를 들은 윌버포스는 벅스턴이야말로 자신이 찾던 사람이라고 생각했다. 그리고 다음 날 그에게 편지를 보냈다.

　　오랜 시간 동안 저는 영국과 대서양 식민지 흑인 노예들의 처우에 관한 문제를 제기하고 그들에게 도덕적, 사회적 진보를 제공할 수단을 가져오길 갈망하였습니다. … 저는 이와 관련하여 한동안 당신을 지켜봤습니다. 어젯밤에 일어난 일 이후, 저는 예전에 피트에게 그랬듯 당신을 더욱 의지할 수 있게 되었고 당신이 이 축복받은 일에 헌신하는 것을 진지하게 고려해 달라고 요청하게 되었습니다. 그리고 저와 진정으로 거룩한 동맹을 맺어, 제가 이번 회기에 이 전쟁을 시작할 수 없다면(분명 이번 회기에는 시작되지 않을 것 같군요), 더 나아가 전쟁을 시작하더라도 끝낼 수 없게 된다면(안타깝게도 분명 그럴 가능성이 있습니다), 당신이 그것을 이어가 주기를 간청합니다.[5]

사실 벅스턴은 윌버포스가 연락을 취하기까지 그리 유명하지 않았다. 잘 알려지지 않은 상인 가문에 당선된 지 3년이 조금 지난 초선 의원에 불과했다. 하지만 윌버포스는 그가 소명을 가지고 정치를 하는 사람이라 생각했고, 그의 논리적이면서도 열정적인 연설과 신앙심에서 비롯된 약자에 대한 배려를 높이 샀다. 무엇보다 그가 도시 빈민과 노동자들의 처우에 관심이 많기 때문에 노예제가 폐지된 이후 산업혁명으로 변화된 사회를 개혁하기에 적합한 인물이라고 생각했다.

윌버포스는 벅스턴에게 이후에 있을 회기부터 자신을 대신해 반노예제 법안 제출을 이끌어 달라고 부탁했다. 이는 의회에서 그의 뒤를 잇는다는 의미였다. 벅스턴은 자신이 윌버포스의 후계자로 맞는지, 그 자리가 요구하는 온전한 헌신을 다할 수 있을지 고민했다. 1년이 넘도록 고민을 하던 그는 1822년 가을이 되어서야 제안을 받아들인다는 의사를 밝힌다. 윌버포스는 "당신을 제 동료이자 후임자로 삼을 수 있어 기쁩니다"라면서 벅스턴을 자신이 머물던 친구의 집으로 초대했다.[6]

이곳에서 만난 두 사람은 앞으로 어떻게 노예제 관련 입법 활동을 추진할지 계획을 세웠다. 윌버포스는 자신이 "지난 2세기 동안 서인도제도 식민지에 퍼져 있는 잔인한 속박의 제도를 폐지하기 위해 그동안 적극적이지 않았던 것을 크게 후회한다"[7] 면서 노예제 폐지를 분명한 목표로 제시했다. 윌버포스는 자신과 오랜 동료들로 구성된 '비밀 내각회의'에 벅스턴을 초대했고 향후 노예해방 운동의 계획을 같이 설계하자고 제안했다. 그는 1825년 정계를 은퇴할 때까지 벅스턴과 동역하였고, 그 후에는 반노예제 운동의 주도권을 그에게 완전히 넘기게 된다. 물론 벅스턴은 윌버포스가 죽을 때까지 그의 조언과 도움을 받았다.

반노예제 협회

1823년 1월 31일, '노예제의 완화 및 점진적 폐지를 위한 협회'(the Society for the Mitigation and Gradual Abolition of Slavery, 이하 '반노예제 협회')가 조직된 것은 노예해방 정서가 확산된 새로운 분위기를 반영했다.[8] 창립 멤버 중 다수는 이전에 노예무역 폐지를 주도했던 클래팜파 멤버들로 윌버포스, 클락슨, 머콜리, 스티븐이 여기에 있었다. 여기에 토머스 머콜리, 토머스 베빙턴, 조지 바빙턴, 헨리 손턴, 헨리 벤, 윌리엄 윌버포스 주니어 등 클래팜 2세대도 포함되어 있었다.

윌버포스는 1823년 3월 《종교, 정의, 인간성에 대한 호소》 *An Appeal to the Religion, Justice, and Humanity*라는 책을 출간했다. 그는 이 책을 노예해방의 매니페스토라고 불렀다. 윌버포스는 이 책에서 "노예무역 폐지 조치가 실제보다 더 많은 혜택을 노예들에게 줄 것을 기대"했던 이전의 전략에 변화가 필요함을 인정했다. 그래서 팸플릿에서는 노예들이 "자유로운 영국 노동자의 조건을 갖추도록", "점진적으로 안전하게 노예제를 버리는 것"을 해방의 로드맵으로 제시하였다.[9] 다음 해인 1824년 클락슨도 《노예해방에 대한 견해 및 영국 식민지 노예의 상황 개선 필요성에 대한 고찰》*Thoughts on the Necessity of Improving the Condition of the Slaves in the British Colonies, with a View to Emancipation*이라는 팸플릿을 작성했다. 이 책도 점진적 노예제 폐지를 주장한 점에서 반노예무역 운동가들의 노예제도에 관한 생각의 변화를 보여 주고 있었다.

이제 노예제 자체에서 흑인들을 구하는 실질적 행동이 필요하다고 느낀 윌버포스는 첫 움직임으로 1823년 3월 노예해방을 주장하는 퀘이커 교우회가 작성한 청원서를 하원에 제출하였다. 그는 연설에서 "노예무역의 죄악뿐만 아니라 노예제 자체가 초래한 악을 종식시키려는 시도를 지금껏 하지 않은 것을 후회한다"고 말하며 이제 의회에서 노예제도를 다룰 것임을 분명히 했다. 그리고 5월 15일에는 벅스턴과 같이 준비한 "노예제도가 기독교와 영국의 헌정체제에 반한다"고 선언하는 내용의 결의안을 발의하였다.[10]

결의안을 제출한 벅스턴은 열성적인 연설을 통해 자신의 목표가 "점진적인 노예제 폐지"임을 밝혔고, 동시에 11개 조항으로 이뤄진 노예제의 임시 개선 방안을 제시했다. 그 주된 내용은 어린이 노예 즉각 해방, 노예들에게 종교 교육 도입, 일요일 휴무, 결혼할 권리 인정, 관리인의 노예 체벌권 제한 등이었다. 하원에서 이 토론이 있던 날 전국에서 230개의 청원서가 도달했고 그중 압도적 다수가 노예제 폐지를 요구하고 있었다.

토론이 이어졌고, 일부 의원들은 식민지 의회에 노예제 개선을 맡길 것을 주장하며 영국 정부의 직접적인 노예제 개입에 반대했다. 대표적인 사람이 1823년 당시 외무장관이었던 조지 캐닝George Canning이었다. 그는 오랜 시간 노예무역 폐지주의자였지만 장관이 되고 나서는 식민지 자치의회와 마찰을 피하려 영국 의회의 입법을 통한 노예제 폐지에 부정적인 태도를 보였다.

이에 윌버포스가 일어나 그를 강하게 비판했다. 윌버포스는 "만약 식민지 의회가 스스로 개혁한다면 그것을 따르겠습니다. 하지만 그것을 어떻게 기대할 수 있습니까?"라며 노예제 폐지가 본국의 개입이 반드시 필요한 문제라고 주장했다.[11] 또한 전 법무장관 새뮤얼 로밀리가 "이 불쌍한 흑인들은 외롭고 비참할지라도 국왕 폐하의 백성이다"라고 말한 것을 인용하며 이들이 "우리 종교의 원칙과 영국 헌정 체제의 충분한 보호를 받도록 합시다"라고 주장했다.[12] 이는 그들에게 자유를 준다는 의미였다. 1823년의 노예제 폐지 결의안은 성공하지 못했지만 이제 영국 의회와 대중은 반노예제 정치가들의 목표가 노예제 자체의 폐지를 향한다는 것을 알게 되었다.

데메라라 노예 반란

노예제 폐지를 목표로 삼은 정치인들이 처음부터 즉각적 폐지를 의도한 것은 아니었다. 윌버포스는《종교, 정의, 인간성에 대한 호소》에서 노예해방의 조건으로 흑인들을 야만적인 수준에서 "이성적인 존재의 수준으로 고양"하는 과정이 필요하다고 평가했고, 이를 위해 그들에게 기독교와 문명을 교육해야 한다고 주장했다.[13] 이런 의미의 해방은 시간이 걸리는 작업일 수밖에 없었다.

그는 또한 일단의 노예제 폐지 움직임이 노예 반란을 자극할 것을 우려했다. 1791년 생도맹그 반란 이후 서인도제도에서는 노예들의 반란이 심심치 않게 일어났고, 대규모 살상으로 끝나는 경우가 많았기 때문에 백인 정착민들의 공포가 컸다. 특히 1816년 일어난 바베이도스 반란은 백인들의 피해가 커서 이 공포를 극대화했다. 서인도제도 농장주들은 본국의 반노예제 정치가들이 준 노예해방의 헛된 희망이 노예들을 자극해 반란으로 이어진다고 비판했고, 윌버포스와 그의 동료들도 이를 의식하지 않을 수 없었다.

그러나 1823년 8월 18-20일에 남아메리카의 영국 식민지 데메라라에서 일어난 노예 반란은 반노예제 정치가들의 노예해방 시점에 대한 생각이 바뀌는 전기를 제공했다. 이 반란은 흑인 노예 사이에 퍼진 뜬소문에서 시작되었다. 영국 의회가 노예제도를 폐지했지만 식민지 지배자들이 이를 무시하고 공표하지 않고 있다는 소문이었다. 분노한 노예들은 잭 글래드스턴Jack

영국군을 쫓아내는 데메라라 노예 반란군.

1818 —— 1833

Gladstone과 쿠애미나Quamina라는 흑인의 지도하에 봉기했다. 단 사흘 동안의 반란으로 200-500명 사이의 흑인들이 죽었고 이후 27명이 반란죄로 처형당했다. 서인도제도 농장주들은 이 반란이 반노예제 정치가들의 선동 때문이라고 주장했다. 한 자메이카인은 윌버포스가 거대한 거짓말을 하고 있다고 비판했고 다른 비판자는 윌버포스에게 단 세 단어가 써진 편지를 보냈다. "너 악한 위선자여!"[14]

이 사건은 윌버포스와 그 동료들의 견해가 점진적 노예제 폐지에서 즉각적 폐지로 바뀌는 계기의 하나가 되었다. 노예 반란에서 드러난 폭력과 잔혹한 결과를 본 반노예제 정치가들은 노예제 자체가 끝나지 않는 한 이런 문제가 절대 해결될 수 없음을 깨달았다. 여기에 데메라라의 베델 채플을 담임하던 선교사 존 스미스의 재판이 영향을 주었다. 스미스 목사는 반란이 끝나고 두 달이 지난 1823년 10월 아프리카 노예들 사이에 불만을 부추기고 그들의 반란을 조장했으며 반란 계획을 당국에 알리지 않았다는 혐의로 기소되었다. 데메라라 반란을 주도한 흑인들이 모두 이 교회 출신이었기 때문에 배후로 의심받은 것이다.

계엄령이 선포된 상황에서 재판은 매우 형식적으로 진행되었고 한 달 후인 11월 24일 1심에서 스미스 목사는 사형을 선고받았다. 항소심이 진행되는 동안 스미스 목사는 감옥에 갇혀 있다가 1824년 2월 6일에 갑작스럽게 사망했다. 식민지 당국은 지병으로 죽었다고 발표했지만 그대로 믿는 사람은 없었다. 식민지 관리들은 주민들을 자극할까 봐 새벽 4시에 시체를 매장하고 무덤 표식조차 남기지 않았다. 이 소식이 영국 신문에 보도되면

노예 반란을 조장했다는 명목으로 기소되었다가 갑작스레 사망한
존 스미스 선교사(1790-1824). ⓒ TimBray

서 대중의 분노가 일어났다.

윌버포스도 이 소식을 듣고 크게 충격을 받았고 5월 10일 일
기에는 "스미스 선교사가 데메라라 감옥에서 죽었다. 심판의 날
이 올 것이다"라고 적었다.[15] 1824년 6월 11일 하원에서 그는 서
인도제도 농장주들이 스미스 선교사를 죽음으로 몰아간 근원적
인 이유를 폭로했다. "데메라라에서 스미스 씨가 유죄판결을 받
은 것은 다른 선교사들이 노예를 기독교인으로 만들려는 시도를
막고, 이 사례가 주는 공포를 통해 오랫동안 상처 입은 동료 피조
물들을 위해 헌신할 열정을 가진 기독교인들을 겁을 주어 쫓아
내려는 의도였습니다." 그리고 영국 정부가 이 문제를 다루는 방
식이 내포한 중요성을 강조했다.

> 지금 재판을 받는 것은 우리 자신이며, 현재의 문제에 대한 우리
> 의 결정으로 사람들은 서인도제도 재산 소유자들이 영국에 끼치
> 는 영향력에 우리가 얼마나 좌우되는지 판단할 것입니다.[16]

윌버포스는 이제 영국 의회가 노예제를 없앨 때가 되었다고 주장했다. 노예제 자체의 악이 너무도 크며 그것을 완화하기 위한 서인도제도인들의 노력을 더는 기대할 수 없기 때문이다. 이는 반노예제 협회 회원들 사이에서 널리 공유된 의견이었다. 윌버포스와 함께 "점진적 노예제 폐지"를 위한 협회 성립을 주도했던 클락슨도 이 시기에 전국을 돌며 반노예제 청원서를 수집하고 돌아와서는 "가는 곳마다 사람들이 노예제의 즉각적 폐지가 최선이 아니냐고 물어본다"며 노예제도에 대한 대중적 반대가 예상보다 훨씬 강하다고 보고했다.[17] 클락슨은 1830년에 이르러서는 노예 농장주들을 "강도의 권리를 산 사람들"로 묘사하며 이런 불법적 재산 취득을 즉각 무효화할 것을 주장한다.[18]

대중적 인식의 변화

영국 대중 사이에도 이런 생각이 퍼져 갔다. 1825년부터 재커리 머콜리가 편집을 맡아 출간된 반노예제 협회의 〈반노예제 월간 보고서〉*Antislavery Monthly Reporter*는 이 변화의 매개체가 되었다.[19] 이 보고서는 반노예제 협회의 활동 및 회원인 의원들의 활동 보도와 더불어 데메라라, 바베이도스, 자메이카, 트리니다드 같은 설탕 식민지 노예 농장의 실상과 노예 재판 관련 기록 등을 꾸준히 소개하였다.

이런 기사들을 통해 독자들은 노예무역 폐지를 통해 노예제 문제를 해결하려는 접근 방식에 문제가 있음을 인식하게 되었다. 예를 들어 1829년 4월 호에는 바하마에 살았던 노예 케이트의 사건이 크게 보도되었다. 케이트는 주인에 대한 불순종을 이유로 17일간 감옥에 갇혀서 고문과 채찍질을 당했고 석방된 후 다시 중노동 현장에 보내졌다. 고열로 일을 하지 못하자 다시 채찍질을 당했고 결국 사흘 만에 죽었다. 그러나 주인인 헨리와 헬렌 모스는 경범죄로 처벌받았을 뿐이었다.[20] 이런 예를 배경으로 〈반노예제 월간 보고서〉는 "식민지 노예제도가 법적으로나 실제로나 실질적으로 개선되었다는 믿을 만한 증거가 없다"는 직설적인 주장을 하기 시작했다.[21]

사실 노예 농장에서 일어나는 이러한 잔혹한 사건들은 노예무역 폐지 운동 당시에도 여러 팸플릿에 자주 등장한 소재였다. 하지만 보고서는 노예무역이 폐지된 지 20년 가까운 세월이 흘렀는데도 상황이 본질적으로 달라진 것이 없었음을 보여 주면서 기존 접근법의 한계를 명확히 드러냈다. 이제 서인도제도 농장주들을 설득하여 협조를 끌어낼 수 있을 것이라는 오래된 희망이 사라졌고 반노예제 세력 중 온건한 목소리는 점차 설 자리가 없어지게 되었다. 역사가 이안 화이트Iain Whyte는 1820년대 말로 가면서 〈반노예제 월간 보고서〉 내에 노예제에 대한 공포 및 혐오뿐 아니라 식민지 농장주와 정부 당국에 대한 분노를 유발할 수 있는 자료가 증가했다고 설명하면서, 반노예제 진영의 입장이 '점진적' 노예제 폐지에서 '즉각적' 폐지로 변하고 있었다고 평가했다.[22]

윌버포스의 오랜 동료였던 머콜리는 1825년 무렵 시력을 잃어 가고 있었다. 그가 마지막 힘을 다해 완성한 원고가 《영국 영토 내 흑인 노예제의 사망확인서》*The Death Warrant of Negro Slavery Throughout the British Dominions*였다. 그는 자신의 인생 역정뿐 아니라 역사 속에서 자신이 본 신의 섭리를 기억하며 지금 영제국에서

〈반노예제 월간 보고서〉(1830).

흑인 노예제는 그 생명력을 다하고 있으며 그 종말이 멀지 않았다고 선언했다. 또한 〈에딘버러 리뷰〉*Edinburgh Review*, 〈웨스트민스터 리뷰〉*Westminster Review* 같은 유력 잡지가 노예해방을 적극 지지하기 시작했고. 친노예제 성향의 잡지인 〈쿼털리 리뷰〉*Quarterly Review*도 식민지 자치의회들이 본국의 반노예제 조치에 무조건 반대만 하는 태도를 비판했다. 이렇게 노예제를 바라보는 대중의 시각도 변하고 있었다.

윌버포스의 정계 은퇴

이렇게 점진적 폐지에서 즉각적 폐지로 노예제에 대한 여론이 바뀌는 중에 윌버포스는 정계를 완전히 떠날 결심을 하게 된다. 그는 1824년 스미스 선교사 사건을 하원에서 성토할 때 다음 말이 생각나지 않고 주장의 핵심을 잊어버린 자신을 발견하였다. 같은 해 여름에는 다시 심각한 병에 걸려 몇 달을 누워 있어야 했다. 아내 바버라와 주치의는 윌버포스가 더 이상 의회 활동을 하기 어렵다고 보았고 그도 동의하게 되었다. 아직은 어려운 상황이지만 열정적으로 반노예제 운동을 이끌고 있는 벅스턴이 결국은 잘 해내리라는 믿음도 생겼다. 이미 클래팜 2세대가 반노예제 협회에서 아버지들의 자리를 대신하고 있던 것도 그의 결심에 힘을 보탰다.

그럼에도 오랫동안 몸담은 의회와 지역구를 떠나기는 쉽지 않은 결정이었다. 1825년 2월 윌버포스는 스스로 정계를 은퇴할 이유를 정리해 보았다. 메모의 내용은 다음과 같았다. "육체적, 정신적 능력이 쇠퇴한다고 느낄 때 은퇴하는 사람의 모습은 모두에게 유익할 것이다", "사람들은 오랫동안 의회 의석을 차지하여 그것을 (귀족)계급 획득의 수단으로 사용하는 예를 보았다. 따라서 기독교 원칙에 따라 행동한다고 공언하는 사람일수록 정반대의 모범을 보여야 할 필요가 있다."[23] 그는 자신의 힘이 다해가는 이때 지위를 내려놓는 예를 보이기로 결심했다.

이 무렵 윌버포스에게 세습 귀족 작위를 수여하자는 이야기가 리버풀 수상Robert Jenkinson, Earl of Liverpool에게서 나왔다. 영국에서 세습 귀족은 상원의원이 되고 또 자녀에게 자리를 물려줄 수도 있었으므로 하원에서 오래 봉사한 의원들은 은퇴 후 상원으로 자리를 옮기는 것을 영예로 생각했다. 윌버포스는 평상시에 공직 세습을 반대하였고, 또 장남 윌리엄이 도덕적으로 해이한 삶을 살았을 뿐 아니라 정치적 자질도 없다고 보았기 때문에 이를 거절하였다. 대신 그는 1825년 2월 17일 정계에서 완전히 은퇴할 것을 공개적으로 밝혔다. 그는 1780년부터 1825년까지 45년간 하원에 있었고, 노예무역 폐지라는 업적을 남긴 인물이므로 국회 차원의 퇴임 행사가 열릴 수도 있었다. 그러나 윌버포스는 모든 것을 거부했으며 자기 대신 사퇴서를 제출해 달라는 편지를 벅스턴에게 남긴 채 국회의사당을 떠났다.

정계에서 은퇴한 윌버포스에게 한동안은 허무감이 찾아왔다. "나는 침을 잃은 벌과 같다"고 감정을 토로하기도 했다. 그러나 외롭다든가 무기력증에 빠졌다는 것이 아니었다. 은퇴 후 1년이 지난 1826년, 그는 바버라와 노년을 보내기 위해 런던 북부의 하이우드 힐Highwood Hill에 이전보다 작은 집을 구매하였다. 장남 윌리엄 가족도 들어왔고 다른 군식구들도 많았다. 천성이 모질지 못한 윌버포스는 늙어 일을 잘하지 못하는 하인들을 쫓아내지 못했다. 친구 헨리 손턴의 딸 마리엔은 1820년경 '윌버포스 아저씨'를 보러 이곳을 방문했다가 자신이 본 풍경을 다음과 같이 묘사했다.

그(윌버포스)의 집은 너무 작아서 하인 일부와 손님 대부분이 1마일 떨어진 여관에 가서 자야 했다. … (그럼에도) 모든 것이 옛날대로 굴러가고 있었다. 그 집은 다리를 절고, 더는 일을 할 수 없고, 앞이 잘 안 보이더라도 불쌍해서 데리고 있는 하인들로 가득하다. 그의 옛 비서는 고마운 일이 있어서, 그 비서의 아내는 예전에 아픈 바버라를 돌봐 주었다는 이유로 아직도 함께 산다. 모두 그 늙은 집사가 그만 떠나 줬으면 하지만 그는 윌버포스와 애착이 너무 깊어서 남았고, 그의 아내는 이전엔 요리사였지만 지금은 아파서 일을 못하는 데도 남아 있다.[24]

여기에 윌버포스를 개인적으로 보고 싶어 찾아온 방문객이 더해져 집은 정신없기 짝이 없었다. 몇십 년 전 해너 모어가 윌버포스의 집을 온갖 동물이 다 모여 있는 '노아의 방주' 같다고 묘사한 적이 있었는데 여전히 변한 것이 없어 보였다.

윌버포스는 이런 소란 속에서도 규칙적인 삶을 살았다. 매일 아침 7시에 일어나 옷을 갈아입고 독서를 한 후, 9시 30분부터 30분 정도 가족들과 가정 예배를 드렸다. 그런 후에 바람을 쐬며 산책을 했는데 이때 시편을 즐겨 낭송했다. 이후 아침 식사를 했고 대개는 자신을 찾아온 손님이 동석했다. 점심 식사 이후에는 편지를 쓰는 데 상당한 시간을 보낸 후 오후 3시쯤 정원에서 다시 산책을 했다. 윌버포스는 이 시간을 매우 좋아했으며 동네 주민들은 항상 이 시간에 그가 바버라와 산책하는 것을 보았다. 윌버포스는 꽃을 아주 좋아해서 산책 중 아름다운 꽃이 보이면 꺾어서 자기 방에 두었다. 그는 "꽃은 분명 그분의 선하심을 나타내는 미소입니다"라고 적기도 했다.[25] 이후 오후 5시가 되기 전에 저녁 식사를 하고 저녁 시간에는 내내 독서를 했다. 가족과 함께 독서하고 토론할 때도 많았다. 그는 나이가 들수록 독서에 대한 사랑이 지극해졌고 반노예제 협회나 의회 안건을 공부할 때도 많았다. 젊은 시절부터 윌버포스는 저녁형 인간이었고, 대개 밤늦게까지 깨어 있었다.

그러나 이런 평화로운 노후는 오래 가지 않았는데 그에게 아픈 손가락인 장남 윌리엄 때문이었다. 그의 장남은 대학 시절에도 여러 말썽을 피워 학교에서 쫓겨났고 변호사 시험도 여러 번 떨어진 바 있었다. 그는 친구의 권유로 런던 남쪽에 있는 세인트존스 우드St. John's wood에 있는 농장에 자금을 투자하고 사업을 시작했다. 윌버포스는 이 사업이 유망해 보이지 않아 말리기도 했지만 윌리엄이 뜻을 굽히지 않자 결국은 자신의 노후 자금을 주었고, 나중엔 친구 돈까지 빌려다 주었다. 그러나 1830년에 사업이 크게 망하면서 윌버포스의 경제 사정도 급격히 나빠졌다.

윌버포스와 바버라는 더 이상 큰 집에 살 수 없어서 하이우드 힐에 있는 집을 처분했고, 한동안은 셋째 아들이자 국교회 성직자인 새뮤얼의 사제관에 같이 살게 되었다. 정든 집을 떠나기란 쉽지 않았다. 윌버포스는 다음과 같이 아쉬움을 표현했다. "정원을 포기하도록 강요받는 것은 나에게 시련이며 책을 포기하는 것은 더 큰 시련이다. 그러나 이보다 더한 것은 오랜 친구에게 식사를 같이하고 머물고 가라고 할 곳이 없는 것이다. 위대한 사도들도 특정 거주지가 없는 것을 고난의 한 종류로 분류하였다."[26] 그렇지만 "모든 아이가 교육을 마치고 집을 떠나기까지 이 고통이 늦춰졌고, 아내와 나는 우리 두 자녀의 지붕 아래에서 즐거운 망명처를 제공받았다. 우리가 더 바랄 게 뭐가 있겠는가? 자비로운 섭리는 내가 '그 선하심과 인자하심이 평생 나를 따르리니'라고 다윗이 선포한 진리를 받아들이게 한다"라며 마음을 다독였다.[27]

이런 개인적 어려움을 겪을 무렵 노예해방의 움직임은 점점 거세지고 있었다. 1830년대에 이르러 반노예제 협회 안에는 '젊은 잉글랜드 노예제 폐지주의자'the young England abolitionists라고 불린 집단이 만들어지고 있었다. 이들은 주로 클래팜파 정치인들의 자녀와 그들의 동료들로 구성되었으며 반노예제 정책에 있어 아버지 세대보다 좀더 급진적인 견해를 가지고 있었다. 또한 새로운 노예제 폐지주의 세대를 대표했던 제임스 스티븐의 아들 조지는 친구 조셉 스터지Joseph Sturge와 함께 반노예제 협회 내에 '에이전시 위원회'Agency Committee를 결성하여 즉각적 노예제 폐지를 주장하는 캠페인을 시작했다.

클래팜파의 자녀 세대는 아버지들과 달리 노예무역이 폐지된 후에 정치를 시작했기 때문에 이전의 운동 방식에서 벗어나 좀더 과감한 주장을 했다. 그러나 아직 그들의 아버지 세대 중에는 기득권 세력에 맞서 시간을 두고 설득과 협상을 하는 데 익숙한 사람들이 많았다. 윌버포스는 반노예제 운동 안의 두 세대 간 틈을 메우려고 노력했다. 이는 일면 현실적인 선택이기도 했다. 윌버포스는 노예의 실질적인 자유 실현에 20년이 넘도록 진전이 없는 상황에서 더 이상 문제를 끌고 있을 수는 없다고 보았다. 그는 젊은 세대의 과감한 주장을 수용하되 자신의 오랜 경험을 살려 그 실현 가능성을 높여 주는 것이 자기 역할이라 생각했다.

1830년 5월 15일 런던의 프리메이슨 홀에서 반노예제 협회 총회가 열렸다. 이곳은 당시 런던에서 가장 넓은 실내 공간 축에 속했는데 수용 가능 인원인 2천 명이 가득 찼고, 수백 명은 돌아가야 했다. 이런 뜨거운 열기는 당시 노예제 폐지에 대한 대중적 지지를 드러냈다. 1825년 정치에서 은퇴한 후 오랫동안 대중 앞에 모습을 드러내지 않았던 윌버포스가 이 총회에 참석한 것만 보아도 젊은 노예제 폐지론자들의 요구를 지지하는 것으로 해석될 수 있었다. 먼저 벅스턴이 일어나 "가장 빠른 시일 안에 모든 영국 영토 내에서 노예제도를 완전히 폐지하자"는 결의안을 제시하였지만 청중은 이에 만족하지 않았다.[28] "자유"를 거듭 외치는 목소리가 커졌고 좀처럼 질서가 잡히지 않았다. 결국 1830년 1월 1일 이후 태어나는 모든 노예에게 자유를 주는 내용의 결의안이 제출되었고 윌버포스가 일어나 이를 표결에 부칠 것을 제안했다. 조지 스티븐은 《톰 아저씨의 오두막》의 작가로 유명한 해리엇 비처 스토 부인에게 보낸 편지에서 "나이아가라 폭포가 같은 거리에 있었어도 그 소리가 들리지 않았을 크기의 함성"이 터졌다고 회상했다.[29]

1832년 개혁법이 가져온 변화

1832년 개혁법Reform Act 통과를 계기로 정부 정책에도 변화가 생겨났다. 이는 1806년 선거에서 반노예무역 세력의 약진이 노예무역 폐지 법안의 통과로 이어진 과거를 연상시킨다. 앞에서도 여러 번 설명한 것처럼 영국의 선거 제도는 시대에 뒤떨어진 면이 많았다. 한 후보자가 여러 선거구에 출마할 수도 있었으며, 유권자 수가 많지 않아 그들의 표를 사기도 쉬웠고, 실제로 투표하지 않고 각 정파의 협상으로 당선자가 결정되는 경우도 많았다. 가장 큰 문제는 산업혁명으로 급격히 변한 인구 구성을 선거구가 대표하지 못한다는 점이었다. 인구가 줄어든 농촌 선거구는 유권자가 10여 명인 곳도 있지만 도시 선거구는 유권자가 천 배가 넘는데도 대표 의원 수는 같았다.

선거법 개혁의 필요성은 누구나 공감하였지만 막상 그것을 실행하기는 쉽지 않았다. 현직 의원들의 지역구를 통폐합하기란 매우 어려운 일이었고, 도시 지역에 지역구를 신설하지 말라는 지주 세력의 반대도 심했으며, 유권자 확대에 불안을 느끼는

선거법 개혁안을 통과시킨 찰스 그레이 수상(1830-1834 재임).

기득권 세력의 반발도 심했다. 그래서 피트 때부터 선거법을 개혁하려는 시도가 있었지만 번번이 실패로 돌아갔다.

그러다가 1831년 선거에서 선거법 개혁을 주장하는 휘그가 대승을 거두었고 찰스 그레이Charles Grey, 2nd Earl Grey 정부는 선거법 개혁안을 제출하였다. 여론에 민감한 하원에서는 법안이 무사히 통과되었지만 보수적인 토지 귀족이 장악한 상원은 이를 큰 표 차로 부결시켰다. 이에 더비, 노팅엄, 브리스톨 같은 도시에서 폭동이 일어나 정국이 불안해졌다. 하원을 통과한 개혁법은 이후에도 상원에서 두 번 더 부결되었고 그레이 수상은 사임 의사를 밝혔다. 영국 전역에서 폭동이 일어나고 의회에서 상·하원이 대치하는 정치 불안이 극대화되자 그동안 개혁안에 부정적이었던 국왕 윌리엄 4세는 여론을 수용하였다.

국왕은 그레이를 다시 수상으로 불렀고, 상원이 계속 개혁을 받아들이지 않으면 개혁 성향의 휘그당원에게 귀족 작위를 주어 상원의원으로 임명하겠다는 뜻을 밝혔다. 상원에서 개혁

지지 세력을 인위적으로 늘려서라도 선거법 개혁안을 통과시키겠다는 국왕의 뜻이 드러나자 개혁을 반대하던 의원들은 굴복했고 결국 상원에서 법안이 통과되었다.

1832년 6월 7일 국왕의 승인을 얻은 개혁법은 산업혁명으로 인구가 급증한 대도시에 하원 의석을 추가하고, 소수의 유력자가 지배했던 '부패선거구'rotten boroughs 폐지가 주요 내용이었다. 그 결과 잉글랜드와 웨일스에서 농촌 지역을 중심으로 56개의 선거구가 폐지되었고, 기타 이유로 조정된 선거구까지 합쳐서 143개 의석이 폐지되었다. 반대로 도시 지역은 67개 선거구가 신설되어 130개 의석이 늘어났다. 또한 이 법은 소규모 토지 소유자, 소작농, 상점 주인을 유권자에 포함하도록 선거권의 재산 자격을 완화했다. 그 결과 성인 남성의 20퍼센트가량이 유권자가 될 수 있었다.

개혁법 통과 후 나타난 가장 큰 변화는 서인도제도 노예 농장의 이해관계에서 자유로운 도시 상공인 계층의 정치적 영향력이 확대된 것이었다. 또한 유권자 수의 확대는 의원들에 대한 통제력을 강화하여 이전보다 대중 정치의 중요성을 증가시켰다. 1832년 12월, 개혁법 통과 이후 처음 치러진 총선의 이슈는 바로 노예제였다. 1806년 선거 때 골목마다 붙었던 "나는 인간이자 형제가 아닙니까?" 문구가 써진 포스터가 27년만에 다시 나타났고, 채찍, 사슬, 고문 기구도 여러 후보의 선거 팸플릿에 재등장했다.

더 나아가 반노예제 협회의 에이전시 위원회는 1832년 12월 선거에서 "노예제도의 완전한 폐지 지지를 확인할 때까지 어떤 후보자에게도 투표를 약속하지 말 것"을 유권자들에게 권하였다.[30] 윌버포스는 이 전략을 전폭 지지했다. 토리와 휘그 모두 정파 차원에서는 이 요구를 수용하지 않았지만 각 후보는 현장의 분위기를 보고 앞다투어 노예제 폐지 지지를 표명했다. 결국 선거 결과 노예제를 반대하는 후보들이 대승을 거두었다. 요크셔는 개혁법 이후 의석이 4개로 늘었는데 네 의원 모두 노예해방을 공언한 후보들이 당선되었다. 한 후보는 윌버포스에게 "이번 선거에서는 노예제도에 대한 관심이 매우 높았습니다. 모든 사람의 입에 당신의 이름이 오르내렸고 당신의 건강이 가장 큰 관심을 받았습니다"라고 편지를 보냈다.[31]

1833년 1월, 새로 선출된 하원의 분위기는 완전히 달라졌다. 벅스턴은 "불과 몇 년 전까지만 해도 노예해방에 대한 열렬한 지지자가 겨우 여섯 명에 불과했던 하원은 이제 노예해방 운동의 열성적인 지지자들로 가득 차 있다"라고 평가하였다. 그리고 이 변화의 원인을 "전년도에 의회 개혁 문제가 해결되었기 때문"이라고 분석하였다.[32] 당대인이 보기에도 선거법 개혁으로 인한 정치적 변화는 노예해방에 중요한 변수였다. 윌버포스는 머콜리에게 보낸 편지에서 1833년이 "저주받은 노예무역에 치명적인 타격을 가하고 서인도제도 노예들의 해방을 마침내 보게 될 해"가 되리라고 선언했다.[33] 그의 예언처럼 그때가 멀지 않았다.

클래팜 2세대가 만든 노예해방 법안

이런 정치 지형의 변화는 정부 정책의 변화로 이어졌다. 이때 클래팜파의 자녀 세대에 속한 인물들이 중요한 역할을 하였다. 제임스 스티븐의 셋째 아들이자 식민지부의 법무참모였던 제임스 스티븐James Stephen과 찰스 그레이 수상의 아들로 정무차관이었던 헨리 조지 그레이Henry George Grey, 3rd Earl Grey가 반노예제 협회의 견해를 반영한 노예해방 계획을 작성하였다.

1833년 1월 헨리 그레이가 제시한 안은 노예를 즉시 해방하고, 자유인이 된 그들에게 세금을 걷어서 농장주의 재산 보존을 위해 사용할 것을 내용으로 하였다. 또한 이 안은 노예들이 임금을 받고 일정 기간 이전의 농장에서 일하는 견습 기간을 둘 것도 제안하였다.[34] 이 계획은 향후 논의가 이뤄져야 할 지점을 노예해방의 시점, 노예 소유주에 대한 보상 여부, 해방 노예의 견습제 적용 여부로 정리하고, 해결의 방향성을 제시한 점에서 의의가 있었다. 1833년 1월 그레이 내각에 제출된 이 계획을 정부는 몇 차례의 회의 끝에 수용하였다.

정부가 구체적인 노예해방 계획을 수립하는 동안 대중의 움직임도 활발해졌다. 각지에서 노예해방을 지지하는 청원서가

제임스 스티븐(1789-1859). 윌버포스의 친구 제임스 스티븐의 아들이며, 노예제 폐지 법안 작성에 중요한 역할을 했다.

유권자의 서명을 받아 의회에 도달했다. 1833년 4월에만 150만 명 정도의 영국인이 이 청원서들에 서명했다. 노예제를 반대하는 책자는 불티나게 팔렸고, 반노예제 협회 소속 인사들의 강연회와 대중 집회가 곳곳에서 열렸다. 이렇게 즉각적인 노예해방에 대한 대중의 지지는 뜨거워지고 있었다.

1833년 4월 12일에 켄트의 메이드스톤Maidstone에서 반노예제 협회 주최로 노예해방 청원서 회의가 열렸다. 참석자들은 갑자기 예상치 못한 연사가 등장하자 웅성대기 시작했다. 윌버포스가 나타난 것이다. 1830년 5월 프리메이슨 홀의 총회 이후 대중 앞에서 모습을 감췄던 윌버포스가 벅스턴과 스티븐으로부터 이 모임의 소식을 듣고는 자리를 박차고 일어나 이곳으로 온 것이다. 윌버포스는 허리에 고정기를 찬 상태로 두 사람의 부축을 받아 회의 장소로 들어왔다. 그리고 즉각적 노예해방을 청원하는 문서가 있는 테이블까지 걸어와서 서명을 남겼다. 우레와 같은 박수와 환호성이 터졌고 회의 장소는 그의 이름을 외치는 소리로 가득 찼다.

윌버포스가 이렇게 힘겹게 등장한 이유는 반노예제 세력 사이에서 입장이 정리되지 않은 부분에 자신의 견해를 밝히는 것이 필요하다는 생각 때문이었다. 이제 반노예제 협회 회원들 사이에 즉각적 노예해방은 이견이 없었으나 농장주에 대한 보상 문제가 그들을 분열시키고 있었다. 상당수의 반노예제 협회 회원들은 동등한 인간을 폭력을 동원해 노예라는 재산으로 만든 것을 불법 행위로 보았고 국가가 보상하는 것에 반대했다.

윌버포스도 동일한 생각이었지만 그것을 관철하는 방법론

에서 생각이 달랐다. 반세기에 가까운 세월 동안 노예무역 및 노예제도와 싸우는 가운데, 그는 국가 개혁은 '선한' 대의를 따르는 사람들뿐 아니라 그것에 따르지 않는 사람들 중 일부가 동조했을 때 이뤄진다는 것을 체득해 왔다. 또한 자신이 정의롭게 여기는 것을 당연시하지 않고 그것을 설명하는 과정을 통해 조금씩 실현해 가는 것이 중요하다는 것도 알고 있었다. 서인도제도인 전체를 적으로 돌릴 것이 아니라면 보상을 해주고 그들 스스로 노예들에게 자유를 주도록 길을 열어 주는 것이 이 어렵게 찾아온 기회를 놓치는 것보다 낫다고 생각한 것이다.

그는 "식민지인들에게 궁극적으로 증명할 수 있는 실질적 손해를 줄일 수 있도록 자금을 주는 것에 저는 반대하지 않습니다"라며 보상금 지급을 통해 지금의 교착상태를 풀 것을 제안했다. 보상은 "공정하고 유능한 조사자에 의해 각각의 경우가 정확히 조사된 후에 이뤄져야 하며" 명확한 기준을 세워 "선의의 피해자뿐 아니라 운이 좋은 수혜자도 만들지 말아야 합니다"라고 말했다.[35] 그는 회원들에게 노예해방이라는 목적을 온전히 완수하기 위해 필요한 어떤 희생도 두려워하지 말자고 호소했다.

연설이 끝나 가고 있었고 그는 자신의 역할도 끝나고 있음을 알았다. "저는 우리가 이 여정의 마지막에 접근하고 있다고 믿습니다"라고 말하며 자신이 27세에 시작한 일의 끝을 바라보는 듯이 고개를 하늘로 향했다. 그때 모임 장소로 한 줄기 빛이 들어왔다. 윌버포스는 1792년에 피트가 밤이 맞도록 노예무역 폐지를 주장하는 연설을 하고 나자 의사당을 비추었던 그 새벽빛을 떠올렸다. 그는 있는 힘을 다해 외쳤다. "우리 앞에 있는 목표는 명확합니다. 하늘의 빛이 그것을 비추고 있습니다. 그것은 진정한 성공을 알려 주고 있습니다."[36] 많은 사람이 기억하듯 이 장면은 노예제 폐지법이 실제로 통과되기 전에 그것을 미리 보았던 윌버포스의 승리 선언이었다. 그리고 그의 연설은 혼란스러웠던 반노예제 협회에 길을 제시했다. 결국 반노예제 진영은 보상 문제와 견습제 문제에서 정부안을 큰 틀에서 수용했다. 이제 서인도제도 세력과 본격적인 협상이 시작되었다.

서인도제도 세력 안에서도 변화의 조짐이 보이기 시작했다. 겉으로 보면 여전히 많은 노예 소유주들이 정부의 노예제 폐지 움직임에 반대했지만, 1832년 선거가 보여 준 대중의 반노예제 열망을 보고 협상이 불가피하다는 분위기가 내부에 퍼졌다. 노예 소유주들은 노예해방이 재산권이라는 불가침의 권리를 침해한다는 주장을 오랜 시간 폈지만, 반노예제 저널에 폭로되는

노년의 윌버포스(1833년경).

노예 농장의 참상은 재산권이 천부적 자유를 제약할 정도로 불가침의 권리인지 의구심을 낳았다. 역사학자 크리켈은 이 상황에서 일부 서인도제도인들이 노예해방으로 노예 같은 일부 동산(動産)을 상실하는 것이 그들의 재산 중 핵심인 토지를 지키는 길이라는 생각을 하게 되었다고 설명했다.[37] 1833년에 이르러 서인도제도 세력 안에서는 노예제 폐지 여부가 아니라 그것에 뒤따르는 보상의 범위가 더 관건이 되었다.

정부, 서인도제도 세력, 반노예제 정치가들이 큰 틀에서 노예제도의 즉각적 폐지와 노예 소유주에 대한 보상의 원칙들을 공유하면서 의회의 논의도 급물살을 탔다. 1833년 5월 14일 식민지부 장관 스탠리는 하원에 노예제 폐지 법안을 정부안으로 제출했다. 그는 제안 연설을 마치며 윌버포스에게 감사를 표했다.

저는 이 위대한 대의의 주창자 중 가장 먼저 이를 주창했고, 가장 종교적이고 양심적이며, 가장 연설이 유창하고 열성적인 분이 아직 살아 있는 것을 기억합니다. … 윌버포스 씨는 자신이 처음 시작했던 위대하고 영광스러운 작업의 최종 해결을 보기 위해, (옛 선지자들의 말처럼) '주여 이제 종을 평안히 가게 하소서'라고 말하기 위해 아직 살아 있습니다.[38]

스탠리는 너무도 오래 끌었던 이 문제를 윌버포스가 아직 살아 있을 때 해결하자고 호소했다. 이렇게 즉각적인 노예해방과 보상의 원칙은 의회 내 모든 정치 세력이 공감을 이룬 사안이었기 때문에 이후의 논쟁은 보상의 범위에 한정되었다. 약간의 진통

끝에 "2천만 파운드를 넘지 않는 금액"으로 보상액의 합의가 도출되었다. 6월 11일 이런 내용을 담은 스탠리의 결의안은 286 대 77로 통과되었다. 이는 1833년 영국 정부 예산의 40퍼센트에 이르는 금액이었고, 그 비용은 대부분 영국국채관리청Debt Management-ment Office이 국채를 발행하여 조달할 예정이었다. 당시에는 아무도 예상할 수 없었지만 노예해방으로 영국 정부가 진 부채는 2015년이 되어서야 모두 상환되었다.[39]

반석 위에 서다

윌버포스 가족은 여느 때처럼 5월이 되어 바스로 요양을 떠났다. 온천욕을 하면 허리와 등 통증이 완화되곤 했지만 이번에는 효과가 없었다. 윌버포스는 이번 통증이 여느 때와 다름을 알았다. 궤양성 대장염과 천식은 더 나빠졌고 고통으로 정신이 혼미한 상태가 계속되었다. 이제 살날이 많지 않은 것이 확실해지자, 윌버포스는 1824년부터 그에게 도움을 주었던 챔버스 의사를 만나기 위해 런던으로 거처를 옮겼다. 당시 런던에 집이 없었던 그는 사촌의 집에 머물게 되었다.

런던에 머무는 동안 친구, 친척, 그리고 죽기 전 그를 한 번이라도 보고 싶어 하는 사람들이 대거 윌버포스를 방문했다. 특히 젊은 정치인들이 많이 찾아왔는데 그중에는 빅토리아 여왕 때 총리를 네 번 역임하게 될 23세의 젊은 하원의원 윌리엄 글래드스턴William Gladstone도 있었다. 윌버포스는 젊은이들을 향해 "인기란 확실히 위험한 것입니다. 해독제는 '그들이 나를 정말로 안다면 얼마나 다르게 나를 대할 것인가!'라고 생각하는 것입니다"

라고 충고했다.[40] 그의 친구 중에는 자기 아이들에게 이 위인을 보여 주고 싶어 하는 사람들도 있었다. 어린이들이 한 무리 다녀 가자 윌버포스는 "천국을 위해 이렇게 많은 주민이 자라나고 있음을 생각해 보면 얼마나 즐거운 일인가!"라고 말하기도 했다.[41]

윌버포스는 마지막까지 감사하는 마음을 유지하려 노력했다. 그는 "주께서 이런 상황에서 나를 이렇게 친절하게 대해 주는 사람들을 보내 주시니 너무도 감사하다", "수많은 사람처럼 극심한 고통 속에 누워 있지 않으니 얼마나 감사한 일인가! 움직일 수 없는 것은 큰 고통이지만 많은 위로가 있고, 무엇보다 친절한 친구들이 있지 않은가!"라고 말하면서 방문객에게 밝은 태도를 보여 주려 했다.[42] 무엇보다 그는 천국을 확신하며 자신이 구원받았다는 사실에 감사했다. 그는 그리스도의 십자가를 바라보며 "이 세상에 나보다 하나님 앞에서 자신이 죄로 인해 가치가 없음을 더 강하게 느끼는 사람이 없기를 바란다"고 말했다.[43]

그가 구원의 확신 속에 천국을 바라보고 있었음에도 이 세상에서 마지막으로 해결되어야 할 일이 한 가지 남아 있었다. 바로 노예제 폐지법의 통과였다. 그리고 그것은 최종 종착지를 향하고 있었다. 1833년 7월 22일, 노예제 폐지 법안이 하원의 2차 독회를 표결 없이 만장일치로 통과했고, 25일에는 이 법의 쟁점 중 하나인 견습 기간을 12년에서 7년으로 줄이는 것이 확정되었다. 윌버포스는 노예제 폐지 법안의 주요 내용이 타결되었기 때문에 하원에서 통과가 확실하다는 소식을 26일 금요일에 듣고 기뻐했다. 그는 "영국이 노예제를 폐지하기 위해 2천만 파운드를 지출하는 날을 살아서 볼 수 있도록 해주시니 하나님께 감사

해방을 기뻐하는 서인도제도 노예들. 1833년 영제국의 노예제 폐지를 기념하는 판화.

를 드린다"고 자녀들에게 말했다.♦ 그리고 다음 날 재커리 머콜리의 아들인 토머스 바빙턴 머콜리가 직접 찾아와 이 소식을 전했다. 이제 노예제 폐지는 기정사실이 되었다.

그날 7월 27일 밤부터 윌버포스의 건강은 급격히 나빠졌다. 일요일 밤 잠시 의식이 돌아오자 그는 아내 바버라와 막내아들 헨리에게 "나는 아주 괴로운 상태다"라고 말했다. 헨리가 "하지만 아버지는 반석 위에 발을 딛고 계세요"라고 말하자 윌버포스가 대답했다. "그렇게 말할 용기는 없지만 그러기를 소망한다."[44] 이것이 그의 마지막 말이었다. 1833년 7월 29일 월요일 새벽 3시, 74세 생일을 한 달 앞두고 윌버포스는 세상을 떠났다.

♦ 　윌버포스의 전기를 쓴 아들 로버트와 새뮤얼은 1833년 7월 26일에 노예제 폐지 법안이 하원의 2차 독회를 통과했다고 기술했지만 실제 의사록을 살펴보면 이날은 노예제 문제가 다뤄지지 않았다. 이는 두 아들이 7월 26일에 노예제 폐지 법안의 핵심 부분이 통과된 것을 법안 자체가 통과된 것처럼 잘못 서술한 것이다. *Life of Wilberforce*, V, 370.

월버포스가 죽은 지 열흘 후인 1833년 8월 7일 노예제 폐지법은 하원을 최종 통과했고 8월 20일에는 상원을 통과하였다. 그리고 8월 28일 국왕의 승인을 받아 영제국에서 노예제는 공식적으로 폐지되었다. 그 효과는 1년 뒤인 1834년 8월 1일부터 나타날 것이었다. 이는 서구 열강이 노예제를 스스로 영구 폐지한 최초의 사례로, 이 법으로 19개 영국 식민지에서 77만 7천여 명의 노예가 해방되었다.

즉각적이고 완전한 노예무역 폐지 법안을 통과시킨 1807년과 달리 1833년 노예제 폐지법의 결과는 여러 한계가 있었다. 노예들은 이전의 농장에서 임금을 받으며 일을 배우는 견습 기간을 7년간 보내야 했고, 서인도제도 농장주들은 상당한 보상금을 받을 수 있었다. 당대에도 이 법안을 '절반의 성공', '미완의 과제'로 표현하는 사람들이 있었다. 그러나 월버포스를 포함한 반노예제 협회 지도부는 이런 대가를 치르더라도 노예들에게 해방의 로드맵을 제시하는 것이 현 상태로 방치하는 것보다 낫다고 보았다. 이 법안의 통과 후 노예들이 실제로 자유를 얻고 행복을 누리기 위해서는 또 다른 도전과 여정이 필요했지만, 그것은 법으로 결정된 노예해방을 실제의 것으로 만들려는 노력이었다.

월버포스의 사망 소식을 들은 재무장관 헨리 브롬은 임종을 지킨 월버포스의 막내아들 헨리에게 편지를 보냈다.

H. W. 윌버포스 목사님께

아래에 서명한 우리 상·하원 의원들은 고 윌리엄 윌버포스에 대한 우리의 존경심을 공식적으로 표시하고, 또한 그와 같은 인류의 은인에게 이보다 더 적합한 영예는 없다는 생각에서, 그분을 웨스트민스터 사원에 안장할 것을 정중히 요청합니다. 또한 우리의 이러한 마음에 동의하는 분들이 장례식에 참석할 수 있도록 허락해 주시길 간청드립니다.[45]

편지 밑에는 의원 19명의 이름이 적혀 있었고, 100명에 달하는 상·하원 의원들이 그 밑에 연서하였다.

원래 윌버포스는 매부인 스티븐과 스톡 뉴잉턴Stoke Newing-ton에 있는 교회에 같이 묻히기로 약속했었다. 이곳은 그의 누이와 딸 바버라가 매장된 곳이기도 했다. 그러나 유가족은 윌버포스의 업적을 기리기 위해 정부의 제안을 따르기로 했다. 1833년

웨스트민스터 사원에 있는 윌버포스의 석상.

8월 5일 토요일, 웨스트민스터에서 윌버포스의 장례식이 열렸고 운구 행렬에 상·하원 의원들이 집결했다. 이날 정부는 공무를 중단했으며, 하원의장, 재무장관, 왕족 및 다른 고위 귀족들이 운구를 메었다. 윌버포스의 아들들, 친척들, 가까운 친구들이 그 뒤를 따랐다.

윌버포스는 웨스트민스터 사원 내에 피트, 폭스, 캐닝과 가까운 자리에 묻혔다. 한 참석자의 말처럼 그가 오래전에 공직에서 은퇴한 것을 생각하면 대단한 예우라고 볼 수 있다. 공직에 있을 때 죽은 사람에게 공식 장례식을 열기는 하지만 은퇴한 의원을 위해 이렇게 많은 현직 의원들이 자발적으로 경의를 표하는 것은 전례가 없었다. 행렬을 따르는 시민도 수없이 많았고 같은 날 요크와 헐에서는 추모 집회가 열렸다. 그러나 그의 죽음을 가장 슬퍼한 것은 아마도 윌버포스가 평생을 바쳐 자유를 주려 했던 서인도제도의 흑인들이었을 것이다. 서인도제도의 한 성직자는 "이곳 인구의 대부분을 이루는 많은 유색인이 그의 죽음 소식을 듣고 애곡하였다"고 말했다.[46]

상원과 하원은 웨스트민스터 사원 안에 그의 석상을 세우는 것에 합의했고, 1840년 웨스트민스터 사원 안 북쪽 회랑에 석상이 세워졌다. 석상 밑에 새겨진 추모사는 이렇게 그를 기렸다.

윌리엄 윌버포스를 추모하며

(1759년 8월 24일 헐에서 출생, 1833년 7월 29일 런던에서 사망)

그는 거의 반세기 동안 하원의원이었고, 그동안 여섯 번의 의회에서 요크셔를 대표하는 두 의원 중 한 명으로 활동했다. 위대하고 선한 사람이 많은 시대에, 그는 이 시대의 성격을 특징 지은 사람 중 가장 뛰어난 사람이었다. 뛰어나고 다양한 재능, 따뜻한 자비심, 누구에게나 솔직한 태도에 기독교적 삶에 대한 변함없는 웅변을 더했기 때문이다.

그는 모든 분야의 공무에서 뛰어났고, 동료 인간들의 현세와 영혼의 필요를 채워 주기 위한 모든 자선 사업의 지도자였으며, 그의 이름은 신의 축복으로 영국에서 아프리카 노예무역의 죄를 제거하고 제국의 모든 식민지에서 노예제를 폐지하는 길을 닦은 노력으로 특별히 기억될 것이다.

이 모든 목표를 추진하면서, 그는 신 외에 다른 헛된 것을 의지하지 않았고, 그 과정에서 큰 모욕과 반대를 견디도록 부름을 받았으나, 모든 적보다 오래 살았고, 그의 인생의 마지막에는 공적인 생활과 대중의 주목에서 벗어나 가족의 품으로 돌아갔다. 그러나 그가 죽을 때 조국은 그를 지켜보았고, 또한 잊지 않았다.

영국의 귀족들과 평민들은 상원의장과 하원의장을 선두로 각 의사당에서 엄숙한 행렬로 그를 운반하여 위대한 죽은 자들 사이에 있는 합당한 장소로 옮겨 그를 안식하게 했다. 그가 삶과 글을 통해 영광을 돌리고자 했던 그의 유일한 구원자이자 구주이신 예수 그리스도의 공로로 인해 그가 의인의 부활로 다시 살아날 때까지.

주

1장

1   Lord Edmond Fitzmaurice, *Life of William, Earl of Shelburne, afterwards First Marquess of Lansdowne* (3 vols, Macmillan anc Co., 1875), I, 404.

2   노예무역의 수치 자료는 다음을 참고. https://www.slavevoyages.org/assessment/estimates (2024. 06. 19. 검색)

3   Patrick Manning, *Slavery and African Life: Occidental, Oriental and African Slave Trades,* (Cambridge University Press, 1990), 47.

4   Manning, *Slavery and African Life*, 42.

5   Niall Ferguson, *Empire, How Britain Made the Modern World* (Penguin, 2003), 78.

6   Alexander Falconbridge, *An Account of the Slave Trade on the Coast of Africa* (Printed by J. Phillips, 1788), 25.

7   The Parliamentary History of England from the Earliest Period to the Year 1803, 36 vols (London, 1818), XXVIII, col. 258.

8   Ferguson, *Empire*, 78.

9   Herbert S. Klein, Stanley L. Engerman, Robin Haines, Ralph Shlomowitz, "Transoceanic Mortality: The Slave Trade in Comparative Perspective", *The William and Mary Quarterly*, vol. 58 (2001), 114.

10 Cotten Mather, *Magnalia Christi Americana: or, the Ecclesiastical History of New-England* (7 vols, Printed for Park Burst, 1702), III, 207.

11 Samuel Sewall, *The Selling of Joseph: A Memorial* (Green and Allen, 1700), 1.

12 Cotton Mather, *The Negro Christianized. An Essay to Excite and Assist the Good Work, the Instruction of Negro-Servants in Christianity* (Printed by B. Green, 1706). 3.

13 Jonathan Edwards, "Draft Letter on Slavery", George S. Claghorn, ed., *Works of Jonathan Edwards* (73 vols, Yale University Press, 1998), XVI, 72. 에드워즈의 노예제도에 대한 시각에 관한 보다 자세한 연구는 필자의 다음 연구를 참조. 〈조나단 에드워즈의 노예제에 대한 시각 고찰, 1730-1780〉《미국사연구》38권, 11-22.

14 휫필드-가든 논쟁은 다음을 참조. George Whitefield, *Three Letters from the Reverend Mr. G. Whitefield: viz Letter III, To the Inhabitants of Maryland, Virginia, North and South-Carolina, Concerning Their Negroes* (B. Franklin, 1740); Alexander Garden, *Six Letters to the Rev. Mr. George Whitefield* (T. Fleet, 1750).

15 Francis Hargrave, *An Argument in the Case of James Sommersett, a Negro, Lately determined by the Court of King's Bench* (Printed for the author: And sold by W. Otridge, 1772); Samuel Estwick, *Considerations on the Negroe Cause Commonly So Called* (J. Dodsley, 1772), 49.

16 윤영휘, 〈1772년 영국 서머셋 재판(The Somerset Case) 판결의 실재와 대중적 이미지 연구〉,《영국연구》, 41호, (2019), 134.

17 Capel Lofft, *Reports of Cases Adjudged in the Court of King's Bench, from Easter Term. 2 Geo. 3. to Michaelmas 14 Geo. 3.* (Printed by J. Moore, 1790), 19.

18 Extract Process: Joseph Knight against Sir John Wedderburn of Ballendean Bar, NRS, CS235/K/2/2, 9.

19 Memorial for Joseph Knight, late Servant to Sir John Wedderburn of Ballendean, Bart. in the Process of Advocation against him at Sir John's instance, NRS, CS 235/K/2/2, 2.

20 Decisions of the Lords of Council and Session, from 1766 to 1791, (2vols, Printed for William Tait, 1826), II, 778.

21 National Maritime Museum, Voucher No. 2, Zong Trial Proceedings, 32-33.

22 NMM, Voucher No. 2, Zong Trial Proceedings, 36. 다만 1등 항해사 제임스 켈살 (James Kelsall)은 자살자 10명을 따로 합산해 총 142명이 희생당했다고 계산하였다. "James Kelsall's Answer", The National Archives, E112/1528/173, 58.

23 John Wentworth, *A Complete System of Pleading: Comprehending the Most Approved Precedents and Forms of Practice; Chiefly Consisting of Such as Have Never Before Been Printed...*(10vols, Printed for G. G. and J. Robinson, Paternoster-Row, 1797-99), IV, 423-425.

24 "James Kelsall's Answer", The National Archives, E112/1528/173, 34-35.

25 NMM, Voucher No. 2, Zong Trial Proceedings, 2.

26 National Maritime Museum, Voucher No. 2, Zong Trial Proceedings, 90.

27 Ottobah Cugoano, *Thoughts and Sentiments on the Evil and Wicked Traffic of the Slavery: and Commerce of the Human Species* (T. Becket, 1787), 112, 113, 114.

2장

1 Robert Isaac Wilberforce and Samuel Wilberforce, *Life of William Wilberforce* (5 vols, John Murry, 1840), I, 9. 이후 윌버포스 아들들이 편집한 전기는 *Life of Wilberforce*로 표기한다.

2 *Life of Wilberforce*, I, 4.

3 Henry Venn, *The Life and a Selection from the Letters of the late Rev. Henry Venn, M.A.*, (John Hatchard, 1836), 81.

4 J. F. Hurst, *John Wesley the Methodist* (Kessinger Publishing, 2003), 298.

5 Benjamin Franklin, *The Autobiography of Benjamin Franklin: 1706-1757* (Applewood Books, 2008), 104-108.

6 Frank Lambert, "Pedlar in Divinity," *The Journal of American History*, vol. 77. (December, 1990), 814-817.

7 Noll, "British and French North American to 1765", 407.

8 John Newton, *An Authentic Narrative of Some Remarkable and Interesting Particulars in the Life of Mr. Newton* (Printed by R. Hett, for J. Johnson, 1764), 113 – 116.

9 Newton, *An Authentic Narrative*, 190.

10 Newton, *An Authentic Narrative*, 190.

11 John Scandrett Harford, *Recollections of William Wilberforce, Esq., M.P. for the County of York During Nearly Thirty Years: with Brief Notices from some of his personal friends and contemporaries* (Longmans, 1864), 218.

12 *Life of Wilberforce*, I, 6.

13 *Life of Wilberforce*, I, 7.

14 *Life of Wilberforce*, I, 7.

15 Bodleian Library, Wilberforce Mss. c. 51, fos. 96-99.

16 *Life of Wilberforce*, I, 7.

17 Bodleian Library, Wilberforce Mss. c. 51, fos. 104 – 105.

18 *Life of Wilberforce*, I, 8.

19 *Life of Wilberforce*, I, 7.

20 Bodleian Library, Wilberforce Mss. e.11 f.126.

21 Bodleian Library, Wilberforce Mss, c. =65, fos. 113–114.

22 *Life of Wilberforce*, I, 11.

23 *Life of Wilberforce*, I, 11.

24 *Life of Wilberforce*, I, 12.

25 Bodleian Library, Wilberforce Mss, d. 56, fo. 6.

26 Bernard Martin, *John Newton: A Biography* (Heinemann, 1950), 304.

27 The Parliamentary History, XXII, col. 1042.

28 윌버포스의 친구 피트(William Pitt, the Younger)는 흔히 토리파 수상으로 알려져 있지만 그의 아버지 윌리엄 피트(William Pitt, the Elder)가 1766-1768년에 휘그 소속으로 수상을 지냈기 때문에 정치 초기에는 휘그로 분류되었다. 그는 점차 휘그 주류와 멀어지면서 토리에 가까워졌다.

29 *Life of Wilberforce*, I, 34.

30 https://ecppec.ncl.ac.uk/case-study-constituencies/yorkshire/ (2024.06.24. 검색)

31 *Life of Wilberforce*, I, 53.

32 *Life of Wilberforce*, I, 54.

33 *Life of Wilberforce*, I, 54.

34 *Life of Wilberforce*, I, 383-384.

35 18세기 말 영국의 선거구는 대부분 의석이 2개 였으며 득표수 1, 2위가 당선되었다.

36 *Life of Wilberforce*, I, 383.

3장

1 D. Bruce Hindmarsh, *John Newton and the English Evangelical Tradition: Between the Conversions of Wesley and Wilberforce* (Oxford University Press, 1996), 47-48.

2 그랜드 투어에 관한 전문 연구로 다음을 참조. 설혜심, 《그랜드 투어: 엘리트 교육의 최종단계》(휴머니스트, 2020).

3 Stephen Tomkins, *The Clapham Sect: How Wilberforce's Circle Transformed Britain* (Lion, 2010), 45.

4 Tomkins, *The Clapham Sect*, 45.

5 *Life of Wilberforce*, I, 381.

6 *Life of Wilberforce*, I, 76.

7 *Life of Wilberforce*, I, 76.

8 *Life of Wilberforce*, II, 166.

9 *Life of Wilberforce*, I, 87.

10 *Life of Wilberforce*, I, 381.

11 *Life of Wilberforce*, I, 88.

12 *Life of Wilberforce*, I, 382.

13 *Life of Wilberforce*, I, 89.

14 *Life of Wilberforce*, I, 89.

15 *Life of Wilberforce*, I, 91.

16 *Life of Wilberforce*, I, 94.

17 Anna Maria Wilberforce ed., *Private Papers of William Wilberforce, by William Wilberforce* (T. F. Unwin, 1897), 13, 14.

18 *Life of Wilberforce*, I, 95.

19 *Life of Wilberforce*, I, 96.

20 *Life of Wilberforce*, I, 97.

21 Bodleian Library, Wilberforce Mss c. 49.

22 *Life of Wilberforce*, I, 98.

23 Rev. John Newton to W. Wilberforce, 12 September 1788, *The Correspondence of William Wilberforce* (2vols, John Murry, 1840), I, 56.

24 *Life of Wilberforce*, I, 116.

25 *Life of Wilberforce*, I, 116.

26 *Life of Wilberforce*, I, 104.

27 *Life of Wilberforce*, I, 104.

28 *Life of Wilberforce*, I, 104.

29 *Life of Wilberforce*, I, 105.

30 *Life of Wilberforce*, I, 105.

31 *Life of Wilberforce*, I, 105.

32 *Life of Wilberforce*, I, 106-108.

33 *Life of Wilberforce*, I, 106.

34 *Life of Wilberforce*, I, 106.

4장

1 Thomas Clarkson, *The History of the Rise, Progress, and Accomplishment of the Abolition of the African Slave-Trade* (2 vols, R. Taylor and Co., 1808), I, 259-266.

2 *Life of Wilberforce*, I, 141.

3 *Life of Wilberforce*, I, 144.

4 James Ramsay, *An Essay on the Treatment and Conversion of African Slaves in the British Sugar Colonies* (Printed and sold by James Phillips, 1784), 18-19.

5 Some Gentlemen of St. Christopher, *An Answer to the Reverend James Ramsay's Essay* (Printed by Edward L. Low, 1784), 99.

6 James Tobin, *Cursory Remarks upon the Reverend Mr. Ramsay's Essay on the Treatment and Conversion of African Slavers in the Sugar Colonies* (Printed for G. and T. Wilkie, 1785), iii, iv.

7 John Samuel Smith, *A Letter from Cap. J. S. Smith to the Revd Mr Hill on the State of the Negro Slaves* (London, 1786), 12.

8 John Tobin, *A Short Rejoinder to the Reverend Mr. Ramsay's Reply* (Printed for G. and T. Wilkie, 1787); James Ramsay, *A Letter to James Tobin, Esq. Late Member of His Majesty's Council in the Island of Nevis from James Ramsay* (Printed and sold by James Phillips, 1787).

9 Clarkson, *The History of the Rise, Progress, and Accomplishment*, I, 210.

10 Christian Ignatius Latrobe, *Letters to My Children: Written at Sea during a Voyage to the Cape of Good Hope, in 1815* (Published by Seeley's, 1851), 22.

11 Clarkson, *The History of the Rise, Progress, and Accomplishment*, I, 241.

12 Clarkson, *The History of the Rise, Progress, and Accomplishment*, I, 252-254.

13 John Pollock, *Wilberforce* (Constable, 1977), 58.

14 Bodleian, MS c. 43, fo. 20.

15 *Life of Wilberforce*, I, 149.

16 William Hague, *William Wilberforce: The Life of the Great Anti-slave Trade Campaigner* (HarperPress, 2007), 148.

17 *Life of Wilberforce*, I, 153.

18 Clarkson, *The History of the Rise, Progress, and Accomplishment*, I, 323-324.

19 Clarkson, *The History of the Rise, Progress, and Accomplishment*, I, 412.

20 Hague, *William Wilberforce*, 149.

21 *Life of Wilberforce*, I, 162.

22 Hague, *William Wilberforce*, 170.

23 Report of the Lords of the Committee of the Council appointed for the Consideration of all Matters relating to Trade and Foreign Plantations; submitting to His Majesty's consideration the Evidence and Information they have collected in consequence of his Majesty's Order in Council, (1789), 125.

24 Report of the Lords of the Committee of the Council, 124.

25 Report of the Lords of the Committee of the Council, 123.

26 *Life of Wilberforce*, I, 167.

27 *Life of Wilberforce*, I, 171.

28 Robin Furneaux, *William Wilberforce* (Hamish Hamilton, 1974), 63, 77.

29 Furneaux, *William Wilberforce*, 77.

30 Clarkson, *The History of the Rise, Progress, and Accomplishment*, II, 111.

31 Pollock, *Wilberforce*, 82-82.

32 *Life of Wilberforce*, I, 202.

33 *Life of Wilberforce*, I, 207.

34 *Life of Wilberforce*, I, 194.

35 *Life of Wilberforce*, I, 217.

36 Hague, *William Wilberforce*, 175.

37 Raymund Harris, *Scriptural Researches on the Licitness of the Slave-Trade: Shewing Its Conformity with the Principles of Natural and Revealed Religion* (Printed by H. Hodgson, 1788), 16.

38 Mary Milner, *The Life of Isaac Milner, Dean of Carlisle, President of Queen's College, and Professor of Mathematics in the University of Cambridge* (John W. Parker, 1842), 77.

39 *Life of Wilberforce*, I, 218.

40 Hague, *William Wilberforce*, 177.

41 *Cobbett's Parliamentary History of England: From the Norman Conquest in 1066 to the year 1803*, 36 vols (London: T. Curson Hansard, 1806-1820), XXXVIII, col. 42.

42 *Cobbett's Parliamentary History of England*, XXXVIII, col. 45.

43 *Parliamentary History of England*, XXXVIII, cols. 44, 45.

44 *Parliamentary History of England*, XXXVIII, col. 46.

45 *Parliamentary History of England*, XXXVIII, cols. 46, 47.

46 *Parliamentary History of England*, XXXVIII, cols. 46-47.

47 *Parliamentary History of England*, XXXVIII, col. 47.

48 *Parliamentary History of England*, XXXVIII, col. 54.

49 *Parliamentary History of England*, XXXVIII, col. 54.

50 *Parliamentary History of England*, XXXVIII, col. 55.

51 *Parliamentary History of England*, XXXVIII, col. 49.

52 *Parliamentary History of England*, XXXVIII, col. 52.

53 *Parliamentary History of England*, XXXVIII, col. 63.

54 Hague, *William Wilberforce*, 178. 헤이그는 윌버포스의 이 연설을 좀더 세분하여 8단계로 구분하였다. 1) 회의적인 청중 무장 해제시키기, 2) 상대방 칭찬, 3) 자신이 느끼는 분노에 상대편 포함시키기, 4) 반대편 주장의 가장 약한 부분 조롱하기, 5) 최소한의 대안 제시, 6) 자신의 대안에 대해 두려움 없애기, 7) 함정에 빠뜨리기, 8) 개혁과 무책임 중 양자택일을 제시.

55 *Life of Wilberforce*, I, 219.

56 *Life of Wilberforce*, I, 220.

57 *Parliamentary History of England*, XXXVIII, col. 76.

58 *Life of Wilberforce*, I, 220.

59 *Parliamentary History of England*, XXXVIII, col. 63.

5장

1 *Life of Wilberforce*, I, 226.

2 *Life of Wilberforce*, I, 229-230.

3 *Life of Wilberforce*, I, 231.

4 *Life of Wilberforce*, I, 262.

5 *Life of Wilberforce*, I, 263-264.

6 *Life of Wilberforce*, I, 282-283.

7 *Life of Wilberforce*, I, 290.

8 *Life of Wilberforce*, I, 294.

9 *Life of Wilberforce*, I, 295.

10 *Life of Wilberforce*, I, 296.

11 *Life of Wilberforce*, I, 297.

12 *Life of Wilberforce*, I, 298.

13 *Life of Wilberforce*, I, 299.

14 *Parliamentary History of England: From the Norman Conquest in 1066 to the year 1803*, (36 vols, T. Curson Hansard, 1806-1820), XXIX, col. 340.

15 *Parliamentary History of England*, XXIX, cols. 353-354.

16 *Life of Wilberforce*, I, 299.

17 *Parliamentary History of England,* XXIX, cols. 281-282.

18 Clarkson MS, British Library, Add. MS 41,262A/63. / the Clapham Sect, 91.

19 *Life of Wilberforce,* I, 306.

20 Stephen Braidwood, *Black Poor and White Philanthropists: London's Blacks and the Foundation of the Sierra Leone Settlement 1786–1791* (Liverpool University Press, 1994), 231.

21 Braidwood, *Black Poor and White Philanthropists,* 235.

22 *Parliamentary History of England,* XXIX, cols. 653-654.

23 Simon Schama, *Rough Crossings: Britain, the Slaves and the American Revolution* (BBC Books, 2006), 431.

24 *Life of Wilberforce,* I, 334.

25 Stephen Tomkins, *The Clapham Sect: How Wilberforce's Circle Transformed Britain* (Lion Hudson, 2010), 99.

26 *Life of Wilberforce,* I, 338.

27 *Life of Wilberforce,* I, 338.

28 *Life of Wilberforce,* I, 337-338.

29 *Life of Wilberforce,* I, 354.

30 Report of the Lords of the Committee of the Council, 124; *Life of Wilberforce,* I, 354-355.

31 *Life of Wilberforce,* I, 358.

32 *Life of Wilberforce,* I, 359.

6장

1 *Life of Wilberforce,* I, 149.

2 Andrew Thompson, *George II: King and Elector* (Yale University Press, 2011), 124.

3 Mark Blackett-Ord, *The Hell-Fire Duke. Windsor Forest* (The Kensal Press, 1982), 44.

4 Geoffrey Ashe, *The Hell-Fire Clubs: A History of Anti-Morality* (Sutton Publishing, 2005), 133.

5 Leslie Mitchell, "Charles James Fox," Oxford Dictionary of National Biography (2007).

6 William Wilberforce, *A Practical View of the Prevailing Religious System of Professed Christians, in the Higher and Middle Classes in This Country, Contrasted with Real Christianity* (Cadell & Davies, 1797), 219.

7 *Life of Wilberforce,* II, 283 – 284.

8 Patrick Dillon, *Gin: the Much-Lamented Death of Madam Geneva* (Justin, Charles & Co, 2003), 15.

9 Dillon, *Gin,* 254.

10 https://www.bbc.co.uk/news/magazine-28486017. (2024. 08. 10. 검색)

11 *Life of Wilberforce,* I, 247.

12 *Life of Wilberforce,* II, 402.

13 Hague, *William Wilberforce,* 269.

14 *Life of Wilberforce,* II, 199.

15 *Life of Wilberforce,* II, 205.

16 *Life of Wilberforce,* II, 199-200.

17 *Life of Wilberforce,* II, 200.

18 *Life of Wilberforce,* II, 206.

19 *Life of Wilberforce,* II, 199-202.

20 *Life of Wilberforce,* II, 202.

21 *Life of Wilberforce,* II, 208.

22 Hague, *William Wilberforce,* 271.

23 Wilberforce, *A Practical View,* 65.

24 Wilberforce, *A Practical View,* 383.

25 Wilberforce, *A Practical View,* 213.

26 Wilberforce, *A Practical View,* 298.

27 Wilberforce, *A Practical View,* 350, 351.

28 Wilberforce, *A Practical View,* 429.

29 *Life of Wilberforce,* II, 200.

7장

1 Joanna Innes, *Inferior Politics: Social Problems and Social Policies in Eighteenth-Century Britain* (Oxford University Press, 2009), 180-181.

2 Innes, *Inferior Politics,* 189.

3 *Life of Wilberforce,* I, 131.

4 Proclamation for the Encouragement of Piety and Virtue, and for Preventing and Punishing of Vice, Profaneness and Immorality, George III, June 1787.

5 Proclamation for the Encouragement of Piety and Virtue.

6 *Edinburgh Review,* 1809, XIII, 342.

7 Fitzwilliam to Revd Zouch, 2 Sep 1787, Fitzwilliam Wentworth Woodhouse Mss e.234.14, quoted in Hague, *William Wilberforce,* 108.

8 Sidney and Beatrice Webb, *The History of Liquor Licensing in England Principally from 1700 to 1830* (London: Longman, Green &

Co. 1903), 150 – 151.

9   *Life of Wilberforce,* I, 394.

10 Innes, *Inferior Politics,* 203 – 204.

11 Webb, *The History of Liquor,* 54.

12 *Life of Wilberforce,* II, 424.

13 Tomkins, *The Clapham Sect,* 54.

14 Tomkins, *The Clapham Sect,* 54.

15 Ernest Marshall Howse, *Saints in Politics: the Clapham Sect and the Growth of Freedom,* (Allen & Unwin, 1953), 122.

16 *Edinburgh Review,* Jan 1809, 134.

17 Innes, *Inferior Politics,* 215.

18 M. J. D. Roberts, "The Society for the Suppression of Vice and Its Early Critics, 1802 – 1812," *The Historical Journal,* vol. 26 (1983), 162.

19 Roberts, "The Society for the Suppression of Vice and Its Early Critics," 162.

20 F. K. Brown, *Fathers of the Victorians: the age of Wilberforce* (Cambridge University Press, 1961), 428 – 429.

21 Roberts, "The Society for the Suppression of Vice", 159.

22 Hague, *William Wilberforce,* 111.

23 Howse, *Saints in Politics,* 123.

24 W. E. Gladstone, "The Evangelical Movement: Its Parentage, Progress and Issue," *British Quarterly Review* (July, 1879), 6 – 7.

25 Francis Place, *The Autobiography of Francis Place, 1771-1854,* Mary Thale, ed. (Cambridge University Press, 1972), 45.

26 Thale, *The Autobiography of Francis Place,* 61.

27 Herbert Schlossberg, *The Silent Revolution and Making of Victorian England* (Ohio State University Press, 2000), 250.

28 John Stuart Mill, *Utilitarianism, Liberty, Representative Government,* H. B. Acton ed. (J. M. Dent & Sons Ltd, 1972), 184.

29 Clarkson, *History of the Rise, Progress,* I, 1 – 2.

30 Jame Stephen, *The Dangers of the Country by the Author of War in Disguise,* (Printed for J. Butterworth, 1807), 180.

31 The Parliamentary Debates, VIII, col. 971.

32 David Brion Davis, *The Problem of Slavery in the Age of Revolution* (Oxford University Press, 1999), 427.

8장

1   Dorothy Wordsworth to Jane Pollard, 30 Apr 1790, Selincourt, 27 quoted in Hague, *William Wilberforce,* 220.

2   *Life of Wilberforce,* II, 214.

3   *Life of Wilberforce,* I, 304.

4   *Life of Wilberforce,* I, 322.

5   E. M. Forster, *Marianne Thornton: A Domestic Biography* (Edward Arnold, 1956), 42.

6   *Life of Wilberforce,* II, 235.

7   Bodleian Library, Wilberforce Mss. c.41 f.107.

8   John Pollock, *Wilberforce* (Constable, 1977), 157.

9   Pollock, *Wilberforce,* 159.

10 Hague, *William Wilberforce,* 281.

11 E. M. Forster, *Marianne Thornton: A Domestic Biography 1797-1887* (Edward Arnold, 1956), 43.

12 Huntington MSS, Montagu Papers, W. To M. Montagu [June 1797] quoted in Pollock, *Wilberforce,* 159.

13 Chatterton, Lady, Memorials of Lord Cambier, I, 324 quoted in Pollock, *Wilberforce,* 159.

14 Tomkins, *The Clapham Sect,* 11.

15 https://www.natwestgroup.com/ heritage/people/henry-thornton. html#:~:text=Henry20Thornton20(1760% 2D1815),until%20his%20death%20in%20 1815. (2024. 07. 20. 검색)

16 Tomkins, *The Clapham Sect,* 41 – 42.

17 Adam Kuper, *Incest & Influence: The Private Life of Wilberforce of Bourgeois England* (Havard University Press, 2009), 145.

18 Michael Hennell, *John Venn and the Clapham Sect* (Lutterworth Pres, 1958), 170.

19 Tomkins, *The Clapham Sect,* 120.

20 Eugene Stock, *The History of the Church Missionary Society* (3 vols, London: CMS, 1899), I, 53.

21 John William Cunningham, *The Velvet Cushion* (G. Sidney for T. Cadell and W. Davies, 1814), 161 – 162.

22 Hennell, *Venn,* 106.

23 흥미롭게도 노예 상인이자 서인도제도의 이익을 대변하는 자로 윌버포스와 여러 번 논쟁했던 조지 히버트(George Hibbert)도

1794년부터 클래팜에 살았고 주일마다
노예무역 폐지주의자들과 같이 예배를 드렸다.

24 Howse, *Saints in Politics,* 16 – 17.

25 James Stephen, *The Memoirs of James Stephen,*
Merle M. Bevington, ed. (London: Hogarth
Press, 1954), 305–428.

26 Leslie Stephen, *The Life of Sir James Fitzjames
Stephen* (Smith, Elder, & co, 1895), 31.

27 Tomkins, *The Clapham Sect,* 105–106.

9장

1 Eugene Stock, *The History of the Church
Missionary Society, Its Environment, Its Men
and Its Work* (3 vols, Church Missionary
Society, 1899), I, 53–54, 56.

2 Stock, *The History of the Church Missionary
Society,* I, 65–66.

3 Stock, *The History of the Church Missionary
Society,* I, 69.

4 https://www.biblesociety.org.uk/about-us/
our-history/

5 George Browne, *The History of the British and
Foreign Bible Society: from Its Institution in
1804, to the Close of Its Jubilee in 1854* (2 vols,
Bagster and Sons, Paternoster Row, 1859), I,
9, 12–14.

6 Browne, *The History of the British and Foreign
Bible Society,* I, 245.

7 Tomkins, *The Clapham Sect,* 45.

8 *Life of Wilberforce,* III, 470.

9 *Life of Wilberforce,* III, 471–472.

10 *Life of Wilberforce,* III, 472.

11 *Life of Wilberforce,* IV, 73.

12 *Life of Wilberforce,* III, 474–476.

13 Christopher Tolley, *Domestic Biography: The
Legacy of Evangelicalism in Four Nineteenth-
Century Families* (Oxford University Press,
1997), 33.

14 *Life of Wilberforce,* III, 474.

15 Tolly, *Domestic Biography,* 28.

16 Tolly, *Domestic Biography,* 29.

17 *Life of Wilberforce,* III, 475.

18 Forster, *Marianne Thornton,* 42.

19 Howse, *Saint in Politics,* 169–170.

20 Viscountess Knutsford, *Life and Letters of
Zachary Macaulay* (Edward Arnold, 1900),
271.

21 윌버포스의 친구인 제임스 스티븐(1758-
1833)의 장남은 아버지와 이름이 같은 제임스
스티븐(1789 – 1859)이다.

22 *Life of Wilberforce,* III, 387. Standish
Meacham, *Henry Thornton of Clapham,
1760–1815* (Harvard University Press, 1964),
60.

23 George Otto Trevelyan, *The Life and Letters
of Lord Macaulay* (2 vols, Harper & Brothers
Publishers, 1876), I, 74.

10장

1 Thomas Paine, *The Rights of Man For the Use
and Benefit of All Mankind* (2 vols, Printed and
Sold by Daniel Isaac Eaton, 1795), II, 13

2 Paine, *The Rights of Man,* II, 87.

3 *Life of Wilberforce,* II, 2

4 Edmund Burke, *Reflections on the Revolution
in France (1790)* in *The Works of the Right
Honourable Edmund Burke* (12 vols, John C.
Nimmo, 1887), III, 311.

5 Burke, *Reflections on the Revolution in France,*
277.

6 Linda Colley, *Britons: Forging the Nation,
1707-1837* (Yale University Press, 1992),
11–54.

7 *Life of Wilberforce,* II, 5.

8 *Life of Wilberforce,* I, 343.

9 *Life of Wilberforce,* I, 344.

10 *Life of Wilberforce,* II, 4.

11 *Life of Wilberforce,* II, 4.

12 *Life of Wilberforce,* I, 341.

13 *Parliamentary History of England,* 29, col.
1065.

14 *Parliamentary History of England,* 29, col.
1075.

15 *Parliamentary History of England,* 29, cols.
1090-1091.

16 *Parliamentary History of England,* 29, cols.
1121-1122.

17 *Parliamentary History of England,* 29, col.
1124.

18 Alan M. Rees, "Pitt and the Achievement of
Abolition", *The Journal of Negro History,* vol.
39 (1954), 167-184.

19 The Speech of the Right Honourable William
Pitt, 6.

20 The Speech of the Right Honourable William Pitt, 8.

21 The Speech of the Right Honourable William Pitt, 8, 31.

22 The Speech of the Right Honourable William Pitt, 3.

23 *Life of Wilberforce*, I, 351.

24 *Parliamentary History of England,* 29, col. 1105.

25 Michael Fry, *The Dundas Despotism* (Edinburgh University Press, 1992), 200.

26 Angela McCarthy, "Bad History: The Controversy over Henry Dundas and the Historiography of the Abolition of the Slave Trade," *Scottish Affairs*, vol. 31 (May, 2022), 133–153.

27 *Life of Wilberforce*, I, 350.

28 *Life of Wilberforce*, II, 20.

29 *Life of Wilberforce*, II, 22.

30 *Life of Wilberforce*, II, 22.

31 *Life of Wilberforce*, II, 20.

32 *Life of Wilberforce*, II, 51–52.

11장

1 *Life of Wilberforce*, II, 53.

2 *Life of Wilberforce*, II, 39.

3 *Life of Wilberforce*, II, 40–41.

4 *Life of Wilberforce*, II, 42.

5 *Life of Wilberforce*, II, 84.

6 *Life of Wilberforce*, II, 88.

7 *Life of Wilberforce*, II, 118.

8 *Life of Wilberforce*, II, 128.

9 *Life of Wilberforce*, II, 129–130.

10 *Life of Wilberforce*, III, 139.

11 *Life of Wilberforce*, III, 139.

12 *Life of Wilberforce*, II, 141.

13 Wilberforce to Pretyman, 30 Jun 1796, Stanhope Mss. U1590 S504/12, quoted in Hague, *William Wilberforce,* 260.

14 Bodleian Library, Wilberforce Mss c.49, f.71.

15 *Life of Wilberforce*, II, 218–219.

16 *Life of Wilberforce*, II, 249.

17 *Life of Wilberforce*, II, 250.

18 *Life of Wilberforce*, II, 269.

19 *Life of Wilberforce*, II, 330.

20 *Life of Wilberforce*, II, 330.

21 *Life of Wilberforce*, II, 340.

12장

1 이 국명은 1917년 아일랜드 남부가 독립하면서 '그레이트 브리튼과 북아일랜드 연합왕국'(United Kingdom of Great Britain and Northern Ireland)으로 바뀌어 지금까지 유지되고 있다.

2 *Life of Wilberforce*, III, 3.

3 Pollock, *Wilberforce*, 171.

4 *Life of Wilberforce*, III, 34.

5 *Life of Wilberforce*, III, 76.

6 *Life of Wilberforce*, III, 76.

7 *Life of Wilberforce*, III, 110.

8 *Life of Wilberforce*, III, 106.

9 *Life of Wilberforce*, III, 109–110.

10 *Life of Wilberforce*, III, 122.

11 *Life of Wilberforce*, III, 150.

12 *Life of Wilberforce*, III, 143.

13 John Coffey, "'Tremble, Britannia!': Fear, Providence and the Abolition of the Slave Trade, 1758–1807'," *English Historical Review,* vol. 527 (2012), 881.

14 *Life of Wilberforce*, III, 169.

15 *Life of Wilberforce*, III, 170.

16 *Life of Wilberforce*, III, 210.

17 *Life of Wilberforce*, III, 215.

18 *Life of Wilberforce*, III, 218.

19 *Life of Wilberforce*, III, 221.

20 *Life of Wilberforce*, III, 222.

21 *Life of Wilberforce*, III, 223.

22 *Life of Wilberforce*, III, 228.

23 *Life of Wilberforce*, III, 244.

24 *Life of Wilberforce*, III, 250–251.

25 *Life of Wilberforce*, III, 257.

26 *Life of Wilberforce*, III, 259.

27 https://www.discoveringbristol.org.uk/ slavery/against-slavery/campaign-against- slave-trade/legal-framework/final-years/ (2024. 08. 13. 검색)

28 *Life of Wilberforce*, III, 260.

29 The Parliamentary Debates, VII, col. 1022.

30 The Parliamentary Debates, VII, col. 585.

31 *Life of Wilberforce*, III, 385–386.

32 *Life of Wilberforce*, III, 290.

33 *Life of Wilberforce*, III, 290.

34 The Parliamentary Debates, VIII, cols. 946–947.

35 The Parliamentary Debates, VIII, cols. col.

962.

36 The Parliamentary Debates, VIII, cols. col. 994.

37 The Parliamentary Debates, VIII, cols. col. 971.

38 The Parliamentary Debates, VIII, cols. 978–979.

39 The Parliamentary Debates, VIII, col. 977.

40 The Parliamentary Debates, VIII, col. 969.

41 *Life of Wilberforce*, III, 302–303.

42 *Life of Wilberforce*, III, 303.

13장

1 *Life of Wilberforce*, III, 317.

2 *Life of Wilberforce*, III, 317.

3 *Life of Wilberforce*, III, 322–323.

4 *Life of Wilberforce*, III, 324.

5 *Life of Wilberforce*, III, 325.

6 https://www.gsey.org.uk/page/1222/the-great-yorkshire-election-of-1807.html (2024. 08. 02.검색)

7 *Life of Wilberforce*, III, 337.

8 윌리엄 쿠퍼가 1765년에 작사한 "Far from the World, O Lord, I Flee"라는 찬송시의 가사다. "The calm retreat, the silent shade/ With Prayer and praise agree/ And seem by Thy sweet bounty made/ For those that follow Thee." *Life of Wilberforce*, III, 331.

9 Seymour Drescher, "Whose Abolition? Popular Pressure and the Ending of the British Slave Trade", *Past & Present*, no. 143 (May, 1994), 151.

10 *Life of Wilberforce*, III, 335–336.

11 *Life of Wilberforce*, III, 334.

12 *Life of Wilberforce*, III, 333.

13 *Life of Wilberforce*, III, 338.

14 *Life of Wilberforce*, III, 235.

15 *Life of Wilberforce*, III, 535.

16 *Life of Wilberforce*, IV, 54-55.

17 *Life of Wilberforce*, IV, 68.

18 *Life of Wilberforce*, IV, 68.

19 *Life of Wilberforce*, IV, 70.

20 *Life of Wilberforce*, IV, 88.

14장

1 *Life of Wilberforce*, IV, 164, 167.

2 *Life of Wilberforce*, IV, 171.

3 *Life of Wilberforce*, IV, 181.

4 FO 94/79 Country: France Treaty: Peace between France and the Allies. [Also known as the Treaty of Paris]. Place and Date of Signature: 30 May 1814.

5 *Life of Wilberforce*, IV, 187.

6 *Life of Wilberforce*, IV, 190.

7 *Life of Wilberforce*, IV, 192.

8 *Life of Wilberforce*, IV, 194.

9 Frank Joseph Klingberg, *The Anti-Slavery Movement in England: A Study in English Humanitarianism* (Hamden, Conn., 1968) 146.

10 Robert Steward Castlereagh, *Correspondence, Despatches, and Other Papers of Viscount Castlereagh: Third Series* (12 vols, London, 1848-53), Ⅱ, 73.

11 *Life of Wilberforce*, IV, 209-210.

12 *Life of Wilberforce*, IV, 212.

13 *Life of Wilberforce*, IV, 221.

14 Samuel Romilly, *Memoirs of the Life of Wilberforce of Sir Samuel Romilly*, Written by Himself (3 vols, London, 1840), Ⅲ, 1.

15 *Life of Wilberforce*, IV, 263.

16 Minutes of the Standing Committee of West India Planters and Merchants (MS.), vol. IV, 347-348 cited in Robert Livingston Schuyler, "The Constitutional Claims of the British West Indies", *Political Science Quarterly*, vol. 40 (1925), 12.

17 Life of Wilberforce, IV, 282.

18 First Report from the Select Committee on the Slave Trade: Together with the Minutes of Evidence, and Appendix, Ordered, by the House of Commons (London, 24 May 1849), Appendix 8.

19 First Report from the Select Committee on Slave Trade, 14.

15장

1 *Life of Wilberforce*, III, 298.

2 The Parliamentary Debates, Ⅷ, cols. 702-703.

3 Rules and Regulations of the African Institution. Formed on the 14th April, 1807 (London, 1807), 9, 10.

4 Charles Buxton, *Memoirs of Sir Thomas Fowell Buxton* (John Murray, 1866), 62.

5   Buxton, *Memoirs of Sir Thomas Fowell Buxton*, 118.

6   Buxton, *Memoirs of Sir Thomas Fowell Buxton*, 124.

7   Buxton, *Memoirs of Sir Thomas Fowell Buxton*, 124.

8   이 협회는 당시 '반노예제 협회'(Anti-Slavery Society)로 알려져 있었으므로 이하 '반노예제 협회'로 지칭한다.

9   William Wilberforce, *An Appeal to the Religion, Justice, and Humanity of the Inhabitants of the British Empire, in Behalf of the Negro Slaves in the West Indies* (London, 1823), 26, 35-36.

10 *Life of Wilberforce*, V, 177.

11 *Life of Wilberforce*, V, 177.

12 *Life of Wilberforce*, V, 177.

13 William Wilberforce, *An Appeal to the Religion, Justice, and Humanity of the Inhabitants of the British Empire, in Behalf of the Negro Slaves in the West Indies* (London, 1823), 53.

14 *Life of Wilberforce*, V, 204.

15 *Life of Wilberforce*, V, 221.

16 The Parliamentary Debates, XI col. 1274.

17 Clarkson, Diary of Travels, 2 Oct 1824, Clarkson Mss, National Library of Wales, NLW 14984a cited in Hague, *William Wilberforce*, 486.

18 Thomas Clarkson and Anti-Slavery Correspondence, https://www.wisbechmuseum.org.uk/thomas-clarkson-and-anti-slavery-correspondence (2024. 11. 15. 검색)

19 이 저널은 1830년에 *Anti-Slavery Reporter*로 이름을 바꿔 1839년까지 발행되었다.

20 *Anti-Slavery Monthly Reporter*, No. 47, April 1829, 462-463.

21 *Anti-Slavery Monthly Reporter*, No. 25, April 1827, 15.

22 https://blogs.bodleian.ox.ac.uk/archivesandmanuscripts/2023/06/16/zachary-macaulay/#footback9 (2024. 11. 05. 검색)

23 *Life of Wilberforce*, V, 234.

24 Forster, *Marianne Thornton, 1797-1887*, 136.

25 *Life of Wilberforce*, V, 287.

26 John Pollock, *Wilberforce* (Constable, 1977), 303-304.

27 *Life of Wilberforce*, V, 325.

28 George Stephen, *Anti-Slavery Recollections in a Series of Letters Addressed to Mrs. Beecher Stowe* (Thomas Hatchard, 1854), 121.

29 Stephen, *Anti-Slavery Recollections*, 122.

30 *Anti-Slavery Monthly Reporter*, No. 101, October 1832, 292.

31 *Life of Wilberforce*, V, 318.

32 Thomas Fowell Buxton, *Memoirs of Sir Thomas Fowell Buxton, Baronet. with Selections from His Correspondence* (London, 1848), 303.

33 *Life of Wilberforce*, V, 352.

34 Public Record Office, C.O. 318/117: printed memo by Howick, cited in Gross, "The Abolition of Negro Slavery", 67.

35 *Life of Wilberforce*, V, 353.

36 *Life of Wilberforce*, V, 354.

37 Kriegel, "A Convergence of Ethics, 440.

38 The Parliamentary Debates, XVII, col. 1229.

39 "Freedom of Information Act 2000: Slavery Abolition Act 1833", 2018년 영국 재무부 자료. https://assets.publishing.service.gov.uk/media/5a7d78a6e5274a676d53243f/FOI2018-00186_-_Slavery_Abolition_Act_1833_-_.pdf_for_disclosure_log__003_.pdf (2024. 08. 03. 검색)

40 *Life of Wilberforce*, V, 368.

41 *Life of Wilberforce*, V, 368.

42 *Life of Wilberforce*, V, 367, 368-369.

43 *Life of Wilberforce*, V, 367.

44 *Life of Wilberforce*, V, 373.

45 *Life of Wilberforce*, V, 373-374.

46 *Life of Wilberforce*, V, 377.

주요 참고문헌

[1차 사료]

필사본

Bodleian Library, Oxford University, Wilberforce Mss.

British Library, London, Minute Book of the Committee of the Society for Effecting the Abolition of the Slave Trade.

St. John's College Old Library, Cambridge University, Wilberforce Papers.

윌버포스 개인 서신, 일기, 저널 편집 자료

Harford, John Scandrett (ed), *Recollections of William Wilberforce, Esq., M.P. for the County of York During Nearly Thirty Years: with Brief Notices from some of his personal friends and contemporaries* (Longmans, 1864).

McMullen, Michael (ed), *William Wilberforce: His Unpublished Spiritual Journals* (Christian Focus, 2021).

Wilberforce, Anna Maria (ed), *Private Papers of William Wilberforce* (T. Fisher Unwin, 1897).

Wilberforce, Robert Isaac, and Wilberforce, Samuel, *The Correspondence of William Wilberforce* (2 vols, John Murray, 1840).

--------------------------------, *Life of William Wilberforce* (5 vols, John Murry, 1840).

의회 자료

Parliamentary Debates from the Year 1803 to the Present Time (41 vols, London, 1803–1820).

Parliamentary History of England from the Earliest Period to the Year 1803 (36 vols, London, 1818).

Parliamentary Register: Or, History of the Proceedings and Debates of the House of Commons (and House of Lords) (18 vols, London : printed for J. Debrett, 1797–1802).

Report of the Lords of the Committee of the Council appointed for the Consideration of all Matters relating to Trade and Foreign Plantations: submitting to His Majesty's consideration the Evidence and Information they have collected in consequence of his Majesty's Order in Council, (1789).

기타

Anti-Slavery Monthly Reporter, Society for the Mitigation and Gradual Abolition of Slavery Throughout the British Dominions (1823–1839).

Browne, George, *The History of the British and Foreign Bible Society: from Its Institution in 1804, to the Close of Its Jubilee in 1854* (2 vols, Bagster and Sons, Paternoster Row, 1859).

Burke, Edmund, *Reflections on the Revolution in France* (1790) in *The Works of the Right Honourable Edmund Burke* (12 vols, John C. Nimmo, 1887).

Buxton, Charles, *Memoirs of Sir Thomas Fowell Buxton* (John Murray, 1866).

Buxton, Thomas Fowell, *Memoirs of Sir Thomas Fowell Buxton, Baronet. with Selections from His Correspondence* (London, 1848).

Castlereagh, Robert Steward, *Correspondence, Despatches, and Other Papers of Viscount Castlereagh: Third Series* (12 vols, London, 1848–1853).

Clarkson, Thomas, *The History of the Rise, Progress, and Accomplishment of the Abolition of the African Slave-Trade* (2 vols, R. Taylor and Co., 1808).

Edinburgh Review, 1809, XIII.

Edwards, Jonathan, *"Draft Letter on Slavery"*, George S. Claghorn, ed., *Works of Jonathan Edwards*

(73 vols, Yale University Press, 1998), XVI.

Estwick, Samuel, *Considerations on the Negroe Cause Commonly So Called* (J. Dodsley, 1772).

Falconbridge, Alexander, *An Account of the Slave Trade on the Coast of Africa* (Printed by J. Phillips, 1788).

Hargrave, Francis, *An Argument in the Case of James Sommersett, a Negro, Lately determined by the Court of King's Bench* (Printed for the author: And sold by W. Otridge, 1772).

Harris, Raymund, *Scriptural Researches on the Licitness of the Slave-Trade: Shewing Its Conformity with the Principles of Natural and Revealed Religion* (Printed by H. Hodgson, 1788).

Garden, Alexander, *Six Letters to the Rev. Mr. George Whitefield* (T. Fleet, 1750).

Latrobe, Christian Ignatius, *Letters to My Children: Written at Sea during a Voyage to the Cape of Good Hope, in 1815* (Published by Seeley's, 1851).

Lord Edmond Fitzmaurice, *Life of William, Earl of Shelburne, afterwards First Marquess of Lansdowne* (3 vols, Macmillan anc Co., 1875), I.

Mather, Cotton, *Magnalia Christi Americana: or, the Ecclesiastical History of New-England* (7 vols, Printed for Park Burst, 1702), III.

------------, *The Negro Christianized. An Essay to Excite and Assist the Good Work, the Instruction of Negro-Servants in Christianity* (Printed by B. Green, 1706).

Milner, Mary, *The Life of Isaac Milner, Dean of Carlisle, President of Queen's College, and Professor of Mathematics in the University of Cambridge* (John W. Parker, 1842).

Newton, John, *An Authentic Narrative of Some Remarkable and Interesting Particulars in the Life of Wilberforce of Mr. Newton* (Printed by R. Hett, for J. Johnson, 1764).

Paine, Thomas, *The Rights of Man For the Use and Benefit of All Mankind* (2 vols, Printed and Sold by Daniel Isaac Eaton, 1795).

Proclamation for the Encouragement of Piety and Virtue, and for Preventing and Punishing of Vice, Profaneness and Immorality, George III, June 1787.

Ramsay, James, *An Essay on the Treatment and Conversion of African Slaves in the British Sugar Colonies* (Printed and sold by James Phillips, 1784).

------------, *A Letter to James Tobin, Esq. Late Member of His Majesty's Council in the Island of Nevis from James Ramsay* (Printed and sold by James Phillips, 1787).

Romilly, Samuel, *Memoirs of the Life of Sir Samuel Romilly, Written by Himself* (3 vols, London, 1840).

Rules and Regulations of the African Institution. Formed on the 14th April, 1807 (London, 1807).

Sewall, Samuel, *The Selling of Joseph: A Memorial* (Green and Allen, 1700).

Smith, John Samuel, *A Letter from Cap. J. S. Smith to the Revd Mr Hill on the State of the Negroe Slaves* (London, 1786).

Some Gentlemen of St. Christopher, *An Answer to the Reverend James Ramsay's Essay* (Printed by Edward L. Low, 1784).

Stephen, James, *The Dangers of the Country by the Author of War in Disguise* (Printed for J. Butterworth, 1807).

Stephen, George, *Anti-Slavery Recollections in a Series of Letters Addressed to Mrs. Beecher Stowe* (Thomas Hatchard, 1854).

Stock, Eugene, *The History of the Church Missionary Society, Its Environment, Its Men and Its Work* (3 vols, Church Missionary Society, 1899).

Thale, Mary, ed., *The Autobiography of Francis Place, 1771-1854* (Cambridge University Press, 1972).

The Speech of the Right Honourable William Pitt, on a Motion for the Abolition of the Slave Trade, in the House of Commons on Monday the Second of April 1792 (London, 1792).

Tobin, James, *Cursory Remarks upon the Reverend Mr. Ramsay's Essay on the Treatment and Conversion of African Slavers in the Sugar Colonies* (Printed for G. and T. Wilkie, 1785).

----------, *A Short Rejoinder to the Reverend Mr. Ramsay's Reply* (Printed for G. and T. Wilkie, 1787).

Venn, Henry, *The Life and a Selection from the Letters of the late Rev. Henry Venn, M.A.* (John Hatchard,

1836).

Viscountess Knutsford, *Life and Letters of Zachary Macaulay* (Edward Arnold, 1900).

Wilberforce, William, *An Appeal to the Religion, Justice, and Humanity of the Inhabitants of the British Empire, in Behalf of the Negro Slaves in the West Indies* (J. Hatchard and Son, 1823).

----------------, *A Practical View of the Prevailing Religious System of Professed Christians, in the Higher and Middle Classes in This Country, Contrasted with Real Christianity* (Cadell & Davies, 1797).

Whitefield, George, *Three Letters from the Reverend Mr. G. Whitefield: viz Letter III, To the Inhabitants of Maryland, Virginia, North and South-Carolina, Concerning Their Negroes* (B. Franklin, 1740).

[2차 사료]

책, 논문, 인터넷 자료

Ashe, Geoffrey, *The Hell-Fire Clubs: A History of Anti-Morality* (Sutton Publishing, 2005).

Bebbington, David, *Evangelicalism in Modern Britain: A History from the 1730s to the 1980s* (Allen & Unwin, 1989).

Blackett–Ord, Mark, *The Hell-Fire Duke. Windsor Forest* (The Kensal Press, 1982).

Braidwood, Stephen, *Black Poor and White Philanthropists: London's Blacks and the Foundation of the Sierra Leone Settlement 1786–1791* (Liverpool University Press, 1994).

Brown, F. K., *Fathers of the Victorians: the age of Wilberforce* (Cambridge University Press, 1961).

Brown, Stewart J., and Tackett, Timothy, *Cambridge History of Christianity: Enlightenment, Reawakening and Revolution 1660–1815* (9 vols. Cambridge University Press, 2006).

Coffey, John, "'Tremble, Britannia!': Fear, Providence and the Abolition of the Slave Trade, 1758–1807'," *English Historical Review*, vol. 527 (2012).

Colley, Linda, *Britons: Forging the Nation, 1707-1837* (Yale University Press, 1992).

Davis, David Brion. *The Problem of Slavery in the Age of Revolution* (Oxford University Press, 1999).

Dillon, Patrick, *Gin: the Much-Lamented Death of Madam Geneva* (Justin, Charles & Co. 2003).

Drescher, Seymour, "Whose Abolition? Popular Pressure and the Ending of the British Slave Trade", *Past & Present*, no. 143 (May, 1994).

Ferguson, Niall, *Empire, How Britain Made the Modern World* (Penguin, 2003).

Forster, E. M., *Marianne Thornton: A Domestic Biography 1797-1887* (Edward Arnold, 1956).

Fry, Michael, *The Dundas Despotism* (Edinburgh University Press, 1992).

Furneaux, Robin, *William Wilberforce* (Hamish Hamilton, 1974).

Gladstone, W. E., "The Evangelical Movement: Its Parentage, Progress and Issue," *British Quarterly Review* (July, 1879).

Hague, William, *William Wilberforce: The Life of the Great Anti-slave Trade Campaigner* (Harper Press, 2007).

Hindmarsh, D. Bruce, *John Newton and the English Evangelical Tradition: Between the Conversions of Wesley and Wilberforce* (Oxford University Press, 1996).

Howse, Ernest Marshall, *Saints in Politics: the Clapham Sect and the Growth of Freedom* (Allen & Unwin, 1953).

Hurst, J. F., *John Wesley the Methodist* (Kessinger Publishing, 2003).

Innes, Joanna, *Inferior Politics: Social Problems and Social Policies in Eighteenth-Century Britain* (Oxford University Press, 2009).

Klingberg, Frank Joseph, *The Anti-Slavery Movement in England: A Study in English Humanitarianism* (Hamden, Conn., 1968).

Lambert, Frank, "Pedlar in Divinity," *The Journal of American History*, vol. 77, (December, 1990).

Manning, Patrick, *Slavery and African Life: Occidental, Oriental and African Slave Trades* (Cambridge

University Press, 1990).

Martin, Bernard, *John Newton: A Biography* (Heinemann, 1950).

McCarthy, Angela, "Bad History: The Controversy over Henry Dundas and the Historiography of the Abolition of the Slave Trade," *Scottish Affairs,* vol. 31 (May, 2022).

Meacham, Standish, *Henry Thornton of Clapham, 1760–1815* (Harvard University Press, 1964).

Mill, John Stuart, *Utilitarianism, Liberty, Representative Government* H. B. Acton ed. (J. M. Dent & Sons Ltd, 1972).

Mitchell, Leslie, "Charles James Fox," *Oxford Dictionary of National Biography* (2007).

Pollock, John, *Wilberforce* (Constable, 1977).

Place, Francis, *The Autobiography of Francis Place, 1771-1854,* Mary Thale. ed. (Cambridge University Press, 1972).

Roberts, M. J. D., "The Society for the Suppression of Vice and Its Early Critics, 1802-1812," *The Historical Journal,* vol. 26 (1983).

Schama, Simon, *Rough Crossings: Britain, the Slaves and the American Revolution* (BBC Books, 2006).

Tolley, Christopher, *Domestic Biography: The Legacy of Evangelicalism in Four Nineteenth-Century Families* (Oxford University Press, 1997).

Tomkins, Stephen, *The Clapham Sect: How Wilberforce's Circle Transformed Britain* (Lion, 2010).

Thompson, Andrew, *George II: King and Elector* (Yale University Press, 2011).

Trevelyan, George Otto, *The Life and Letters of Lord Macaulay* (2 vols, Harper & Brothers Publishers, 1876).

Rees, Alan M., "Pitt and the Achievement of Abolition," *The Journal of Negro History,* vol. 39 (1954).

Webb, Sidney and Beatrice, *The History of Liquor Licensing in England Principally from 1700 to 1830* (London: Longman, Green & Co, 1903).

설혜심, 《그랜드 투어: 엘리트 교육의 최종단계》 (휴머니스트, 2020).

윤영휘, 〈1772년 영국 서머셋 재판(The Somerset Case) 판결의 실재와 대중적 이미지 연구〉, 《영국연구》 41호, (2019).

------, 〈"거인과 피그미의 전쟁" 영국 의회의 노예무역 폐지 논쟁과 도덕자본의 정치, 1787-1807〉, 《서양사론》 158호, (2023).

------, 〈조나단 에드워즈의 노예제에 대한 시각 고찰, 1730-1780〉, 《미국사연구》 38권, (2012).

------, 〈영국의 노예제 폐지 논의와 타협된 도덕자본의 정치, 1807-1833〉, 《서양사연구》 69집, (2023).

------, 〈영국의 해외 노예무역 억제 외교정책: 국제 중재법원의 설립과 운영을 중심으로, 1815-1851〉, 《서양사론》 128호, (2016).

------, 〈영제국의 위기와 노예무역 폐지운동과 도덕개혁 운동의 결합, 1787-1807〉, 《영국연구》 31권, (2014).

https://assets.publishing.service.gov.uk/media/5a7d78a6e5274a676d53243f/FOI2018-00186_-_ Slavery_Abolition_Act_1833_-_pdf_for_disclosure_log__003_.pdf, (2024. 08. 03. 검색)

https://www.biblesociety.org.uk/about-us/our-history/ (2024. 09. 13. 검색)

https://www.bbc.co.uk/news/magazine-28486017. (2024. 08. 10. 검색)

https://blogs.bodleian.ox.ac.uk/archivesandmanuscripts/2023/06/16/zachary-macaulay/#footback9 (2024. 11. 05. 검색)

https://www.discoveringbristol.org.uk/slavery/against-slavery/campaign-against-slave-trade/legal- framework/final-years/ (2024. 08. 13. 검색)

https://ecppec.ncl.ac.uk/case-study-constituencies/yorkshire/ (2024. 06. 24. 검색)

https://www.gsey.org.uk/page/1222/the-great-yorkshire-election-of-1807.html (2024. 08. 02. 검색)

https://www.slavevoyages.org/assessment/estimates (2024. 09. 13. 검색)

https://www.wisbechmuseum.org.uk/thomas-clarkson-and-anti-slavery-correspondence (2024. 11. 15. 검색)

윌버포스
Wilberforce, the Path of a Statesman

지은이 윤영휘
펴낸곳 주식회사 홍성사
펴낸이 정애주
국효숙 김의연 박혜란 송민규 오민택 임영주 차길환

2025. 1. 2. 초판 1쇄 인쇄   2025. 1. 10. 초판 1쇄 발행

등록번호 제1-499호 1977. 8. 1.
주소 (04084) 서울시 마포구 양화진4길 3
전화 02) 333-5161   팩스 02) 333-5165
홈페이지 hongsungsa.com   이메일 hsbooks@hongsungsa.com
페이스북 facebook.com/hongsungsa
양화진책방 02) 333-5161

• 잘못된 책은 바꿔 드립니다. • 책값은 뒤표지에 있습니다.

ISBN 978-89-365-0395-6 (03340)